Kohlhammer

Der Autor

Dr. Holger Richter ist leitender Psychologe des St.-Marien-Krankenhauses Dresden. Er arbeitet seit nahezu dreißig Jahren als Psychotherapeut mit den Schwerpunkten Gruppenpsychotherapie und Persönlichkeitsstörungen.
Als Dozent und Supervisor in der Ausbildung zum Psychotherapeuten ist er u. a. an der Psychologischen Hochschule Berlin, der Deutschen Gesellschaft für Verhaltenstherapie und der IAP-Dresden tätig. Er wurde von der Kassenärztlichen Bundesvereinigung als Therapiegutachter bestellt.
Der Autor war Mitglied der Historischen Kommission der Deutschen Gesellschaft für Psychologie zur Aufarbeitung der Psychologie der DDR.

Web: www.holgerrichter.de

Holger Richter

Jenseits der Diagnosen

Fallstricke der Psychotherapie

Verlag W. Kohlhammer

Dieses Werk einschließlich aller seiner Teile ist urheberrechtlich geschützt. Jede Verwendung außerhalb der engen Grenzen des Urheberrechts ist ohne Zustimmung des Verlags unzulässig und strafbar. Das gilt insbesondere für Vervielfältigungen, Übersetzungen, Mikroverfilmungen und für die Einspeicherung und Verarbeitung in elektronischen Systemen.

Pharmakologische Daten, d. h. u. a. Angaben von Medikamenten, ihren Dosierungen und Applikationen, verändern sich fortlaufend durch klinische Erfahrung, pharmakologische Forschung und Änderung von Produktionsverfahren. Verlag und Autoren haben große Sorgfalt darauf gelegt, dass alle in diesem Buch gemachten Angaben dem derzeitigen Wissensstand entsprechen. Da jedoch die Medizin als Wissenschaft ständig im Fluss ist, da menschliche Irrtümer und Druckfehler nie völlig auszuschließen sind, können Verlag und Autoren hierfür jedoch keine Gewähr und Haftung übernehmen. Jeder Benutzer ist daher dringend angehalten, die gemachten Angaben, insbesondere in Hinsicht auf Arzneimittelnamen, enthaltene Wirkstoffe, spezifische Anwendungsbereiche und Dosierungen anhand des Medikamentenbeipackzettels und der entsprechenden Fachinformationen zu überprüfen und in eigener Verantwortung im Bereich der Patientenversorgung zu handeln. Aufgrund der Auswahl häufig angewendeter Arzneimittel besteht kein Anspruch auf Vollständigkeit.

Die Wiedergabe von Warenbezeichnungen, Handelsnamen und sonstigen Kennzeichen in diesem Buch berechtigt nicht zu der Annahme, dass diese von jedermann frei benutzt werden dürfen. Vielmehr kann es sich auch dann um eingetragene Warenzeichen oder sonstige geschützte Kennzeichen handeln, wenn sie nicht eigens als solche gekennzeichnet sind.

Es konnten nicht alle Rechtsinhaber von Abbildungen ermittelt werden. Sollte dem Verlag gegenüber der Nachweis der Rechtsinhaberschaft geführt werden, wird das branchenübliche Honorar nachträglich gezahlt.

Dieses Werk enthält Hinweise/Links zu externen Websites Dritter, auf deren Inhalt der Verlag keinen Einfluss hat und die der Haftung der jeweiligen Seitenanbieter oder -betreiber unterliegen. Zum Zeitpunkt der Verlinkung wurden die externen Websites auf mögliche Rechtsverstöße überprüft und dabei keine Rechtsverletzung festgestellt. Ohne konkrete Hinweise auf eine solche Rechtsverletzung ist eine permanente inhaltliche Kontrolle der verlinkten Seiten nicht zumutbar. Sollten jedoch Rechtsverletzungen bekannt werden, werden die betroffenen externen Links soweit möglich unverzüglich entfernt.

1. Auflage 2024

Alle Rechte vorbehalten
© W. Kohlhammer GmbH, Stuttgart
Gesamtherstellung: W. Kohlhammer GmbH, Heßbrühlstr. 69, 70565 Stuttgart
produktsicherheit@kohlhammer.de

Print:
ISBN 978-3-17-044358-7

E-Book-Formate:
pdf: ISBN 978-3-17-044359-4
epub: ISBN 978-3-17-044360-0

Ignorance is the curse of God

Shakespeare, Henry IV, 2

Inhalt

Einleitung: Quo vadis, Psychotherapie? 9

I Diagnosensuche

Es gibt kein richtiges Leben im falschen 43

Was ist Wahrheit? 56

Ich klage verbittert an! 70

Der Reparaturauftrag 82

Such da, wo es nicht wehtut 92

Die anonymen Briefe 106

Trialog: Die Unendliche Therapie 114

II Im Ganzen betrachtet

Die Grenzgängerin 125

Der Opfertäter 137

Der Selbstmordattentäter 151

Die ängstliche Wut 164

Ich bin so ein großer Versager 178

Der Möglichkeitsmensch 184

Mutter Teresa-Sophie 191

Wenn du mich liebst, komm mir bloß nicht zu nah	203
Eine unlösbare Falle	221
Trialog: Jetzt darf ich endlich nur noch an mich denken	233

III   Finale

Die schwarze Königin	243

Anhang

Literaturverzeichnis	259
Anhang	260

Einleitung: Quo vadis, Psychotherapie?

An einem Morgen nach fast 30 Jahren psychotherapeutischer Arbeit, als ich wieder einmal an einem Therapieantrag einer Patientin mit ihrer siebenten Psychotherapie saß, bei der von Therapie zu Therapie mehr Diagnosen hinzukamen, dachte ich: Was ist mit der Psychotherapie geschehen? Trotz massiv gestiegener Finanzmittel, Personalstellen und längerer Therapiezeiten war in der Fachwelt und Öffentlichkeit noch immer die Rede von psychotherapeutischer Unterversorgung, während zugleich die Rate, Diagnosenanzahl, Krankschreibungen einzelner psychischer Erkrankungen stieg und stieg. Was war hier los? Quo vadis, Psychotherapie?

Ich hatte als Gutachter mehr als 8.000 ambulante Therapieanträge mit ihren Diagnosen und Ursachenzuschreibungen sowie unzählige Therapiekonzeptionen in der Ausbildung zum Psychotherapeuten gelesen. Daraus folgen hier meine Überlegungen.

Befund

Psychotherapie ist zur Normalität geworden. Wo sich früher Menschen mit ihren Ängsten, Traumata und Konflikten versteckten, stigmatisiert wurden, heimlich tranken, in den Freitod gingen oder hinter somatischen Erkrankungen ihr Leid verbargen, gibt es heute ausreichende Hilfen. Zahlreichen Menschen mit psychischen Erkrankungen kann gut geholfen werden. Viele Therapien sind erfolgreich, die Behandlungstechniken haben sich verfeinert. Die Selbstmordrate halbierte sich in Deutschland von 1980 bis 2020 nahezu.[1]

Die Rate der schweren psychiatrischen Erkrankungen wie Schizophrenie oder bipolare Erkrankung ist in etwa gleich geblieben, während andere deutlich ansteigen oder fluktuieren[2], einige sogar exponentiell, wie derzeit etwa die Genderdysphorie[3]. Eine Störung kam in all den Anträgen gar nicht mehr vor – die »Potenzstörung« (F52.2 nach ICD), die nun weder psychotherapeutisch noch mit psychiatrischen Medikamenten – jedoch sehr erfolgreich behandelt wird.

In den ambulanten Psychotherapiepraxen gibt es ein deutliches Übergewicht bestimmter Erkrankungen, während die alte Frau vom Land oder der chronisch Schizophrene kaum in den Genuss von Psychotherapie kommen, obwohl die Wirksamkeit von Psychotherapie im Alter oder bei Schizophrenie gut belegt ist. Psychosomatische Patientinnen mit Ängsten oder Depression werden bevorzugt und länger behandelt.[4] Einige Persönlichkeitsstörungen werden in der ambulanten Praxis kaum (wie etwa die narzisstische und die histrionische), während andere (wie die selbstunsichere) sehr häufig vergeben werden.[5]

Für die schweren psychiatrischen Erkrankungen wurde durch die Entwicklung besserer Medikamente, Soziotherapie, mancher Psychotherapieformen und Inklusion ein deutlich besseres Leben ermöglicht, und die Suizidrate ging deutlich nach unten. Während für die (neurotischen hätte man früher gesagt) psychischen Erkrankungen immer mehr Psychotherapieformen entwickelt und empirisch überprüft wurden, mehr Psychotherapien geleistet werden[6], immer neue Medikamente auf den Markt kamen und verschrieben werden[7], steigt die Rate dieser Erkrankungen im Gegensatz zu ersteren in den westliche Gesellschaften dennoch deutlich weiter an. Das Gros der Arbeitsunfähigkeitsfälle geht nun in Deutschland auf psychische Erkrankungen zurück.[8]

Wenige Patienten bekommen ungleich mehr Diagnosen und Therapien als andere, obwohl diese dann gar nicht so erfolgreich sind. Diese Therapien drehen sich im Kreis und werden doch immer länger. 2020 waren die verschiedenen Psychotherapieformen mit 3,4% am Gesamtbudget nach den Pauschalleistungen (wie Versicherten- und Gesprächspauschale) die umsatzstärkste Leistung der GKV[9] in der ambulanten Versorgung. 2019 wurden etwa 44,4 Mrd. € für die Behandlung psychischer Krankheiten ausgegeben.[10] Im Jahr 2000 hingegen tauchte Psychotherapie unter den 20 wichtigsten Abrechnungsziffern überhaupt noch nicht auf.[11]

Für psychiatrische Medikation gilt das Gleiche. Dies alles geschieht trotz bester therapeutischer Absichten, Diagnostik und Supervision.

Man geht heute gern zum Psychotherapeuten. Normalzustände wie etwa Trauer, gehobene Stimmung, Verpeiltheit und Aufschieben werden als Krankheit behandelt. Es gibt Menschen, die machen ihre elfte Psychotherapie. Die Zahl der ambulant tätigen Fachärzte für Psychotherapie hat sich in Deutschland seit 1991 von 480 auf 4.832 verzehnfacht.[12] Die Zahlen für ambulant tätige psychologische Psychotherapeuten sind nicht so lange erhoben worden, aber allein von 2015 bis 2022 stieg sie von 22.547 auf 32.600.[13] Jedes Jahr kommen also 2.000 neue Niederlassungen für psychologische Psychotherapie in Deutschland hinzu. 2017 gab es 56.223 psychiatrische Betten, 15.400 Tagesklinikplätze und 450 Psychiatrische Institutsambulanzen[14], weiterhin psychosomatische Einrichtungen und Reha-Einrichtungen. Dazu kommen unzählige, nach meinen Schätzungen ca. 50.000 psychologische Berater, Coaches und Heilpraktiker allein in Deutschland. Auch in Österreich und der Schweiz stieg die Zahl der Vertragspsychotherapeuten seit dem Jahr 2000 auf mehr als das Doppelte. Sind wir alle psychisch krank oder stimmt etwas nicht mit dem System Psychotherapie?

Psychotherapie in der Vertragsversorgung läuft heute überwiegend diagnosen- und manualgesteuert ab, fokussiert auf die Mikroebene der Symptome – das Drama eines Lebens bleibt jedoch mit einer Symptomdiagnose allein außen vor. Und: es gibt immer mehr psychische Diagnosen. Waren es im ersten Diagnostischen und Statistischen Manual (DSM) der Amerikanischen Psychologischen Vereinigung 128 psychischen Krankheiten, sind es nun über 300 im neuen DSM-V.

Eine Diagnose sagt nicht aus, *was los ist*. Eine Therapie, die nur darauf aufbaut, wird fehlgehen. Gute Therapeuten haben das immer schon beachtet – und die besten Therapien behandeln die entscheidenden Faktoren, und nicht die Diagnose. Wir verwechseln in psychischen Diagnosen sehr oft Symptome mit einer Krankheit; eine Beschreibung mit einer Diagnose, und so weiten sich »seltsame Verhaltensweisen« als Krankheiten aus. Eine Schlafstörung, mangelnder Appetit, schlechte Stimmung, Antriebslosigkeit nennen wir Depression; aber die Ursache ist nicht die Depression. Diagnosenbezeichnungen legen eine medizinische Ursache nahe. Bei Angststörungen findet man erhöhten Blutdruck, aber was ist die Ursache? Die Angst? Was ist deren Ursache? Bis heute findet man keine organischen Korrelate für die meisten psychischen Erkrankungen (die organischen selbstverständlich ausgenommen).

Eine Diagnose legt Ursachen für ein bestimmtes Verhalten nahe, stigmatisiert oder nicht, signalisiert, appelliert, sichert Gelder. Sie hat Interaktionsauswirkungen. Sie entscheidet über Krankschreibungen, Opferstatus, welche Zuwendung jemand erhalten sollte (Wem geben Sie Ihre Empathie, der »Depression« oder der »narzisstischen Persönlichkeitsstörung«?). Diagnosen können Berufe verhindern, Lebensversicherungen entwerten, Kindesadoptionen unmöglich machen, Strafhöhe mitbestimmen, Nachteilsausgleich befördern und Urlaubstage erhöhen.

Hinter der Diagnose verbirgt sich oft die wahre Störung: eine Frau, die aus finanziellen Gründen ihren Mann nicht verlassen kann, ein Süchtiger, der sich als Opfer darstellen muss, ein Therapeut, der sich verbrüdert oder einen Kampf ausficht oder ein junger Mensch, der Aufmerksamkeit in seiner Peergroup braucht. Verdeckte Bedürfnisse, problematische Anreize und interaktionelle Teufelskreise im Helfersystem und neue gesellschaftliche Bedingungen, die eine Diagnose als etwas Entlastendes erscheinen lassen, kommen jedoch nicht in der Diagnose vor. Die Diagnose zeigt in diesen Fällen nicht, *was los ist*. Zugleich sind immer mehr Diagnosen in der Welt. Es wird therapiert, weil eine Diagnose oder Leitlinie das so suggeriert – aber der Patient bleibt krank, seine Schwierigkeiten bekommen neue Namen. Die psychischen Erkrankungen sind trotz massiver Aufklärung, bester Ausbildung und neuer Diagnosen und Therapien in den westlichen Ländern immer weiter gestiegen.

Die Fallgeschichten dieses Buches erzählen davon. Eine Frau, die sich selbst Briefe schreibt, ein Straftäter, der eine Diagnose braucht, ein sich selbst eine Diagnose geben wollender Narzisst – ließen sich alle nach ICD diagnostizieren, aber der Knackpunkt liegt ganz woanders.

Ich vertrete in diesem Buch die These, dass viele erfolglose Therapien darauf zurückzuführen sind, dass trotz ausgefeilter Diagnosen und bewährter Therapiekonzepte der Blick für das große Ganze verloren gegangen ist. *Jenseits der Diagnosen* steht für ein (wieder) erweitertes Verständnis von Diagnose und Therapie, und vor allem für die Beachtung des gesellschaftlichen Rahmens, in dem Psychotherapie spielt.

Die Idee zu diesem Buch entstand in Supervisionsstunden, als angehende Psychotherapeutinnen und Psychotherapeuten immer wieder Probleme schilderten, die nichts mit der Symptomatik psychischer Erkrankungen zu tun hatten. Es passte keine der üblichen Diagnosen, und schlimmer noch: Es gab kein Manual zur Behandlung. Die Diagnose machte die Angelegenheit nicht klar. Auch in meinen

Therapien in einer psychotherapeutischen Tagesklinik und in den vielen Therapieanträgen, die ich als Gutachter las, wurden Probleme geschildert, die sich in der Diagnose und im Therapieplan nicht wieder fanden. Um die Fallstricke einer Therapie zu zeigen, habe ich diese Phänomene in Geschichten aus der Psychotherapie verpackt. Geschichten sind plastischer als Lehrbücher. Neben den Fallgeschichten kommen in Anlehnung an Klaus Grawes Buch »Psychologische Therapie« (Grawe, 1997) in zwei (erfundenen) Trialogen ein Forscher, der Dozent und eine Therapeutin mit ihren Fällen und Überlegungen zu Wort.

Eine psychische Krankheit ist nur in den seltensten Fällen auf *einen* Faktor zurückzuführen und lässt sich auch nicht wie andere medizinische Krankheiten behandeln, obwohl das unser Gesundheitssystem so suggeriert. Psychische Krankheiten werden von einigen Autoren als Kompromissbildungen vieler Einflüsse, einer Lösung im Widerstreit verschiedener Bedürfnisse und Umweltanforderungen mit hohen langfristigen Kosten gesehen. Nun gehen wir im Leben oft Kompromisse zwischen widerstreitenden Anforderungen ein, ohne dass es zu einer psychischen Erkrankung kommt. Werden die Widersprüche zu groß, sind die Kosten des Kompromisses zu hoch, entsteht ein neues Muster, ein Equilibrium, das wir psychische Krankheit nennen. Bezugspersonen, Helfer, sogar Zuschauer und die gesellschaftlichen Erzählungen über Opfer und Symptome handeln in einer psychischen Erkrankung als komplexer Interaktionsstörung mit. Auch die verdeckten Bedürfnisse der Mithandelnden einer psychischen Erkrankung werden häufig nur in den Patienten »hineinproblematisiert«.

Bereits 2013 kritisierte der amerikanische Psychiater Allen Frances[15], der den Vorsitz der Arbeitsgruppe um das Diagnostische und Statistische Handbuch Psychischer Störungen (DSM-IV)[16] innehatte, die zunehmende Pathologisierung normaler menschlicher Verhaltensweisen und Gefühlszustände durch die moderne Psychiatrie. Er argumentierte, dass die Schwelle für psychiatrische Diagnosen immer weiter gesenkt werde, was zu einer massiven Überdiagnose und Überbehandlung und zugleich zu einer Unterversorgung der wirklich Kranken führe. Er wandte sich gegen zu weit gefasste diagnostische Kriterien im DSM-V. Seiner Ansicht nach würden normale Reaktionen auf Lebenskrisen und -übergänge wie Trauer, Schüchternheit, Zerstreutheit und andere menschliche Eigenheiten zunehmend als psychische Störungen fehlinterpretiert und wie eine medizinische Diagnose behandelt. Bereits 2011 startete er eine Petition[17] gegen das DSM-V, in welcher er vor einer Hyperinflation psychischer Krankheiten nicht nur bei Kindern und Jugendlichen warnte.

Die gesellschaftlichen Ursachen der Ausweitung psychischer Diagnosen – manche sprechen von einer Pathologisierungspandemie – werden in Therapien und der Fachdiskussion jedoch in Deutschland kaum angesprochen. Diagnosenvergabe findet jedoch nicht im luftleeren Raum statt. Ich will die mir bekannten Faktoren für die Ausweitung der psychiatrischen Diagnosen und den Anstieg der Psychotherapien hier kurz zusammenfassen. Wenn es nach landläufiger Meinung der vermehrte Stress oder die bessere Diagnostik und Entstigmatisierung wäre, müssten alle Diagnosen in allen Altersgruppen gleichermaßen ansteigen. Jedoch ist der deutliche Alters- und Geschlechtsunterschied beim Diagnosenanstieg bisher nicht erklärbar. Frauen sind in der westlichen Welt so frei und gleichberechtigt wie nie zuvor. Warum sind gerade sie betroffen? Warum gibt geradezu eine Explosion von ADHS (deren Tests quasi eine Selbstauskunft sind), von Autismus (!), aber nicht von narzisstischer Persönlichkeitsstörung? Warum wollen so viele junge Mädchen Männer werden, nicht aber ältere Frauen oder Männer in gleichem Maße ihr Geschlecht ändern?

Die Ursachen der Diagnosenausweitung

Ich habe die Einflussfaktoren auf die Diagnosenausweitung in Gesellschaft, Patienten- und Therapeutenseite unterteilt, sowie einige erkenntnistheoretische Fehler zusammengetragen. Die Liste wird unvollständig sein. Beginnen wir mit den gesellschaftlichen Veränderungen.

Gesellschaftlicher Wandel: Verlust von Althergebrachtem und sicheren Identitäten – Aufmerksamkeitsökonomie, Individualisierungsdruck, Wokeness

Gab es früher Anpassungsdruck an die Gemeinschaft, gibt es jetzt *Unterscheidungsdruck*. War es früher das Normale, so ist heute das Besondere das Richtige. Die Singularisierung (Reckwitz, 2017), die seit Ende der 60er Jahre des letzten Jahrhunderts einsetzte, und mit welcher auch Psychologisierung und Psychotherapeutisierung der westlichen Gesellschaften ihren Aufschwung nahm, führt zu einer Gegenbewegung – der Identitäts- und Zugehörigkeitssuche, auch zu abstrusen Inhalten und Verschwörungsideologien. Mit dem nahezu ungeregelten Internet ist hier der Weg frei für alle möglichen Identitäten, die sich selbst bestätigen, gegen andere abgrenzen und *signalling* betreiben (etwa die Pronomen, oder die kleinen Flaggen, die in Profilen auf social media zu sehen sind), um Eintrittskarten für eine bestimmte Zugehörigkeit in der Hand zu halten.

Als es noch eine überschaubare Gemeinschaft gab, konnte man als Mann oder Frau, dem alten Weisen oder dem jungen Herausforderer, der Abstammung aus dieser oder jener Familie Identität schöpfen, wie auch aus seinem Beruf oder Religion. Da heute auch arme Leute Fernreisen machen können, Sparkassenangestellte Punkfrisuren tragen, ist es schwer, sich zu unterscheiden und dabei auch noch zu sagen: Du bist gut so. Bei der Menge an Informationen in der neuen medialen Welt, die unsere Aufmerksamkeit brauchen, ist es nicht einfach, noch die für meine Identität richtige Dosis zu bekommen oder überhaupt aufzufallen. Manche Identitäten werden im vorherrschenden gesellschaftlichen Diskurs als »besser« dargestellt. Frauen sollen z. B. keine »tradwives« sein, Männer u. a. nicht toxisch, und nicht dominant. Heterosexualität und Monogamie werden in manchen Kreisen verachtet, so ergibt sich ein evolutionärer Mismatch und eine Identitätsverwirrung. Das nach außen gemanagte Selbstbild und die Bedürfnisse sind nicht mehr im Einklang.

Die Identitätsstörungen haben zugenommen, ganz voran die Geschlechtsidentitätsstörungen, aber auch die Suche nach der richtigen Diagnose kann als Identitätssuche begriffen werden. Identität beinhaltet immer auch eine Erzählung, warum ich so bin, wo etwas herkommt.

Soziale Anerkennung fördert Identität. Die digitale Revolution ermöglicht das auf simple Weise. Facebook wirbt mit dem Slogan »Für jeden gibt es eine Gruppe«. Schwere körperliche oder monotone Tätigkeiten werden heute schlecht entlohnt und dienen nicht mehr als Identitätsstiftung, Nationalstolz ist verpönt, Religion out; ein Youtube-Star, der öffentlich Tomatensuppenkochen zelebriert, oder seine Wunden zeigt, bekommt ungleich mehr Aufmerksamkeit.

Wenn dann eine Diagnose das Verlorenheitsgefühl anerkennt und es zu Anerkennung wandelt, kann sich auch mit zunächst abwegig erscheinenden Verhaltensweisen eine Identität, ein Selbstwert bilden. Die Zugehörigkeit zu einer Gruppe ist Menschen wichtiger, als was diese Gruppe tut. Es braucht ein starkes Ich, um sich gegen eine Gruppe zu stellen, oder auch das Auffangen in einer anderen Gruppe, damit ein Mensch nicht in Einsamkeit und Depression versinkt.

Es sind stabile gemeinsame Werte verschwunden (Religion, Familie, Staat, Ehre, Beruf) und durch eine Abfolge und Beliebigkeit miteinander wetteifernder Identitätsversprechen ersetzt worden (z. B. Polyamorie, Esoteriken, Auflösung der Geschlechterrollen, die Berufsvielfalt der *anywheres*). Die meisten Menschen fühlen sich dadurch unsicher, sie wissen nicht mehr, wer sie sind. Es kommt zur neuen Identitäts- und Gruppensuche.

Für beide Geschlechter hat sich in den letzten Jahren die soziale Rolle sehr verändert. Frauen haben heute in den westlichen Ländern in der Regel ein eigenes Einkommen, die Kinderanzahl ist deutlich gesunken, die Großfamilie mit ihrer sozialen Unterstützung gibt es kaum noch. Es wird erwartet, dass sie Kinder und Karriere in Einklang bringen. Frauen stellen den größeren Teil der Studierenden und sind in beträchtlicher Anzahl auch in sozioökonomisch höhere Positionen gelangt. Nach wie vor aber zeigen Studien zur Partnerwahl, dass Frauen Männer mit höherem sozioökonomischem Status bevorzugen.[18] und es gibt einen Trend zu maskulinen und dominanten Männern, der evolutionäre Wurzeln hat. Dies steht im Gegensatz zur derzeitigen Sicht auf Maskulinität in den westlichen Ländern, wie auch zur traditionellen Rolle als Mutter und Hausfrau. Der ebenso evolutionär sinnvolle Wunsch nach Versorgt-Werden ist für Frauen in der westlichen Welt durch gesellschaftliche Narrative (insbesondere unter Frauen) nicht mehr einfach vertretbar, in einer psychischen Krankheit als Kompromissbildung aber schon eher lebbar. Zugleich ist durch die Auflösung der lebenslangen, monogamen Partnerschaft der Wettbewerb um die attraktivsten Frauen und Männer deutlich härter geworden. Kinderlosigkeit und Partnerlosigkeit sind Prädiktoren für psychische Krankheit. Die Ansprüche, feminin zu sein und zugleich wie ein Mann Karriere und Unabhängigkeit zu leben, verletzlich und zugleich tough zu sein, eine finanziell unabhängige Macherin, aber Kinder zu haben und viel Zeit mit ihnen zu verbringen, und die Karriere nicht aufzugeben; dies alles zeigt den Spagat in der Identitätsbildung junger Frauen.

Eine grundlegende gesellschaftliche Narrativänderung ist die Wendung von vor allem kulturellen Meinungsführergruppen hin zur Identitätspolitik, die mit Stichworten wie Quoten, Feminismus, Equity, Diversity und Wokeness verbunden ist. Wokeness und Identitätspolitik haben aber auch negative Auswirkungen auf die eigentlich zu fördernde Gruppe: Sie werden als »token« benutzt, um Quoten zu erfüllen; die eigentliche Qualifikation wird nicht gesehen, es entsteht Neid und Ungerechtigkeitsgefühl bei anderen, den so »Geförderten« wird in Teams keine natürliche Autorität unterstellt und kein Vertrauen entgegengebracht. Sie stehen stärker unter Beobachtung und werden eher abgelehnt[19]. Widersprüchliche ideologische Vorgaben führen zu Bigotterie und Doppelstandards. Die Beobachtung sozialer Ungerechtigkeit und die hochemotionale Debatte darum ist eine zusätzliche mentale Aufgabe im Arbeits- und Sozialleben.

Auch das betrifft wiederum vor allem Frauen mehr, die im Durchschnitt sensibler auf soziale Ablehnung reagieren. Junge Frauen sind aber auch in der Mehrzahl die Promoterinnen der Wokeness- und Diversity-Bewegung[20], sie wählen eher links. Diese soziale Gruppe aber hat den stärksten Anstieg der Diagnosen zu verzeichnen, und an der Spitze der Diagnosenvervielfachung steht »Gender Dysphoria«, ein nahezu symbolischer Name.

Erziehungs- und Gemeinschaftswerte haben sich in den letzten 50 Jahren stark verändert: von Pflichterfüllung, Unterordnung und Benimmregeln für die Augen der anderen hin zu Lustbetonung, Selbstbezug, Individualität. Es wird zugleich durch diesen Selbstbezug wesentlich mehr Wert auf Diskriminierungen und gefühlte Verletzungen gelegt. Wer aber ständig die eigene Empfindlichkeit anmahnt, von dem zieht man sich eher zurück, der wird noch mehr vereinzeln. Es ist der Gemeinschaftssinn abhanden gekommen, und auch, dass man sich auch einmal *nicht* so wichtig nimmt. Psychologisierung der gesellschaftlichen Debatte und Entstigmatisierung von Psychotherapie haben dem Selbstfokus und der Selbstaufmerksamkeit dabei erheblich Vorschub geleistet. Gesteigerte Selbstaufmerksamkeit aber ist ein Teil des Teufelskreises bei der Entwicklung psychischer Störungen.

Narzissmus ist das neue Normal. Vielleicht wird wegen des fehlenden Kontrasts deshalb die narzisstische Persönlichkeitsstörung kaum noch vergeben. Was schmerzlich fehlt, ist Bindung und positive Gruppenidentität, die das Ich und den Narzissmus transzendiert, abmildert, einbindet. Es steigen stattdessen die Autismus-Diagnosen an, allerdings nicht die originären, sondern ein sekundärer Autismus, ein autistisch scheinendes Verhalten in der Vereinzelung selbstbezogener Menschen.

Die Steigerung psychischer Diagnosen geht mit der Entwicklung der Aufmerksamkeitsökonomie des Internets einher. Hier werden für unerreichbare Ziele (hübsch, klug, besonders, einmalig) milliardenfache äußere Vergleichsmöglichkeiten geschaffen, die mit Identität verwechselt werden.

Menschen können in der Aufmerksamkeitsökonomie auch negativ auffallen, um überhaupt Aufmerksamkeit zu bekommen. Wegen der begrenzten Aufmerksamkeit vervielfältigen sich rivalisierende Konzepte (z.B. Psychotherapieschulen, Geschlechtsidentitäten, Symptome aber auch Social-Media-Plattformen und Toaster) über die Zeit, aber heizen den Differenzierungsdruck und die Begründung des eigenen Daseins noch an.

Neue Medien – Soziale Ansteckung

Der Anstieg der psychischen Erkrankungen ist vor allem auf den Anstieg bei den jungen Menschen zurückzuführen. Wenn nur bessere Diagnostik die Ursache wäre, müsste es einen Anstieg über alle Altersgruppen und Geschlechter geben. Eine Untersuchung[21] aus dem Jahr 2011 aus den USA zeigt, dass im Alter von 21 von 1420 Studienteilnehmern 61,1 % der Teilnehmer eine spezifische und 21,4 % eine unspezifische psychiatrische Diagnose erfüllten, d. h. über 80 % der Jugendlichen. Wie kann das sein, wenn die Lebenszeitprävalenz aller psychiatrischen Diagnosen bisher ca. 50 % betrug?

Die bipolare Störung des Kindesalters nahm in den USA bis 2011 um das Vierzigfache zu, Autismus um das Zwanzigfache[22], für die Gender Dysphoria gibt es nur aus England Zahlen, aber die belegen einen exponentiellen Anstieg[23]; auch hier sind vor allem junge Frauen betroffen.

Jonathan Haidt legt in seinem Buch »Generation Angst« (Haidt, 2024) nahe, dass es seit den 1990er Jahren eine Überprotektion von Kindern in der realen und zugleich weniger Schutz in der digitalen Welt gibt. Es gibt genügend Belege, dass psychische Phänomene ansteckend sind.[24] Soziale Ansteckung psychischer Phänomene wird jedoch unter Therapeuten kaum diskutiert, doch findet man deutliche Hinweise, dass auch hier Mädchen sehr viel stärker betroffen sind. Sie nutzen deutlich mehr soziale Medien, sind untereinander stärker auf Konsens und Gleichheit, dennoch auf körperlichen Wettbewerb bedacht. Die »Selfie-Dysmorphie« ist mittlerweile ein bekannter Ausdruck.

So findet man psychische Störungen vermehrt dort, wo es schon Menschen mit einer solchen gibt. Auf TikTok etablieren sich Kreise, die mit schweren Symptomen prahlen. Die Ansteckung mit psychischen Krankheiten gibt es immer schon, auch in anderen Kulturkreisen (siehe etwa das *Puppy Pregnancy Syndrome*[25]), oder auch schon früher (siehe das Vampirismus-Phänomen, oder Symptome, die durch das Auftauchen des Halleyschen Kometen um 1910 verursacht wurden). Uns ist aus der Suizidforschung das Werther-Syndrom bekannt, wir wissen wie ansteckend Verschwörungstheorien sind, die einen Schuldigen für eine Misere benennen.

Und ausgerechnet heute, in Zeiten wesentlich breiteren Medienzugangs, sollte soziale Ansteckung keine Rolle spielen? Erst nach dem Buch und Film »Sybil« von F. R. Schreiber im Jahre 1973 stieg die Zahl der dissoziativen Identitätsstörungen an, warum aber überwiegend bei jungen Frauen? Verdeckte Traumata müssten auch in anderen Gruppen zu finden sein. Das Heilungsversprechen mit der (widerlegten) Theorie der »vergessenen« Traumata kam 1988 mit dem Bestseller »The Courage to Heal« (Bass & Davis, 1988), das sich nur an Frauen richtete, obwohl die Opfer von Kindesmissbrauch unter Jungen nicht unerheblich sind. Und es wurde nie die Frage gestellt, warum Vietnam-Veteranen, Polizisten, die Verkehrsunfallopfer bargen, oder traumatisierte Feuerwehrleute kaum dissoziative Identitätsstörung entwickelten. Diese Theorien werden heute durchaus noch verwendet, obwohl das obige Buch bei massiven Falschbeschuldigungen eine Rolle spielte. Der Weltbestseller von Bessel van der Kolk »The body keeps the score« (Deutsch: »Das Trauma in Dir«, Van der Kolk, 2023) bleibt bei der Hypothese des verdeckten frühkindlichen Traumas und führt auch viele andere Diagnosen auf ein frühes Trauma zurück und verkennt die Resilienz von Menschen. Es wird mittlerweile nahegelegt, eine Trauma-Spektrumsstörung einzuführen.[26] Aber auch hier: Warum trifft es v.a. junge Frauen, wobei Männer zu ca. 90% die Gruppe sind, die tödliche Arbeitsunfälle und schwere Verletzungen erleben[27], und zu zwei Dritteln Opfer von Raubüberfällen, Mordversuchen und weiterer Gewalt sind?[28]

Die Satanic Panic[29] ist eines der neueren Ansteckungs-Phänomene, doch die Absurdität wird erst deutlich, wenn man als Therapeut von einem konkreten Fall zurücktritt und die schiere Menge anschaut, die bedeuten würde, dass wir von satanischen Sekten unterwandert sind und reihenweise Kinder und ganze Schulklassen gefoltert werden, ohne dass es polizeiliche oder juristische Verfolgung oder mediale Aufmerksamkeit gäbe. Auch hier: Nahezu ausschließlich Frauen, die über satanischen rituellen Missbrauch berichten. Bei den real dokumentierten Missbrauchsfällen der katholischen Kirche sind zu einem erheblichen Teil Jungen die Opfer und die Namen der Täter sind bekannt, nicht so bei dem Satanic-Thema.

Wir diskutieren gar nicht über das Phänomen von »Sadfishing«[30], obwohl es genügend Belege gibt, nicht von TikTok-Tics[31] und der Ansteckung mit »multipler Persönlichkeit« durch TikTok[32].

Der einfache Weg, überall und kostenlos Pornografie zu konsumieren, führt zu überhöhten sexuellen Standards und nimmt v.a. jungen Männern den Druck, reale Beziehungen einzugehen, die heute unter erheblichem gesellschaftlichen Anspruchsdruck und Rollenkonfusion stehen.

Wir können sehen, dass auch Prominente mit ihren Diagnosen in die Öffentlichkeit gehen, sie bieten auf unglückliche Art ein Vorbild. Eine Depression wird so vom englischen Königshaus geadelt.

Die Ausweitung der psychischen Diagnosen bietet die Möglichkeit, alle Vorteile von Krankheit und Gesundheit zu vereinen, eine Identität damit zu konstituieren. Und es werden schon neue diskutiert: Arbeitssucht, Sportsucht, Bräunungssucht, weibliche sexuelle Dysfunktion. Auch die Menge der Geschlechter oder Identitäten der dissoziativen Identitätsstörung haben sich seit etwa Ende der 60er Jahre, dem *individualistic turn*, vervielfältigt. Das ist nicht allein ein intrapsychisches Krankheitsgeschehen. Es wird Identität gesucht, aber so verliert sie sich, sie dissoziiert. Für die Identitätssuche im psychiatrischen Gebiet war entscheidend, dass das Stigma der »Irren« verlorenging, eigentlich etwas Gutes, aber es hat einige psychische Diagnosen auch anziehend gemacht. Es brauchte dann noch die sozialen Medien, die das Ganze mit der Entwicklung des Smartphones in jedes jugendliche Zimmer brachte.

Verlust des Stigmas

War früher eine psychiatrische oder psychotherapeutische Behandlung ein Tabu, ein Zeichen von Schwäche, werden in unserer emotionsgeladenen und aufmerksamkeitsheischenden Zeit einige psychische Krankheiten sogar als ein Authentizitäts-, ja Qualitätsmerkmal ausgegeben. Die Suizidgedanken einer Meghan Markle, dazu die Angsterkrankung ihres Ehemanns, die Asperger-Erkrankung einer Greta Thunberg wären früher ein Beleg dafür gewesen, ihre Thesen nicht anzuhören. Heute heißt ein Buch in einem Fachverlag dazu »*Aspergirls*« (Rudy, 2012). Wir erleben Patienten, die mit ihren Diagnosen prahlen, die sich gegenseitig diagnostizieren und Therapeuten weitere Diagnosen vorschlagen. Es entstehen neue Diagnosen, neue Therapien und nun gibt es Patienten, die früher nie eine Therapie gebraucht hätten. Filme diskutieren Therapie. Die israelische Serie »BeTipul« und ihre amerikanische Adaptation »In Treatment« und die noch feinere französische »En Thérapie« zeigen die Selbstverständlichkeit psychologischen Herangehens.

Wo es natürlich gut ist, dass sich die Sicht auf und Behandlung von psychischer Erkrankung von der Verwahrpsychiatrie und Ausgrenzung hin zur Psychologisierung und sprechenden Medizin mit all ihrer Zuwendung und Aufmerksamkeit gewandelt hat, so erfüllt diese Aufmerksamkeit, das intensive Zuhören eine verstärkende Wirkung auf eben jenes Krankheitsverhalten. Es kommt zur Selbstdiagnose, Überdiagnostizierung und verstärkter Medikalisierung. Potenziert wird das Ganze, wenn die Besonderheit auch noch medial gefeiert wird.

Evolutionärer Mismatch

Der Begriff »evolutionärer Mismatch« beschreibt das Phänomen, bei dem die heutigen Umweltbedingungen nicht mehr mit denjenigen übereinstimmen, an die sich der menschliche Organismus im Verlauf der Evolution angepasst hat. Diese Diskrepanz kann zu gesundheitlichen und verhaltensbezogenen Problemen führen, da die biologischen Anpassungen, die einst vorteilhaft waren, in der modernen, sich rasch ändernden Umwelt nachteilig sein können.

Evolutionärer Mismatch ist eher aus dem Kontext somatischer Krankheiten bekannt. Bluthochdruck, Diabetes und Fettleibigkeit treten erst in den Gesellschaften auf, in denen zu wenig körperliche Arbeit, Bewegung und Überangebot von Essen herrscht. Aber auch unsere sozialen Strukturen haben sich im Gegensatz dazu, wie Menschen jahrtausendelang lebten, gewandelt. Der Stadt-Land-Unterschied bei psychischen Diagnosen könnte ein Indiz für evolutionären Mismatch sein. Die Reizmenge hat sich deutlich verändert. Evolutionäre Psychologie spielt im Therapiekontext in Deutschland kaum eine Rolle, wiewohl gerade ein solcher Mismatch den Anstieg der ADHS-Diagnosen im Zusammenhang mit der Entwicklung der Smartphones und massiven Mediennutzung gut erklären könnte. Auch die vielen selbstunsicheren Persönlichkeitsstörungen, die diagnostiziert werden, könnten ein Mismatch in einer durch Singularisierung und Selbstverwirklichung geprägten Individualismusgesellschaft sein.[33] Der Anstieg von Verschwörungstheorien in einer unübersichtlich erscheinenden Welt und die Auflösung fester kleiner Bezugsgruppen führte in einer dialektischen Rückbewegung wieder zur Schaffung solcher: der Filterblasen des Internets. Wir sind evolutionär nicht für die mediale Globalisierung gemacht.

Der Rückgang der Geburtenrate, die Auflösung sicherer Familienstrukturen und transzendental abgesicherten Partnerschaften und damit Versorgung, der Gleichstellungs- und Karriereanspruch der Gesellschaft an junge Frauen, die oft einen Versorgungs- und Sicherheitswunsch haben, könnten ein Hinweis auf einen evolutionären Mismatch bei jungen Frauen sein, die den größten Anteil an der Diagnosenerhöhung haben. Die Großfamilie existiert nicht mehr, stammesgeschichtlich wurden aber Kinder von mehreren Frauen zusammen aufgezogen, die heute arbeiten gehen oder in anderen Städten wohnen. Die Alleinerziehende wird zwar medial herausgestellt, die Überforderung, die daran liegt, jedoch nicht in ihren gesellschaftlichen Ursachen diskutiert.

Ein Mismatch ergibt sich aus den evolutionären Ansprüchen an die Partnerwahl: Da Frauen die langfristig höheren Kosten der Weitergabe unserer Gene haben, suchen Sie nach den fittesten, männlichsten und stärksten Männern, die zudem hohen Sozialstatus haben[34] und Versorgung garantieren können, gleichzeitig wird in den westlichen Gesellschaften dieser Typ Mann medial abgewertet und androgyne Männer aufgewertet. Männer wiederum suchen traditionell eher nicht-dominante Frauen, die keine Konkurrenz darstellen und Familienstabilität über Freundlichkeit garantieren. Neuere gesellschaftliche Trends legen aber ein anderes Sozialverhalten nahe. Nur: zufrieden ist keines der Geschlechter, die Versingelung steigt, sozial höher gestellte und dominante Frauen haben Schwierigkeiten, einen Partner zu finden. Gewinner sind die 10% der sozial und physisch fittesten Männer, die sich den Typus Partnerin aussuchen können. Alle anderen befinden sich im Mismatch ihrer Ansprüche und Rollen. Die erschreckende Partnerlosigkeit junger Männer und die Unzufriedenheit und psychischen Symptome junger Frauen, Kinderlosigkeit und Überalterung sind ein deutlicher Beleg für einen evolutionären Mismatch von gewandelten gesellschaftlichen Ansprüchen und Geschlechterrollen.

Auch das dopaminerge Belohnungssystem, das in der Suchtentwicklung eine Rolle spielt, war früher wegen des fehlenden Zugangs zu Drogen ein evolutionärer Fitnessfaktor, Risiko auszutesten und so nicht nur dem Stamm zu besseren Werkzeugen und Nahrung zu verhelfen, sondern sich auch kleine Kicks zu verschaffen. Jeder Kreative kennt das. Heute braucht es das nicht mehr in dem Maße, der Stamm ist versorgt und – Drogen sind ubiquitär verfügbar.

Deutlicher erhöhter Drogengebrauch

Seit den 70er Jahren des letzten Jahrhunderts stieg der Drogengebrauch in der westlichen Welt erheblich an.[35] Während der Alkoholkonsum auf hohem Niveau stabil blieb, nahmen andere, stärker psychotrop wirkende Drogen deutlich zu. Auch die Stärke der verwendeten Drogen nahm deutlich zu (etwa der Gebrauch von Fentanyl bei Opioid-Abhängigkeit, die Steigerung des THC-Gehalts in Cannabispflanzen). Aus dem Drogenaffinitätsbericht der Bundeszentrale für gesundheitliche Aufklärung von 2019[36] geht hervor, dass über 50% der jungen Menschen zwischen 14 und 24 schon einmal Cannabis und ca. 25% andere illegale Drogen probiert haben. Da wir wissen, dass die Dunkelziffer höher liegt und es in vielen Fällen nicht nur Probieren ist, müssen sekundäre psychische Erscheinungen auftauchen, die eine Diagnose suggerieren. Selbst eine psychische Diagnose, imitiert eine Droge sehr viele Symptome anderer psychischer Erkrankungen – von schweren Angstzuständen bis zu Vergesslichkeit. Euphorie, tiefe Depression, Wahnvorstellungen, Jucken, Haare ausreißen, Distanzminderung oder zerfahrenes Denken können alles Drogenwirkungen sein, es aber wie eine andere Krankheit aussehen lassen. Deshalb ist es nach wie vor wichtig, so wertfrei wie möglich Drogengebrauch zu diskutieren, damit diese maskierten Symptome zugeordnet werden können und Drogenfreiheit während einer Therapie zu erreichen, damit nicht an der falschen Stelle angesetzt wird. Ich habe in vielen Therapieanträgen lapidar gelesen, dass es keine Hinweise auf Alkohol- oder Drogenprobleme gebe. Zugleich bekomme ich als Gutachter auch den Bericht der Krankenkassen zu den Erkrankungen der letzten Jahre mitgeschickt – und nicht selten tauchten dort Drogendiagnosen oder Einlieferungen wegen Vergiftungen etc. auf. Der Anstieg und auch die Entstigmatisierung des Drogengebrauchs *muss* zwangsläufig auch zu einer Erhöhung anderer Symptome führen – ob das dann noch eine eigenständige Diagnose ist, bleibt zu klären. Auch Alkohol fällt noch immer zu oft unter den therapeutischen Tisch.

Neben der Freigabe von Cannabis und der Diskussion, dies auf weitere Drogen anzuwenden, werden Drogen noch auf andere Weise entstigmatisiert: durch die wundersame Verwandlung in Medizin. Wenn Opioide vom Arzt verschrieben werden, sind sie dann keine Suchtmittel mehr? Es gibt medizinisch verordnetes Cannabis, Amphetamine, jetzt Ketamin. All dies hat psychotrope Wirkung und kann iatrogen weitere Symptome auslösen – und führt so sekundär zum Anstieg psychischer Diagnosen.

Veränderte soziale Rollen

Die Gruppe, die überproportional häufig von Geschlechtsdysphorie, Long Covid, depressiven Störungen, Aufmerksamkeitsdefizitstörungen, sozialen Phobien, Autismus-Spektrum-Störungen und verschiedenen Essstörungen betroffen ist, sind vor allem junge Menschen, insbesondere Frauen. Dieser deutliche Anstieg sowie die geschlechtsspezifische Verteilung psychischer Diagnosen werfen Fragen darüber auf, wie soziale Rollen neben den bereits diskutierten einen Einfluss haben. Auf Seiten der Patientinnen könnten die häufigere psychischen Diagnosen mit folgenden Faktoren zusammenhängen: Frauen nehmen häufiger Gesundheitsdienstleistungen in Anspruch[37], insbesondere jüngere Frauen. Sie sind generell sensibler für Körpersymptome, machen sich mehr Gedanken über ihre Gesundheit und sind tendenziell ängstlicher, haben höherer Werte bei Neurotizismus und geringere bei emotionaler Stabilität als Männer.[38] Bei negativen Ereignissen haben sie eher einen inneren, stabilen *locus of control*, zeigen aber auch stärkeres Hilflosigkeitsverhalten in Abhängigkeit von Gesellschaft und Beziehungen. Manche Diagnosen bestätigen das »Ich kann nichts dafür«-Gefühl.[39]

Die traditionelle weibliche Rolle, die Fürsorglichkeit, Empathie und Konsensorientierung betont, könnte dazu führen, dass Frauen vorgeschlagene Diagnosen eher annehmen. Junge Frauen sehen häufiger die gesellschaftliche Verursachung persönlicher Probleme und nutzen intensiver soziale Medien, was den Vergleichs- und Wettbewerbsdruck erhöhen kann.

Auf Seiten der überwiegend weiblichen Therapeuten könnten die stärkere Bestätigungsneigung, häufigeres Fürsorgeverhalten, die stärkere Betonung von Harmonie in sozialen Beziehungen und das ausgeprägtere In-Group-Phänomen zu mehr Diagnosebestätigungen und Anerkennung von Leiden, insbesondere bei Frauen führen. Der Wunsch, Patienten zu schützen, kann paradoxerweise zu einer

Schwächung führen. Da drei Viertel der Patienten und ebenso drei Viertel der Therapeuten weiblich sind, könnte dies in der Kombination der o. g. Faktoren zu einer Ausweitung von Diagnosen und wohlgemeintem Gesundheitsverhalten, aber auch der Verfestigung von Kranken- und Helferrollen führen.

Männer sind hingegen widersprüchlichen Erwartungen ausgesetzt. Sie sollen in der Partnerwahl dominant-männlich sein, in sozialen Rollen aber nicht. Sie sollen Gefühle zeigen, aber nicht jammern. Männliche Therapeuten sind selten, obwohl Männer diese oft bevorzugen würden. Das systematisch schlechtere Abschneiden von Männern bei den Abiturnoten verzerrt den Zugang zum Psychologiestudium und zur Psychotherapeutenausbildung.

Die traditionelle männliche Rolle, die Stärke, Unabhängigkeit und Leistungsorientierung betont, könnte dazu führen, dass Männer seltener Hilfe suchen und psychische Probleme eher verbergen. Die Erwartung, Gefühle zu unterdrücken, kann langfristig zu Störungen wie Suchtverhalten oder Aggressivität führen. Aber auch die Erwartung, Dinge selbst in den Griff zu bekommen und unabhängig von Hilfe zu sein, könnte wiederum Resilienz und psychische Gesundheit fördern und so ein Teil der Erklärung geringerer psychischer Erkrankungen unter jungen Männern sein.

Politische Überzeugungen

Überhaupt nicht diskutiert wird hier in Deutschland der Einfluss politischer Überzeugungen auf psychische Gesundheit, die als konfundierende Variable bestimmte Kontrollüberzeugungen aufweisen. Eine amerikanische Studie aus dem Jahr 2022[40] zeigt, dass depressive Affekte nach 2010 bei allen Jugendlichen anstiegen, aber die Anstiege waren bei weiblichen liberalen Jugendlichen am ausgeprägtesten. Die Ergebnisse waren über mehrere Ergebnisvariablen für internalisierende Symptome hinweg konsistent. Diese Ergebnisse deuten auf eine wachsende Kluft in der psychischen Gesundheit zwischen Jugendlichen hin, die sich mit bestimmten politischen Überzeugungen identifizieren. Es liegt nahe, dass die ideologischen Linsen und deren Kontrollüberzeugungen, durch die Jugendliche das politische Klima betrachten, ihr psychisches Wohlbefinden beeinflusst.

Wir reden in der Psychotherapie kaum über den *Confirmation Bias*, wenn bestimmte Gruppen angesprochen sind. Die Angst, als frauenfeindlich, rassistisch, transphob bezeichnet und ausgeschlossen zu werden, führt zum Bestätigungsbias – ist aber nicht wissenschaftlich haltbar. Dem renommierte Tavistock Centre in London drohen wegen verfrühter »Gender Affirming Care« massive Klagen.[41] Damit einher gehen zunehmende Klagen, dass missliebige Ergebnisse zu den Ergebnissen psychologischer Forschung unterdrückt werden.[42] So heißt es in der renommierten Zeitschrift Nature Human Behaviour: »New ethics guidance addresses potential harms for human population groups who do not participate in research but may be harmed by its publication.«[43]

Woke Überzeugungen führen dazu, dass moralische Kategorien auf Gruppen ohne Ansehen des Individuums angewendet werden und einige Gruppen definiert werden, die per se besser als andere sind. Diese sind durch Herkunft, Hautfarbe,

Klasse, sexuelle Orientierung und Geschlecht unterschieden, nicht durch ihr Verhalten. Die Infragestellung einer dieser Gruppen durch eine andere, »moralisch schlechtere« wird mit Ausschluss aus dem Diskurs beantwortet. Dadurch werden falsifikatorische Annahmen über bestimmte Verhaltensweisen der moralisch höher stehenden Gruppen und auch über Diagnosen ideologisch erschwert. Die Kollegen, die in sensiblen Feldern wie der Sexualmedizin arbeiten, berichten regelmäßig von schweren Transphobievorwürfen, die für eine Karriere tödlich sein können. So wird Erkenntnis ideologisch versperrt und selbst vergebene Diagnosen können wachsen.

Gefühlsrecht

In der heutigen Gesellschaft finden wir vermehrt das Phänomen des »Gefühlsrechts«, das zunehmend auch in Psychotherapieanträgen eine Rolle spielt. Gefühlsrecht bezeichnet die Tendenz, aus subjektiven Gefühlen objektive Tatsachen mit rechtlichen Konsequenzen abzuleiten. Menschen schreiben sich selbst den Status eines Opfers zu, um Nachteile zu vermeiden, andere anzuklagen, Unliebsame auszuschließen oder finanzielle Entschädigungen zu erlangen.

Ein Beispiel für Gefühlsrecht sind Mikroaggressionen auf dem Campus. Wenn sich jemand durch eine harmlose Bemerkung oder Geste verletzt fühlt, kann dies zu ernsthaften Konsequenzen führen. Der vermeintliche Täter kann öffentlich angeprangert, von Veranstaltungen ausgeschlossen oder sogar rechtlich verfolgt werden, ohne dass ein objektives Fehlverhalten vorliegt. Auch in den Medien finden sich Fälle von Gefühlsrecht. So wurde der Kabarettistin Lisa Eckhart von Kritikern vorgeworfen, in ihrem Programm antisemitische Stereotype zu bedienen, und gefordert, sie auszuladen, ebenso wurden Dieter Nuhr oder Ricky Gervais diskriminierende Äußerungen vorgeworfen. Die subjektive Empfindung einer Gruppe soll objektive Rechtsfolgen haben.

Problematisch wird es, wenn Therapeuten die verzerrten Emotionen und subjektiven Deutungen ihrer Patienten unhinterfragt übernehmen. Opfer brauchen demnach viel Therapie, Täter werden markiert und bestraft, ohne die Situation objektiv zu betrachten. Die Anklage wird zum Urteil, basierend auf dem Gefühl des vermeintlichen Opfers. Dabei dürfen wir nicht vergessen, dass auch Patienten lügen oder manipulieren können. Therapeuten, die solche problematischen Sichtweisen und Opferrollen verstärken, erschweren den Heilungsprozess. Gefühlte Wahrheiten eignen sich hervorragend für eine Täter-Opfer-Umkehr und die Projektion von Aggression.

Es ist wichtig, dass Therapeuten bei Widersprüchen zwischen berichteten Symptomen und Verhalten nicht blind den subjektiven Realitätsdeutungen ihrer Patienten folgen. Stattdessen müssen sie aus Redlichkeit und Wissenschaftlichkeit die Wahrheit ergründen, auch wenn es unbequem sein mag. Gefühlsrecht untergräbt nicht nur Grundprinzipien unseres Rechtssystems, sondern auch wissenschaftlicher Redlichkeit.

Gelder, Stellen, Forscher, Selbstbestätigung

Die Entwicklung moderner Psychopharmaka ist für die schwer psychiatrisch Erkrankten ein Segen gewesen. Sie hat Enthospitalisierung, Integration und Inklusion erst ermöglicht. Die Entwicklung nebenwirkungsärmerer Neuroleptika und Antidepressiva ist eine bedeutende medizinische Leistung. Doch das ist nun fast 40 Jahre her. Zugleich wissen wir aus der Placeboforschung, dass die schwer psychisch Kranken auf die Pharmazeutika ansprechen und eher nicht auf Placebo, während die »neurotischen Erkrankungen« eher auf Placebo ansprechen als auf das Verum.[44] Das heißt auch, dass es gleich ist, was ich den leichter psychisch Kranken gebe – sie werden eine Wirksamkeit berichten. Nun würde man von einem gewinnorientierten Unternehmen erwarten, dass es seine Zielgruppe erweitert und die obigen Prämissen suggerieren auch, dass es zur Indikationsausweitung kommen sollte, da es ja gleich ist, was wirkt. Tatsächlich sehen wir eine deutliche Ausweitung, zunächst der Zielgruppen. War ADHS eine Erkrankung des Kindesalters, wird sie nun auch im Erwachsenenalter diagnostiziert und medikamentös behandelt. War sie zunächst eine Erkrankung von Jungen, wird sie zunehmend bei Mädchen diagnostiziert. Metamphetamine steigern die Konzentrationsfähigkeit auch bei Gesunden, so wird sich niemand beschweren. Die Gewinne sind exorbitant.

Wieso werden SSRI auch gegen Angst, Zwang und Impulskontrollstörungen eingesetzt? Wie erklärt man sich das? Wieso werden neuere Neuroleptika auch bei Depression und ADHS gegeben? Wieso auch GABA-Pentinoide? Der Placeboeffekt ist das Entscheidende und ermöglicht, dass ein Medikament bei allen wirkt und so Zielgruppe, Markt und Gewinne ausweitbar sind. Dafür aber braucht man Diagnosen – auch diese weiten sich aus. Diesen Ist-für-Alles-Gut-Effekt gibt es auch bei Yoga, Coaching, Heilpraktikern oder Akupunktur – und Psychotherapie. Auch hier geht es neben den hehren Absichten um die Generierung von Geldern, Stellen und Forschung – der Ausweitung des Marktes.

Alle Richtungen der Psychotherapie helfen (analog zu den Psychopharmaka). Zugleich soll Psychotherapie für alles (und jede Zielgruppe) gut sein: Trauer, Berufswahl, Partnerschaftsschwierigkeiten, Schwierigkeiten, sich zu organisieren, Disziplinlosigkeit, Willensschwäche. Auch Psychotherapie weitet über Diagnosen und die Pathologisierung von Normalzuständen (z. B. Hypomanie) die Zielgruppe aus.

Man kann voraussagen, dass auch Ketamin keinen durchschlagenden Erfolg bei der Depressionsbehandlung haben wird. Es gibt keine biologischen Marker für Depression, weder hat sich die Serotoninmangelhypothese belegen lassen, noch zeigte die Einführung neuerer Medikamente in der Psychiatrie je einen Rückgang der psychischen Erkrankungen. Nach anfänglicher Euphorie tritt Ernüchterung ein, aber es wird weiter verschrieben, weil man wegen des Vorsorgeparadox' nicht aufhören kann – doch Patienten bleiben krank, wenn nicht der entscheidende Faktor behandelt wird. Das Wesen der Depression ist nicht das einer Stoffwechselstörung; es ist ein übergeordnetes Muster hoher Stressoren bei gleichzeitiger Hilflosigkeit, und diese Stressoren können vielfältig sein. Auch in der Psychotherapie hilft nicht Entspannungstherapie bei einer geschlagenen Frau (wie ich es schon in Therapieanträgen las) oder Schematherapie bei allen Problemlagen. Gehen wir nicht die wesentlichen Faktoren an, drehen wir uns im Kreis.

In der Medizin weiß man, dass Ärzte zu viel diagnostizieren und behandeln, um mehr abzurechnen. Warum sollte das ausgerechnet bei Psychotherapeuten nicht so sein? 2000 neue Psychotherapeuten jedes Jahr müssen ihr Geld verdienen. Das geht nur, wenn man eine, oder besser mehrere Diagnosen vergibt. Wir bestätigen unser Therapeutendasein durch die Vergabe von Diagnosen, oft zu Recht und manchmal zu Unrecht.

Psychotherapien werden länger und öfter eingesetzt. War bis 2017 eine Langzeitverhaltenstherapie 45 Sitzungen lang, sind nun 60 Sitzungen »normal«. Zunehmend bekomme ich als Gutachter Verlängerungsanträge über diese Grenze hinaus, in denen immer noch mehr »gefestigt« oder der Selbstwert verbessert werden soll. Die Bezahlung hat sich seit 25 Jahren deutlich verbessert. Die Vergütungsart unseres Krankenkassensystems fördert eine reduktionistische, nur symptomorientierte Sichtweise – diese wird durch Geldgeben verstärkt.

Etwa jede zehnte Therapiesitzung wird von einem Ausbildungskandidaten erbracht (Auswertung der eigenen Psychotherapieanträge als Gutachter; n=7645). Das verwundert nicht, ist doch ein Psychologe bei einem 40jährigem Arbeitsleben mindestens ein Zehntel davon in Ausbildung und therapiert dort schon. Ausbildungskandidaten beantragen viel häufiger gleich nach der Probatorik Langzeittherapie. Dabei ist in der Verhaltenstherapie eine Langzeittherapie kurz im Vergleich zu den Anforderungen einer Langzeittherapie in der Tiefenpsychologie. Die Begründung für die vielen Langzeitanträge gaben mir Studenten an einem Psychotherapie-Ausbildungsinstitut immer wieder freimütig. Sie ist so einfach und geht doch so an der wirklichen Behandlung vorbei: »*Ich brauche die Stunden für die Ausbildung.*« Nicht der Patient.

Jeder zehnte Langzeitantrag könnte Sitzungen enthalten, die von einem Studenten generiert werden, der Stunden braucht.

Auch der Forschungsbetrieb schafft Gelder und Aufmerksamkeit, z. B. wenn eine eigene, neue Diagnose Eingang in das System finden soll, wie etwa die der Verbitterungsstörung. Dies führt neben verdienstvollen diagnostischen Überlegungen auch zur Ausweitung von Diagnosen und der Aufmerksamkeit für Normalphänomene (z. B. das Hochstapler-Syndrom[45]).

Kommen wir nun zu einigen erkenntnistheoretischen Überlegungen im Zusammenhang mit psychischen Diagnosen.

Symptombeschreibungen sind keine Diagnose

Die Tendenz, dass Menschen psychische Probleme fälschlicherweise als medizinische Störung diagnostizieren, lässt sich weit über das Long-Covid-Phänomen (das wieder überzufällig häufig junge Frauen betrifft[46], dabei sind schwere Infektionen anders verteilt) hinaus beobachten. Man denke nur an die Zunahme der Meldungen über ADHS, Autismus oder Sozialphobie. Wenn der massive Anstieg der Gender-Dysphorie-Diagnosen einfach auf die Verringerung der Stigmatisierung von Transgender-Personen zurückzuführen wäre, würden wir erwarten, dass proportional gleich viele Personen beiderlei Geschlechts und aller Altersgruppen sich als Transgender outen, aber der Anstieg wurde fast ausschließlich von jungen Menschen und gebürtigen Frauen getragen.

Zugleich wird nicht über die Möglichkeit nachgedacht, dass es körperliche Ursachen für psychische Symptome geben kann, die nur noch nicht bekannt sind. Bekannte Fälle sind die der Lyme-Borreliose oder des Lupus erythematodes. Aber man führt im DSM-V eine Diagnose der »Complex Somatic Symptom Disorder« ein, die gar nichts mehr aussagt. Hier handelt es sich wieder um einen Fall der Verwechslung von Symptombeschreibungen mit einer kausalen Diagnose. Wir müssen uns in der Psychotherapie, anders als im somatischen Bereich, klar machen, dass eine psychiatrische Diagnose nichts über eine Ursache aussagt, und nicht die Depression die Ursache für Schlaflosigkeit ist. Es ist zudem sehr willkürlich, wie wir etwas bezeichnen. So können Sie einen Menschen, der nicht schlafen kann, schlechte Stimmung hat, verzweifelt ist, sich zu nichts aufraffen kann, grübelt, Menschen lieber vermeidet, öfter Magenschmerzen und Durchfall hat, ängstlich ist, je nach Wahl (oder Willkür) bis zu acht psychiatrische Diagnosen geben. Entscheiden sie zwischen ihnen oder geben Sie alle: Angst und Depression gemischt, Dysthymia, Neurasthenie, Depression, Anpassungsstörung, undifferenzierte Somatisierungsstörung, ängstlich-vermeidende Persönlichkeit und nichtorganische Insomnie. Warum nicht »Schlechte-Laune-Syndrom«?

Über die Ursachen wird dabei nichts gesagt, es wird aber suggeriert, dass die Diagnose die Ursache für problematisches Verhalten ist. Andere Syndrome werden nicht als psychische Erkrankung gesehen, obwohl auch sie Verhaltensstörungen sein können und psychogen verursacht: Adipositas oder Bluthochdruck etwa. Und dann gibt es die Ausweitung von Syndromen, die zum Glück (noch) nicht Eingang in psychiatrische Diagnosen gefunden haben. Adultismus, Klimaangst, Imposter-Syndrom sind mögliche Kandidaten. Auch hier wird nur ein Verhalten beschrieben und es durch einen Sprechakt in eine Diagnose verwandelt.

Ich plädiere hier im Buch dafür, ein psychisches Problem gut zu beschreiben (statt zu diagnostizieren) und es möglichst auch nicht Diagnose zu nennen. Vorbild ist für mich Karl Leonhard, der jenseits der bekannten psychiatrischen Diagnosen die Querschnitts- und Epiphänomene psychischer Funktionen sehr feingliederig und einzigartig beschrieb. Aus der je idiosynkratischen Beschreibung könnte man wieder Diagnosen machen, aber das führt zu dem bekannten Problem der Diagnoseninflation bei gleichzeitiger Einheitsbehandlung. Wahrscheinlich ist ein gangbarer Weg der der Reduktion auf wenige große Störungsgruppen (z. B. Depression, allgemeine Angststörung, psychotische Störungen, Persönlichkeits- und Interaktionsstörungen) bei genauester Beschreibung der individuellen Einflussfaktoren zur Erschaffung einer je einzigartigen modularen Therapie.

Ausweitung der diagnostischen Grenzen – Concept Creep

Concept Creep ist ursprünglich ein Prozess, bei dem einst schadensbezogene Themen eine semantische Erweiterung erfahren, um Themen einzubeziehen, die ursprünglich nicht für diese Bezeichnung vorgesehen waren. Waren dies früher »Verdrängung« oder »Narzissmus«, sind es heute »Gaslighting«, »Trauma« und »emotionaler Missbrauch« und psychiatrische Diagnosen. Der Glaube wiederum, eine Krankheit zu haben, im Zusammenspiel mit gesteigerter Selbstaufmerksamkeit, medialer Verbreitung und Ansteckung, oder Suggestion durch eine Fachperson kann insbesondere im psychischen Bereich genau diese Symptome hervorrufen, sozusagen eine Psychochondrie. Man beschäftigt sich viel damit, man geht zu Therapeuten, die *entpathologisieren*, aber es hilft in einigen Fällen nicht. Da es insgesamt eine Verschiebung von somatischen auf psychische Krankheiten gibt, etwa bei Arbeitsunfähigkeit und Berentungen, aber auch in der gesellschaftlichen Diskussion, sollte hypochondrisches Verhalten auch bei einigen psychischen Krankheiten zutreffen. Diese Patienten beschäftigen sich im Übermaß mit Diagnosen und Symptomen, sie werden ärgerlich, wenn man eine Diagnose in Frage stellt, sie testen sich, lesen Selbsthilfebücher und durch die gesteigerte Selbstaufmerksamkeit entdecken sie auch psychische Symptome. Mit dem Hinweis auf ihre Diagnosen vermeiden sie dann bestimmte Anforderungen.

»Concept creep runs the risk of pathologizing everyday experience and encouraging a sense of virtuous but impotent victimhood.«[47]

Wir möchten unsere Misere, Leere und menschliche Schwierigkeiten erklären, aber in einigen Fällen so, dass unser Selbstbild und Selbstwert gewahrt bleiben und wir »nichts dafür können«. Dies erfüllen einige Diagnosen im gesellschaftlichen Narrativ besser als andere.

Wie geschieht nun diese Ausweitung? Es wurden Spektren für eine Diagnose (Hypomanie-Manie, Autismusspektrum, Persönlichkeitsstil und -störung) eingeführt anstatt Kategorien, es gab eine Ausweitung auf alle Altersspannen (bei ADHS, bipolare Störung), es werden die Zeiten verkürzt, in welcher Symptome auftreten müssen, um eine Diagnose zu rechtfertigen. Früher durfte drei Monate nach dem Tod eines Angehörigen keine Depression diagnostiziert werden, jetzt sind es zwei Wochen. Es werden wenige Eingangssymptome mit einer Diagnose verwechselt. Besonders fatal ist die Einführung von Diagnosen »not otherwise specified«. Nehmen Sie DESNOS (Disorder of Extreme Stress Not Otherwise Specified). Wer will bestimmen, was extremer Stress ist; und so läuft es auf eine Selbstauskunft und -diagnose hinaus. Vorstufen psychischer Erkrankungen werden als Diagnose bezeichnet oder diskutiert (Hypomanie, Psychoserisikosyndrom, Mikrotraumata, emotionaler Missbrauch).

ADHS ist eine der Diagnosen, die in den letzten Jahren einen größeren Anstieg verzeichnete. Früher war es der Zappelphilipp, ein unruhiger Junge. Nun wird die Kohorte ausgeweitet und es sind auch die Träumer(innen) von dieser Krankheit betroffen. ADHS könne hinter allem stecken, versichern mir ADHS-Experten, ebenso wie Traumaexperten mir versichern, dass es eine psychische Erkrankung nur geben kann, wenn etwas Schwerwiegendes auf die Seele eingewirkt hat.

ADHS gibt es – bei einer Minderheit von Kindern, vor allem Jungen – und man kann es als Erwachsener erzeugen, in dem man Drogen nimmt, zu viele Reize setzt, nicht lernt, den Tag zu strukturieren, Belohnungsaufschub ein Fremdwort in der Erziehung ist, man nichts verpassen will und gottgleich denkt, man habe keine Grenzen, weniger schläft und sich wundert, dass alles so unkonzentriert ist. Doch dann kommt diese Diagnose als erleichternde Erklärung und Metamphetamin, das euphorisiert und klarer macht. Sich in Frage stellen muss man nicht mehr.

Wir narzisstischen Erwachsenen wären gern leistungsfähiger, nicht so ablenkbar, und diagnostizieren uns lieber selbst ein ADHS, als unsere Ansprüche zu hinterfragen und Grenzen einzusehen. Und »medizinischer Konsum« von Aufputschmitteln, warum denn nicht. Dennoch gibt es einen Teil Patienten, die diese Diagnose haben und bei den die medikamentöse und verhaltenstherapeutische Behandlung ein Segen ist, wie es auch die vielen andere Diagnosen gibt, aber darauf aufgesetzt eine Diagnosenausweitung bei einem Teil von Patienten, der sich seine persönlichen Schwierigkeiten mit einer Diagnose erklären will.

Eine Verhaltensstörung eines Kindes, bei der früher Erziehungstipps gegeben wurden, wird heute öfter als »bipolare Störung des Kindesalters« diagnostiziert, so haben Eltern und die Erziehung keine Schuld, auch das Kind muss sich nicht zur Disziplin ermahnen. Kinder sind reizbar, explosiv, weinen schnell – aber sie sind deswegen nicht krank. Und nun stellen sie sich vor, ihr Kind bekommt bereits Stimmungsstabilisierer, nimmt zu, wird künstlich ruhig. Auch Erwachsene, bei denen es in der Kindheit keine Hinweise auf ADHS gab, nehmen nun Ritalin. Was bei anderen zum Führerscheinentzug führen würde, ist nun legitimiert.

Autismus war früher eine äußerst seltene Erkrankung, eine schwere Entwicklungsstörung, die häufig mit Intelligenzminderung einherging. Jetzt explodiert diese Diagnose im Kindes- und jungen Erwachsenenalter. Vielleicht sollte man sie symbolisch-kulturell verstehen: Unsere Kinder vereinzeln. Am Autismus lässt sich die Ausweitung einer Diagnose gut nachvollziehen: Mit der Eröffnung der Spektrumsstörung und der Vermischung mit der Asperger-Erkrankung und weicherer Kriterien (so gibt es nicht mehr die Intelligenzminderung oder die Spezialbegabung als diagnostisches Kriterium) und der Möglichkeit, dies auch im Erwachsenenalter zu diagnostizieren, erweiterte man die Diagnosemöglichkeiten erheblich. Auch die Autismusdiagnose öffnet die Tür zu mehr schulischer Förderung und Nachteilsausgleich, zugleich exkulpiert sie Eltern und Kinder. Auch bei erwachsenen Patienten treffe ich auf den Wunsch nach dieser Diagnose, häufig von narzisstisch strukturierten Patienten, auch hier ist die Begriffsüberschneidung gar nicht so falsch. Narzissten können wenig Beziehung zu anderen aufnehmen und haben wenig *theory of mind*, auch bekannt als Empathie. Der Individualismus hat seit den 60er Jahren des letzten Jahrhunderts in den westlichen Gesellschaften deutlich zugenommen, Menschen schauen mehr auf sich, versingeln; auch das wirkt bisweilen autistisch.

Auch bei der Autismusdiagnose gibt es kein Stigma mehr, die Diagnose wird wie eine Auszeichnung zur Besonderheit und Hochbegabung getragen, außer von den wirklich Betroffenen, die sich verzweifelt bemühen, Kontakt zu bekommen, denen jede Überreizung Angst macht, die ihre Umwelt und die sozialen Konventionen einfach nicht so einordnen können und über die oft gelacht wird.

Auch an der Bipolar-II-Störung können wir die Ausweitung der Diagnosen erkennen. Eine Hochstimmung ohne krankhafte Auswirkungen, mit Rededrang, weniger Schlaf, kreativen Ideen wird jetzt zum Teil einer Krankheit. Mittlerweile gibt es Artikel über die »High Functional Depression«[48], d. h. Personen, die trotz Depression angeblich arbeiteten, Sport trieben, Sex hätten. Auch diesen logischen

Fehler gab es früher schon: Auch wenn keine klassischen Symptome vorhanden sind, nimmt man das als Beleg einer Krankheit an, z. B. im Konzept der »pseudoneurotischen Schizophrenie«. So kann man letztlich alles als krank bezeichnen, aber es ist nichts weiter als eine nichtfalsifizierbare Hypothese, ein No-Go im wissenschaftlichen Denken.

Auch die Diagnose »Angst und Depressive Störung gemischt« zeigt die Grenzverwischung: Keine der beiden Diagnosen muss im Vordergrund stehen, Teilsymptome von schlechter Stimmung und Angst reichen aus, um eine Diagnose zu vergeben, ebenso bei der »Anpassungsstörung mit vorwiegender Beeinträchtigung von anderen Gefühlen«.

»Zwanghaftes Sexualverhalten« ist eine neue Diagnose im ICD-11. Wie viel Sexualität ist zwanghaft? Zwanghaft heißt: Ich kann nicht anders. Was ist normal? Ist diese Diagnose eine Exkulpierung des notorischen Fremdgehers, des machtgeilen Grapschers?

Alle normalen Erscheinungen, wie Hyperaktivität eines Jungen im Grundschulalter (»ADHS«), Wutanfälle im Kindesalter (»Disruptive Mood Disorder« im DSM-V, warum nicht F61.99 »Pubertät«?), Vergesslichkeit im Alter (»Mild Neurocognitive Disorder« im DSM-V), tiefe Verzweiflung nach dem Tod eines geliebten Angehörigen (»Depression«), Hochgefühl beim Erreichen von Zielen oder auch grundlose Freude (»Hypomanie«), Völlerei (»Binge Eating«), Versessenheit auf ein Thema oder Tätigkeit (»Verhaltenssüchte«) oder Schüchternheit und Prüfungsangst (»Soziale Phobie«) und sicher demnächst auch Empfindlichkeit (»Hochsensibilität«) lassen sich bestens mit den neuen Diagnosesystemen beschreiben.

Die Normalität unseres Menschseins mit ihren Schwächen bleibt außen vor. Wir nehmen Schmerz, Trauer, Verzweiflung ihre Würde, wenn wir sie als krank bezeichnen. Die Vielfalt menschlicher Verhaltensweisen, das sensible wie auch das wütende Kind, der reizhungrige Abenteurer, die anhängliche Freundin sollten nicht als krank bezeichnet werden und vor allem nicht abgeschafft. Wir sprechen uns mit Diagnose und Therapie solcher Normalphänomene selbst die Stehaufmännchen-Fähigkeiten ab, geben der natürlichen Resilienz, auch schwerste Bedrohungen zu überstehen, Leid zu teilen und gemeinsam zu tragen, keine Chance.

Das Problem liegt nun mit der Diagnose im Patienten statt im Nahrungsangebot, in den Ansprüchen an Kinder, der sozialen Vergleichsmaschinerie, den sozialen Rollen, den sogenannten sozialen Medien oder in den überforderten Eltern. Und so drehen sich Therapien im Kreis, weil die eigentlichen Faktoren von einer Diagnose überdeckt werden.

Hier sehen Sie im verzweifelten Autor einen Fall von *Diagnosophobie, altruistic pattern*.

Reifikation

Gefühlsrecht, wie ich es oben beschrieb, ist ein Spezialfall von Reifikation. Reifikation meint das Erschaffen einer neuen Realität durch bloße Benennung und die Behandlung dieser Realität, als wäre sie objektiv. Res ist ein Sachverhalt, eine Angelegenheit, die *Re-Alität* werden soll. Es hat etwas von Zauberei. Im Psychischen können Sie leicht über Labeling, Diagnosenvergabe und narrative Deutung eine subjektive (manchmal psychotische – weil alle Beteiligten dran glauben) Realität schaffen, die dann ganz reale Interaktionsauswirkungen und nicht selten auch Rechtsfolgen hat.

Wann ist jemand krank? Bin ich mit meinem Bluthochdruck wegen meines Bewegungsmangels und zu viel Alkohol, meinen gelegentlichen Verzweiflungsphasen angesichts des Zustands unserer Welt, Plattfüßen, einem leichten Tinnitus, krank? Nach medizinischen Diagnosen, ja, aber wenn ich mich nicht als krank definiere, bin ich es nicht. Durch den Reifikations- oder Zauberakt wird allein mit der Benennung eine neue Entität und Realität geschaffen.

Kaum ist eine neue Diagnose in der Welt, werden Therapien entwickelt, Medikamente verschrieben, Stellen geschaffen. Wir sollten Long-Covid als psychische Diagnose studieren, weil hier durch mediale Information ein altes Phänomen (Depression, psychosomatische Probleme, Erschöpfung) bei der bekannten Zielgruppe (Frauen zwischen 18 und 45) mit neuem Namen auftrat, obwohl die virologische Grundlage, Covid-19, die Geschlechter gleichmäßig und die Älteren besonders betraf.

Auskünfte über psychische Symptome sind subjektiv, sie werden aber in einer zauberhaften Verwandlung durch die Autorität und Deutung eines Arztes oder Psychotherapeuten in etwas Objektives verwandelt. (»Der Arzt sagte, ich habe ein Aspirin-Mangel-Syndrom, als ich ihn auf die Kopfschmerzen nach einer durchzechten Nacht ansprach. Dann lag es also daran!«)

Wenn wir Unbehagen durch eine Autorität anders benannt bekommen, wird es zur Diagnose (»Anpassungsstörung«), ebenso wenn Erinnerungen als Flashbacks bezeichnet werden oder Auslösereize als Trigger. Persönlichkeitsanteile, verschiedene Seiten werden zur dissoziativen Persönlichkeit, Hochstimmung zur Hypomanie, Träumerei zur Aufmerksamkeitsstörung. Faulheit zum Anstrengungsvermeidungssyndrom.

In der Geschichte der Psychologie und Psychotherapie gab es schon so viele Bezeichnungen für Alltagsdinge, das heißt nicht, dass der *homo oeconomicus* oder das *Jerusalem-Syndrom* Realität wären.

Auch auf Seiten der Patienten gibt es einige Faktoren, die eine Ausweitung von Diagnosen nahelegen, nachdem die Stigmatisierung für einen Großteil der Diagnosen wegfiel.

Krankheitsgewinn

Diagnosen werden manchmal als Anklage benutzt, als *Opferwaffe*, wie im Fall »Die verbitterte Anklage« in diesem Buch (»Seht, was ihr mit mir gemacht habt!«); es geht nicht selten um Gelder und Versorgung in der Therapie. Weitere, häufig nicht offen angesprochene Bedürfnisse von Patienten, wie Anerkennung, Identitätsstiftung, Schuldabwehr oder materielle Vorteile, können durch eine Diagnose zufriedengestellt werden.

Viele Patienten kommen heute *gerne* in psychotherapeutische Einrichtungen. Sie befriedigen zum Beispiel das Bedürfnis nach Versorgung. Krankheit, Diagnose und

Therapie können so viel Gutes bedeuten: familiäre Gemeinschaft ohne eigene Verantwortung, wohlwollendes, nicht-wertendes Verstehen durch Therapeuten und Mitpatienten, gemeinsame Mahlzeiten, sogar *Wellness* und *Zeit für sich*. Regelmäßige ärztliche Untersuchungen, die Enthebung von der Jobsuche, die Vermeidung von zu viel Kontakt mit dem Ehemann oder Anklage gegen die Eltern.

Es erscheint verlockend, eine einzige Erklärung für die persönlichen Probleme zu haben und vor allem »nichts dafür zu können«, wie wir in der Geschichte »Such da, wo es nicht wehtut«, von einem jungen Mann lesen werden.

Beim Verlust von festen Identitäten (Geschlechtsrolle, Nation, Religion, Beruf, Partnerschaften) geben bestimmte Diagnosen Zugang zu neuer Identität, und zugleich zu Aufmerksamkeit, Zuwendung, und gegebenenfalls Opferstatus.

Nicht zu vernachlässigen ist der finanzielle Krankheitsgewinn sowie Erleichterungen und direkte Vorteile: Es gibt bei der Diagnose von ADHS die Möglichkeit des Nachteilsausgleichs mit einem Zensurenkorrekturfaktor, mehr Zeit bei Prüfungen, es können mit psychischen Diagnosen im Studium Krankheitssemester genommen und so die Regelstudienzeit überschritten werden, Erwerbsminderungsrenten, Kuren, Arbeitsunfähigkeit, Pflegestufen, Abwehr von Unterhaltszahlungen, Atteste zu Schichtarbeit, Einzelarbeitsplatz, Urlaubserhöhung ab einem gewissen Grad der Behinderung, Abwehr von Strafen – all das geht nur mit einer bestimmten Diagnose, am besten mit mehreren. Wenn eine Störung trotz Therapie und Medikation sich nicht bessert, sollten diese Faktoren untersucht, am besten aber schon in der Problembeschreibung und Eingangsdiagnostik erfragt werden.

Selbstdiagnose

Die Verfügbarkeit medizinischer Information hat immer schon zu Selbstdiagnosen geführt. So schön es ist, auch selbst über Krankheiten Bescheid zu wissen, und vielleicht gar keinen Arzt zu brauchen, kommt es jedoch zu typische Verzerrungen. Häufig wird von einem einzelnen Symptom die Diagnose abgeleitet (Schneiden = Borderline; Flashback = Trauma), es werden häufig nicht die relevante Menge an Symptomen über einen bestimmten Zeitraum berücksichtigt. Die klinische Bedeutsamkeit, in welcher relevantes Leiden und Funktionsbeeinträchtigung in wichtigen Lebensbereichen wie Partnerschaft und Arbeit vorliegen muss, wird häufig nicht gesehen.

Zudem ist es eine einfache Festlegung, wieder eine Reifikation: Wenn ein Patient sich in Symptomen im Internet wiedererkennt und das so seinem Psychotherapeuten sagt, dann wird er diese Diagnose bekommen. Es gibt kaum objektive Marker für psychische Erkrankungen. Der Psychotherapeut kann dann nur Widersprüche aufzeigen (z. B. berichtete Antriebsminderung, aber weite Reisen). Fremdanamnese, Schulzeugnisse, Falsifikationsbeobachtung sind wichtige Korrektive.

Auch auf Therapeutenseite gibt es verdeckte Motive und Verhaltensweisen, die vermehrte Diagnosenvergabe beeinflussen.

Selbstwirksamkeit, Kontrollüberzeugung und Vorsorgeparadox

Das Shirky-Prinzip besagt, dass Institutionen versuchen, die Probleme zu erhalten, für die sie die Lösung sind. Dies gilt auch für Psychotherapie und Kliniken. Wir brauchen Patienten, die uns brauchen. Eigentlich ist Psychotherapie Hilfe zur Selbsthilfe, aber ich fand in einigen Psychotherapieanträgen den Satz: »Ohne Psychotherapie wird sich die Störung wieder verschlechtern, deshalb beantrage ich ...«

Machtmotive, Selbstwertsteigerung und materielle Vorteile spielen eine Rolle. Therapeuten profitieren von vielen Diagnosen. Wir können uns in unserer Helferrolle überhöhen, kämpfen im Einsatz für Patienten stellvertretend eigene Kämpfe – und bekommen Geld.

Ich, der Therapeut, bin es, der wirksam ist, und wenn man nichts tut, macht man sich vielleicht schuldig. In einigen Fällen wäre es wichtiger gewesen, nichts zu tun, als eine Diagnose zu vergeben und eine langjährige Patientenkarriere zu starten. Geschlechtsrollenunzufriedenheit ist in der Pubertät Teil der Identitätssuche und vergeht in vielen Fällen wieder, auch depressive Episoden bessern sich zumeist auch ohne Therapie. Passagere Ängste im Kindesalter sind in der Literatur gut beschrieben. Hier klug zu entscheiden, welche Motive mit einer Diagnose bedient werden und eventuellen Schaden durch zu viel Aufmerksamkeit auf Symptomatik abzuwenden, ist eine hohe Kunst. Das Vorsorgeparadox zeigt uns, dass einmal genommene Medikamente selten wieder abgesetzt werden und eher noch ein zweites und drittes Pharmakon verschieben wird. Diagnosen, Medikamente, Psychotherapie werden in vielen Fällen beibehalten, ohne das es eine Besserung gibt. Ängstliche Menschen schätzen ihre Kontrollrituale, auch wenn sie unnötig sind. Ohne Therapie wird sich die Störung verschlechtern: Das ist das Vorsorgeparadox, eine nichtfalsifizierbare Hypothese, auf den Punkt gebracht. Verschlechtert sich der Patient auch unter der Therapie, liegt es keinesfalls an der Therapie, neue Stressoren sind hinzugetreten (obwohl Therapie die Mittel bereitstellen müsste, mit neuen Stressoren umzugehen), und es braucht noch *Mehr Desselben*.

Wir vergeben manchmal auch aus Hilflosigkeit weitere Diagnosen und wenden noch eine Technik oder ein Manual mehr an – doch der zugrunde liegende Konflikt wird damit eventuell sogar noch weiter verdeckt.

Bestätigungsbias

In einer Studie zur Wissenschaftskommunikation zeigten Kahan et al.[49] dass auch Wissenschaftler stärker bei uneindeutiger Forschungslage zur risikominimierenden Thesen neigen, aber vor allem zur Meinung ihrer eigenen Gruppe tendieren, während sie das im individuellen Kontext nicht tun. Auch wir Therapeuten hinterfragen kaum noch den Therapiemythos: Psychotherapie wirkt. Darin sind sich alle einig. Aber was da wirkt, kann nach wie vor niemand sagen. Jede Schule verteidigt ihre Methode und ihre Therapielänge – auch hier sehen wir, dass jenseits von Wissenschaftlichkeit der Gruppenkonsens das Entscheidende ist. Wir wissen, dass sogar Wartegruppen auf Psychotherapie besser werden. In Lateinamerika herrscht die

Tiefenpsychologie vor, es gibt unzählige kursorische Evidenzen, dass Heilpraktiker und Esoteriker gute Ergebnisse erbringen, ja der »schweigende Kroate« Braco[50] füllt Stadien – und Menschen sind begeistert.

Manchmal wird von der Technik her therapiert – weil eine Therapeutin ein bestimmtes Verfahren kann, wendet sie es bei allen Symptomen an. Und kann es immer bestätigend begründen. Der Placeboeffekt und die Kontrollillusion sorgen dafür, dass etwas wirksam ist. Dasselbe fanden wir bei den Medikamenten. In den 70er Jahren des letzten Jahrhunderts war es Valium, in den 80er und 90er Jahren gab es die Imap-Spritze (ein Neuroleptikum), die gegen Panikattacken, Depression und auch Schizophrenie half. Heute ist es die Kombination eines SSRI mit einem atypischen Neuroleptikum. Die beste Placeboantwort ist bei den Patienten zu beobachten, die auch von allein gesund werden würden.[51] Dies gilt wohl auch für Psychotherapie. Nahezu Gesunde sprechen am besten an und würden auch so gesund werden. Sie befriedigen andere Motive mit einer Diagnose, aber bräuchten nicht unbedingt Psychotherapie. Am Beispiel der Schizophrenie können wir deutlich sehen, dass spezifische Behandlung, medikamentös wie psychotherapeutisch, deutliche Verbesserungen bringt. Dies ist keine Modediagnose, verspricht kaum Krankheitsgewinn, aber in der Behandlung von Schizophrenien haben sich bessere Medikamente, Psychotherapie und Soziotherapie als segensreich erwiesen. Nur bekommen gerade Schizophrene kaum einen Psychotherapieplatz in der ambulanten Versorgung, auch weil Psychotherapeuten zu wenig klinische Erfahrung während ihres Psychiatriejahres sammeln. Hier gibt es eine deutliche Zwei-Klassen-Medizin.

In der Psychotherapiecommunity gibt es Glaubensinhalte, die sich auch durch Forschungsergebnisse nicht aus der Welt bringen lassen, so etwa der »Satanische Rituelle Missbrauch« oder die »Aufdeckung« (immer nur) sexueller Traumata. Die Hypothesen von »vorgeburtlichen Traumata« und »transgenerationalen Traumata« sind in ihrer Monokausalität und schweren Falsifizierbarkeit deutlich zu hinterfragen. Auch die dissoziative Identitätsstörung ist in ihrem Ausmaß und der Erklärungskonsistenz dürftig. So finden sich keine solchen Diagnosen im Kindesalter; doch es wird postuliert, dass die dissoziative Identitätsstörung durch ein Kindheitstrauma ausgelöst wird. Auch hier ist fraglich, warum es vor 1970 diese Diagnose kaum gab, und wieder sind es nahezu ausschließlich junge Frauen, die diese Diagnose aufweisen. Missbrauch gibt es mindestens zu 25 % bei Jungen im kindlichen Alter.

Therapeuten gehen nicht selten die Vermeidung der wesentlichen Patiententhemen mit: Sie fragen *nicht* nach Drogen oder Sexualität, sie bestätigen die selbstwertschonenden Deutungen ihrer Patienten in einer Diagnose. Kaum ein Therapeut stellt eine ihm seltsam erscheinende Traumadiagnose in Frage, obwohl es Forschung zum False-Memory-Syndrom gibt. Die Widersprüche bei manchen Traumapatientinnen, die immer wieder zu einem Mann in Behandlung gehen, die viele Sexualpartner haben, werden alle traumakongruent wegdiskutiert – auch hier finden wir nichtfalsifizierbaren Hypothesen. Wenige Therapeuten beenden eine Therapie, obwohl keine Motivation beim Patienten mehr zu erkennen ist. Sie hat doch diese Diagnose, sagen wir dann …, diese ist bei einer psychischen Erkrankung als komplexem Interaktionsgeschehen jedoch nicht alles.

Es finden sich in den Therapieanträgen zwei Denkrichtungen, die man als zwei gegensätzliche Auffassungen in der Psychotherapie beschreiben könnte.

Die eine könnte man als kalt, rationalistisch, kognitiv sehen, wissenschaftlich fundiert. Sie betont die Eigenverantwortung von Patienten am Geschehen, sie stellt die Wahrnehmungen von Kranken und deren Schlussfolgerungen in Frage. Gefühl ist nicht Realität. Sie fordert eine Metaperspektive, in der man sich von den eigenen Wertungen, Wahrnehmungen und Gefühlen distanziert. Sie sieht die Funktionalität von Symptomen im Systemzusammenhang. Diese Auffassung würde Therapie beenden, wenn der Patient seine Hausaufgaben nicht macht. Es werden strenge Kriterien an Diagnosenvergabe angelegt, es geht um das Prinzip der Minimalintervention, der Zweckmäßigkeit, Effizienz und Kostenminimierung. Sie falsifiziert Hypothesen (und Diagnosen). Sie ist selbstkritisch. Sie versucht, nicht zu pathologisieren, sucht Ressourcen und Resilienz.

Die andere ist eher helfend, betont den Opferstatus eines Patienten, nimmt jede Wahrnehmung als Wahrheit, betont Beziehung, nimmt auch unbewiesene Hypothesen als Erklärung an (ich zitiere aus einem Therapiebericht: »Weil die Mutter sie oft streng ansah, wurde sie traumatisiert«). Diese Auffassung führt Therapie fort, auch wenn keine Verhaltensänderung zu erkennen ist. Widersprüche werden ignoriert. Gefühle und Deutungen sind Realität. Auch Alltagsphänomene, die früher durch Freundesgespräche, Theologie, Philosophie und Kunst gelöst wurden, werden therapeutisch behandelt. Diese Auffassung fordert kaum, verwirft kaum Diagnosen und Hypothesen. Kritik wird eher abgewehrt und als »unmenschlich für den Patienten« bezeichnet. Auch nichtfalsifizierbare Hypothesen (wie »transgenerationale Traumata« oder »vorgeburtliche Erfahrungen«) werden integriert. Sie befördert eher die Pathologiepandemie.

Nun beobachte ich seit Jahrzehnten einen Schwenk hin zur zweiten Auffassung. Psychotherapie ist auch nur ein Teil des Mindsets einer Welt, aus der Aufklärung, Rationalität und Hypothesenfalsifizierung sich wieder verabschieden, zugunsten von Bestätigungsblasen, Ideologisierung und moralischer Abwertung anderer Gruppen als der eigenen.

Allmachtsanspruch

Psychotherapie vertritt heute nicht selten einen Allmachtsanspruch. Als Gutachter las ich Therapieanträge, in denen als Therapie die *adäquate* Trauer um einen Angehörigen geplant, oder Sterbebegleitung als Therapie benannt wurde. Es sollten Berufsentscheidungen *therapeutisch* diskutiert werden. Es gibt zwar auch in unserer Profession theoretisch das Prinzip der Minimalintervention; aus den Therapieplänen von Psychotherapien lese ich aber immer wieder das Gegenteil: einen unhinterfragten Maximierungs- und Optimierungsanspruch. Zu nahezu allen Themen sagen Psychologen etwas, sie sind gefragte Interviewgäste, es gibt mittlerweile Psychologie-Shows und unzählige (auch sehr gute) Podcasts. Diagnosen werden nicht selten in Sorgerechts-, Renten-, Arbeitsrechts- und Scheidungsprozessen benutzt, um anzuklagen oder Ansprüche durchzusetzen. Wenn man dieses Allmachtsdenken kritisiert, zeigt sich die ganze Kränkbarkeit des therapeutischen Berufsstandes, der doch zunächst so ruhig und verständnisvoll daherkommt und nur *helfen will*. Das Opfernarrativ der Patienten wird von Therapeuten selten hinterfragt. Psychotherapie und Kliniken dienen manchmal als Freundes- oder Familienersatz, als Seelsorge bei existenziellen Fragen – alles nicht unbedingt Krankenbehandlung. So weiten sich Psychotherapien aus – aber nur für eine bestimmte Patientengruppe.

In vielen Fällen hat Psychotherapie vergessen, dass sie Hilfe zur Selbsthilfe ist.

Schlussfolgerungen für die Psychotherapie

Die Diagnoseninflation entwertet wie die reale monetäre Inflation – hier die wirklich Kranken, die Diagnosen, die dringend zu behandeln sind. Sie erschüttert das Vertrauen in die Instanz, die Währung – hier: die Diagnosen – herausgibt, das sind die Therapeuten und Ärzte. Und Vertrauen und Beziehung ist unser wichtigstes Gut in der Behandlung psychischer Erkrankungen. Die Ausweitung der Diagnosen hat reale Nachteile: Man kann zu manchen Jobs nicht zugelassen werden, das Sorgerecht kann erschwert sein, Versicherungen zahlen nicht oder nehmen Patienten nicht auf, es kommt zur Verzerrung des Selbstbildes, zur Verfestigung der Opferrolle, der Inkaufnahme von Psychopharmakanebenwirkungen, Abhängigkeit von Psychotherapie und Interaktionsauswirkungen auf Partnerschaften.

Verhaltensweisen auf Seiten der Helfer und der Gesellschaft, die psychische Probleme verstärken (wie finanzielle Unterstützung auch ohne Anstrengung auf der anderen Seite) sind Teil der erweiterten Diagnosensicht. Motive auf unserer, der Therapeutenseite, wie Anerkennung, Selbstwerterhöhung, Konkurrenz, Abwehr unangenehmer Patienten, finanzielle Erwägungen, moralischer Kampf und Verbrüderungen, halten die Diagnosen unserer Patienten mit aufrecht.

Die Psychotherapeutisierung des Alltags, der Identitätsdruck einer narzisstischen Gesellschaft, der Verlust von Althergebrachtem, eine in der Digitalisierung die menschliche Aufmerksamkeitsspanne übersteigende Reizflut, der Verlust von Religion mit ihrer komplexen Erklärung von Leiden und Tod und Sinn sind nicht zu unterschätzende gesellschaftliche Einflüsse auf das Phänomen der häufiger werdenden psychischen Erkrankungen. Das Zusammenspiel von Gesellschaft, Symptomatik und Motiven der Patienten und Behandler kann eine derart übersteigerte Hilfe auslösen, dass diese möglicherweise nicht zur Bewältigung, sondern zur Verfestigung der Patienten- und Opferrolle führt.

Diese Wechselwirkung der verschiedenen Faktoren ergibt auf höherer Ebene typische Muster, die ich hier herausarbeiten möchte, etwa die Täter-Opfer-Umkehr oder die maligne Regression. Es entstehen neben der eigentlichen Krankheit übergeordnete Muster, Epiphänomene, und ein Wandel mancher Diagnosen (etwa Hochsensibilität) vom Stigma zur Besonderheit, die dann wieder eine Stabilität, ein Equilibrium, ermöglichen. Es gibt ganz real eine Menge an psychischen Störungen – und es gibt die darauf aufgesetzten, inflationären, die dann durch Selbstdiagnose und Reifikation zu einer realen Entität und Identität werden. »Seit der Arzt mir gesagt habe, ich habe ADHS, ging es mir besser.« (Zitat aus einem Therapieantrag)

Psychische Erkrankungen bringen kurzfristige Entlastung und langfristiges Leid: Schläge mit dem Kopf an die Wand können dies ebenso sein wie Kontrollzwänge zur Abwehr von vermeintlichen Gefahren. In der Fallgeschichte »Was ist Wahrheit?« bringt sogar die Missbrauchsbeschuldigung eines Therapeuten kurzfristige Entlastung und Versorgung mit sich.

Die funktionale, aber verdeckte Bedeutung der Symptome – durch sie Zuwendung, Verantwortungsabnahme, Unlustvermeidung oder Anklage zu erreichen – ist ein wesentlicher Krankheitsfaktor. Dazu kommen unsere eigenen Helfermotive, die Interaktionsteufelskreise und die spezifische Symptomdynamik (wie etwa bei Selbstmorddrohungen). Sie müssen mit in die Diagnose und Therapie einfließen, sonst werden noch so regelrechte Angstkonfrontationen und kognitive Therapien nicht wirken und die Therapie stockt.

Wenn die Diagnose nicht das ausdrückt, *was zwischen allen Handelnden los ist*, wird die Therapie fehlgehen.

So auch bei dem Fall, den ich später »Die Penisprothese« nannte, der aber mit der Diagnose *Depression* von der Therapeutin vorgestellt wurde. Ein Mann, etwa 50, war plötzlich depressiv geworden. Er wurde mit Medikamenten und regelrechter Psychotherapie behandelt. Erst das Konsil eines Urologen in der dritten Therapie brachte Aufklärung: Eine *Induratio penis plastica*, die Geschlechtsverkehr unmöglich machte, und eine Operation mit Prothese ohne Erfolg waren der entscheidende Faktor, den der Mann nicht erzählte, weil er sich vor den sämtlich weiblichen Therapeuten schämte. Die meisten Therapeuten sind weiblich, eine gesellschaftliche Bedingung von Therapie. Männer öffnen sich ihnen zu bestimmten Themen möglicherweise weniger.

Die bisherigen Diagnosen reichen nicht aus, um die Interaktions- und Systemauswirkungen psychischer Kompromisse zu verdeutlichen. Ich möchte damit nicht behaupten, dass Diagnosen oder Therapiemanuale unbrauchbar oder falsch wären. Wo aber mehr Faktoren als nur die Symptomatik eine Rolle spielen, entstehen vielfältige neue Situationsklassen. Wir Therapeuten kennen diese kniffligen Interaktionssituationen aus unseren Therapien und haben oft sehr unterschiedliche Namen dafür.

Eine maligne Regression, in welcher Patienten, einmal im Helfersystem gelandet, nicht mehr eigenverantwortlich handeln, kommt im heutigen Diagnosesystem nicht vor. Eine gegenseitige Motivationszuschreibung (»Überkreuz-Motivation«), in welcher sich Partner für die Erfüllung ihrer Bedürfnisse gegenseitig verantwortlich machen, ebenso nicht. Das komplexe Problem der Verschieberitis (»Prokrastination«), der passiv-aggressiven Kommunikation, der Verbitterungsstörung wird selten als eigenständiger Krankheitsfaktor gesehen. Die häufige Gefühlsschichtung aus Angst, Wut und Trauer wird nicht beschrieben. Wir diskutieren kaum über Neid, Habgier, Überlegenheitswünsche, Machtbedürfnisse oder kulturelle Faktoren von Ehre und Familie. Die uns gut bekannte Spaltung des Narzissten zwischen Groß und Klein (»Narzisstische Achsenstörung«) findet sich in der Internationalen Krankheitsklassifikation nicht wieder.

Dies alles stellt uns Psychotherapeuten vor ein Dilemma: Sollten wir den Abbruch einer Therapie riskieren, wenn wir etwa klar zu einer Trennung raten oder einen Drogentest einfordern – oder machen wir weiter entlang der Symptome und Manuale, und es würde alles so bleiben, wie es war?

Dürfen wir als Therapeuten eine traumatisierte Patientin damit konfrontieren, dass sie ihr Leiden durch fortgesetztes Klagen aufrechterhält? Einem Schuldner Hilfe verweigern? Computerverzicht als Voraussetzung für Psychotherapie fordern? Letztlich: Darf ich eine Therapie beenden, auch wenn das Leiden noch besteht?

Die akademische Psychologie hat lange in ihrer Abwehr (!) der psychoanalytischen Theorie systematisch ausgeblendet, dass die Seele, was ihr nicht passt, verdrängt, vergisst, verleugnet und projiziert. Wir behandeln vor allem in der Verhaltenstherapie (aus der auch ich komme) die Mikroebene der Symptome. Die zu nahe Sicht auf Probleme verstellt jedoch oft deren Lösung.

In der Tiefenpsychologie werden zwar die verdeckten Bedürfnisse sichtbar, aber nicht direkt verändert; als ob Einsicht allein schon zur Veränderung führte. Raucher werden Sie des Gegenteils belehren. Systemische Ansätze versuchen Lebensumstände zu ändern, so dass Krankheiten sich wieder in eine nichtkrankhafte Kompromissbildung verwandeln, sehen aber häufig die Spezifik und sekundären Teufelskreise der Symptomatik nicht. In der Therapie müssten wir nach dem Aufzeigen der Krankheitsfaktoren die Lebensumstände und Beziehungen verbessern und so einen kostenärmeren Umgang mit unseren widerstreitenden Bedürfnissen finden – so dass eine bessere Kompromisslösung als die ursprüngliche Erkrankung möglich wird. Therapieren wir Therapeuten jedoch immer weiter und nehmen die Entlastungsmöglichkeit des Symptoms weg, wird die (krankhafte) Kompromisslösung wieder gestört – und eine neue muss zwangsläufig auftreten: Die unendliche Therapie ist da. Suchtverlagerung und Symptomshift sind dazu zwei Stichwörter. Sie treten dann (also nicht immer) auf, wenn die wesentlichen Makrofaktoren und Interaktionsteufelskreise einer Krankheit nicht angegangen werden.

Es geht in diesem Buch auch um Grenzen der Psychotherapie. Therapeuten sollten nicht unbedingt eine Diagnose heilen, sondern Kompromisse wieder lebbar machen. Dabei ist symptomatische Therapie *ein* Bestandteil der Therapie, ist aber nicht *die* Therapie, wie die Verhaltenstherapie suggeriert. Psychologie und Psychotherapie sollten sich wieder erkenntnistheoretischer, philosophischer Grundlagen bewusst werden und bescheiden ihren Platz neben Medizin, Theologie, Jura und Kunst und nicht anstelle dieser einnehmen. Professionell sein heißt auch, zuzugeben, etwas nicht zu können und dann an andere Stellen zu verweisen, wissenschaftlich zu denken, Hypothesen zu testen und auch zu verwerfen.

Psychotherapie ist nicht analog zu einer medizinischen Behandlung zu sehen. Sie sollte eine individuelle Problembeschreibung und damit auch die Komposition einer modularen, individuellen Therapie ermöglichen. Symptombehandlung wie Angstkonfrontation, Umgebungs- und Beziehungsänderungen, aber auch weitere Interventionen wie Arbeitszeitverkürzung oder finanzielle Hilfen sind Bestandteil einer solchen Therapie. Erfolgreiche Psychotherapeuten haben immer schon eklektizistisch gearbeitet.

Schlussfolgerungen für die Psychotherapie

Das je einmalige Wechselspiel von Biografie, Persönlichkeit, Interaktion, verdeckten Bedürfnissen auf Patienten- und Therapeutenseite und gesellschaftlichen Bedingungen bringt ein je einmaliges Muster von Symptomen, Verhaltensweisen und Reaktionen der Umwelt mit sich – und so sollte auch die Therapie zugeschnitten sein.

Abb. 1: Die psychische Erkrankung als Kompromissbildung

Diese Kompromissbildung, die wir psychische Erkrankung nennen, sollte auch mit einem individuellen Namen belegt werden: *Das falsche Leben, in welchem man nicht egoistisch sein darf* sagt vielleicht mehr als die Diagnose einer *Depression* bei einer Frau, die zum Dienen erzogen und bei der jeder ihrer Wünsche religiös verbrämt als moralisch böse bezeichnet wurde.

Ich möchte diese je einmalige Beschreibung eines psychischen Problems *Plot* und nicht Diagnose nennen. Der *Plot* ist eine Kurzfassung des einmaligen Erscheinungsbildes einer bestimmten Konstellation. Ich möchte in der singulären Beschreibung einer psychischen Kompromissbildung nicht die Diagnosen abschaffen, sondern den Gesamtkontext sehen. Das Problem einzigartig zu benennen und damit dem Dilemma der sich erweiternden Diagnosen und Therapien zu entkommen und zu sagen, *was los ist*, ist Anliegen des Buches. Aus der Kenntnis der auch über die Diagnose hinausgehenden Faktoren kann so eine modulare Therapie geschaffen werden, die dem individuellen Störungsprofil am besten entspricht.

Der *Plot* enthält eine erweiterte Überschrift und die Kurzfassung eines Bedingungsmodells.

Ich kann hier nichts zu organisch bedingten psychischen Störungen sagen, dafür gibt es klare Leitlinienmedizin. Ich werde keine konkreten Therapien vorschlagen. Aus den individuellen Kurzbeschreibungen im *Plot* folgen manchmal zwingend Therapiebausteine, die es alle bereits gibt (z.B. Geldflüsse überprüfen, Eltern mit einbeziehen, kognitive Therapie, Einsicht und Rückmeldung von Mustern, Therapieberichte anfordern etc.). Dieses Buch ist kein Therapiebuch. Es erhebt keinen Anspruch auf Vollständigkeit; die Fülle menschlicher Reaktionsweisen in der Interaktion mit unterschiedlichen Therapeutentypen macht es ähnlich wie in der Musik vielleicht sogar prinzipiell unmöglich, ein vollständiges System abzubilden; auch bewege ich mich nur in einem bestimmten soziokulturellen Kontext. In den USA mit ihren Waffengesetzen, bei Selbstzahlern oder in einer hinduistisch geprägten Gesellschaft mit ihrer Ahnenverehrung tauchen ganz andere psychische Phänomene und damit auch Hindernisse auf.

Das Buch ersetzt nicht das genaue Studium einzelner Therapietechniken, nicht die ICD-Diagnostik und auch nicht grundlegendes Wissen über psychologische und medizinische Vorgänge.

Es soll auch zeigen, dass Psychotherapie nicht nur Technik, sondern immer auch die Kunst ist, heuristisch weit zu denken und Faktoren zu verknüpfen, eine Vielzahl von Diagnose- und Therapietechniken einzubeziehen und aus der je einmaligen Diagnose eine einmalige Therapie zu erschaffen. Es gibt zu wenig gute Therapien, die spezifisch zugeschnitten sind, und zu viele, die nichtkranke Verhaltensweisen behandeln wollen. Die Patienten, die es nötig hätten, aber stiller sind, bekommen keine Therapie. Wenn wir dabei bleiben, was wir können, Menschen mit realen psychischen Problemen zu behandeln und nicht unsere Disziplin auf ängstliche, aber Gesunde zu übertragen und den Versorgungsauftrag für die schwerer Kranken zuerst zu erfüllen, wäre viel getan.

Ich möchte den Blick für Querschnittsphänomene weiten: *Maligne Regression* kann bei einer Angsterkrankung genauso wie bei einer Suchterkrankung oder Depression auftreten, ebenso die *Überkreuz-Motivation* oder die kaum lösbare Falle *passiv-aggressiver Kommunikation*.

In den Geschichten stelle ich typische Fälle vor und arbeite systematisch Faktoren heraus. Praxis, Übung, Erfahrung, Supervision, Intuition spielen dann aber bei der Entwicklung des individuellen *Plots* und einer modularen Therapie eine ebenso große Rolle. In den Nachbetrachtungen zu den Geschichten lesen Sie Reflexionen über die spezifischen Faktoren des jeweils konkreten Falles – diese werden in die erweiterte Diagnostik psychischer Erkrankungen eingeordnet.

Ich habe die verschiedenen im Buch beschriebenen Beispiele aus eigener Praxis, unzähligen Psychotherapieanträgen als Gutachter gesammelt und meine Studentinnen und Studenten der Psychotherapie sowie Kolleginnen und Kollegen gebeten, zu dieser Sammlung beizutragen. Ihnen gebührt mein Dank.

Besonders danken möchte ich Martina Zschocke, Katja Kirsche, Katharina Suchy, Dirk Hohnsträter und Holm Bräuer, die mich immer ermutigt haben, weiterzumachen, die hilfreich kritisch waren und fleißig redigierten, die interessiert lasen und Rückmeldung gaben.

Die Geschichten im Buch sind Fiktion, auch wenn viele Beispiele, Diagnosen und Zitate – seien sie auch manchmal noch so absurd – real vorgekommen sind, aber wegen des Datenschutzes so von mir verfremdet wurden, dass keine Rückschlüsse auf konkrete Personen möglich sind. Auch wurden manche Beispiele der besseren Lesbarkeit wegen dramatisiert und zusammengezogen. Die inhaltlichen Komponenten haben sich so zugetragen. Im ersten Teil (»Diagnosensuche«) dreht sich alles um Therapien aus Sicht eines Therapeuten, im zweiten Teil (»Im Ganzen betrachtet«) werden aus der Weitwinkelperspektive auch noch andere Zusammenhänge deutlich.

Das Buch ist von einem Praktiker geschrieben. Ich werde nicht alles bedacht haben und würde mich freuen, wenn die Idee, dass eine Diagnose erweitert werden muss, Studien nach sich zieht.

Es richtet sich an psychologisch Interessierte, die knifflige Therapiefälle, ungewöhnliche Interaktionsmuster und die vielfältigen Einflüsse auf eine Psychotherapie kennenlernen wollen, aber auch an praktisch tätige Psychotherapeuten, die Fallstricke von Psychotherapien umgehen wollen.

Vielleicht erkennen Sie einige Muster wieder und können die Handreichungen verwenden, vielleicht aber auch ihre eigenen Erfahrungen in den Diskurs einbringen.

Psychologischer Reduktionismus, der nur bei Symptomdiagnose und Manualen stehen bleibt, bringt unendliche Therapien, regressive Patienten und verfestigte Strukturen hervor.

Ich kann mich irren, ist der vornehmste Satz eines Forschers.

Geschlossene Denksysteme führen nicht nur Patienten und ihre Beziehungen, sondern auch Therapeuten in die Falle.

Denken Sie jenseits der Diagnosen und Manuale.

Die Quellenangaben finden sich der besseren Lesbarkeit wegen am Ende des Buches wieder.

I   Diagnosensuche

Es gibt kein richtiges Leben im falschen

Am liebsten hätte ich den Fall gar nicht angenommen.

Frau Rothmaler kam zu mir in die Therapie, als sie ungefähr 34 war. Es war Mitte September und man konnte abends noch im Garten sitzen. Was machte diese Frau in einer psychiatrischen Klinik?, dachte ich, als ich sie zum ersten Mal auf dem Gang sah. Sie hatte halblanges blondes Haar, war schlank und bewegte sich anmutig im schwarzen T-Shirt und Jeans, die ihre Figur betonten.

Sie weinte, wie so viele Patienten in der ersten Sitzung, und berichtete, dass sie morgens nicht aufstehen wolle, keine Lust auf irgendwas habe, selbst das Essen schmecke fade. Ihr Körper schmerze überall, manchmal fühle sie das Duschwasser wie heiße Nadeln auf der Haut. Sie habe Angstattacken, Reinigungs-Zwangshandlungen, Suizidgedanken, Brechanfälle. Sie wirkte verzweifelt und wie jemand, den zum ersten Mal die volle Wucht psychosomatischer Symptome überfallen hatte. Aber ich hatte gelesen, dass sie schon mehrere Therapien hinter sich hatte.

Frau Rothmaler war verheiratet, hatte zwei Kinder und arbeitete halbtags als Kindergärtnerin. Ihr Mann unterstütze sie sehr, ohne ihn würde sie es nie schaffen, sagte sie. Die Patientin war seit 15 Jahren wegen dauernder Infekte, unerklärlicher Schmerzen, und später zunehmend wegen Beschwerden im Bereich des Unterleibs krankgeschrieben worden. Es gab unzählige Untersuchungen, Diagnosen, Myome, Myalgien, viele Restdiagnosen, die alle bedeuten: Man weiß es nicht genau. Die Symptommenge war beeindruckend. Sie nahm Schmerzmittel, Vitamine, immunstärkende Medizin und irgendwann dann kam ein Arzt auf die Idee, dass es etwas anderes sein müsse – übrig blieb dann wie so oft der Gang zu uns Psychotherapeuten. Sie ging zunächst zu einer Psychoanalytikerin. Zwei Jahre lang habe sie dort ihre Lebensgeschichte erzählt, viel über ihre Eltern gesprochen. »Es tat gut zu sprechen«, sagte die Patientin, »manchmal waren danach Ängste auch weg«. Was die Therapeutin sonst gemacht hatte, konnte mir Frau Rothmaler nicht sagen.

»Die psychosomatische Kur danach tat mir gut«, fuhr sie fort, »wir waren eine gute Gruppe, die Natur und die Spaziergänge beruhigten. Und der Sport!« Sie habe in den Therapien gelernt, wie wichtig ein Tagesplan ist, *Zeit für sich*, und *Gefühle aussprechen*. Ich fragte sie, was *ich* noch machen sollte.

Kurz nach der Kur kehrten die Beschwerden zurück, Wochenendmigräne, Uterusbeschwerden, Brechanfälle des Morgens, eine wie gelähmte linke Hand. »Ich will doch eine gute Mutter sein und eine gute Ehefrau«, sagte Frau Rothmaler und weinte wiederum. Zwischen den weinerlichen Schilderungen ihrer Symptome fiel mir hin und wieder ihr harter Ton auf, wenn Sie darüber sprach, wie etwas ihrer Meinung nach zu Hause zu sein hatte, die Wäsche, die Abendbrotzeiten.

Der internistische Hausarzt hatte sie dann zum Psychiater überwiesen. »Der hat kaum mit mir gesprochen«, schilderte Frau Rothmaler ein weit verbreitetes Problem, »er meinte, das sei eine Depression. Das weiß ich doch selbst, dass es eine Depression ist«, sagte sie vorwurfsvoll und schaute mich an, als sei ich dieser Arzt. »Er hat mir Medikamente aufgeschrieben, ich wurde müde und war nur wie eine Maschine. Ich hab sie dann wieder abgesetzt und bin nicht mehr hingegangen.«

Sie ging zu einer Homöopathin, die ihr von einer Freundin empfohlen worden war. »Die hat was von Energien erzählt«, berichtete Frau Rothmaler, »mir Kügelchen gegeben. Das Beste war ihre Stimme, die hat mich beruhigt, sie hat Entspannungsübungen gemacht. Aber es wurde mir zu teuer, und wirklich geändert hat sich nichts.« Sie wurde immer öfter krankgeschrieben, sie fürchtete um ihren Arbeitsplatz. Sie reduzierte ihre Arbeitszeit im Alter von 32 Jahren. Sie machte einen neuen Versuch und holte sich eine Überweisung für eine Verhaltenstherapie. Rasch fand sie einen Platz bei einem der Ausbildungsinstitute.

Sie gab mir den Bericht in die Hand. Wieder ein ähnliches Programm, wie überall, wie oft hatte ich dasselbe bei den verschiedensten Diagnosen gelesen: Aufbau positiver Aktivitäten, Freudentagebuch, angenehmere Gedanken finden, Schmerz-Wahrnehmungslenkung, Arbeits-Lebens-Balance. Doch nach zehn Sitzungen ging es der Patientin schlechter und dann so schlecht, so dass die Therapeutin sie bei uns in der Klinik anmeldete. »Irgendetwas hat mir an der Therapeutin gefehlt«, sagte Frau Rothmaler und schaute mich mit einem scheuen Blick an, dass ich glaubte, ich hätte eine Zehnjährige vor mir sitzen.

Im Aufnahmebericht unserer psychosomatischen Station standen nun *neun* psychische Diagnosen: Panikattacken, generalisierte Angststörung, nichtorganische Insomnie, Somatisierungsstörung, anhaltende somatoforme Schmerzstörung, Anpassungsstörung, mittlere depressive Episode, eine nicht näher bezeichnete Essstörung und ein Verdacht auf eine selbstunsichere Persönlichkeitsstörung. Wäre ich jünger gewesen, hätte ich mir die Hände gerieben und lostherapiert.

Frau Rothmaler hatte dann am Premiumprogramm teilgenommen: Gesprächsgruppe, Körpertherapie, Tanzen, Kunsttherapie und natürlich psychotherapeutische Einzelgespräche. Sie hatte begonnen, wieder Antidepressiva zu nehmen, die modernsten, die es gab.

Maria, die behandelnde Therapeutin, übergab mir den Fall für eine weitere, diesmal tagesklinische Behandlung. »Eine sehr kranke Frau«, sagte Maria, »obwohl sich ihre Stimmung, gleich nachdem Frau Rothmaler auf Station kam, verbesserte, hatte sie immer wieder Suizidgedanken und Angstattacken. Natürlich haben wir Angsttraining gemacht. Sie lernte bei uns ›Nein‹ zu sagen, bei zu viel Hausarbeit oder wenn die Kinder zu viel von ihr wollten. Ich habe mit ihr über ihren inneren Antreiber gesprochen. Auch Biografiearbeit ist gelaufen. Die Mutter war sehr zwanghaft.« Maria setzte mit besorgter Stimme hinzu: »Wir mussten sie nach zwölf Wochen entlassen, die Krankenkassen, Du weißt, aber als ich es ihr drei Wochen zuvor ankündigte, wurde alles wieder schlimmer. Deshalb kommt sie zu Euch in die Tagesklinik, damit sie noch einen Halt hat. Ehrlich, ich kann die Frau manchmal nicht einschätzen.«

Was sollte ich denn nun noch machen? Neun Diagnosen, alle klassischen Programme sind schon gelaufen, dazu hatte sie alle wesentlichen Medikamente probiert. Wäre ich doch nur Milton Erickson und hätte den *einen* Satz, der alles veränderte! *Curabitur!* Da saß ich nun, hörte Frau Rothmalers Symptome nochmals und ihren Wunsch, sie für Ehe, Kindererziehung und Arbeit zu reparieren. Ich fragte sie, wie es um die Sexualität bestellt sei, ob sie Lust und Appetenz verspüre. Nein, sagte sie.

Nach der ersten Sitzung bei mir rief ihr Mann an. Seine Frau werde falsch behandelt, erboste er sich am Telefon. Ihr gehe es gleich nach Aufnahme in die Tagesklinik wieder schlechter. Sie brauche andere Medikamente, sie brauche »richtige Verhaltenstherapie«. Er würde gern mit zum Gespräch kommen und alles erklären. Ich versprach ihm am Telefon, ihn später einzuladen. Schon am nächsten Tag klopfte es heftig an meine Tür. Herr Rothmaler wollte mit mir sprechen. Er musterte mich von oben bis unten und hatte einen wütenden Blick. Vielleicht wollte er nur einmal sehen, mit wem seine Frau da sprach. »Hat sie von den Paargesprächen erzählt?«, fragte er mich. »Ich darf Ihnen nichts sagen«, antwortete ich »ich habe Schweigepflicht, wenn, dann im Beisein ihrer Frau und mit ihrem Einverständnis.« Er zog ab, nicht ohne zu fragen, ob ich schon etwas von kognitiver Verhaltenstherapie gehört hätte und dass er bereits mit der Oberärztin gesprochen habe.

Ich erzählte Frau Rothmaler in der nächsten Sitzung davon. »Mein Mann sorgt sich, das ist ja verständlich«, sagte sie mit einem Lächeln. »Ich mache ihm so viel Kummer. Er holt sich sogar für mich Rat bei der Gemeinde. Zu Gebeten hat er schon für mich eingeladen. Er bringt mir Blumen mit. Er hilft sehr viel, macht den Haushalt. Ein fleißiger Mann!« Sie kratzte sich am linken Unterarm, so dass man rote Striemen sah. Ich fragte sie, was sie früher gern gemacht habe, vor den Kindern. »Sport!«, platzte es aus ihr heraus, »ohne Sport kann ich nicht sein!« – »Aber sie haben doch diese Schmerzen!«, sagte ich. »Man muss sich ja überwinden«, antwortete Frau Rothmaler, jetzt wieder mit sanfter Stimme. Sie wolle auf keinen Fall dick sein wie ihre Mutter. Dabei war Frau Rothmalers Figur perfekt, sie zog die Blicke auf sich. »Früher bin ich auch tanzen gewesen. Einfach so tanzen, aber ich hab auch mal Flamenco getanzt und einen Kurs gemacht. Ich mag es, wenn man mich anschaut«, sagte sie und blickte verschreckt und schamvoll nach unten. Danach ging das Gespräch stockender. Sie antwortete, sagte aber nichts. Sie berichtete immer wieder von ihrem Mann, es war schwer, sie auf andere Themen zu bringen. Es sei *unvorstellbar*, in einer Wohnung nur allein zu sein, gar allein zu leben, die Wäsche zu machen, einzukaufen. »Ich kann gar nicht daran denken!«, rief Frau Rothmaler aus.

»Könnte es sein, dass sie mal weg von ihm muss?«, überlegte ich laut mit Maria, der Therapeutin von der Station, »ein Wochenende allein, Wellness, tanzen gehen. Dass sie vielleicht wie ein Tier im Zoo nicht weiß, was Freiheit bedeutet, sich aber danach sehnt? Zu früh gefreit hat oft gereut?« Die Therapeutin wich ein Stück von mir zurück. Ich dachte erschrocken, dass Maria auch überlegt hatte, sich zu trennen und von mir hatte Rat wollen. Doch es sprach eine korrekte Therapeutin: »Natürlich habe ich das thematisiert. Aber das kommt für Frau Rothmaler nicht in Frage. Sie ist christlich und wir müssen die kulturellen Prämissen respektieren. Es ist die Entscheidung der Patientin. Sie weiß besser, was für ihr Leben gut ist. Und: Wir können hier nicht Öl ins Feuer gießen, das meinte auch die Oberärztin. Diese Frau war immer wieder suizidal.«

Was, wenn alle Therapeutinnen bisher so gedacht hatten?

Kurz darauf fragte mich Frau Rothmaler, ob sie sich mit dem Ergotherapeuten ein individuelles Kreativitätsprogramm zusammenstellen könne. Herr Groß, einer unserer Ergotherapeuten, muskulös, Dreitagebart, 38 Jahre, 1,90 m groß, einem Katalog entsprungen. Ich hatte nichts dagegen.

In den folgenden Sitzungen war sie sehr viel aufgeräumter. Wir analysierten Verhaltensketten, ich probierte dies und das, aber sie kannte im Prinzip schon jede verhaltenstherapeutische Technik. Skills, Konfrontation, Entspannung. Man konnte nie sagen, wann etwas anschlug, mal fühlte sie sich gut nach der Sitzung, dann wieder sagte sie: »Heute geht gar nichts.«

Man sah sie oft mit Herrn Groß. Ging ich in die Cafeteria, standen sie am Ausgang der Sporthalle und sprachen. Ging ich über den Hof, sah ich sie durch den Garten spazieren. Ich sprach sie in einer Sitzung darauf an und fragte nach der Bedeutung dieser Gespräche mit Herrn Groß für sie. Sie errötete etwas. »Sie denken bestimmt, dass ich flirte und unglücklich bin«, sagte sie und ballte ihre Hände zur Faust, dass sie nahezu weiß wurden. »Ich versuche nur aus Ihrem Verhalten ein Muster herauszufinden«, gab ich zur Antwort, »so wie der Arzt früher fragte: Was fehlt Ihnen denn?« – »Ich habe Angst. Mir fehlt Angstfreiheit.« Ich dachte kurz über dieses Wort nach. *Angstfreiheit*, so ähnlich wie Angstlust, und ich lächelte. »Ich halte es eigentlich gar nicht hier aus!«, sagte sie, »ich habe solche Angst um meine große Tochter«. Man höre heute doch so viel Schlechtes, wenn ein junges Mädchen allein auf der Straße sei. »Ich kann diese Gedanken nicht abstellen, helfen Sie mir!«, sagte sie flehentlich und auch ein wenig drohend.

Ich ging nicht auf diese Ablenkung ein. »Was gibt Ihnen Herr Groß?«, fragte ich.

»Ich will bei meinem Mann bleiben. Er ist ein guter Mann. Er kümmert sich. Er arbeitet und verdient gut. Er hilft im Haushalt. Er hat Ahnung vom Geld. Er teilt das Geld in Briefumschläge ein, und daraus kann dann jede von uns frei verfügen. Sie haben kein moralisches Urteil darüber zu treffen, wie ich meine Beziehung lebe.« Da war er wieder, der Ton der ersten Stunde, hart, unerbittlich. »Ich treffe kein Urteil«, sagte ich und dachte zugleich, *doch*, ich treffe ein Urteil. »Ich suche nach dem, was Ihnen fehlt und was Ihr Körper Ihnen mitteilt.« Sie stand auf, sah mich durchdringend an und sagte höhnisch: »Ja, was fehlt mir? Ja, was fehlt mir?« und ging mit lautem Türschließen aus dem Zimmer.

Sie randalierte Sekunden später im Aufenthaltsraum, warf Vasen kaputt, schrie. Schwester Jana und ich standen vor der Tür, ich gab Anweisung, sie austoben zu lassen. Dann kam sie weinend heraus, die Schwester brachte sie in den Ruheraum ins Bett. Sie wollte nicht mit mir sprechen. Ich dachte an Rumpelstilzchens wütendes »Das hat dir der Teufel gesagt«. Danach sah ich sie nicht mehr mit Herrn Groß, aber die Schwestern erzählten mir, dass sie sie zusammen gesehen hatten. Ich sprach mit dem Ergotherapeuten.

»Ja, Frau Rothmaler kommt immer wieder zu mir. Wir reden über Ernährung, Fitness, Töpfern, Kinder …«, berichtete Herr Groß. »Ja, mir ist schon aufgefallen, dass sie meine Nähe sucht. Finden Sie etwas schlecht daran?«, fragte er mich. »Nein, ich will nur die Bedeutung herausfinden«, antwortete ich. »Flirtet sie, macht sie sexualisierte Andeutungen?« – »Das auf keinen Fall, aber ja, sie schaut mich an, so so

… ich will da nichts hineindeuten, sie ist ja wirklich sehr hübsch, aber wohl auch sehr kompliziert, man möchte lieber nicht näher mit ihr zusammen sein …«

Frau Rothmaler entschuldigte sich in der nächsten Sitzung für ihren Ausbruch und sagte: »Heute ist so eine freudige Angst in mir«. Sie wisse nicht warum, aber das gehe ihr manchmal so, es sei wie eine Lebensenergie, die durch sie hindurchpulse. *Sie meinen Libido*, dachte ich, aber verkniff mir, es auszusprechen, weil sie dann nur wieder stockend reden würde. Bloß keine explizite Therapie.

Ich fragte sie nach früheren Beziehungen, vor ihrem Mann. »Eigentlich nur eine«, antwortete sie. Sie habe einen gut aussehenden Unternehmer zum Freund gehabt. Ihre Augen leuchteten, aber ihre Mundwinkel verzogen sich nach unten. »Michael hat mich mit einem Cabrio durch die Stadt gefahren, wir waren tanzen, auf Lions-Club-Veranstaltungen, einmal sogar beim Ministerpräsidenten. Ich habe mich wie eine Königin gefühlt. Er war unglaublich unterhaltsam; er hatte ein Haus an den Elbhängen, er nahm mich in die teuersten Restaurants mit, er kaufte mir Kleider, wusste zu allem was zu sagen, war gebildet und war witzig.« Die Patientin schwärmte und stockte gleich wieder. »Er war unglaublich charmant, ich habe noch nie so viele Komplimente bekommen. Michael hat mich wie eine Grand Dame behandelt, dachte ich zumindest. Er konnte kochen, hatte Geschmack, zog sich gut an. Roch unglaublich gut.« Gleich kommt der Hammer, dachte ich.

Eine Freundin hatte ihr dann gesteckt, dass er die Sekretärinnen und Praktikantinnen seiner Firma anmachte. Jede ans Knie oder woanders hinfasse. Einige waren gegangen. Die Patientin hatte ihn zur Rede gestellt, und Michael, der Unternehmerfreund, stritt das gar nicht ab. »Stellen Sie sich vor, er hat gesagt, ich soll mich nicht so haben!«, rief Frau Rothmaler aus, »ich habe natürlich sofort Schluss gemacht«, setzte sie mit eiserner Stimme fort, »und ich habe ihn nie wieder gesehen!« Ich sah, wie ihre Kiefermuskeln hervortraten, ich meinte schon ein Zähneknirschen zu hören.

Kurz darauf hatte sie ihren Mann, einen Reifenhändler, kennengelernt. Anfangs tat auch er alles für sie. Sie heiratete ihn rasch. Mit neunzehn. »Ich wollte sicher gehen«, sagte sie, »ich wollte das nie mehr erleben. Im vollen Rausch zu Boden. Ich hab das noch niemandem erzählt.« Das konnte ich mir nicht vorstellen. Patienten sagen manchmal, dass sie eine bestimmte Geschichte noch nie erzählt haben, dann aber hört man eben diese Geschichte von einem Vortherapeuten. Aber vielleicht stimmte es auch.

Die häufigen Kopfschmerzen, die Appetitlosigkeit nach der Heirat – und eigentlich auch schon bei den Hochzeitsvorbereitungen – nahm sie nicht so ernst. Dann wurde sie schwanger und dachte, sie würde Michael vergessen. Sie erinnerte sich noch an die unglaublichen Angstgefühle, die sie überkamen, als sie den doppelten Streifen des Tests sah, und die sie sich nicht erklären konnte. Sie musste sich doch freuen. Doch die gesamte Schwangerschaft über riss es sie hin und her zwischen der Freude, Mutter zu werden und einer riesigen Angst, in welcher sie das Gefühl hatte zu fallen oder im Kosmos fern von der Erde zu schweben.

Frau Rothmalers Verhalten und ihre Stimmung waren nicht in ein Muster zu bringen. Es gab ihr Jammern und die willkürlich auftauchenden Ängste und Zwänge, dann eine Art quicklebendiges Mädchen mit auffallenden Ohrringen oder einem besonderen T-Shirt, dann wieder völlige Appetitlosigkeit und Apathie, und es konnte sein, dass sie sich schon einen Tag später wieder aufreizend schminkte. Dann fünf Tage *Depressionen*. Sie ließ mir gegenüber zunehmend Komplimente fallen, kam häufiger an meine Bürotür, um nach weiteren Therapiezeiten oder einem Literaturtipp zu fragen, gefolgt von jammerndem Nachfragen nach körperlichen Untersuchungen wegen der Schmerzen. Danach exzessiv Sport und Gespräche mit Herrn Groß. Ihr Mann tauchte hin und wieder auf Station auf; er erkundigte sich bei den Schwestern, ob seine Frau auch richtig mitmache. Einmal steckte ein Zettel an meiner Tür (ich bekomme viele solche Zettel, ich sammle sie), und Herr Rothmaler schrieb unter anderem: »Sie müssen die Symptome wegbringen! Unter denen leidet sie! Ansonsten ist unser Leben perfekt!«

Auch sie wollte mich immer wieder dazu bringen, mit ihr über Symptome zu reden, ihr Interventionen vorzuschlagen. Ich hütete mich, immer wieder dasselbe zu machen. Ich ließ sie mir ihre Nachmittage berichten, ich wollte das Motiv finden, woran ich anknüpfen konnte. Vieles, worüber sie sich ärgerte, erschien mir kleinlich. Ihre Aufregung, dass sich ihr Mann keine Gedanken machte, Strümpfe in ähnlichen Farben wie sein Hemd anzuziehen. Dann wieder war sie für mich intolerant: Ihr Mann traf sich montags mit seinen Freunden und sie spielten gegeneinander Computerspiele, was sie *abartig* fand. Auf der anderen Seite träumte sie, ein Kosmetikstudio aufzumachen, Tanzlehrerin zu sein, ihr Traumberuf. Ich überlegte, wie ich das Ganze nennen sollte. Eine Frau mit neun Diagnosen. *Die heimliche Tänzerin*, fiel mir ein.

An einem Wochenende fuhr ihr Mann auf eine Dienstreise, sie freute sich darauf, begründete ihre Freude damit, dass sie zuhause *richtig* aufräumen könne. Ich beschloss, meinem Urteil zu trauen und gegen das zu verstoßen, was Therapeuten üblicherweise denken, dass der Patient schon weiß, was er braucht …und dabei krank bleibt. »Wie wär's, wenn Sie an diesem Freitagabend mal tanzen gingen? Das ist eine Angsttherapie, Sie müssen sich konfrontieren, es ist Depressionstherapie, weil es eine positive Aktivität ist – und es ist Sport und gut für Ihren Körper. Ihre Kinder sind so groß, dass sie auch mal alleine ins Bett gehen, die Große passt auf die Kleine auf.« Sie schluckte, ihre Augen leuchteten. Sie wolle es sich überlegen. Es war Donnerstag. Am Freitag trug sie ein schwarzes T-Shirt mit einem nicht zu übersehenden tiefen Ausschnitt, die blonden Haare offen. Sie plapperte, scherzte mit jedem, bewegte sich ununterbrochen, und wirkte wie eine Achtzehnjährige. Immer wieder dachte ich an jenem Wochenende an Frau Rothmaler. Ich sah sie vor meinen Augen in einer Diskothek tanzen. Würde ihr das den Lebenshunger zurückbringen? Das wäre zu einfach, das war mir schon klar.

In der Visite am Montag berichtete sie angstgeschüttelt vom Wochenende und knetete einen goldenen Stachelball. Sie habe nichts geschafft, ihre Töchter hätten alles machen müssen, sie sei eine Versagerin. Sie warf den Ball nach mir. Ich fragte sie dennoch: »Und, waren Sie Freitag tanzen?« – »Ja, und es war gut!«, presste sie vorwurfsvoll hervor. Und rannte Türen schlagend hinaus. Wieder hörten wir es im Aufenthaltsraum poltern. Bis zur regulären Sitzung gegen Mittag hatte sie sich beruhigt und ich sagte ihr auf den Kopf zu: »Frau Rothmaler, es hat keinen Sinn mehr, Therapie nur entlang der Symptome zu machen. Ich glaube folgendes: Sie leben das falsche Leben. Es gibt kein richtiges Leben im falschen. Alles deutet daraufhin, dass Sie in Ihrer Ehe und sexuell und körperlich unzufrieden sind. Wesentliche Bedürfnisse von Ihnen werden nicht befriedigt. Sie fühlen sich eingeengt, dürfen aber nicht so fühlen. Ihr Mann bevormundet Sie. Die Therapeuten trauen sich das nur nicht zu sagen, weil da so viel dran hängt, Ihre Kinder, Ihr Glaube und die Gemeinde, das Eheversprechen, das Eingeständnis, lange so gelebt zu haben und vielleicht eine falsche Entscheidung getroffen zu haben. Therapeuten haben Ihre beeindruckenden Symptome gesehen und drauflos therapiert. Das ist nicht Ihre Schuld. Ihre Suizidalität hält alle davon ab, Ihnen etwas Freies zuzutrauen. Auch ich habe Angst um Sie. Die Krankheit gibt Ihnen die Freiheit, nicht zuhause zu sein, tanzen zu gehen, mit dem Ergotherapeuten gute Gespräche zu führen, Menschen zu haben, die Sie sehen und die Sie verstehen. Die Krankheit hilft Ihnen, Nein zu sagen, wenn Sie etwas nicht wollen. Sie müssen sich überlegen, grundsätzlich frei zu sein und die Dinge zu tun, die Ihnen gut tun und dafür die Konsequenzen zu tragen, oder Sie bleiben krank. Ihre Krankheit hält Sie bei Ihrem Mann, schickt Ihnen immer wieder Angstattacken, wenn Sie Ihren Bedürfnissen nachgehen wollen und Schmerzen, wenn Sie etwas im falschen Leben tun.«

Die Patientin schaute mich stumm und mit einem bösen Blick an. »Sie sollen mich therapieren.« – »Ich mache nicht mehr weiter mit dem üblichen Therapiedings, das hatten Sie alles schon, Sie wissen genau, was ich meine.« Sie wirkte wie eingefroren und sagte nichts mehr. Ich versuchte, sie zu etwas zu ermuntern, aber sie blieb in dieser Sitzung stumm und wies mich damit ab. Sie beendete die Stunde vorzeitig. Mir war angst und bange, ich hatte die Kraft gesehen, die in ihr steckte. Zwei Stunden später hörte ich in meinem Zimmer von draußen Schreien. Ich sprang auf und lief in den Flur.

Ich sah Herrn Rothmaler, Frau Rothmaler und Herrn Groß. Frau Rothmaler stand verängstigt auf der Treppe und ihr Mann gestikulierte und schrie mit sich überschlagender Stimme zu Herrn Groß: »Sie sind unfähig! Wissen Sie nicht, wie man richtige Kreativitätsprogramme zusammenstellt? Und Sie«, zeigte er jetzt auf mich, »was haben Sie sich eingebildet? Sie haben sie *tanzen* geschickt, als würde *Tanzen* gegen Depression helfen? Du kommst jetzt mit«, sagte er unmissverständlich zu seiner Frau und zog sie am Arm.

»Herr Rothmaler, das geht nicht«, sagte ich und ging rasch auf die beiden zu und stoppte einen Meter vor ihnen, »sie hat hier einen Behandlungsvertrag, sie ist freiwillig hier!«

»Blödsinn, freier Wille! Sie ist krank. Krank! Krank!«, schrie er und zerrte sie die Treppe hinunter. Frau Rothmaler blickte zum einen flehend zu Herrn Groß, der in einer versuchten Bewegung zu ihr hin erstarrte, sagte aber ruhig und gefasst: »Lassen Sie, ich gehe jetzt nach Hause.«

Wir hatten keine Handhabe, sie zu halten.

Frau Rothmaler kam am nächsten Tag noch einmal kurz in die Klinik, nachdem ihr Mann am frühen Nachmittag angerufen hatte, um ihren Entschluss zur Entlassung zu verkünden. Ich sprach sie an, ob sie wirklich gehen wolle und: »Haben Sie gehört, was ich gestern gesagt hatte?«

Sie blieb stumm und ging. Sie tauchte auch nicht mehr in unserer Klinik auf.

Manchmal denke ich an sie, und frage mich, ob sie sich je getraut hatte, frei zu sein.

* * *

Als ich jünger war, dachte ich, ich bräuchte nur eine gute Idee, einen genialischen Einfall, um die Therapie herumzureißen. Ich hatte die Bücher Milton Ericksons, Steve de Shazers und Frank Farellys gelesen und wollte genauso wie sie Ultrakurzzeittherapie machen; in einer Stunde, mit einem Satz eine erleuchtende Einsicht bringen oder das zentrale Motiv des Patienten packen. Ich erinnere mich an eine Geschichte Milton Ericksons, in der er einem delinquenten Jugendlichen den Satz sagt: »Ich bin gespannt, wie *Du* aus dem Schlamassel wieder herauskommst«, womit der Jugendliche bei seinem *Gang*-Ehrgeiz gepackt war und beweisen wollte, dass er ein ehrbarer Mann war. In Frau Rothmalers Fall musste ich einsehen, dass Patienten von tollen Sätzen allein nicht geheilt werden und die Dinge wesentlich komplexer sind.

Frau Rothmalers lange Therapiegeschichte zeigt besonders deutlich, dass Diagnosen nicht beschreiben, was los ist. Sie hatte *neun* Diagnosen bekommen, und keine hatte irgendetwas Substanzielles ausgesagt. Da aus einer Diagnose in der heute zumeist verhaltenstherapeutischen Therapiewelt eine automatische, manualisierte Abfolge von Therapiebausteinen im Mikrobereich der Symptome erfolgt, konnte es lange aussehen wie eine Therapie, aber es war ein Vorbeigehen an zentralen Bedürfnissen der Patientin. Das diesem Buch zugrunde liegende Denkmodell sagt, dass psychische Krankheiten ein übergeordnetes Cluster an Symptomen, Interaktionen und weiteren Einflussfaktoren sind, und *nicht* einfach eine Symptomkombination. Sie sind ein *Plot*, der nicht statisch ist.

Eine psychische Krankheit ist eine Kompromissbildung verschiedenster Bedürfnisse (▶ Abb. 1). Häufig gehen Psychotherapeuten nur die offen zutage liegenden und sozial erwünschten, dem Patientennarrativ entsprechenden Motive an. So kommt es zu Fehlbehandlungen.

Hier geht es um den interaktionellen Widerstreit verschiedener, auch verdeckter Bedürfnisse. Die Idee des Buches fasst systemische Denkweisen in Mikro- und Makrozusammenhängen wie auch intrapsychische Bedürfnis- und Konflikttheorien zusammen. Auch die Plananalyse nach Caspar (Caspar, 2018) stand mit ihren verdeckten, instrumentellen Plänen Pate.

Es gibt in der Literatur verschiedene Bedürfnis- oder Motivmodelle, die man zunächst zusammenfassen kann, wie es etwa Klaus Grawe (Grawe, 1997) getan hat. Die ersten sind konflikthaft angelegte Motive: Lust-Unlust, Autarkie-Versorgung/Sicherheit und Autonomie-Bindung. Konflikthaft sind sie deswegen zu nennen, weil die Befriedigung einer Seite den Wunsch nach der anderen Seite hervorruft. Andauernde Lustbefriedigung führt zu Sättigung und Unlust. Zu viel Sicherheit macht unselbständig und ängstlich. Zu viel Autonomie lässt Bindung vermissen, zu viel Bindung macht unfrei. Es gibt hier keine für immer gültige Austarierung; diese Konflikte müssen dem Leben immer wieder angepasst werden.

Werden diese Motive über längere Zeit nicht befriedigt, treten Symptome auf, und zwar unabhängig davon, nach welcher Seite die Motivbefriedigung oder -vernachlässigung tendiert.

So führt zum Beispiel zu viel Bindung und Kontrolle durch die Eltern häufig zu Zwängen oder Essstörungen, zu wenig Bindung und zu viel Autonomie neben anderen Faktoren eher zu Identitätsstörungen und der Borderline-Symptomatik. Auch zu viel Selbstwerterhöhung erzeugt Symptome, aber eher interaktionelle, die wir auch Persönlichkeitsstörungen nennen.

Selbstwerterhöhung, Konsistenz im Selbstbild und Kontrolle (wie sie von Grawe postuliert werden) sind hingegen Meta-Motive, die auch in andere Motive hinein verwoben sein können. Sie treten gern gemeinsam in der Selbstbildkontrolle, im *nach außen gemanagten Selbstbild* auf.

Statt viele Diagnosen nebeneinander zu stellen, wie es heute üblich ist (»Multimorbiditätssystem«), besagte früher das Schichtenmodell, dass das Problem einer tieferen Schicht die darüber liegenden Schichten beeinflusst. Ein tief liegender Konflikt zwischen Autonomie und Bindung kann auf der Oberfläche die verschiedensten Symptome hervorbringen und die dann gestellte Diagnose (z.B. Magersucht) sagt wenig über jenen Konflikt aus. Selbst wenn die Patientin nun zunimmt, aber sich nicht aus einem übergriffigen Elternhaus verabschiedet, wird sich ihr Autonomiebedürfnis wieder auf verweigernde, destruktive – krankhafte – Weise zeigen.

Am Fall von Frau Rothmaler können wir sehen, dass verdeckte Bedürfnisse den gesamten Fall steuern – auch das Bedürfnis von Therapeuten, Familienregeln nicht anzugreifen.

Frau Rothmaler hatte ihre erste Panikattacke bekommen, als sie den Schwangerschaftsteststreifen sah. Ein Kind würde sie stärker an ihren Mann binden, sie abhängiger machen, Autonomie und Kontrolle über ihr Leben einschränken. Dies war der erste Hinweis auf eine Störung im Bereich von Autonomie und Bindung. Fast alle psychischen Störungen beginnen mit einem Kontrollverlust über zentrale Bedürfnisse. Aber nur die Schwangerschaft als Auslöser reicht natürlich nicht, um die Entwicklung einer solch langen Störung zu verstehen. Ihre Beziehung zu dem Unternehmer Michael zeigte weitere Motive: Anerkennung als Selbstwerterhöhung, Lustbetonung in der Sexualität. Da im Fremdgehen dieses Mannes ihr Kontrollbedürfnis erneut verletzt wurde, prägte es sich umso stärker aus. Sie setzte in der Beziehung zu ihrem Ehemann nun auf Sicherheit und vermied Lust und Autonomie, weil dies Angst machte. Jedes Mal, wenn sie Angst bekam, konnte man erkennen, dass sie zuvor Autonomie gewagt hatte. Versuche von Therapeuten, ihre Ressourcen, Autonomie und Erfolge zu betonen, mussten auf Widerstand stoßen: Sie verstießen gegen ihr Selbstbild und das Sicherheits- und Versorgungsbedürfnis.

Ihre ursprünglich histrionisch strukturierte Persönlichkeit mit Lustbetonung, Sexualisierung, Gesehen-werden-Wollen, hoher Emotionalität stand dem Sicherheitsbedürfnis konflikthaft entgegen und brach sich doch immer wieder Bahn – was wiederum mit dem Selbstbild nicht zu vereinen war. Nur mit Krankheitssymptomen wurde sie von ihrem Mann, aber auch anderen Männern gesehen. Nur in der Krankheit konnte sie wütend sein, konnte sie sublimiert mit einem anderen Mann Kontakt aufnehmen. Nur wenn sie ihre Regungen als krankhaft bezeichnete, konnte sie sich mit sich in Einklang bringen.

Ein starkes Aufmerksamkeitsbedürfnis verweist auf ein tieferes Liebesbedürfnis: So gesehen zu werden, wie man ist, unbedingt, ohne Bedingung so angenommen zu werden, so wie es eigentlich im Idealfall nur als Kind geschieht. Gibt es nun nur

Aufmerksamkeit und nicht Liebe, muss erstere immer wieder wiederholt oder verstärkt werden. Diese Diskrepanz, diese Bedürfnisspannung war eine Quelle für immer neue Symptome unserer Patientin. Die eigentliche Bedürfnisrichtung zeigte sich im Kontakt mit dem Ergotherapeuten. Auch mit ihm machte Frau Rothmaler wieder dieselbe Erfahrung, langfristig nicht das zu bekommen, was sie eigentlich brauchte.

In diesem Fall ist der Ersatzbefriedigungscharakter von Symptomen zu sehen. Wenn man höhere Motive nur unvollständig erreichen kann, geht die Psyche auf leichtere oder frühere Stufen der Bedürfnisbefriedigung zurück. Es ist das Phänomen der Regression. Im Normalfall ist dies ein beinahe alltägliches, oft nur kurz andauerndes Verhalten, das den Menschen vor den Zumutungen der Gegenwart und seinen Selbstzweifeln zeitweise schützt und ihm Gelegenheiten des Durchatmens verschafft. Eine kurze Regression kennen wir alle, wie schön es ist, bei Krankheit nicht auf Arbeit zu müssen, Tee gebracht und Aufmerksamkeit oder Rücksicht zu bekommen. Abends etwas Rotwein zur Entspannung zu trinken, anstatt den Stress bei der Arbeit zu reduzieren. Dem Partner eine unliebsame Haushaltsaufgabe zu überlassen, weil es Anstrengung bedeutete, diese selbst zu lernen.

Heute bieten gute psychiatrische und psychotherapeutische Einrichtungen all das, um frühkindliche oder auch spätere unbefriedigte Bedürfnisse von Patienten illusionär zu befriedigen. Dies alles wird wohlwollend als Therapie gekennzeichnet, die abhängig machenden Seiten aber dürfen nicht angesprochen werden. Das sind vor allem: Verantwortungsabnahme und Narrenfreiheit, regelmäßige Mahlzeiten, automatisches Füllen der Leere eines Tagesablaufes ohne eigene Verantwortung, Einzelzuwendung zu Themen, bei denen sonst niemand empathisch zuhört. Aufgehoben- und Eingebundensein, ja das Familiärfühlen in einer Gruppe beschreiben Patienten als sehr wohltuend. Sie können auf folgende Einstiegszeichen für eine solche Regression achten: Patienten loben Therapeuten oder die Einrichtung unmäßig, es werden selbst kleinere Entscheidungen delegiert, er oder sie fühlt sich allein gelassen, wenn der Therapeut eine Stunde absagt oder in den Urlaub geht. Regressive Patienten freuen sich, nach einem Wochenende oder überhaupt wieder in die Einrichtung oder zum Therapeuten zu kommen. Vor der Entlassung kommen bei diesen Patienten wieder Symptome auf. Sie geben keine Therapieerfolge zu und können die Dinge, die im geschützten Setting funktionierten, nicht in den Alltag übertragen. So war es auch bei Frau Rothmaler.

So entstand der Plot der »unendlichen Therapie«. Ein unbefriedigtes Bedürfnis suchte sich seinen Weg, bis es zumindest die Illusion oder Ersatzbefriedigung für das ursprüngliche Motiv fand und sich ein neues Gleichgewicht, ein neuer Kompromiss ausbildete. Therapeuten machten in ihrem Falle mit und sahen nicht das eigentliche Drama. Die erste Therapeutin behandelte regelrecht symptomatisch; aber als das nicht anschlug und weitere Symptome auftauchten, hätte innegehalten und ein adäquates Krankheitsmodell entwickelt werden müssen. Entscheidend war dann der Satz der Therapeutin in der Klinik: »Sie ist christlich und wir müssen die kulturellen Prämissen respektieren. Es ist die Entscheidung der Patientin. Sie weiß besser, was für ihr Leben gut ist. Und: Wir können hier nicht Öl ins Feuer gießen, das meine auch die Oberärztin. Die Frau war immer wieder suizidal.« Die Hemmung der

Therapeutin, einen Konflikt herauszuarbeiten, ein Risiko in Kauf zu nehmen und sich auch mit der Oberärztin anzulegen, war hier entscheidend, *die Vermeidung durch Therapie* sogar noch zu unterstützen. Nicht selten gibt es eine Haltung von Therapeuten, auf keinen Fall weltanschauliche oder kulturelle Prämissen von Patienten anzugreifen; auch damit werden dysfunktionale Denk- und Verhaltensmuster zementiert.

Es wurde nur im Mikrobereich therapiert, ausgehend von Diagnosen und Symptomen. Der Makrobereich, die lange Störungsdauer, die erste Beziehung, die jetzige Beziehungsqualität und die Denkverbote durch die Religion wurden ausgeklammert. Der Konflikt zwischen Autonomie und Bindung wurde in der Patientin in Panikattacken gelöst: Dann musste ihr Mann für sie da sein, sie brauchte nicht mehr an ihre Wünsche zu denken. Ihr Lust-Unlust-Konflikt drückte sich in Schmerzen aus, in der Sexualität verhinderten Schmerzsymptome den Kontakt mit dem ungeliebten Mann. Eingestehen konnte sie es sich wegen der Selbstbildkonsistenz im christlichen Glauben nicht.

Es kamen immer mehr Therapien und damit Gleichgewichts- und Kompromissstörungen hinzu. Da sie ja nun Techniken kannte, mit Angst umzugehen, konnte sie nun tanzen gehen; aber höherstufige Motive von Sicherheit, Kontrolle und Selbstbildkonsistenz verhinderten dies mit weiteren, neuen Symptomen. So kam es zur Störung zweiter Ordnung, hier der unendlichen Therapie. Früher sagte man »Drehtürpsychiatrie« dazu.

Die »unendliche Therapie« ist hier der Kern.

Zur Ergänzung des Falles muss ich noch die biografischen Bezüge erwähnen. Frau Rothmalers Mutter war ein paar Jahre nach der Hochzeit sehr dick geworden und hatte mit der Tochter über Sexualität nur verächtlich gesprochen. Die Mutter fiel in Ohnmacht oder hatte Herzrasen, wenn ihr Mann zu spät kam. Sie weinte still oder sprach nicht, wenn er nicht das tat, was sie von ihm verlangte. Der Vater von Frau Rothmaler wurde mit den Jahren immer kleinlauter, frühere künstlerische Versuche fing er nicht einmal mehr in der Freizeit an, obwohl er in seiner Jugend passabel gemalt hatte. Später erfuhr Frau Rothmaler von ihrer Mutter, dass der Vater im zweiten Jahr der Ehe fremdgegangen war.

Kommen wir nun zum *Plot*. Eine solche Kurzbeschreibung könnte grundlegend aus einer auf das Problem hinweisenden Überschrift, den wesentlichen Krankheitsfaktoren und ihrer Zusammenhänge und gegebenenfalls der neuen Situationsklasse bestehen.

Der *Plot* unseres Falles könnte lauten:

Es gibt kein richtiges Leben im falschen.

Eine Frau steckt in einem Konflikt zwischen Aufmerksamkeits- und Lustbedürfnissen, der Sicherheit ihrer Ehe und der christlichen Familie. Therapeuten trauten sich nicht, letztere übergeordneten Normen anzusprechen, sondern behandelten immer wieder Symptome und störten das dadurch ausgependelte Gleichgewicht wieder. Da der eigentliche Bedürfniskonflikt keine langfristige

Kompromisslösung fand, kam es immer wieder zu neuen symptomhaften Kompromissen. Frühere Therapien wurden nicht überprüft. Es entstand die nächste Stufe des Autonomie-Bindungskonfliktes: Die Frau ging in eine Klinik, war damit autonom vom Ehemann und doch versorgt. Eine maligne Regression setzte ein und die unendliche Therapie wurde deutlicher. In der Symptomatik »In-der-Klinik-Sein« konnte die Patientin Abstand von ihrem Mann haben, konnte in Therapien tanzen und flirten, ohne dass sie wirklich etwas ändern musste.

Als ein Therapeut das hier beschriebene zentrale Muster ansprach, musste die Patientin in der Logik der Störung die Klinik verlassen (und später in eine andere gehen); es gab noch keinen konstruktiven Ausweg.

Der mikrogesellschaftliche Rahmen, die Normen des Familien- und Helfersystems sind bei diesem Fall nicht zu übersehen. Natürlich ist es schwer, sich aus der Familie und der Gemeinde freizumachen und sich dem Gefühl des Prangers zu stellen. Aber hinterfragt Therapie diese Normen nicht, wird sie fehlgehen. Auch nach der Prüfung der Sinnhaftigkeit von kulturellen Normen könnte unsere Patientin sich ja immer noch in rationaler Abwägung entscheiden, bei ihrem Mann zu bleiben. Dieser Fall ließe sich in freudscher Terminologie auch als Über-Ich-Es-Konflikt beschreiben, ginge damit aber am Faktor des Therapeutenverhaltens und unseres Krankenversicherungssystems vorbei. Lehnt ein Therapeut eine solche unendliche Therapie wie in unserem Fall ab, gibt es viele andere, die es dann versuchen. Es ist in unserem Krankenkassensystem überhaupt kein Problem, immer wieder neue Diagnostik und Therapie zu bekommen.

Der einfachste, energieärmste Weg, die ursprüngliche psychische Störung war nun *durch* Therapie verbaut, der Konflikt zugleich nicht angesprochen. Immer dann kommt es zur Verschlechterung, zu »neuen Kompromissbildungen«, d. h. zu neuen Symptomen oder Diagnosen – obwohl der Konflikt zwischen Sicherheit und Freiheit noch derselbe war.

Neben der Dokumentation des zentralen Problems jenseits der Diagnosen sollte es die Norm sein, dass Behandler alle Briefe und Befunde von Vortherapien lesen.

Unendliche Diagnostik und Therapie gibt es auch im somatischen Bereich. Dort wird schon lange dafür plädiert, dass auf der Chipkarte die Behandlungen gespeichert sind und nicht jeder Arzt erneut alle Untersuchungen macht. Es ist in Therapieanträgen auffällig, dass vorherige Psychotherapien oft nicht mit einbezogen werden, sogar wenn nahezu identische Therapiepläne vorliegen. Therapeuten sollten reflektieren, ob sie ihre Methode ohne Prüfung des Krankheitsmodells für ein Allheilmittel halten, gleich, was schon therapeutisch versucht wurde. Wir Helfer hören nicht gern, dass unsere Hilfe selbst ein Problem darstellen könnte, ja die Therapie manchmal darin besteht, die Therapie zu beenden. Sigmund Freud schreibt in seinem Essay »Die endliche und die unendliche Therapie« schon davon, als habe er unseren Fall gelesen:

> »Einen anderen Weg, um den Ablauf einer analytischen Kur zu beschleunigen, hatte ich selbst noch vor der Kriegszeit eingeschlagen. Ich übernahm damals die Behandlung eines jungen Russen, der, durch Reichtum verwöhnt, in völliger Hilflosigkeit, von Leibarzt und

Pfleger begleitet, nach Wien gekommen war. Im Laufe einiger Jahre gelang es, ihm ein großes Stück seiner Selbständigkeit wiederzugeben, sein Interesse am Leben zu wecken, seine Beziehungen zu den für ihn wichtigsten Personen in Ordnung zu bringen, aber dann stockte der Fortschritt; (...) und es war deutlich zu erkennen, daß der Patient seinen derzeitigen Zustand als recht behaglich empfand und keinen Schritt tun wollte, der ihn dem Ende der Behandlung näher brächte. (...)

In dieser Lage griff ich zu dem heroischen Mittel der Terminsetzung. Ich eröffnete dem Patienten zu Beginn einer Arbeitssaison, daß dieses nächste Jahr das letzte der Behandlung sein werde, gleichgiltig, was er in der ihm noch zugestandenen Zeit leiste. Er schenkte mir zunächst keinen Glauben, aber nachdem er sich von dem unverbrüchlichen Ernst meiner Absicht überzeugt hatte, trat die gewünschte Wandlung bei ihm ein. (...)

Das Urteil über den Wert dieser erpresserischen Maßregel kann nicht zweifelhaft sein. Sie ist wirksam, vorausgesetzt, daß man die richtige Zeit für sie trifft. (...) Man darf ja den Termin nicht erstrecken, nachdem er einmal festgesetzt worden ist; sonst hat er für die weitere Folge jeden Glauben eingebüßt. Die Fortsetzung der Kur bei einem anderen Analytiker wäre der nächste Ausweg; man weiß freilich, daß ein solcher Wechsel neuen Verlust an Zeit und Verzicht auf den Ertrag aufgewendeter Arbeit bedeutet. (...) Ein Mißgriff ist nicht mehr gutzumachen.«[1]

Manche Therapeuten und Patienten reagieren auf die Begrenzung von Therapie empfindlich, auch da stützen sich patientenseitige und therapeutische Grenzenlosigkeitsauffassungen. Meine Wünsche sind ohne Einschränkung richtig und müssen immer erfüllbar sein. Eine Therapeutin schrieb mir im Gutachterverfahren, dass das kontingentierte nahende Ende der Therapie für ihre Patientin ein »weiteres Trauma« sei und an die Herzlosigkeit der Eltern erinnere.

Der Knackpunkt dieser Therapie, die entscheidende Rückmeldung und Aufforderung, ihren eigentlichen Bedürfnissen nachzugehen, kam zu spät. Es hatte sich durch die lange Therapie ein neues Gleichgewicht herausgebildet, das durch eine Intervention nicht mehr zu kippen war. Frau Rothmaler verließ die Klinik, ging eine Zeit später wieder in eine andere Behandlung. Noch später forderte die Rentenversicherung von uns den Behandlungsbrief wegen eines Rentenantrages an. Da war Frau Rothmaler 39 Jahre alt.

Was ist Wahrheit?

In der kleinen Supervisionsgruppe, die ich freitags leitete, gab es drei Frauen und einen Mann, die übliche Verteilung im Psychotherapeutenberuf. Jana arbeitete in einer Rehaklinik für Schmerzpatienten, Friederike auf einer psychiatrischen Station und Esther war ganz mit ambulanten Ausbildungstherapien beschäftigt. Und Christoph.

Christoph war ein junger Mann, 30 Jahre, blaue Augen. Er fragte viel, war manchmal etwas unsicher und schaute dann von einem zum anderen. Seine Stimme war tief und gefühlvoll, ich hörte ihn gern sprechen. Sein Lächeln war das eines staunenden Jungen. Er schrieb an seiner Doktorarbeit und behandelte Patienten ambulant für seine Psychotherapeutenausbildung. Christoph war engagiert, vielleicht etwas zu viel. Er wollte helfen, er las nach, wo er konnte.

In einer der Supervisionssitzungen berichtete er: »Ich habe gestern einen Fall aufgenommen, das glaubt Ihr nicht, *wie viel Scheiße* ein Mensch erleben kann! Ich habe es selbst erst nicht geglaubt!«

Dann sprach er von einer Patientin, die nach vielen Klinikaufenthalten seine Behandlung aufsuchte: »Frau M. ist 23 und schon berentet. Sie wohnt in einem betreuten Wohnen für Frauen. Sie hat die Schule in der 9. Klasse und alle späteren Ausbildungen abgebrochen und lebt von Sozialhilfe. Die Patientin ritzt sich regelmäßig. Sie hat immer wieder Angstzustände, Angst insbesondere vor Männern, aber auch vor Monstern und Hexen. Sie hat Alpträume. Sie rastet manchmal aus und schmeißt Zeug durch die Gegend, so dass sie vom Heim auch schon öfter in die Psychiatrie verlegt wurde. Frau M. hat wiederkehrende Depressionen, mit völliger Antriebslosigkeit, Verkehrung des Tag-Nacht-Rhythmus, Suizidgedanken. Sie hat auch schon mehrere Versuche hinter sich, Tabletten, Pulsadern aufschneiden. Derzeit ist sie nicht suizidal. Sie berichtet über Schmerzen am ganzen Körper. Sie muss zwanghaft masturbieren. Manchmal ist sie einfach aus dem Heim weg und dann findet man sie irgendwo wieder und sie sagt, dass irgendwelche Typen sie angemacht haben. Ihr würde das ständig passieren.«

»Wie sieht sie denn aus?«, fragte Jana. »Borderlinerin halt«, sagte Christoph mit den blauen Augen. »Gepierct, schwarz gefärbte Haare, ziemlich zerrissen, nicht besonders appetitlich, wenn Du mich fragst«, sagte er. »Frau M. schläft schlecht, hat Alpträume, wo sie von Hexen gefoltert wird. Sie kann sehr schnell von todtraurig bis aggressiv drehen, hat sie erzählt.«

»Und was ist ihr so Schreckliches passiert?«, fragte Friederike.

Christoph antwortete: »Sie sagt, sie sei von ihrem Vater vergewaltigt worden, dann von mehreren Bekannten des Vaters, später rituell von einem satanistischen Ring. Ekelhaft. Ich hab in der ersten Stunde nicht genauer nachgefragt.« Christoph blickte mich fragend an: »Ist das überhaupt ein Ausbildungsfall?« Die Gruppe war geschockt. »Davon habe ich bislang nur gelesen«, sagte Esther. »Diese Schweine!« – »Um Gottes Willen«, sagte Jana, »wie soll man das aus dem Gehirn kriegen«. Offenbar gingen bei allen Studenten nun die Phantasien los. Satanistischer Ring. »Aber sie hatte schon Behandlung?«, fragte Esther. – »Ja, sie hat es nur kurz erwähnt, aber das muss ich noch genauer klären«, sagte Christoph, »sie hat so viel erzählt, und ich war so gebannt.« – »Kein Problem«, sagte ich, »Sie haben weitere vier probatorische Sitzungen Zeit. Versuchen Sie, eine strukturierte Lebenslinie mit ihr hinzukriegen«, und wir gingen erst einmal zu einem anderen Fall über.

Wir trafen uns vier Wochen später wieder. In den Gesichtern der Gruppe war die Spannung zu sehen, was Christoph erzählen würde.
 »Irgendwas ist komisch mit ihr, ich fühle mich wie auf brüchigem Eis«, begann Christoph, als er mit seinem Fall an der Reihe war. »Nun erzähl schon«, sagte Jana. »Was sie erzählt, ist so unwahrscheinlich«, sagte Christoph und blickte mich unsicher an. »Was denn?«, fragte ich, »nur zu!«
 »Ich habe versucht, alles chronologisch zu erfassen«, begann Christoph. »Frau M. ist das erste Mal mit sechzehn in Therapie gekommen, da hatte sie bereits Angstvorstellungen von Dämonen und Hexen. Sie traute sich nicht mehr an bestimmte Orte, hatte Panikattacken, die Hexen seien überall.« – »Eigentlich sehr ungewöhnlich«, warf Friederike ein, »Panikpatienten haben doch eher Angst vor Herzinfarkt, Atemnot, Ohnmacht oder Peinlichkeiten in der Öffentlichkeit.« – »Frau M. ging dann zuerst zu einem Therapeuten, Herrn Schuster«, sagte Christoph. »Den kenne ich sogar, das ist ein eher nüchterner Verhaltenstherapeut«, fiel ich ein, »der macht eigentlich ganz regelrechte Therapien.« – »Dort war sie nur ein paar Sitzungen«, fuhr Christoph fort, »er habe sie nicht wirklich verstanden und sie so komisch angeguckt, erzählte mir die Patientin. Seine Schwingungen hätten nicht gestimmt.«
 »Und – wie ging es weiter?«
 »Sie hatte die Therapie abgebrochen und ging danach zu einer Heilpraktikerin. Die hat erst Naturmedizin verschrieben, Bioenergiemessungen gemacht und den Verdacht geäußert, Frau M. könne traumatisiert sein, die Alpträume wären ein Zeichen.« – »Aber«, wandte Esther ein, »an ein Trauma müsste sie sich doch erinnern? An meine schlimmsten Dinge im Leben erinnere ich mich doch auch lebhaft« – »Ja, aber gibt es nicht Verdrängung?«, sagte Jana, »es kann doch sein, dass sie das Schreckliche so verdrängt hat, dass sie es nicht mehr wusste!« – »Nun«, sprach Christoph weiter, »die Patientin hatte sich bis dahin nicht an ein Trauma erinnert. Aber als die Therapeutin sagte, sie sei traumatisiert, sei ihr sofort klar gewesen, dass da etwas gewesen sein müsse. Die nächsten Sitzungen waren extrem spannend. So etwas habe ich noch nie gehört und nicht geglaubt, dass es das hier bei uns geben könnte.«
 »Erzähl schon«, sagte Friederike.
 »Die Heilpraktikerin hat dann eine sogenannte Rückführung mit Frau M. gemacht. Sie hat sie auf die Couch gelegt, und gesagt, sie würde jetzt Stationen des Lebens rückwärts durchgehen und dazu Fragen stellen, sie würde sehen, ob ein Finger zucken würde. Sie solle die Hände ganz locker auf der Decke liegen lassen. Die Heilpraktikerin hat dann diese Imaginationsreise begonnen, hat verschiedene

Personen auftauchen lassen und dazu Fragen gestellt. Beim Vater hätte ein Finger gezuckt, auch beim Wort Vergewaltigung, sie habe dann verschiedene Orte vorgestellt und kam dann bei einem satanischen Ritual an, und die Patientin sagte mir, die Heilpraktikerin habe genau die Bilder getroffen, die sie in ihren Träumen sehen würde.«

»Ist das nicht Suggestion?«, sah mich Esther fragend an. »Wieso?«, fragte Jana barsch, »kann das nicht sein? Glaubt ihr der Patientin etwa nicht?« – »Erzählen Sie erstmal«, sagte ich, »wir sammeln die Hypothesen dann.« – »Es ging so immer weiter«, berichtete Christoph, »die Therapeutin, also die Heilpraktikerin, deckte immer weitere Missbräuche mit ihr auf. Mit der Zeit sei ihre Erinnerung auch lebendiger geworden. Sie erinnerte sich an Kreuze, die ihr eingeführt worden. Sie sei zum Sex mit einem Schwein gezwungen worden. Frau M. habe das Pentagramm gesehen.«

»Und wie alt war sie da?«, fragte Friederike fassungslos. »Acht Jahre«, sagte Christoph. Die Gruppe schwieg. »Was soll man da sagen?«, bemerkte Jana. »Das gibt's doch nicht«, sagte Esther. »Doch, das gibt es«, sagte Friederike. »Und die ganze Zeit hat sie bei ihren Eltern gelebt?«, fragte ich.

»Das habe ich nicht gefragt, stimmt eigentlich«, antwortete Christoph etwas peinlich berührt, »ich habe mir erst einmal die ganze Geschichte angehört. Aber es ging noch weiter: Frau M. habe in diesen Rückführungen entdeckt, dass es einen satanischen Kinderhändlerring gab, der auch Klassenkameradinnen verschleppte, und sie fand sich mit denen beim Gruppensex wieder. Sie ist dann während dieser Heilpraktikerbehandlung dekompensiert und war zum ersten Mal in der Psychiatrie. Danach folgten mindestens sieben Psychiatrieaufenthalte. Sie hat dort dann im Laufe der Zeit alle möglichen Medikamente bekommen«, fuhr Christoph fort, »Antidepressiva, Antikonvulsiva, Neuroleptika, Benzodiazepine, wir würden bis ans Ende unserer Tage mit diesen Dosen tief und selig schlafen. Frau M. hat manchmal zwischendrin auch getrunken, raptusartig eine Flasche Klaren geleert.«

»Und hatte sie in der Klinik auch Traumatherapie?«, fragte Jana. »Ja«, antwortete Christoph, »aber das hat alles nichts gebracht, ihr sei es immer schlechter danach gegangen. Sie hat sogar manchmal Stimmen gehört.« – »Und sie ist immer wieder zu der Heilerin zurück?«, fragte ich. »Ja, schon«, sagte Christoph. »Der Fall ist doch klar«, rief Jana aus. »Ein Fall von komplexer Traumatisierung! DESNOS! Disorder of Extreme Stress Not Otherwise Specified! Ungeheuerlich. Ihr muss auf allen Ebenen geholfen werden! Ich werde wütend, wenn ich das höre!«

»Wir wissen noch nicht alles«, warf ich ein, »was ist mit den Eltern, wieso haben die Therapien nicht geholfen, was war in den Ausbildungen ...«, sagte ich. »Aber man muss doch etwas tun!«, sagte Friederike nachdrücklich, »sie sollte Geld aus dem Opferfonds bekommen, gestützte Ausbildung, noch mal richtige Therapie!« Christoph blickte mich fragend an und dann in die Gruppe: »Und ich soll das sein? Der das alles hinkriegt? Muss ich denn jetzt Traumatherapie mit ihr machen?« Es schien, als flehte er mich an, ihm den Fall wegzunehmen. Aber hier gab es eine Menge zu lernen, und ich versicherte Christoph, er müsse nicht lostherapieren, wenn wir nicht ein klares Modell, unseren *Plot*, hätten. Christoph sollte die offenen Punkte klären, kleine Verhaltensanalysen mit der Patientin erstellen, wann Problemverhalten auftrete und wann es ihr gut ginge. Er sollte Vorberichte anfordern, nach Gerichtsurteilen fragen. Wir würden uns in vier Wochen wieder treffen.

Schon nach zwei Wochen rief mich Christoph auf meinem Handy an. Ich gebe für Notfälle meine Handynummer an die Supervisanden.

»Ich muss mit Ihnen sprechen«, sagte er aufgeregt, »Frau M. hat mir in der letzten Sitzung erzählt, dass ein männlicher Therapeut sie in der Klinik A angefasst habe und mit ihr schlafen wollte.« – »Und jetzt haben Sie Angst, dass sie dasselbe von Ihnen behaupten könnte?«, fragte ich. »Ja«, sagte Christoph, »stellen Sie sich das vor, in diesem Umfeld, eine traumatisierte Patientin, wenn sie das behauptet, ich bin für mein Leben erledigt!« – »Wir zeichnen doch die Ausbildungssequenzen mit Video auf«, versuchte ich ihn zu beruhigen. »Aber sie kann ja behaupten, dass ich die Kamera ausgemacht hätte. Was nicht da ist, lässt sich auch nicht widerlegen, haben Sie selbst mal gesagt!« – »Sie können den Fall abgeben«, sagte ich, »das ist Ihr gutes Recht.« – »Aber das schützt mich jetzt auch nicht mehr davor.«

»Nun«, sagte ich, »wir müssen ja auch annehmen, dass es stimmt, was die Patientin erzählt. Es gibt nachgewiesene Übergriffe in einer Therapie. Aber Sie müssen sich doch nichts vorwerfen.« – »Der Fall ist spannend, aber ich brauche mehr Sicherheit«, sagte Christoph. »Dann legen Sie die Zeiten so«, erwiderte ich, »dass die Lehrpraxisinhaberin im Haus ist und zu Anfang und Ende der Stunde ins Zimmer kommt, sich vorstellt und sich der Patientin zeigt. Sie haben eine Zeugin, und die Patientin weiß, dass sie nicht allein ist.«

Wir sahen uns zwei Wochen später wieder in der Supervisionsgruppe. Alle blickten gespannt auf Christoph.

Christoph war sehr aufgeregt, nahezu ängstlich, und sagte: »Ich will den Fall nicht mehr. Das geht nicht.« Er erzählte zunächst von der Wendung vor zwei Wochen und dem Gespräch mit mir. Aber er setzte noch hinzu: »Frau M. hat mir dann noch erzählt, dass auch Herr Schuster, wisst ihr, der Verhaltenstherapeut, sie auf die Couch gelegt und mit ihr sexuelle Phantasiereisen gemacht hätte. Er hätte sie aber nicht angefasst. Ich weiß nicht mehr weiter. So viel Missbrauch überall – das kann doch gar nicht sein!« Christoph atmete tief. Jana legte ihm die Hand auf den Oberarm.

»Das gibt's doch nicht«, rief Friederike fassungslos, »das würde ich nie von dem erwarten! Aber man kann nicht hinter die Fassade schauen. Es zieht ja Perverse auch in solche Berufe. Der Schuster?« – »Die Pädophilen gehen in Kindergärten, machen Kampfsportkurse für kleine Jungs und vergreifen sich dann an denen«, ergänzte Jana. Christoph und ich blickten uns an. »Stopp, stopp!«, sagte ich, »wissen Sie, was Sie da sagen?«, sprach ich zur Gruppe. »Nein, Christoph«, versuchte Jana zu beschwichtigen, »Du natürlich nicht.«

»Und wenn es eine Projektion der Patientin ist«, warf Esther ein, »sie wünscht sich, begehrt zu werden und sieht überall Sex? Ist es nicht ein bisschen viel Sexuelles überall?« – »Das ist doch Victim-Blaming«, sagte Jana spitz zu Esther.

»Nein, ich will nur alle Hypothesen zum Fall sammeln, das machen wir doch sonst auch«, antwortete Esther ruhig.

»Erzählen Sie erstmal zu Ende«, bat ich Christoph, der noch ein paar Mal schnaufte.

»Sie erzählte in den ersten Sitzungen nach unserem letzten Treffen, es seien in der Heilpraktikertherapie auch noch weiter zurückliegende Erinnerungen aufgetaucht. Zum Beispiel, dass sie schon als Dreijährige vom Vater missbraucht wurde. Diese Sitzungen seien so heftig gewesen, dass sie anfing, sich zu schneiden, den Kopf gegen die Wand zu schlagen, so dass der Notarzt kommen musste. Sie muss wie ein Tier geschrien haben, als sie sie auf der Trage fesselten.« – »Logisch, bei dem, was sie erlebt hat!«, warf Jana ein.

»Sie kam in die Psychiatrie, man stellte sie ruhig«, sprach Christoph weiter. »Sie bekam beim ersten Aufenthalt die Diagnose einer Schizophrenie. Aber die Patientin sagt, dass das falsch sei, sie sei nicht verrückt. Auf der Station beim ersten Aufenthalt habe es eine Psychologin gegeben, die ihr geglaubt habe, die hat ihr die Diagnose einer posttraumatischen Belastungsstörung gegeben. Die Psychologin brachte sie in eine therapeutische Frauenwohngruppe. Der Vater wollte mit der Therapeutin sprechen, später auch die Mutter, doch die Therapeutin lehnte ab. Kein Täterkontakt.«

»Und niemand hat etwas angezeigt, nichts ist nach draußen gedrungen, die Mutter hat nichts gemerkt?«, fragte Esther. »Sehen Sie«, griff ich zum ersten Mal direkt in die Diskussion ein, »es geht hier möglicherweise um eine nichtfalsifizierbare Hypothese, um Glauben. Man will *glauben*, was passiert ist.« – »Doch«, antwortete Christoph auf Esthers Frage, »die Psychologin veranlasste, dass die Patientin eine Anzeige erstattete, sie schrieb sogar ein Gutachten.« – »Und ich wette, dabei ist nichts herausgekommen«, warf ich ein.

»Ja, weil die Polizei und der Staatsanwalt mit drin steckten, sagte die Patientin«, erzählte Christoph, »aber das ist mir ehrlich gesagt zu fett. Was soll *ich* denn glauben?« – »Ja, das ist hier die Frage: Glauben oder Wissen?«, sagte ich.

»Die Patientin ging nach der Psychiatrie weiter zu dieser Heilerin und die Dinge weiteten sich aus, es kamen immer mehr und farbigere Details in der Therapie zutage. Sie erzählte von Beschwörungsformeln gegen den Satan, die der Vater bei seinen sexuellen Handlungen gemurmelt habe, von Geldkoffern, die sie habe stehen sehen, von kleinen Mädchen in Käfigen.« – »Das alles in Deutschland?«, fragte Friederike. »Ja, ihr seien die Augen verbunden worden auf dem Weg dahin, es müsse irgendwo im Erzgebirge gewesen sein, nicht weit von dem kleinen Ort B., wo sie aufgewachsen war. Einmal sei sogar ein Pfarrer dabei gewesen. Dann wird es für mich unübersichtlich. Die Heilpraktikerin sei dann im letzten Jahr verzogen und sie sei zu einem anderen Psychologen gegangen, außerhalb unserer Stadt, aber der hätte sie auch angemacht. Er wollte sich mit ihr in einer Entspannungsübung auf sie legen, da sei sie geflüchtet.« – »Also, das ist doch …«, rief Jana. »Und wieso geht sie immer zu Männern als Therapeuten?«, fragte Esther, »es gibt doch wesentlich mehr Frauen als Therapeuten!«

»Ich habe auch nach Geschwistern gefragt, wie Sie sagten«, sprach Christoph weiter und sah mich an, »sie hat eine kleine Schwester. Die kommt in den ganzen Vergewaltigungserzählungen gar nicht vor. Frau M. hat aber keinen Kontakt zu ihr, die lebe noch bei den Eltern in B. Ich habe sie auch gefragt, ob die Eltern oder die Schwester gar nicht mit ihr sprechen wollten, es seien ja schwerste Anschuldigungen. Doch, doch, sagte die Patientin, aber meine Therapeuten haben mir ja den Kontakt verboten, und wissen Sie, ich hatte solche Angst, sagte die Patientin.«

»Sie sehen, wie jegliche konträre Information außen vor bleibt«, warf ich ein. »Ja, aber das kann doch sein, und so steht es doch im Lehrbuch! Kein Täterkontakt!«, rief Jana. »Ich habe gefragt, ob die Eltern ihr nicht wenigstens geschrieben haben«, fuhr Christoph fort, »und ob ich das mal sehen könne, vielleicht könnte das noch weitere Aufklärung bringen.« – »Gute Idee«, sagte Esther, »und?« – »Sie brachte mir die Briefe der Eltern mit«, berichtete Christoph weiter. »Die Patientin warf sie mir gleichsam zu. Sie waren überall mit Kreuzen bekritzelt, bemalt mit Hexengesichtern mit riesigen Zungen. Ich las. In allen Briefen der Eltern stand nichts von einer Verteidigung gegen die Anschuldigungen. Der Vater und die Mutter sorgten sich um sie, wie es ihr ginge. Wenn ich Täter wäre, würde ich doch wütend gegen die Anklage und die Therapeuten sein! Nichts davon. ›Du kannst jederzeit zu uns kommen‹, stand da. Das müsst ihr Euch mal vorstellen: Die Eltern werden schwerster Verbrechen beschuldigt und verhalten sich so.«

»Wie fies und falsch«, sagte Friederike, »oder – wie sich Eltern zu einer verrückten Tochter verhalten würden.« – »Kann es nicht sein, dass die Patientin durch eine Vergewaltigung ausgelöst, dann eine Psychose bekommen hat und sich alles Mögliche dazu mischt?«, fragte Jana. »Kann sein, kann nicht sein. Alles zu prüfende Hypothesen«, sagte ich. »Lassen Sie uns zusammenfassen, was wir wissen, was wir noch erfahren müssen.«

»Was mich die ganze Zeit umtreibt, ist das Motiv«, sagte Esther, warum würde ein Mädchen ihren Vater so schwer beschuldigen, wenn es nicht wahr wäre?« – »Die einfachste Erklärung ist eine Schizophrenie. Sie hat Wahnvorstellungen und sieht überall Sexualität«, sagte Christoph. »Du negierst das Trauma«, warf Jana ein. »Eifersucht«, sagte Friederike, »wann ist die kleine Schwester geboren, wie viel Aufmerksamkeit hat sie bekommen. Schaut mal, wie viel Aufmerksamkeit sie jetzt bekommt.«

»Ein Krankheitsgewinn bei so einem Trauma? Warum sollte jemand so ein Leiden in Kauf nehmen?«, setzte Jana nach. – »Bei Depression, selbst bei Schizophrenie diskutieren wir den Krankheitsgewinn doch auch«, warf die nüchterne Esther ein. »Patienten, die leiden und dann Zuwendung bekommen. Frau M. hat ihre Schule nicht geschafft, hat die ersten Psychoseanzeichen gehabt und die Heilerin hat ihr dann das Aha-Erlebnis, den Wahneinfall verschafft, der alles erklärt, auch alle ihre heutigen Schwierigkeiten.«

»Die Patientin erscheint mir auch nicht besonders intelligent zu sein«, setzte Christoph hinzu, »ihr fallen die logischen Brüche nicht auf. Sie verwendete manchmal falsche Partizipien und Fremdwörter. Sie sagte zum Beispiel: ›Ich war Ambulanz beim Arzt.‹«

»*Pseudologica Phantastica!*«, rief ich aus und dachte zugleich *Noch eine Diagnose mehr!*, »eine alte Diagnose! Kinder, die nicht so intelligent sind, versuchen mitzureden, versuchen, in verschiedenen Kontexten über die emotionale Bedeutung der Worte zu lernen, was man sagen muss, um Aufmerksamkeit zu bekommen.« – »Und was ist der Unterschied zum Lügen?«, fragte Jana.

»Sie können sie sich vorstellen wie ein fünfjähriges Kind«, dozierte ich, »das Märchen glaubt und davon erzählt, dass da Monster im Schrank sind. Und psychodynamisch ist es eine Abwehr von narzisstischer Bedeutungslosigkeit, insbesondere wenn ein Geschwisterkind geboren wird, die Eltern nicht mehr so sicher da sind und die Patientin eben noch auf einem verzögerten psychologischen Entwicklungsstand ist. Die Kombination gibt es fast nur mit Intelligenzminderung. Sie sollten die Patientin dringend testen!«

»Die Schwester war eine Nachzüglerin«, ergänzte Christoph, »sie wurde geboren, als Frau M. acht war. Der Schulabbruch war mit 15, sie hing dann rum, ging nach D., begann eine Ausbildung, brach ab, nahm Drogen, und dann der erste Therapiekontakt und mit 17 später die Heilerin.« – »Als ob die Therapeutin die Störung ausgelöst hätte!«, erboste sich Jana. »Es war eine Heilpraktikerin«, mäßigte Friederike, und wir lachten, weil wir uns für die wahren Therapeuten hielten.

»Was ich noch nicht erzählt habe«, sagte Christoph, »am vergangenen Montag hat mich eine Sozialarbeiterin vom Opferring angerufen, ich solle ein Gutachten schreiben, damit Frau M. Geld aus dem Opferfonds bekommt.« – »Der Opferfonds ist doch der, wenn es keine juristischen Beweise gibt, man dennoch als Opfer Geld bekommt«, sagte Jana. »Ist doch eine gute Sache, oft ist es ja verjährt oder man hat keine Beweise.« – »Ja genau«, sagte ich, »und was bedeutet das? Wenn ich Geld aus dem Opferfonds bekomme, muss ich ein Opfer sein. Was zu beweisen war. Was alles ist noch unlogisch?«

»Geht es nicht auch um gefühlte Realität, vielleicht war es *emotionaler* Missbrauch?«, fragte Friederike. »Mit diesem Wort können Sie alles beweisen«, antwortete ich, »eine Hypothese, die nicht widerlegt werden kann. Das Problem der Patientin zeigt sich hier auch in unserer Gruppe. Wir haben es mit einer nichtfalsifizierbaren Hypothese zu tun. Das X, das nicht widerlegt werden kann, wie Gott oder die Chemtrails. Aber eben auch nicht positiv bestätigt. Als Sie mich eben so angeschaut haben, Friederike, war es ein *gefühlter* Übergriffsversuch«, sagte ich und zwinkerte sie an, »und jetzt stellen Sie sich vor, Sie sind ein Mann.«

»Aber es gibt doch diese Übergriffe!«, sagte Jana. »Und sie hat doch die Symptome!« – »Selbstverständlich«, sagte ich, »ich behandle ja auch Traumaopfer. Nur schildern die das ganz anders, die Therapie hilft und es gibt nicht diese Dynamik. Wenn wir einmal von der Diagnose absehen, wie könnten wir diesen Fall nennen?« – »*Die Opferwaffe*«, entfuhr es Esther. »*Die Geschichte, die alles erklären soll*«, sagte Christoph. »*Gefühlsrecht: Die Anklage ist das Urteil*«, setzte ich hinzu. »*Die diagnostische Hemmung beim Traumabegriff*«, sagte Jana lachend.

»In einer anderen Klinik war sie bei einem Therapeuten«, sagte Christoph, »ja, das ist komisch, dass sie so oft zu männlichen Therapeuten geht, der hat versucht, mit ihr den *Sicheren Ort* zu machen, hat sie Geschichten umschreiben lassen und immer wieder die Formel ›Es ist vorbei‹ mit ihr geprobt. Und – jetzt kommt's – als ich dazu nickte, während sie es erzählte, schrie sie mich an: ›Aber es ist nicht vorbei! Sie glauben mir auch nicht! Weil Sie genau so einer sind!‹«

»Scheiße, Mann«, entfuhr es Friederike. »Und was hast Du gemacht?«, fragte Jana. »Ich hab die Sitzung abgebrochen«, sagte Christoph, »ich habe ihr gesagt, dass ich mich gegen diese Anschuldigungen verwahre. Ich bin sofort zu meiner Praxisinhaberin hinüber gegangen und habe ihr das erzählt. Die ist dann zur Patientin und hat versucht, sie zu beruhigen.« – »Das reicht jetzt«, wurde Esther unruhig, »hier stimmt was nicht. Wir dürfen so nicht weiter machen.«

Jetzt musste ich etwas sagen, nicht ganz einfach in einer Psychotherapeutenwelt, die den Traumabegriff so liebt: »Ich denke, dass wir einen Fall von induzierter Erinnerung vor uns haben.« – »False Memory?«, fragte Jana, »das ist umstritten! Es schützt die Täter!« – »Schützt hier der Traumabegriff nicht eine Täterin, eine Falschbeschuldigerin, eine Verleumderin, die zwar psychisch krank ist? Versetz' Dich mal mit Deiner Empathie in Christoph!«, antwortete Esther Jana sichtlich unruhig und blickte immer wieder zu Christoph. Aus den beiden könnte was werden, dachte ich.

»Statistisch geschehen Missbrauchsfälle in Familien durch den Großvater, den Onkel oder vor allem durch Stiefväter«, versuchte ich, die Debatte zu versachlichen. »Bei Vätern gibt es eine natürliche relative Inzestschranke. Nicht dass es nicht auch Missbrauchsfälle durch Väter gibt, aber es ist sehr viel seltener. Des Weiteren häufen sich Missbrauchsfälle in Familien um das 9. bis 13. Lebensjahr des Kindes. Missbrauch von Kleinkindern ist ebenfalls extrem selten.«

»Warum gibt es in unserem Fall keine Gerichtsurteile, keine Zeitungsartikel, wenn so viele Kinder da mit einbezogen sind?«, warf Christoph fragend ein. – »Und ist es nicht seltsam, dass das ›Aufdecken‹ eines Traumas *immer* nur bei sexuellem Missbrauch geschieht?«, fragte Esther weiter, »es gibt doch viele andere Traumata, Verkehrsunfälle, Morde und so weiter. Wieso werden die anderen nicht *vergessen* und dann *aufgedeckt?*« – »Ja, und es gibt noch weitere Forschungsergebnisse«, fuhr ich fort, »diese *Aufdeckung* geschieht immer in suggestiven Therapieformen, am häufigsten bei Heilpraktikerinnen. Diese *Aufdeckung* betrifft *immer* nur sexuellen Missbrauch, und *immer* nur den Vater oder Bruder.«

»Ja, stimmt, ich forsche ja gerade zu Gedächtnis und Trauma, deshalb ist die Patientin wahrscheinlich mir zugewiesen worden«, sagte Christoph. »Gedächtnis und Trauma. Wir erinnern Traumata besonders gut!, sagt die Forschung. Und nur sexuelle Traumata sollten so verdrängt werden, dass wir sie vergessen? Wir wollen natürlich die unangenehmen Sachen vergessen, aber sie drängen sich doch immer wieder auf! Denkt jetzt kurz mal an das Schlimmste, Ängstigendste, Verletzendste in eurem Leben. Ihr werdet es wegdrängen wollen, aber ihr wisst auch genau, bei welchen Auslösereizen es doch wieder hochkommt. An der Stelle, wo der Unfall war, wo ein Partner Schluss gemacht hat, wo ihr bedroht wurdet. Unser Gehirn ist auf Überleben eingestellt und will alles tun, dass das nicht noch einmal vorkommt. Deshalb wird es *nicht* vergessen. Aber man will es nicht dauernd denken und fühlen. Das nennen wir dann Verdrängung; aber es ist nicht vergessen.«

»Und gibt es nicht die Forschung, dass Erinnerungen vor dem dritten Lebensjahr nicht möglich sind und wenn, dann nur induziert?«, sagte Esther. »Ja, es gibt auch Experimente dazu, die sind verblüffend«, sagte ich, »lesen Sie das *Lost-in-the-Mall*-Experiment von Elisabeth Loftus.« – »Meine eigene Traumapatientin sagte mir, sie habe es immer in sich getragen«, warf jetzt Friederike ein, »nur hat sie es niemandem erzählt, weil sie beschämt war und sich schuldig fühlte. Die war 17, und es war nach einer Disko.« – »Ja, so kenne ich es eigentlich auch«, sagte Christoph.

»Und wir dürfen die Helferindustrie nicht vergessen«, sagte ich, »das sind wir. Die Sozialarbeiterin, die sich einsetzt, der Opferfonds, die Therapeutin. Deshalb ist es dann auch bei nicht belegbaren Übergriffen *emotionaler* Missbrauch. Hauptsache Missbrauch, dann habe ich die besondere Helferrolle. Wir brauchen ein Opfer, damit wir Retter sein können.« – »Aber ich muss doch meinen Patienten glauben!«, warf Jana ein.

»Bei anderen Diagnosen tun wir das doch auch nicht«, entgegnete ich ihr. »In der kognitiven Therapie stellen wir doch auch die Grundannahmen von Patienten in Frage und machen Realitätstestungen, in der Paartherapie hören wir die andere Seite und dann sieht alles ganz anders aus. Ich weiß, dass das bei *Trauma* nicht opportun ist, aber wir sollten uns reflektieren.« Jana schluckte.

»Es gibt viel Forschung zu Holocaustüberlebenden«, warf ich noch ein, »nie wurde ein Holocausttrauma erst in einer Therapie *aufgedeckt*. Aber es gibt einige Scharlatane, die sich als Holocaustopfer bezeichnet haben, und dann kam raus, dass die Erzählung falsch war. Lest mal über Binjamin Wilkomirski[1] oder Misha Defonseca[2]. Und alle haben es geglaubt, weil sie es glauben wollten. Suhrkamp und Verlage in zwölf Ländern. Opfer, Trauma. Keine Nachfragen mehr.«

In diesem Moment klingelte mein Notfall-Handy.

Die Lehrpraxisinhaberin von Christoph rief an, ich sei doch der Supervisor von Christoph P. Eine Sozialarbeiterin aus der Frauen-Wohnstätte habe angerufen, dass die Patientin den Therapeuten P. des sexuellen Übergriffs beschuldige.

***

Die Bedeutung von Worten hat mich schon immer interessiert. Menschen beschreiben etwas, aber es bedeutet manchmal, wie man sich als Gegenüber zu verhalten hat, welche Haltung man dazu einnehmen solle. Solche Wörter gibt es in der Politik sehr häufig. In der Psychotherapie sind es zum Beispiel die Wörter *Trauma* und *traumatisch*. Wer weiß, mit welchen Worten er welchen *Frame* bedienen kann, kann viel erreichen und es sogar schaffen, dass sein eigenes Motiv verborgen bleibt. Es macht einen Unterschied, ob ich einer Psychologin gegenüber sage: »Ich habe schlechte Erinnerungen«, oder »Ich habe Flashbacks«; »Dieser Mensch erinnert mich an …« oder »Dieser Mensch triggert mich.« Ob ich abwesend bin oder dissoziiere.

Die Diskussion um diesen Fall ist eine der schwierigsten, stellt sie doch den Opfer- oder Diskriminierungsbegriff – in diesem, und nur in diesem Fall – in Frage. Das Opfersein ist heute eine mächtige Waffe und der Widerstand, sie aus der Hand zu legen, entsprechend groß – ebenso wie das Motiv, diejenigen zu diskreditieren, die das Muster der *Opferwaffe* ansprechen.

In unseren Praxen behandeln wir viele Menschen, die Opfer von anderen Menschen und schwierigen Umständen geworden sind. Sie konnten nichts dafür, konnten sich insbesondere als Kinder nicht wehren und verdienen all unsere Hilfe. Der Mann, der als Junge durch eine Ordensschwester in einem katholischen Kinderheim missbraucht wurde. Die junge türkische Frau, die Opfer eines Ehrenmordanschlags durch ihren Bruder wurde und nun im Rollstuhl saß. Kinder, die von ihren Eltern nichts zu essen bekamen, geschlagen wurden und systematisch entwertet wurden. Gemobbte, Kriegstraumatisierte.

Und dann gibt es Fälle wie das *Mattress-Girl* Emma Sulkowicz[3], die einen einvernehmlichen Geschlechtsverkehr im Nachhinein als Waffe gegen ihren Exfreund Paul Nungesser nutzte, der mit ihr Schluss gemacht hatte. Es reichte aus, *Verge-*

waltigung zu sagen, und in der aufgeheizten Atmosphäre der Columbia-Universität war das bereits die Verurteilung. *Wie* die junge Frau dies tat, ließ erste Widersprüche aufkommen: Sie lief mit einer Matratze den ganzen Tag auf dem Campus herum (»Carry That Weight«), um anzuklagen – oder um Aufmerksamkeit zu bekommen, denn sie bezeichnete den Vorgang auch als »Kunstwerk« und war auf der Titelseite der New York Times abgebildet und drehte später ein Video, in dem sie in anonymen Sex zu sehen war. Der junge Mann konnte durch ihre Facebook-Kommunikation belegen, wie schön die junge Frau den inkriminierten Abend mit ihm fand und ihn gerne wiederholen würde. Er wurde freigesprochen – und zugleich nicht freigesprochen.

Wird je ein Mann noch einmal mit Emma Sulkowicz romantischen, unbefangenen Sex haben wollen?

Auch hier in unserer Supervisionsgeschichte spielt das Bedürfnis nach Aufmerksamkeit der Patientin auf pervertierte Weise eine Rolle, sowie die makrogesellschaftlichen Täter- und Opferzuschreibungen zum Geschlecht, die wir als Therapeuten kennen sollten.

In unserem Fall der Frau M. ist zunächst die Tatsache auffällig, dass die Patientin durch verschiedene Therapien keine Symptomverbesserung erreichte und die Schilderungen von den üblicherweise fragmentierten Erzählungen schlimmer Erlebnisse abwich. Dies ist ein Punkt, an dem Therapeuten innehalten müssten. Die zunehmenden Ausschmückungen verwiesen auf das Motiv des Gesehen-Werdens, der dramatischen Aufmerksamkeit, wie wir sie von histrionischen Patienten kennen. Zentral ist das Motiv, eine konsistente Lebenserzählung zu haben, die relativ einfach alles erklärt: heutige Schwierigkeiten, wer anzuklagen ist, dass sie Opfer ist und was sie dafür bekommt oder vermeiden kann.

Es mengten sich zunehmend weitere Motive in ihr Narrativ hinein: die Erfahrung, dass sich Therapeuten zuwendeten, sie versorgt wurde, dass sie sich nicht um eine eigene Zukunft kümmern musste. Frau M. konnte heutige eigene Verantwortung nahezu vollständig abwehren, auch hier kam es zur malignen Regression.

Zudem kam es zu einer besonderen Kontroll- oder Machterfahrung – insbesondere über Männer. Wir erfahren, dass die Patientin möglicherweise durch die Ankunft ihrer Schwester nicht mehr im Mittelpunkt stand, die Liebesenttäuschung sich in den Hass zum Vater wandelte. Dieses Muster ist häufig: Auch das *Mattress Girl* war enttäuscht von ihrem Freund, der Schluss gemacht hatte. Der bekannte Wettermoderator Jörg Kachelmann wurde von seiner Geliebten Cornelia D. der besonders schweren Vergewaltigung in Tateinheit mit gefährlicher Körperverletzung beschuldigt und später nach vier Monaten Haft und Prozess freigesprochen. Es stellte sich heraus, dass Cornelia D. die Vorwürfe erfand, um ihn wegen seiner Untreue zu bestrafen.[4]

Und auf der anderen Seite, als weiteren Teil des Problems sind Therapeuten zu nennen, die insbesondere beim Begriff des Traumas eine ehrfürchtige Haltung einnehmen. Auch für die Therapeuten bringt die Erzählung eines Traumas mehrere Erleichterungen mit sich. Sie wissen, was als Nächstes zu tun ist. Sie müssen Patienten nicht in ihrer heutigen Haltung hinterfragen. Sie können sich bei Traumapatienten in besonderem Maße als Helfer fühlen, ähnlich dem Krebsarzt.

Die Auffassung, dass Männer grundsätzlich Täter sind und Strafen eher verdienen[5], eher sterben sollten[6], Frauen als Opfer eher erwähnt werden[7] sind unhinterfragte Stereotype. Die vierfach erhöhte Selbstmordrate der Männer, die deutlich erhöhte Sterblichkeit, Rate der tödlichen Arbeitsunfälle (weltweit über 90%) Obdachlosigkeitsrate (70 bis 80%), Gewalt- und Kriegsopferrate (60–70%, ohne sexuelle Gewalt) gegenüber Frauen liege in ihrer »toxischen Männlichkeit«, nicht in Lebensumständen. Toxische Männlichkeit ist ein Konzept der mächtigen American Psychological Association[8], die sich ganz sicher gegen gruppenbezogene Menschenfeindlichkeit positioniert.

Das gesellschaftliche Stereotyp zeigt sich auch darin, dass Frauen häufiger Psychotherapie aufsuchen und auch hier gedeutet wird, dass sie mehr Stress ausgesetzt sind, Männer dafür eher verlacht werden und bei ihnen der Satz »Du Opfer!« ganz anders klingt als bei Frauen. Männern wird in der Therapie (und auch in Politik und Gesellschaft) eher unterstellt, sich als Opfer zu inszenieren, stellt man das bei einer Frau in Frage, sieht man sich erheblichen Anfeindungen ausgesetzt. Frauen setzen in der In-Group mehr auf ausgedrückte Harmonie als direkten Wettbewerb, im Gegensatz zu Männern.[9] Und das könnte auch auf Psychotherapie zutreffen. Drei Viertel der Therapeuten sind weiblich, wie nahezu auch ausschließlich Patienten, die eine Symptomatik wie die unsrige hier schildern. So machen es diese gesellschaftlichen Bedingungen in diesem Fall schwerer, den Fall zu hinterfragen.

Zum Ende des Falles verweise ich auch auf erfundene Holocaustüberlebende Wilkomirski und Defonseca, etwas, das ich zunächst nicht glauben wollte. Aber es gibt mehrere Fälle davon und ich habe selbst einen Patienten in der Klinik erlebt, der sich als im KZ Buchenwald Geborenen ausgab – aber wesentlich später geboren war. Der Opferstatus ist in manchen Fällen pervers lukrativ.

Wir müssen die besondere Verantwortung von Therapeuten herausstellen, die rasch und ohne objektive Anhaltspunkte ein Trauma postulieren. Zur Ehrenrettung der approbierten Psychotherapeuten sei gesagt, dass dies vor allem bei Heilern und Heilpraktikern geschieht.

So könnte der *Plot* in diesem Fall lauten:

Falsche Erinnerung.

Kaum ein Therapeut traut sich, eine Opfererzählung in Frage zu stellen. Opfersein verleiht auch Macht, Aufmerksamkeit und Gelder. Therapeuten fühlen sich erhaben, für Traumaopfer zu kämpfen. Der Zeitgeist bewundert Diskriminierung und Opfer – und fragt nicht kritisch nach. Eine induzierte Erinnerung und die daraus abgeleitete Opfergeschichte löste heutige Probleme von Frau M. Die Patientin musste sich nicht mehr um Arbeit, Wohnung und Gelder kümmern. Auf der Persönlichkeitsseite fand sich vielleicht eine *Pseudologica Phantastica;* eine Kombination aus Intelligenzminderung, niedrigem psychologischen Entwicklungsniveau und dramatischen Geschichten, um der Bedeutungsleere für wichtige Bezugspersonen zu entgehen. In der Induktion einer Traumaerinnerung kulminierte dies: Die Patientin war auf diese Weise hoch bedeutsam für den Vater, konnte ihn zugleich für seine Nichtbeachtung ihr gegenüber anklagen.

Es kam zur malignen Regression, der Anklage durch Symptome und permanenter Tätersuche, damit der Opferstatus ebenso permanent blieb. Jeder, der das in Frage stellte, wurde ebenfalls zum Täter erklärt. Nur die Symptome verschwanden nicht, denn ohne Symptome ginge es wieder um heutige Aufgaben.

Niemand kann in diesem Fall von Frau M. zudem entscheiden, ob etwas wirklich passiert ist. Es gab keine objektiven Belege. Das konnte nur die Patientin wissen. Nun kann man verschiedene Fälle annehmen: Die Patientin ist wirklich missbraucht worden – warum ließen dann Symptome trotz Traumatherapie nicht nach, warum kam die Patientin im heutigen Leben nicht weiter und brauchte die Anklage? Auch aus realer Diskriminierung lassen sich unter bestimmten Umständen heute Vorteile oder Vermeidungsgewinne erreichen – um den Preis, dass die Verletzung nie überwunden werden darf.

Unsere Patientin könnte das Ganze auch erfunden haben, es könnte eine Psychose sein, oder eben eine suggerierte Erinnerung. Es ist letztlich nicht wichtig, denn der Kern des Problems ist, dass die Symptome, die damit verbundene Anklage und Macht sowie die Vorteile nicht verschwinden dürfen, d.h. Heilung unmöglich ist.

Am plausibelsten ist in diesem Fall hier ein False-Memory-Syndrom, einem relativ gut untersuchten, aber in der Psychotherapie wenig publizierten und diskutierten Phänomen der induzierten Erinnerung. Dabei ist ein Patient überzeugt, bestimmte Dinge erlebt zu haben, die aber vom Therapeuten suggeriert wurden. Es besteht der Wunsch, eine einfache Erklärung zu haben und das Aussprechen eines Traumas durch eine Fachkraft bedient dann eine Menge der oben genannten Motive.

Es löst andere Reaktionen aus, wenn gesagt wird: »Er streichelte mir über den Kopf« oder »Er streichelte mir über den Kopf und es fühlte sich irgendwie sexuell an«, ob ich das Wort »traumatisch« einfüge oder nicht. *Traumatisch* wird faktisch von Therapeuten und der Gesellschaft nicht hinterfragt. Der Satz »Die sexuell erlebte zufällige Berührung eines Lehrers wirkte bei Frau N. traumatisierend« stammt aus einem realen Psychotherapieantrag.

Es kamen in diesem Fall zwei Cluster zusammen, die kaum noch beachtet werden: die *Pseudologica Phantastica* und das *False-Memory-Syndrom*. *Pseudologica Phantastica* ist gekennzeichnet durch das Erzählen so unwahrscheinlicher Geschichten, in denen die betreffende Person im Mittelpunkt steht – aber die logischen Brüche gar nicht bemerkt, so dass man davon ausgehen muss, dass die Person dies selbst glaubt – und einer nahezu immer festgestellten Intelligenzminderung und psychologischen Reifeverzögerung.

Auch sollten Sie die Kriterien für das *False-Memory-Syndrom* im Hinterkopf behalten, die ich in der Geschichte andeute, um eine unwahrscheinlich klingende sexuelle Traumatisierung genauer zu prüfen: Wird der Vater beschuldigt, war es vor dem 9. Lebensjahr, sind die Erzählungen sehr ungewöhnlich, werden die Symptome auch durch Therapie nicht besser, wurde das Trauma erst bei einer Therapie aufgedeckt? Geht es auch heute noch überall um Missbrauch?

Ich empfehle zudem, Julia Shaw (Shaw, 2018) und die Debatte um die Wormser Prozesse[10] in den neunziger Jahren zu lesen. Ich habe auch das Lost-in-the-Mall-Experiment von Elisabeth Loftus[11] erwähnt.

Ich habe schon verschiedene Varianten erlebt – reales Trauma und False-Memory-Syndrom, aber auch *Pseudologica Phantastica* ohne Missbrauch. Ein Patient berichtete, ein Kind von KZ-Überlebenden zu sein, widersprach sich aber in den Ortsangaben, dann wieder ein Kind Hitlers zu sein (auch das gibt es öfter, als Sie ahnen!).

Die Fixierung auf das Missbrauchsthema *heute*, gleich, was damals wirklich passierte ohne, dass unter der Behandlung die Symptome verschwinden, weist auf heutigen Krankheitsgewinn hin: Anklage, Kompensation, Verleugnung eigener Verantwortung. Bei nicht wenigen Patienten, bei denen wir ein False-Memory feststellen mussten, kamen auch heute immer wieder Ereignisse mit sexuellem Missbrauchsbezug vor, in einer Fülle, die statistisch unwahrscheinlich war.

Der Einfluss der Medien ist dabei nicht zu unterschätzen. Die ersten Fälle von »satanistischem Missbrauch« in den USA führten zu einer Vielzahl von Anzeigen eines solchen Missbrauchs, nahezu ausnahmslos von Frauen, bei denen bereits einmal eine psychiatrische Diagnose gestellt worden war. Es gibt keinerlei objektive Hinweise auf Missbrauch in satanistischen Sekten in Deutschland. Bei der massiven Bearbeitung des Themas (wie etwa in der Kirche) sollten Täter satanischer Kulte und die Sekten namentlich bekannt sein. Zudem werden nahezu immer die Väter als Täter benannt, die Polizei könnte so sehr einfach einen Täter suchen.

Die Menge an »satanisch rituellem Missbrauch«, von der ich allein in den Gutachten las, in denen mehrere Täter und viele Kinder, ja ganze Schulklassen betroffen seien, würde bedeuten, dass wir massiv von satanischen Sekten umgeben sind. Dies würde massive Strafverfolgung und öffentliche Empörung, da ja die Täter benannt werden, auslösen – aber bei genaueren polizeilichen und journalistischen Ermittlungen findet sich – nichts, im Gegensatz zu anderem sexuellen Missbrauch oder Vergewaltigung, der meist durch Großvater, Stiefvater oder Onkel geschieht.

Bei diesen Fällen, und auch hier, seien fast immer die Väter beteiligt und fast ausschließlich zeigen dies nur Frauen an (während beim nachgewiesenen Missbrauch in Kirchen und anderen Einrichtungen bis zur Hälfte Jungen betroffen sind). Zu diesem Thema siehe auch die Anmerkungen[12].

Das nach außen zu managende Selbstbild muss eine Geschichte konstruieren, die *heute* möglichst viele Bedürfnisse erfüllt. *Stories We Live By*, schreibt Dan McAdams (McAdams, 1997) im gleichnamigen Buch und untersucht darin die Erzählungen, die Menschen über sich machen. Es gibt gar nicht so viele Varianten: der Held, die Abenteuerreise, das Opfer, die Errettete, der Kampf ... Menschen verabscheuen es, keine Theorien über Ereignisse zu haben. Der Satz »Nichts geschieht aus Zufall«, der oft gesagt wird, weist darauf hin. Der Verlust der hergebrachten christlichen Religion mit ihrem umfassenden Ansatz der Erklärung von Leiden, Tod, Schuld, Vergebung und Sinn hat ein Vakuum hervorgebracht, das nicht nur durch Verschwörungstheorien, unzählige neue Religionen (eigentlich müssten sie »Religiönchen« heißen) in der sogenannten spirituellen Bewegung, sondern auch durch eine übersteigerte Ursachensuche in der Psychotherapie in der Erklärung von Leid und Sinn gefüllt wird.

Zweifelsohne beeinflussen Lebensereignisse unsere Gefühle und unser Verhalten. Bei sehr extremen Ereignissen verändern sie sogar den Charakter. Durch die *Erzählung* darüber können Patienten heutige Symptomatik oder Verhalten begründen. Sie verwechseln Erfahrungsgenese und heutige Verhaltensbegründung und legen eindimensionale Kausalität nahe. Wenn man als Opfer Kompensationen und Vorteile erlangen möchte, braucht man aber auch einen Täter. In der Geschichte »Such da, wo es nicht weh tut«, die Sie hier später lesen werden, ist es eine biologische Erkrankung, in der gleich folgenden sind es »die anderen«. In unserem Fall mit Christoph wird der Täter immer neu gesucht und vom Therapiesystem diese Suche auch unterstützt, ohne dass irgendetwas bewiesen werden kann oder auch nur durch Therapie besser wird. Nur Aufmerksamkeits- und Versorgungsbedürfnisse, vielleicht auch besondere Helferbedürfnisse werden kurzfristig erfüllt.

Insbesondere bei Trauma und der starken Fixierung von Therapeuten darauf kommt es bei einigen Patienten zur graduellen Entdeckung des Krankheitsgewinns. Dieser war zuvor nicht intendiert, aber die Ideen der Therapeuten, doch eine Rente zu beantragen, Verantwortung für heutiges Fehlverhalten abzuwehren, andere zu beschuldigen, bringen eine Konsistenz(er)lösung ins Spiel, die Patienten dann leider für immer an das Trauma ketten. Der Traumabegriff wird heute inflationär auch von Therapeuten gebraucht, sie legen ihn Patienten nahe und diese erleben, wie andere dann auf diesen Begriff reagieren.

Hier wäre es wichtig gewesen, trotz aller Impulse nach bestätigender Information die Widersprüche schon am Anfang der Therapiekarriere aufzudecken und an heutigen Themen zu arbeiten. Ist die Opfererzählung zu fest, *kann* der Patient sie kaum noch loslassen.

Ich klage verbittert an!

Ich hatte Frau Schultheiß nicht mehr wirklich in Erinnerung, als ich zu einer Gerichtsverhandlung als Sachverständiger der Krankenkasse bestellt wurde. Dass ich einmal ihr Therapeut gewesen war und später Gutachter ihres Falles, hatte ich zuvor vergessen. Erst als aus der Klage deutlich wurde, dass ich nicht nur der Gutachter, sondern auch der Therapeut der Frau gewesen war, ahnte ich, dass es kompliziert werden würde. Hätte ich damals nur ordentlich Buch geführt! Aber das war ein Rückschaufehler: Hätte ich das Ende gewusst, hätte ich. *Hätte anders handeln können*, schuldig. Die semantische Form der Schuld: *Hätte anders handeln können.*

Die Patientin hatte gegen die Krankenversicherung geklagt, die ihr keine weitere Therapie bezahlen wollte, obwohl Empfehlungen von Kliniken und der ambulanten Therapeutin für eine weitere Therapie vorlagen. Ich war der Herr Sachverständige für die angeklagte Seite der Krankenversicherung.

Jetzt fiel mir wieder diese steile Falte im Gesicht von Frau Schultheiß, meiner ehemaligen Patientin, auf. Man musste einfach hinsehen. Jetzt erinnerte ich mich daran. Die senkrechte Falte zwischen den Augen war zweigeteilt, mit einem kürzeren unteren Strich, wie ein Ausrufezeichen! Die gesamte Mimik und Körperhaltung sprachen eine Anklage aus, und richtig, wir waren ja vor Gericht.

Aus den Akten war mir klar geworden, warum gerade ich eingeladen war: Ich hatte als Gutachter im Auftrag der Krankenkasse schon einmal eine ambulante Therapieverlängerung bei dieser Patientin abgelehnt und jetzt noch einmal. Die Patientin hatte kein Obergutachten angestrengt und gleich geklagt. Aber zuvor musste ich schon einmal eine Therapie mit ihr von mir aus abgebrochen haben. Hätte ich nur mich besser erinnert …

Ich hatte die Gutachtenaufträge nicht mehr mit *der* Frau Schultheiß in Verbindung gebracht, die einmal meine Patientin gewesen war. Eigentlich hätte ich den Psychotherapieantrag gar nicht begutachten dürfen. Gutachtenaufträge zum Antrag auf Psychotherapie sind anonymisiert, so dass ich den Klarnamen nicht wissen konnte und viele Therapeuten berichten nur kursorisch oder gar nicht über vergangene Klinikaufenthalte, so brachte ich das Gutachten nicht mit meiner ehemaligen Patientin in Verbindung. Meine erste Ablehnung der ambulanten Therapie hatte ihre Therapeutin damals sehr gegen mich aufgebracht. Sie hatte mich mehrfach angerufen. Es waren die üblichen moralischen Vorwürfe vorgebracht worden, dass ich nicht im Sinne von Patienten handele, das Leiden nicht achte und zudem unkollegial sei. Diese Therapeutin war nun anwesend, die ich zuvor nur am Telefon gehört hatte, ein Doppelname und ein sehr auffälliger roter Pullover mit einer großsteinigen Kette um den Hals, das war die Sachverständige der Anklage.

Der Richter eröffnete die Verhandlung und stellte alle Anwesenden vor. Die Patientin saß zusammengesunken mit einer Taschentücherbox vor sich da, aus der sie mit Schwung hin und wieder ein neues Taschentuch herauszog. Die Therapeutin schaute mich die ganze Zeit *moralisch* an. Frau Schultheiß war also mit ihrer Therapeutin gekommen. Die beiden hatten keine Rechtsanwältin dabei.

Die Juristin Frau Grünblatt vertrat die Krankenversicherung. Sie hatte mir zuvor erläutert, dass sie das schon machen werde und ich solle nur zu Sachfragen Stellung nehmen. Ich wiederum hatte sie vorbereitet, dass es nicht nur um Sachfragen gehen würde, sie solle sich nicht von der hohen zu erwartenden Emotionalität ablenken lassen.

»Es geht hier im Kern um die Frage«, begann der Richter nach der Vorstellung, »ob für die Patientin nach dem Sozialgesetzbuch eine Behandlungspflicht vorliegt und ob die Krankenkassen diese Behandlung übernehmen müssen.«

»Hier geht es um mehr«, hob die Therapeutin an, »hier geht es auch darum, ob Gutachter solche Macht haben sollten und um Gerechtigkeit für meine Patientin.« – »Ich ermahne Sie, mich ausreden zu lassen«, sagte der Richter, »ich fasse zunächst die Ausgangslage zusammen.« Frau Schultheiß seufzte laut.

»2011 kam Frau Schultheiß das erste Mal in eine ambulante Therapie bei Ihnen«, sagte der Richter und nickte in Richtung der Therapeutin. »Die Krankenkasse bewilligte damals 24 Sitzungen und übernahm die Kosten für die Behandlung einer Anpassungsstörung mit gemischten Gefühlen, diagnostiziert von Ihnen, ist das korrekt?« – »Das war nicht nur eine Anpassungsstörung«, erwiderte die Therapeutin. »Diese Patientin ist traumatisiert!« – »Das geht nicht aus Ihren damaligen Unterlagen hervor«, sagte der Richter und fuhr fort: »Aufgrund der Schwere der Symptomatik und der mangelnden Besserung entschieden Sie sich zum Ende der Behandlung, die Patientin in das zuständige Fachkrankenhaus zu überweisen. Auch hier übernahm die Krankenkasse die Kosten. Frau Schultheiß wollte nach den Unterlagen des Krankenhauses, an dem – das geht aus den Akten hervor – auch der hier anwesende Herr Dr. Richter angestellt ist, nicht in eine stationäre Behandlung gehen, wie Sie vorschlugen, so wurde sie von Dr. Richter tagesklinisch behandelt.«

In Vorbereitung auf den Fall hatte ich die Akten gesucht und nur den Abschlussbericht gefunden. Wo waren meine handschriftlichen Unterlagen? Ich konnte mich nur noch dunkel an die Therapie erinnern. Frau Schultheiß war anspruchsvoll gewesen. Erst hatte sie nicht auf Station gewollt, dann wieder suchte sie Therapieausnahmen bei uns. Diese Medikation nicht, jene schon. Ich erinnerte mich, dass sie die Therapiezeit oft verkürzen wollte, weil sie *Termine* hatte.

Die Patientin hatte in der Therapie sehr viel geredet, aber alles hatte so geklungen, als habe sie ihre Geschichte schon oft erzählt. Die berichteten Affekte passten zur Erzählung, aber irgendetwas stimmte nicht, vielleicht wirkte ihr Gesicht nicht so berührt. Sie weinte, wie auch jetzt, aber irgendetwas daran hatte mich schon damals verstört. In meiner Erinnerung war die Patientin kaum auf meine Fragen eingegangen und hatte andauernd neue Themen angefangen, immer mit hoher Affektivität. Sie zeichnete damals von sich das Bild einer schwerst belasteten Frau, die nahezu alle Symptome des psychiatrischen Spektrums aufwies, das kontrastiert war von ihrer Aktivität: Yoga, Rechtsanwaltstermine, Homöopathin, Osteopath, die schnelle Kontaktaufnahme zu Mitpatienten.

Irgendetwas war mit einem Hof und ihrem Sohn, aber ich konnte mich nicht genau erinnern und im Bericht stand nur etwas von einem Zustand nach Trennungsauseinandersetzungen. *Schreib Dir alles auf,* hatte mein Supervisor in der Ausbildung immer wieder gesagt. Bei dem Gedanken verzog ich das Gesicht. *Versäumt. Schuldig. Hätte ich nur.*

»Aus dem Abschlussbericht der Klinik geht auch hervor«, sprach der Richter weiter, »dass die Patientin Medikation ablehnte, an manchen Therapien nicht teilnehmen wollte, und die Behandlung vorzeitig abgebrochen wurde.« Frau Schultheiß sah mich durchdringend an. In meiner Erinnerung hatte ich ihr unsere Gruppentherapien vorgeschlagen. Sie wisse nicht, ob sie überhaupt in Gruppen etwas sagen könne, hatte sie geantwortet. »Vielleicht sind wir dann nichts für Sie«, hatte ich ihr damals gesagt. An den Satz »Ich *brauche* aber Therapie«, erinnerte ich mich noch und Frau Schultheiß hatte ihn so gesagt, als könne es keinen Widerspruch geben.

»Danach ist Frau Schultheiß wieder zu Ihnen in Therapie gegangen«, setzte der Richter in Richtung der Therapeutin fort, aber das war erst 2013.« Frau Grünblatt, die Juristin der Krankenversicherung, hob die Hand, der Richter nickte ihr zu, und sie sagte: »Frau Schultheiß war damals weiterhin krankgeschrieben, mit verschiedenen körperlichen Erkrankungen, einer Depression und dann später diagnostizierte der Hausarzt auch eine somatoforme Störung. Sie war ca. ein Jahr krankgeschrieben und wurde dann durch uns aufgefordert, weitere Maßnahmen zur Gesundung zu ergreifen, und so wurde sie zu einer Reha geschickt. Erst danach kam sie wieder in die Therapie bei der anwesenden Therapeutin.«

»Das war zu spät!«, warf die Therapeutin ein. »Die Patientin *konnte* damals nicht an Ihren Gruppentherapien teilnehmen, haben Sie denn das nicht gesehen, Herr Kollege?«, rief die Therapeutin in meine Richtung. Ich dachte an ein größeres Nagetier. Der Richter blickte streng und sagte zu ihr: »Nun stellten Sie einen erneuten Antrag, diesmal gleich einen Langzeitantrag, mit 60 Sitzungen Psychotherapie, Verhaltenstherapie, wenn ich es richtig sehe«, sagte der Richter. »Das zog sich dann über vier Jahre. Wir haben dann also 2017. Warum dauerte das so lange?«

»Ihr Ex-Mann ließ sie nicht in Ruhe«, antwortete die Therapeutin. »Sie musste sich sogar juristisch wehren! Frau Schultheiß hatte immer wieder Nervenzusammenbrüche, wenn sie mit Triggerreizen in Berührung kam. Wenn sie auch nur eine E-Mail von ihrem Mann, das heißt Exmann erhielt, konnte sie manchmal nicht zur Therapie kommen, so schlecht ging es ihr. Sie wissen ja gar nicht, *was* ihr alles passiert ist.« Sie fuhr fort: »Frau Schultheiß ist chronisch psychisch krank. In meinen Therapien mit ihr konnte sie sich immer wieder stabilisieren, sie arbeitet sehr kooperativ mit. Sie braucht sehr dringend Psychotherapie, das sehen Sie doch!« Die Therapeutin sprach mit Ausrufezeichen. »Bei ihr bestehen eine posttraumatische Belastungsstörung, eine unspezifische Essstörung, eine somatoforme Störung, eine Alkoholabhängigkeit, aber sie ist abstinent, eine soziale Phobie, eine Neurasthenie und eine nichtorganische Schlafstörung!«

Wow, dachte ich, sieben Diagnosen. Ich erinnerte mich, dass mich das als Gutachter so skeptisch gemacht hatte und dann auch zu meiner Ablehnung weiterer Psychotherapie führte, da unter der Therapie immer weitere Diagnosen hinzukamen. »Frau Kollegin«, begann ich und wendete mich an die Psychologin, »mit welchen Methoden behandeln Sie Frau Schultheiß?« Die Therapeutin sah mich nicht an und sprach direkt zum Richter. »Wir arbeiten an der Selbstwahrnehmung. Die Patientin setzt bei mir Kuscheltiere, Schachteln, Gegenstände ein, um ihre inneren Prozesse zu visualisieren. Sie muss am weiteren Ausdruck ihrer Gefühle arbeiten. Ihr inneres Kind wurde vernachlässigt, und sie muss lernen, sich selber ernst zu nehmen. Sie muss Zeit für sich haben und *sich sich selbst gönnen*. Sie verbietet sich Genuss. Wir haben einen Schutzengel für sie in der Imagination installiert.«

Hier wurde eine ernste Realität verhandelt. So schüttelte ich nur unmerklich den Kopf, obwohl ich am liebsten gelacht hätte, und blieb der sachliche Gutachter: »Wodurch ist die posttraumatische Störung gekennzeichnet?«, fragte ich als Nächstes. »Es wird in der Therapie als zentral angesehen«, antwortete die Therapeutin, »dass in der Jugend ihre sogenannten Freundinnen und Mitschüler über sie lachten und ihre schüchterne Art nicht ernst genommen haben und ihr so seelischen Schmerz zufügten. Die Patientin machte das alles mit sich aus, weil sie nicht mit ihrer Mutter darüber reden konnte, die selber ihre Depressionen hatte und der Vater immer abwesend war.« Die Therapeutin hatte meine Frage nach den Traumakriterien nicht beantwortet. »Das scheint erst einmal beeindruckend und wir stellen uns die Frage, warum die Krankenkasse weitere ambulante Psychotherapie ablehnt«, sagte der Richter und sah in Richtung der Krankenkassenjuristin.

Die Therapeutin meldete sich erneut und der Richter erteilte ihr das Wort. »Nicht die Krankenkasse hat das abgelehnt, der Gutachter, und zwar dieser da, hat das abgelehnt!«, rief die Therapeutin aus. »Er hat etwas gegen meine Patientin. Wer weiß, was er selbst für ein Problem hat! Einer geschiedenen Frau die Therapie zu verweigern! Er war es, der die Behandlung abbrach und er hat *zweimal* die Therapie bei mir nicht verlängert, wo sie doch so dringend benötigt wird! Er ist selber geschieden!« Der Richter antwortete: »Die Hälfte aller Ehen werden geschieden, so auch meine. Doch das tut hier nichts zur Sache und ist im Übrigen ein *Argumentum ad hominem.*«

»Nun, ein Gutachter darf auch Therapien ablehnen, deshalb haben wir ja Gutachter!«, sagte die Krankenkassenjuristin noch dazu. »Aber dieser Mann hätte nie Gutachter sein dürfen in dem Fall!«, rief die Therapeutin jetzt triumphierend und zeigte auf mich, »und er hätte das wissen müssen! Sie können doch nicht einen Fall begutachten, in dem Sie selbst Therapeut waren! Wir werden Sie wegen unterlassener Hilfeleistung anzeigen!« Die Therapeutin hatte sich natürlich belesen und jetzt saß ich auf der Anklagebank und wusste nichts mehr zu sagen. *Schuldig. Hätte ich nur.*

Frau Grünblatt bat den Richter um eine Unterbrechung, so dass wir uns beraten konnten. Wir hatten uns vor der Verhandlung nur kurz telefonisch besprochen, wir hatten die rein formale Richtigkeit der Ablehnungen abgeglichen. Ich hatte in meinem Gutachten vor allem bemängelt, dass es kein ausreichendes Störungsmodell der Therapeutin für eine immer weitere Behandlung gebe, sie könne nicht erklären, warum die Interventionen verpufften. Auch die Menge an Behandlungen ohne Erfolg sowie die mangelnde Compliance hatte ich als prognostisch ungünstige Faktoren herausgestellt, ebenso die häufigeren Suchtzwischenfälle, die dann in

Aggressionen endeten, die im Therapieplan der Therapeutin nicht genügend beachtet worden waren. So weit, so richtig.

»Warum haben Sie mir das mit dem Klinikbericht nicht gesagt?«, fragte mich Frau Grünblatt streng. »Weil ich es bei der Begutachtung nicht mehr wusste«, antwortete ich, »ich habe mir zu wenige Notizen gemacht. Das war ein Fehler, ich ärgere mich darüber. Andererseits – ich kann nicht alle meine Therapien noch im Kopf behalten und dann aus einem anonymisierten Gutachten heraus erkennen, dass ich die Patientin schon mal behandelt habe. Und: Die Therapeutin hat eben den Klinikbericht damals *nicht* mitgeschickt.« – »Ja, den haben die heute erst präsentiert, das wäre ihnen mit einer Juristin nicht passiert«, lächelte Frau Grünblatt. »Das können wir nutzen. Aber – wir dürfen uns hier nicht verfranzen«, sagte die Juristin etwas salopp, und das Wort *verfranzen* elektrisierte mich, und da fiel es mir wieder ein – Franz, der Sohn. Die Patientin hatte mir damals verbittert von ihrem Sohn erzählt, der sie nicht sehen wollte, erinnerte ich mich, als der Richter mahnte, wir sollten die Verhandlung fortsetzen.

»Frau Grünblatt, ich nehme an, Sie wollen zu dem vorhin Geäußerten Stellung nehmen?«, forderte der Richter die Krankenkassenjuristin auf. »Hier werden zwei Angelegenheiten vermischt«, sagte Frau Grünblatt, »das eine sind die formalen und inhaltlichen Gründe, aus denen heraus ein Gutachter berechtigt ist, der Krankenkasse zu empfehlen, eine Therapie abzulehnen« – »Was ist das für eine Anmaßung! *Wir* wissen, wann eine Therapie nötig ist«, warf die Therapeutin wiederum dazwischen. Der Richter rügte sie abermals.

»Und das andere ist eine Fahrlässigkeit, die aber darin begründet liegt, dass der Gutachter und Therapeut bei den Anträgen auf Psychotherapie nicht mehr wissen konnte, dass Frau Schultheiß einmal seine Patientin war«, führte die Juristin aus. Ich liebe das, diesen ruhigen Juristenton.

»Zumal die hier anwesende Therapeutin den Klinikbericht nicht ihren Anträgen auf Psychotherapie beigelegt hatte.« – »Er hätte ihn anfordern können, ich hatte geschrieben: Klinikaufenthalt 3–4/2011«, warf die Therapeutin triumphierend zurück, »aber *Sie* hätten das wissen können, *Sie*, die Krankenkasse!« Frau Grünblatt wirkte konsterniert. Drehte sich das Blatt jetzt so?

»Nein«, blieb die Juristin gelassen, »Krankenkassenmitarbeiter bekommen keine Klinikberichte einfach so. Sie können sie anonymisiert anfordern, aber nur, um sie Gutachtern oder dem Medizinischen Dienst weiterzuleiten.« – »Frau Grünblatt, können Sie bitte zu den Ablehnungsgründen Stellung nehmen?«, fragte der Richter jetzt. Die Juristin schlug einen ziemlich dicken Leitzordner auf. »Frau Schultheiß war bei der hier anwesenden Therapeutin seit 2011 in Behandlung, die erste Ablehnung betraf die Langzeittherapie über Höchstkontingent 2017. Anfangs, 2011, stellte die Therapeutin nur die Diagnose einer Anpassungsstörung und beantragte eine Kurzzeittherapie.«

»Es kommt eben im Laufe einer Therapie auch Verdrängtes hoch!«, rief die Therapeutin und wurde nochmals ermahnt, sie solle Frau Grünblatt ausreden lassen. Dennoch redete die Therapeutin weiter: »Sie sind verärgert, sich mit dem Fall befassen zu müssen«, sagte sie zum Richter gewandt und nickte sich selbst heftig zu.

»Wir sind hier nicht in einer Therapie«, erwiderte der Richter, »meine Gefühle spielen hier keine Rolle.« – »Sie spielen *immer* eine Rolle!«, stieß die Therapeutin hervor.

»Fahren Sie fort«, ermunterte der Richter die Kassenjuristin, die antwortete: »Die Patientin Schultheiß bekam immer mehr und längere Krankschreibungszeiten, ihr wurde von uns 2017 nochmals eine Reha angeboten, die sie ablehnte, weil sie ihr zu weit entfernt gewesen sei. Sie wurde zum Medizinischen Dienst eingeladen und es wurde eine deutliche Empfehlung einer Medikation ausgesprochen, welche die Patientin nicht annahm.« – »Ich vertrage die nicht!«, rief die Patientin dazwischen. »Die Patientin stellte nach der Aussteuerung einen Rentenantrag«, sagte Frau Grünblatt, »das war einer der Gründe, warum der hier anwesende Gutachter und Therapeut den ersten Antrag ablehnte, weil dies die Therapeutin im Bedingungsmodell des Antrags nicht berücksichtigt hatte.

»Das musste ich«, rief nun die Patientin dazwischen, »wovon hätte ich denn leben sollen? Ich will doch wieder arbeiten gehen!« Der Richter blickte irritiert und gab Frau Grünblatt ein Handzeichen, dass sie sprechen solle. »Die Patientin war zudem nach der Ablehnung des Rentenantrages in einer Spezialklinik, die eigentlich für Privatversicherte ist. Sie hatte bei uns einen Antrag auf Kostenübernahme für fünf Wochen gestellt, dem wir auch stattgaben. Die dortigen Ärzte sahen immer wieder eine dringende Behandlungsbedürftigkeit und verlängerten immer weiter, begründeten dies mit Trauma und Suizidalität. Privatkliniken begründen *immer* weitere Behandlungsnotwendigkeit. Wir bewilligten also insgesamt acht Wochen. Die Patientin war danach mitnichten geheilt. Sie stellte wieder einen Langzeittherapieantrag bei der hier anwesenden Therapeutin, der dann von dem hier anwesenden Gutachter nicht befürwortet wurde. Bis dahin hatten wir alles finanziell bewilligt, das war nicht wenig, und das bei ausbleibendem Therapieerfolg! Das ist der heutige Fall. Die Therapeutin stellte wieder und wieder den Antrag, und wollte den hier anwesenden Gutachter vom Verfahren ausschließen.«

»Aber die Patientin braucht doch Therapie!«, schleuderte die Therapeutin Frau Grünblatt entgegen. »Wir als Therapeuten können das entscheiden, nicht wahr«, fuhr sie fort, ihre Stimme deutlich lauter, »wir sind ausgebildet, bei Ärzten fragt doch auch niemand, ob irgendeine Untersuchung etwas bringt!« – »Auch Ärzte müssen sich Überprüfungen stellen, und: Es gibt keine Gleichheit im Unrecht«, sagte der Richter, »hören wir jetzt den Gutachter.«

Die ganze Zeit hatte ich überlegt, wie ich den Fall nennen würde, was die angemessene Diagnose wäre. *Wenn Therapeuten für Patienten kämpfen*. So richtig passte das noch nicht.

Ich hatte mir von allen Seiten die Schweigepflichtsentbindung geben lassen. Aber ich wollte sichergehen und fragte noch einmal in Richtung Frau Schultheiß: »Ist es möglich, dass ich etwas zu den Hintergründen sage?« – Frau Schultheiß schluchzte auf und nickte. Die Therapeutin zischte: »Dann sagen Sie auch, dass sie ihr Mann verlassen und dermaßen übers Ohr gehauen, sie mit anderen Frauen betrogen hat und dann trotzdem noch sexuell was von ihr wollte. Das *sind* Bedingungen für ein Trauma!«

Ich begann: »Um als Gutachter die Bewilligung einer Therapie einzuschätzen, werden viele Faktoren berücksichtigt. Ich will hier nur auf die des Bedingungsmodells einer psychischen Störung eingehen, das im vorliegenden Fall eine Rolle spielte. Gegen die Therapie meinerseits sprach, dass die Patientin einen Rentenantrag gestellt hatte, damit aussagte, dass sie nicht mehr heilbar sei, dass sie schon massiv Therapien ohne Erfolg absolviert hatte und trotz Indikation kein Medikament nahm, so dass die Motivation in Frage stand.«

»Was ist mit Ihrer vorherigen Ablehnung, dem Abbruch in der Klinik?«, warf die Therapeutin ein.

»Hier muss ich Dinge äußern, die zum persönlichen Bereich gehören, die mir Frau Schultheiß in der ersten Therapie erzählte. Ihnen liegt die Schweigepflichtsentbindung vor. Frau Schultheiß lernte ihren Exmann 1995 kennen. Dieser war schon einmal verheiratet. Er hatte einen großen Hof, eine gut gehende Autowerkstatt darauf. Als Frau Schultheiß schwanger wurde, heirateten sie. Es gibt einen Ehevertrag und der muss berücksichtigt werden, wenn man die Motivation zur Nicht-Heilung verstehen möchte, den sogenannten Krankheitsgewinn.«

»Erklären Sie den Begriff Krankheitsgewinn«, sagte der Richter.

»Mit Krankheitsgewinn bezeichnen wir alle Faktoren, die es attraktiver erscheinen lassen, krank oder zumindest im sozialrechtlichen Krankenstand zu verbleiben«, dozierte ich. »Bei Kindern kann das die Vermeidung von Schule oder die Zuwendung der Mutter sein, andere Beispiele sind die Vermeidung von Arbeit, von Konflikten, aber eben auch finanzielle Vorteile, etwa durch eine Zusatz-Krankentagegeldversicherung …«

»Das sind Unterstellungen!«, rief die Therapeutin dazwischen. – »Ich habe nur den Krankheitsgewinn allgemein erklärt«, antwortete ich. »Für diesen Fall hier muss neben dem Ehevertrag auch das Verhältnis zum Sohn Franz betrachtet werden.« Frau Schultheiß schluchzte auf und sagte gepresst: »Mein Ex hat mir meinen Sohn genommen«, und sah mich böse an. *Ein Gerichtsverfahren als Heilung für eine Kränkung*, dachte ich, das könnte die Diagnose sein.

»Frau Schultheiß, erklären Sie uns das«, sagte der Richter. Frau Schultheiß schüttelte den Kopf. Doch die Therapeutin sprach an ihrer Stelle: »Der Exmann von Frau Schultheiß hat, nachdem herauskam, dass er fremd ging und sie so schwer depressiv wurde, verlangt, dass sie vom Hof auszieht und reichte die Scheidung ein. Er hat den Sohn Franz so beeinflusst, dass dieser nicht mit Frau Schultheiß mitgehen wollte und beim Vater blieb. Stellen Sie sich vor, was das für eine Mutter bedeutet!«

»Was wurde denn im Ehevertrag vereinbart?«, fragte der Richter. »Das war ein Über-den-Tisch-ziehen«, sagte die Therapeutin, »er hat die emotionale Abhängigkeit der Frau ausgenutzt. Sie war verliebt und schwanger und sie wollten heiraten. Da hat er ihr das Papier untergejubelt, in dem steht, dass sie nach einer Scheidung keinen Anspruch auf nachehelichen Unterhalt und den Hof hat.« Und da der Sohn auf dem Hof beim Vater bleiben wollte, wurde sie unterhaltspflichtig. Das sagte die Therapeutin nicht. *Eine Mutter zahlt keinen Unterhalt: Der Kampf einer Psychotherapeutin.* Ein Film, dachte ich, doch sah in ein reales Richtergesicht.

»Aber den Ehevertrag hat Frau Schultheiß doch bei vollem Bewusstsein unterschrieben, und ein Notar hat ihn beurkundet?«, sagte der Richter. – »Ja, aber, verstehen Sie, diese Abhängigkeit, die Patientin konnte die Folgen nicht übersehen«, sagte die Therapeutin. – »Bestand zum damaligen Zeitpunkt eine psychische Störung, bei der sie die Konsequenzen des Handelns nicht einsehen konnte?« – »Latent, ja«, sagte die Therapeutin. – »Das ist ein unhintergehbares Argument«, erwiderte der Richter, »eine *latente* Störung wäre nie zu widerlegen, damit ließe sich alles begründen. Sie sind *latent* depressiv, auch wenn Sie gerade nicht depressiv sind. Entweder es gab damals eine festgestellte Störung, der Vertrag ist unbillig oder zu Lasten Dritter oder er gilt. *Pacta sunt servanda.* Für mein Urteil bringen Sie den Vertrag bitte bei, Frau Schultheiß, oder ich bezeichne Sie als latent unkonstruktiv. Aber was ist denn nun mit dem von Ihnen postulierten Krankheitsgewinn, ein ebenso wackliges Konstrukt«, wandte sich der Richter streng an mich. Für ihn musste die Psychotherapeutenwelt die wahrhaft verrückte sein.

»Entscheidend, um das zu postulieren, waren mehrere Faktoren«, setzte ich fort, »der offensichtliche Widerspruch zwischen geäußertem Leiden und realem klinischen Verhalten, die Non-Compliance in Therapien, der Anklagewert der Symptome. Die Patientin hatte zuvor versucht, den Ehevertrag juristisch anzufechten und verloren. Diesen Anklagewert von Krankheit sehen Sie auch heute hier. Eigentlich wünscht Frau Schultheiß rechtliche Genugtuung und Wiedergutmachung für subjektiv erlittenes Unrecht. Da das aber nicht möglich ist, bleiben ihre Symptome bestehen und klagen stattdessen an. Aber es gibt einen wesentlichen weiteren Faktor: Dadurch, dass Frau Schultheiß auszog und der damals zwölfjährige Franz nicht mit zu ihr wollte, wurde sie unterhaltspflichtig. Sie hatte zuvor als Sachbearbeiterin bei der Stadt gearbeitet und gut verdient. Während des damaligen Klinikaufenthaltes gab es einen Unterhaltsprozess. Dieser zog sich hin. Die Patientin verblieb später, wie wir wissen, im Krankenstand, steuerte aus. So muss sie keinen Unterhalt zahlen.« – »Aber wer nimmt eine Krankheit auf sich und so viel Leiden, nur um den Unterhalt nicht zu zahlen!«, rief die Therapeutin. – »Ja, das ist schwer verständlich. Aber unsere Psyche funktioniert nun mal nach archaischen Gesetzen. Frauen bleiben bei schlagenden Männern, weil die Familienehre es so will. Eltern decken kriminelle Kinder, weil es ihr Blut ist. Männer zahlen Unterhalt, nicht Frauen. Jedenfalls war das Unterhaltsverfahren mit Krankheitsgewinn neben dem anderen Genannten ein Grund, warum ich die Krankenhausbehandlung abbrach.«

»Und die weiteren Ablehnungen als Gutachter, da wussten Sie ja offiziell gar nichts mehr davon?«, bedrängte mich die Therapeutin. – »Die beziehen sich auf die nicht wirksamen vorherigen Therapien«, antwortete ich, »aber auch in Ihren Anträgen hatten Sie juristische Verfahren erwähnt, die den Verdacht einer Verbitterungsstörung nahelegten. So schrieb ich es damals auch.« – »Das ist keine anerkannte Diagnose!«, rief die Therapeutin.

Ich antwortete: »Nicht alles lässt sich in Diagnosen fassen. Eine Verbitterungsstörung, wie sie von Linden und anderen konzipiert ist, fasst dieses nicht eben seltene Bild zusammen: Es ist ein Unrecht geschehen, das sich nicht juristisch beheben lässt. Um dennoch Anklage zu erheben oder als Unrecht erlebte Folgen abzuwenden, werden erhebliches Leid und dysfunktionale Mittel aufgewendet, diese erscheinen häufig masochistisch und selbstzerstörerisch. Herr Richter, Sie müssten das hier schon öfter erlebt haben: Leute prozessieren um kleine Dinge, geben enorm viel Geld dafür aus, für einen Apfel, der aufs falsche Grundstück fiel, Schuhe, die falsch im Flur stehen. Für 10 Euro weniger geben Sie riesige Anwaltskosten aus. Es wird prozessiert um Dinge, die aussichtslos erscheinen.«

Der Richter nickte: »Ja, wo die Soße teurer als das Fleisch ist.« Ich schmunzelte.

Nachdem der Richter noch einige Fragen gestellt hatte und Unterlagen mit Fristsetzung anforderte, sagte er, es brauche dann etwa zwei Wochen, bevor sein Urteil in dem Fall ergehe.

* * *

Heinrich von Kleists Geschichte von Michael Kohlhaas hatte mich schon als Jugendlicher fasziniert. Menschen, die für Gerechtigkeit kämpfen und dafür enorme Belastungen auf sich nehmen. Viele Rache- und Einsame-Helden-Filme spielen mit diesem Motiv. Später erst in der Therapie merkte ich, wie sich das Gerechtigkeitsmotiv verselbständigen konnte, und dafür sogar ein therapeutischer Name – Verbitterungsstörung – gefunden wurde, so dass Therapie nun für den Kampf um Gerechtigkeit stand. Manche Therapeuten wurden Mitkämpfer für Gerechtigkeit.

Mein Vater sagte immer: »Achte darauf, dass die Soße nicht teurer als das Fleisch wird!« Der Richter hatte mit diesem Sprichwort die Sache auf den Punkt gebracht. Hier war ein Fall, in dem es für die Patientin vielleicht niemals Fleisch gegeben hatte.

Schon in der vorherigen Geschichte ging es um Anklage, Schuld und die Opferwaffe – um Selbstbild und Kontrolle in Beziehungen, also Macht. Frau Schultheiß' Symptome einer üblichen Diagnose führten auch hier zunächst zur üblichen Therapie, aber nicht zum Erfolg. Es kam wieder zur Ausweitung von Diagnosen und Therapien, weil wesentliche Bedürfnisse verdeckt blieben und damit auch makrogesellschaftliche Narrative bedient wurden. Neben dem Machtmotiv und der Deutungskontrolle spielen in diesem Fall noch sehr viel mehr Faktoren, vor allem aus dem Umgebungs- und Helfersystem eine Rolle. In Sorgerechts- und Unterhaltsfällen ist es nahezu unhinterfragt, dass der Vater Unterhalt zahlt und es wird als extrem kränkend erlebt, dass eine Frau Unterhalt zahlen muss. Das Rollenstereotyp führte hier dazu, dass sich Frau Schultheiß unreflektiert im Recht fühlte, keinen Unterhalt zahlen zu müssen.

Die Therapeutin verschwesterte sich mit der Patientin, statt in eine Therapie zog auch sie in einen Kampf. Wir Therapeuten müssen insbesondere dann, wenn sich ein Kampfgefühl um Gerechtigkeit einstellt, über unsere Biografie, die eigenen Motivationen zum »Kampf« und Projektionen auf Patienten und Therapiegeschehen reflektieren und gegebenenfalls auch Therapie bis zum Ende eines juristischen Prozesses aussetzen. Wenn es juristisch wird, bleibt für gewöhnlich Therapie außen vor. In der Zeit von Verfahren bessern sich Symptome nicht. Symptome werden wie juristische Beweise von Patienten (und nicht selten von Therapeuten) verwendet – und wer vernichtet schon seine Beweise? Denken Sie an Asylverfahren, Rentenverfahren, Sorgerechtsverfahren – nie verschwand eine Diagnose, bis nicht die juristische Entscheidung feststand. *Follow the money,* diesem Rat gaben uns Sozialarbeiter schon lange. Sie schauen, ob Klienten etwas von Geldern, Unterhalt, privater Berufsunfähigkeitsrente haben und vielleicht deshalb manch absurde Strukturen bestehen bleiben. Manchmal wurden Renten für Verstorbene kassiert, gab es Arbeitsunfallrenten in fünfstelliger Höhe. Doch bei Psychotherapeuten ist es verpönt, nach den Geldern zu fragen.

Das Opferbild wird hier in unserem Fall von beiden, Patientin und Therapeutin genutzt, um weitere Therapie zu erhalten und Unterhaltszahlungen zu entgehen, sowie anklagen zu können.

Der Fall zeigt auch die Rolle von Lebensereignissen bei der Konstitution einer psychischen Erkrankung. Mir war der Betrug des Mannes und die Entscheidung des Sohnes, beim Vater zu bleiben, zu deutlich als auslösendes Moment einer Störung gewesen, die sich im juristischen Kampf verfestigen konnte. Deshalb lehnte ich die erste Therapie ab. Hätte die Therapeutin dies erfragt, hätte sich therapeutisch ein anderer Weg auftun können. Doch so ging die Therapeutin in den heutigen Kampf hinein. Bei Verbitterung ist die Behandlung der Urkränkung unerlässlich.

Der *Plot* könnte hier heißen:

Ich klage verbittert an!

Eine Frau sucht Gerechtigkeit für eine Affäre ihres Mannes und die Abkehr ihres Sohnes – und eine Therapeutin zieht mit ihr in den Kampf. Verbittert wird über den Klagen die eigentliche Kränkung verdeckt. Da das Problem nicht juristisch gesühnt werden kann, aber Recht gesucht wird, können die Symptome nicht verschwinden, denn sie sind die stellvertretende Anklage und verhindern ganz real, dass sie unterhaltspflichtig wird. Es kommt zur Anklage durch Symptome und zur permanenten Tätersuche, um Kompensation als Opfer zu erlangen.

Zum Schluss der Geschichte spreche ich direkt das Konzept der Verbitterungsstörung an, wie Michael Linden (Linden, 2017) sie beschrieben hat. Es handelt sich dabei um eine Diagnose, die nicht im ICD zu finden ist, die Sie aber wahrscheinlich aus eigener Erfahrung kennen und die vieles meiner Denkweise über erweiterte Diagnostik beschreibt.

Eine Verbitterungsstörung kommt auch bei anderen Konstellationen als in unserer Geschichte vor: Es ist ein nichtjustiziables, subjektiv empfundenes Unrecht geschehen. Aufgrund der Persönlichkeit, die Karl Leonhard (Leonhard, 1986) als »übernachhaltig« beschreiben würde, in einer Kombination aus narzisstischer Kränkbarkeit und misstrauischer, feindlicher, querulatorischer Haltung, gibt es keine Vergebung und Gelassenheit. Es werden über Symptome und primären Krankheitsgewinn, später auch über Geld und Gerichtsprozesse, Anklage und Strafe gefordert. Die eigentlich gewünschte Gerechtigkeit tritt darüber aber meist nicht ein (häufig: der Wunsch nach Schuldeingeständnis der Gegenseite und narzisstischer Aufwertung des Patienten). So kommt es manchmal zu Prozessserien oder eben zur Verstetigung von Symptomen als Anklage. Die Anklage durch Symptome ist in unserer therapeutischen Praxis sehr häufig und kann bis zum Selbstmord führen (»Seht, was Ihr mit mir gemacht habt!«).

In Supervisionen, eigenen Therapien und Therapieanträgen begegnete mir immer wieder der Typ des gekränkten älteren Mannes, meist zwischen 55 und 65. Er wird in seiner Firma degradiert oder durch Jüngere ersetzt, seine Anmachversuche bei Frauen werden nicht mehr erwidert, seine Vorschläge nicht mehr gehört. Die Leistungsfähigkeit lässt nach; aber das Selbstbild zeigt ihm noch immer den Mann, der mit Willen etwas schafft, der mit Anstrengung Schwierigkeiten überwinden kann, der nur noch nicht richtig erkannt worden ist. Er glaubt noch immer, wenn er alles perfekt vorbereitet, auch das Ergebnis (etwa einer Bewerbung oder eines Flirts) unter Kontrolle zu haben. Vielleicht dienen Abfindungszahlungen der Kompensation und Anerkennung dieser narzisstischen Kränkung.

Neben der Anklage wird in der Verbitterungsstörung noch auf juristische Kompensation gepocht – aus der Krankheit heraus wird argumentiert, Vorteile zu bekommen oder Nachteile zu ersparen. Wie in unserem Fall, in dem Frau Schultheiß keinen Unterhalt bei Krankheit zahlen muss. So können Symptome und eine Diagnose wichtig sein, um zu demonstrieren, dass man z. B. auch wegen schwerer Schuld der Eltern nicht zum Unterhalt verpflichtet sei. Mit einer Diagnose kann man auch Zahlungen aus einem Opferfonds, Berufsunfähigkeitsversicherungen oder Renten bekommen.

Ein wesentlicher Bestandteil solcher Kränkungen – wie auch in unserem Fall – ist die Verletzung der Loyalität einer Bezugsperson. Diese Loyalität wird dann umso mehr von Therapeuten verlangt, und es entsteht eine gefährliche Interaktionsdynamik. In der Übertragung mit solchen Patienten bemühen sich Therapeuten, nichts »Falsches« zu sagen. Kommt dann noch die Verbrüderung auf Seiten der Therapeuten hinzu, oder auch Motive, die in einer Organisation selbst liegen (wie etwa dem Jugendamt oder Opferorganisationen), wird von der alten Verletzung auf einen neuen Feind abgelenkt.

Wir haben schon öfter konstatiert, dass heute leider sehr schnell das Wort »traumatisch« verwendet wird. Ich habe Therapieberichte gelesen, in denen ein Witz »traumatisch« empfunden, Trennungen als traumatisch von der Therapeutin bezeichnet wurden bis hin zu dem Fall, als der Tod der geliebten Katze zu einer posttraumatischen Belastungsstörung geführt haben sollte. Der Begriff erzeugt beim Gegenüber eine Beißhemmung und ein kompensatorisches Helfenwollen. Auch die Therapeutin hier im Fall argumentiert so.

Diese inflationäre Verwendung des Traumabegriffes tut wirklichen Opfern Unrecht und stärkt wegen der Bedeutung des Wortes die Tendenz zu kompensatorischem Krankheitsgewinn weit mehr, als es etwa der Angststörungsbegriff tut.

Ich hatte bei Frau Schultheiß in der ersten Therapie versucht, mit Mitteln der Weisheitstherapie eine Distanzierung zu erreichen, Gelassenheit und Vergebung anzubahnen; aber Anklagemotiv und Wunsch nach Vermeidung der kränkenden Unterhaltszahlung der Patientin waren stärker, insofern war die Prognose ungünstig und ich verlängerte die Therapie nicht.

Ist unsere Frau Schultheiß nur sehr kränkbar? Was war ihr Anteil, dass der Mann sich abwandte – oder führt eine Trennung immer zu einem »Trauma«?

Es gibt klassische Geschlechterstereotype oder Eltern-Kind-Stereotype über Täter und Opfer, die reflektiert werden müssen. Es sollte Teil des *Plots* sein, in dem Ursachen und damit Handlungskontrolle gesehen werden.

Patientin und Behandlerin – und nicht nur in diesem Fall hier – haben in unserer affektgeladenen Gesellschaft schnell die Macht der Diagnosen erkannt, sie sind Teil des – gemeinsamen – Krankheitsgewinns. Sie versprechen in der Affektökonomie das, was in einer globalisierten und übervollen Welt am wenigsten vorhanden ist und nur durch hohe (negative wie positive) Emotion herstellbar ist: Aufmerksamkeit und Identität. Therapeuten können diese Sichtweise verstärken. Die Therapeutin dieses Falles versäumte, Symptome kritisch zu hinterfragen und objektive Belege für Geschehnisse zu verlangen oder die Eigenverantwortung zu festigen. Bestimmte Therapietechniken sind als Ausdruck einer narzisstischen Ich-Ökonomie zu sehen, die gleichermaßen das Ego von Therapeut und Patient befriedigt. Es ändert sich nur nichts, denn das könnte bedeuten, dass ich mich irren könnte.

Der Confirmation Bias sollte aber auch untersucht und selbstreflexiv für die Psychotherapie bedacht werden, nachdem deutlich wurde, dass weibliche Therapeuten eher Frauen zustimmen[1], eher insgesamt mehr auf Zustimmung aus sind[2] und zwischen einem Drittel und drei Viertel der Therapeuten und ebenso der Patienten weiblich sind. Es gibt eine Menge Studien, dass auch das Geschlecht des Therapeuten und des Patienten die Art der Diagnosenvergabe beeinflusst.[3]

Es entstehen dann Wohlfühl- und Filterblasentherapien. Eine narzisstische Bestätigung von Patienten und Helfenden: Wie wir die Welt sehen, ist schon richtig so. Es fehlt eine psychotherapie-eigene reflexive Ethik für diesen besonderen, intimen und zugleich gesellschaftlichen Raum, in den selten jemand von außen Einblick hat.

Der Reparaturauftrag

Frau Kötter kam zu mir in die Therapie in unsere Tagesklinik. In weitem Pullover, das rötlich-blonde Haar erschien brüchig, sie rang mit den Fingern. Als ich später ihr Alter erfuhr, war ich erschrocken, da sie gut zehn Jahre älter wirkte.

»Ich soll eine Therapie machen«, sagte sie als ersten Satz und sprach damit die ganze Wahrheit des Falles aus. »Mir geht es nicht gut, ich kann nicht essen, ich kann den Haushalt nicht erledigen, ich bin eine Last für alle anderen.« Frau Kötter beschrieb all das, was man als Depression bezeichnet: eine andauernd schlechte Stimmung, sie komme oft nicht aus dem Bett, wenn sie irgendwo sei, dann bleibe sie zwei Stunden sitzen und grübele, sie könne nicht entscheiden, ob sie eine Hose anziehe oder nicht. Sie weinte bei ihren Erzählungen. Ich bemerkte im Gespräch, dass sie verzögert antwortete.

»Und Sie selbst?«, fragte ich, »*wollen* Sie denn eine Therapie machen?« – »Ja, schon, ich muss ja wieder funktionieren«, sagte sie, immer leiser werdend. »Will Ihr Mann, dass Sie eine Therapie machen?«, fragte ich sie. »Nein, der sagt das nicht direkt, aber ich sehe es ihm doch an. Ich bin doch keine richtige Frau mehr für ihn.«

»Was ist denn passiert?«, fragte ich sie. »Mein Sohn«, antwortete sie, »wissen Sie, er hat ADHS, er müsste auch mal in Therapie.« – »Wie alt ist er denn?«, fragte ich. »Er wird seinen Abschluss nicht schaffen«, sagte Frau Kötter, »er ist jetzt 18 und er ist auch schon unter Drogen Motorrad gefahren, er muss jetzt zur MPU.« – »Nun, da müsste sich doch Ihr Sohn selbst kümmern«, gab ich zu bedenken. Sie schaute mich vorwurfsvoll an. Dann traten ihr Tränen in die Augen und ich kam mir seltsamerweise schuldig vor.

Frau Kötter hatte ihren Sohn früh bekommen, mit 19 Jahren, der Vater des Kindes hatte sich rasch aus dem Staub gemacht. Sie lebte damals bei ihren Eltern, die halfen ihr mit dem Kind, aber zum Glück gab es im Osten genügend Kindergartenplätze. Sie lernte Kauffrau, arbeitete im Einzelhandel und brachte es bis zur Abteilungsleiterin. Vor zehn Jahren hatte sie dann ihren Mann beim Einkauf kennengelernt und sie hatten rasch geheiratet.

»Mein Sohn hat meinen Mann abgelehnt«, fuhr sie mit gepresster Stimme fort. »Rocco wollte immer bei mir im Bett schlafen. Es war ein harter Kampf, ihn mit 10 Jahren in sein eigenes Bett zu bekommen. Da fingen auch die Schulschwierigkeiten an. Mein Sohn hat gezündelt, sich geprügelt und er wollte nicht mehr lernen. Mein Mann sagt, ich würde ihn verhätscheln.« – »Sie hatten erzählt, dass Sie als Familie bei Ihren Eltern im Haus wohnen. Wollten Sie denn gar nicht ausziehen, so als neue Familie?«, fragte ich.

Der Blick von ihr ließ sich kaum beschreiben. Sehnsüchtig-verquält, vielleicht. »Was machen Ihre Eltern?«, fragte ich sie. – »Meine Mutter ist Lehrerin, die hat mir mit dem Rocco sehr geholfen. Mein Vater ist Automechaniker. Sie arbeiten beide noch, aber nicht mehr lange.« Ich schwieg, meine Frage hatte sie nicht beantwortet. Frau Kötter sagte nach einer Weile: »Mein Mann hatte schon Wohnungen rausgesucht, aber dann hat mein Sohn randaliert, er wollte ja zuhause bleiben. Und es war ja auch finanziell viel besser für uns.«

Sie lebten am Rande der Großstadt, in einem Zweifamilienhaus mit ihren Eltern. Ich weiß nicht, wie oft mir diese Konstellation bei Patienten schon begegnet ist.

Frau Kötter war jetzt 38. »Das mit meinen Eltern, das ist schon in Ordnung«, sagte die Patientin. »Es hat ungefähr da angefangen, wo wir eigentlich umziehen wollten, mein Sohn die Schrankwand zerstört hatte, wir ihn zum Psychologen brachten und der ein ADHS diagnizierte«, sagte sie, und beantwortete damit schon meine Frage. »Ich hab wieder im Supermarkt angefangen, mein Sohn rutschte in der Schule ab und ging einfach nicht zu dieser Therapeutin. Ich konnte da zum ersten Mal nichts mehr essen.« Sie berichtete noch dies und das, aber fast alles spielte sich innerhalb dieser Familie ab.

Innerhalb von zwei Wochen fühlte sich Frau Kötter bei uns in der Therapiegruppe sehr wohl, sie aß mehr mit den anderen, machte gerne Sport, aber sie entdeckte auch die Kunst- und Ergotherapie. Nur wenn ich sie direkt etwas fragte, oder die Schwestern oder gar die Oberärztin etwas von ihr wollten, wurde sie unwirsch, stellte Gegenfragen, als hätte man ihr etwas Böses getan. In einer der Montagsvisiten, vor denen ich mich so fürchte (weil sich Patienten am Wochenende ihre Dosis Beziehungskonflikte im Ausgang zuführen und meist schlechter drauf sind als in der Woche), schilderte auch Frau Kötter, dass das Wochenende »ganz schrecklich« gewesen sei. Ihr Mann und Sohn hätten sich furchtbar gestritten, sie habe die beiden nicht beruhigen können und dann sei noch ihre Mutter dazu gekommen und habe ihr gesagt, dass sie endlich mal wieder Ordnung in das Haus bringen solle. So entschloss ich mich, zunächst den Mann einzubestellen.

Die Patientin wollte beim Gespräch unbedingt mit dabei sein, obwohl ich es lieber habe, dass die Angehörigen frei mit mir allein reden können. Es erschien ein mittelgroßer, eher unauffällig scheinender Mann, der unsicher zu seiner Frau hinüber blickte. Doch dann trat Herr Kötter mir gegenüber selbstbewusst auf: »Herr Doktor, sagen Sie ihr, dass sie essen muss. Wir alle müssen essen. So kann das doch nichts werden. Nur in einem gesunden Körper steckt ein gesunder Geist. Mein Auto braucht auch Sprit, nicht wahr.« Frau Kötter lächelte mit schiefem Mund in sich hinein. *Die Überkreuz-Motivation,* dachte ich. Die Motivationen sind überkreuzt. Die Mutter will, dass der Sohn, der Mann will, dass die Frau. Der Mann will, dass der Therapeut, die Frau und dann den Sohn beeinflusst.

Ich fragte ihn, wo es sonst noch Probleme gab. »Sie macht ja auch nichts mehr«, sagte Herr Kötter. »Sie lässt die Wäsche einfach im Korb. Sie vergisst einzukaufen. Ich weiß nicht, was ihr fehlt«, fuhr er fort, »und im Bett läuft auch nichts mehr. Ich wollte ihr was Gutes tun, aber sie lässt sich ja nicht einmal mehr anfassen!« Herr Kötter wurde rot, als würde er wütend werden und schaute dann doch ängstlich zu seiner Frau, die in diesem Moment den Kopf hob und ihm gerade und unverwandt in die Augen blickte.

»Und Sie müssten mal was gegen die Mutter unternehmen, das sage ich ihr schon die ganze Zeit«, redete Herr Kötter weiter. »Die kommt abends, wenn wir gerade das

Abendbrot fertig haben, zu uns rein, ohne anzuklopfen, setzt sich hin und erzählt. Ich merke doch, dass Dir das nicht gut tut!«, wendete Herr Kötter den Kopf zu seiner Frau. »Aber es ist meine Mutter«, zischte Frau Kötter ihn an. »Und wie sehen Sie das mit ihrem Sohn?«, fragte ich Herrn Kötter. »Ach, wissen Sie, das ist ein 18jähriger, der weiß noch nicht, wo er hin will. Der muss sich ausprobieren. Er wird schon noch in den Dreck fallen und dann wieder aufstehen.«

»Du kümmerst Dich viel zu wenig«, sagte Frau Kötter zu ihrem Mann, und dann zu mir: »Mein Sohn akzeptiert auch meine Mutter nicht, obwohl er ohne sie so viel schlechter in der Schule wäre, hier liegt das eigentliche Problem! Wenn es doch nur friedlicher zuhause wäre, mein Mann und mein Sohn sich mit meiner Mutter verstehen würden! Können Sie uns nicht etwas zu unserem Sohn raten?«

Mir schien das Gespräch zu entgleiten. Vorwürfe, Überkreuz-Verantwortlichkeiten, dauernd neue Ebenen. Mutter, Vater, Sohn, die Großmutter, der Therapeut. Wer soll denn nun was machen und wer ist für was verantwortlich? Herr Kötter wollte, dass seine Frau wieder funktionierte. Sie ging ihm zuliebe in Therapie, aber erschien dabei halbherzig. Frau Kötter wollte nichts gegen die Mutter unternehmen. Frau Kötter wollte ihren Sohn näher bei sich haben und zugleich, dass er sich gut benähme, einen Job suchte und Herr Kötter wollte den Sohn endlich ziehen lassen, eine normale Frau haben und am liebsten aus dem Kötterschen Elternhaus ausziehen.

Sollte ich intervenieren? Ich bat Frau Kötter aus dem Zimmer und sah mich ihrem Ehemann gegenüber. Das System funktionierte so, weil es eingespielt war, erklärte ich ihm. Seine Frau werde sich nicht ändern, weil alle ihr die Konsequenzen auch abnähmen, der Sohn nicht auszöge, weil er versorgt würde und die Schwiegermutter die Räume betrete, weil ihr niemand den Schlüssel abnähme. Es ginge in der Therapie darum, Muster zu ändern.

Ich sagte: »Herr Kötter, könnten Sie sich vorstellen, Ihrer Frau nicht alles abzunehmen und öfter auch die Dinge zu machen, die Sie gern machen? Mit einem Freund ein Bier trinken gehen? Nicht einzugreifen, wenn die Schwiegermutter kommt? Sich einfach ganz anders verhalten, als es von allen erwartet wird?«

»Davon ändert sich doch meine Frau nicht!«, erwiderte er, »und das Problem mit ihrer Mutter ist auch nicht gelöst. Können Sie ihr denn nicht begreiflich machen, dass meine Frau sich abgrenzen muss?« Es fiel mir schwer, ruhig zu bleiben. Immer die anderen. Ich versuchte es mit dem Bettlerbeispiel. »Stellen Sie sich vor, Herr Kötter, sie appellieren an einen Bettler, nicht mehr zu betteln. Er wird Ihnen viele Gründe bringen, warum das nicht geht und wofür das nötig ist. Solange ihm Menschen etwas geben, geht das so weiter. Erst wenn alle aufhören, ändert sich des Bettlers Verhalten.«

»Naja, ich kann es versuchen«, brummte Herr Kötter, und ich war nicht sicher, ob er mich verstanden hatte. Bevor er aus der Tür gehen wollte, sagte mir Herr Kötter noch: »Wissen Sie, es ist nicht einfach mit ihr. Ich hab ständig das Gefühl, etwas falsch zu machen. Und – das muss ich Ihnen noch erzählen – als wir damals heirateten und ich am Wohnung-Suchen war, da hat ihre Mutter so einen Tanz gemacht. Wir sollten ruhig gehen und sie im Stich lassen, hatte sie gesagt, die alten Leute im Stich lassen, die dann *niemanden* mehr haben würden. Und eines Tages war die Schwiegermutter im Krankenhaus und meine Frau hat mir nur gesagt, sie haben ihr den Magen ausgepumpt. Als ich meine Frau dazu etwas fragen wollte, wurde sie ärgerlich und sagte: »Du müsstest doch wissen, wie sie ist.« Hin und wieder zeige ich meiner Frau Anzeigen von schönen Wohnungen, aber dann wischt sie das so weg«, sagte Herr Kötter und machte eine ausladende Handbewegung, »und dann isst sie nichts mehr.«

Ich entließ den Mann aus meinem Zimmer und holte mir Frau Kötter herein. Auch ihr erklärte ich, dass das System nur funktioniere, weil es so funktioniere. Ihr gab ich auf, sie solle jeden Tag nach oben zur Mutter gehen und sich erkundigen, wie es ihr gehe und ihr versichern, sie werde niemals ausziehen.

Frau Kötter sah mich verwundert an und ich konnte aus ihrem Gesicht keine wirkliche Haltung dazu erkennen. Das war an einem Donnerstagnachmittag.

In der Sitzung am darauf folgenden Montag wirkte die Patientin noch verzweifelter. Es sei *nichts* geworden, kein Haushalt, kein schönes Beisammensein. »Was haben Sie bloß meinem Mann gesagt?« – »Was ist denn passiert?«, fragte ich. »Ich war wie immer nach der Tagesklinik sehr schlapp und in der Wohnung wurde nichts. Mein Mann müsste doch sehen, was alles zu machen wäre, wenn ich so krank bin; die Wäsche, das Bad, der Einkauf, den Sohn zur Ausbildungssuche bringen ... Aber er ist einfach gegangen, hat gesagt, er würde sich mit Klaus treffen und kam erst 23 Uhr wieder. Sie können sich ja vorstellen, wie verrückt ich war.« – »Wie haben die anderen reagiert?« – »Mein Sohn? Der hat sich Pizza bestellt und ich habe ihn gebeten, das Bad zu wischen. Nichts hat er gemacht. Dann ist zum Glück meine Mutter gekommen, und hat das Bad geputzt, die Wäsche aufgehängt und hat meinem Sohn noch einen Salat gemacht, dass der was Ordentliches isst.«

»Und wie ging es dann weiter?«, fragte ich. »Mein Mann hätte wissen können, wie schlecht es mir geht, wenn er mich allein lässt. Es war klar, dass ich den ganzen Samstag nicht aus dem Bett konnte.« Wieder fühlte ich mich schuldig, was hatte ich nur der Familie so rasch zugemutet! Sie konnten offenbar das System und meine Idee nicht verstehen. Schuldig. Falsch gemacht. Das war das Gefühl, um das es hier ging. Vielleicht hieß die Störung auch: *Die anderen hätten es doch wissen müssen.* Nicht selten gehen Patienten davon aus, dass Partner genauso wie sie selbst denken und fühlen, ja, die gleichen Bedürfnisse haben. Und ein Therapeut natürlich alles weiß, was mit einem los ist.

Dann rief auch noch Herr Kötter am späten Montagnachmittag an. Was das für ein Mist gewesen sei, mit seinem Weggehen, seiner Frau sei es so schlecht gegangen. Wir sollten mal sehen, dass wir unsere Arbeit ordentlich machten und nicht Patienten wie in Experimenten behandeln. Verdammt, dachte ich, das kann richtig schief gehen, wenn der sich beschwert. Ich sah ein Papier mit der Überschrift *Außerordentliche Kündigung* vor mir. Aber ich war überzeugt, dass es sich um eine Überkreuz-Motivation handelte. Jeder will, dass der andere. Jeder wirft dem anderen vor: Warum hast Du nicht. Und ich war bereits Teil dieser Dynamik. Und ohne Zweifel konnten auch noch Chefarzt, Oberarzt und weitere Therapeutinnen in so etwas hineingezogen werden.

Wie sollte ich da raus kommen? Mitspielen ging auf keinen Fall. So bestellte ich die Mutter ein. Und war im Spiel drin.

I Diagnosensuche

Eine korpulente Frau, mit rot gefärbtem Haar, wie ich es schon oft bei Lehrerinnen gesehen hatte, trat in mein Zimmer. Ich stellte mich ihr vor und als ich sie fragte, ob sie mir sagen könne, was ihr an ihrer Tochter zuerst als Krankheitszeichen aufgefallen sei, sagte sie: »Also ich gehe jeden Tag zu ihr und bringe ihr Krautwickel, Grießbrei, Beefsteak und all das, was sie als Kind gern gegessen hat. Ich kümmere mich. Ich denke, da ist etwas mit dem Mann nicht in Ordnung. Der müsste mal in Behandlung. Er grüßt mich zum Beispiel so *kalt*.« Sonst sei ihr an ihrer Tochter *nie* etwas aufgefallen. Sie sei immer ehrgeizig gewesen; und: »Ja das Kind mit 19, ja das war hart für sie, aber wir waren immer für sie da«, fuhr sie fort, »sie wollte gerade nach Berlin ziehen, da bekam sie das Kind. Sie sollte mal wieder Sport machen«, sagte die Lehrerin-Mutter, »sie war früher immer gut im Sport. Wir bieten ihr immer schon an, zu uns hochzukommen, wir können Spiele machen, oder einen Film zusammen schauen.«

»Wie meinen Sie das, der Mann müsse in Therapie?«, fragte ich die Mutter der Patientin. »Na, meine Tochter ist doch nicht glücklich! Sie hätte vielleicht jemanden anderen verdient. Damals, der Vater von Rocco, das war so ein Jurastudent, das war ein Schwiegersohn, aber der ist dann einfach abgehauen und ich glaube, da hat sie sich gesagt: Ich nehm' das, was ich kriegen kann.« – »Und Ihre Rolle in dem Geschehen?«, fragte ich. »Ach die Eltern sollen wieder mal schuld sein!« Sie wischte sich eine Träne aus dem rechten Auge. Ich schwieg und wollte mich nicht verteidigen.

»Sie wäre doch ohne uns gar nicht klar gekommen«, fuhr sie fort, »sie hat doch ein viel zu schlechtes Selbstbewusstsein. Sie weiß nicht, wie man sich richtig ernährt. Wie oft war ich mit ihr im Krankenhaus, weil sie früher umgefallen ist und eigentlich hätte sie nur was essen müssen!« – »Und wenn sie mit ihrem Mann aus Ihrem Haus ausziehen wollte?« – »Das würde sie nie schaffen!«, rief die Mutter von Frau Kötter aus. »Es wäre doch auch dumm, mit dieser Krankheit, das ist doch nicht wirklich heilbar, Herr Doktor, seien wir ehrlich, da braucht man doch Hilfe!«

Wie sollte ich der Mutter die Idee vom kranken System nahe bringen? Dass es sinnvoll sein könnte, wenn sie einmal nicht nach der Tochter schaute? Ich sagte: »Kein Mensch bleibt ewig im Bett. Und hierher kommt sie ja, und dann kümmern wir uns. Ich denke, es muss etwas anderes passieren. Das wird ihre Familie kurzzeitig durcheinander bringen. Aber es gibt eine Chance, dass dann etwas Neues entsteht.«

»So wie Sie ihren Mann weggeschickt haben? Sie hätten das Häuflein Elend sehen sollen, wie sie dann abends dalag und zitterte und sich nicht bewegen konnte! Macht man das so? Mit Depressiven? Ohne Hilfe lassen?« – »Ich möchte Ihnen das an einem anderen Beispiel …« – »Wir haben schon überlegt, ob wir unsere Tochter hier nicht wieder herausnehmen. Ich als Pädagogin kann nur sagen: Sie werden dem Klischee einer Psychiatrie gerecht.«

Es war sinnlos. Ich fühlte mich schuldig, hilflos. Sollten doch Kötters so weiter machen. Schwarzer Peter beim Therapeuten. Voller Sieg für das System. »Ich denke, damit haben Sie alles gesagt«, antwortete ich, »ich denke, ich werde Sie nicht überzeugen können.« Wir verabschiedeten uns höflich und ich saß in der Verantwortungsfalle.

Frau Kötter und ich drehten uns im Kreis. Die Patientin aß nur das, was sie wollte. In der Patientengruppe scherzte sie, ging rauchen und hielt die knapp acht Stunden durch. Zuhause und am Wochenende ging kaum etwas. Ich bestellte den Mann nochmals ein, der es für völlig natürlich hielt, dass wir seiner Frau mit Medikamenten oder sonstigem auf die Beine helfen sollten, damit sie wieder abwusch und er sich ihr wieder körperlich nähern konnte. Die Patientin versuchte ich, dazu zu bewegen, dass sie ihrer Mutter den Schlüssel entzog und einmal zwei Wochen lang abends etwas anderes machte, aber es war vergebens. Sie bekam Brechanfälle, die Symptomatik verstärkte sich, die Mutter stand eines Tages im Schwesternzimmer und beschwerte sich über den unmöglichen Therapeuten und sagte, dass wir nun auch ihren Enkel behandeln müssten.

Am nächsten Tag stand Frau Kötter früh vor meiner Tür, einen jungen Mann an ihrer Seite. »Ich habe Rocco mal mitgebracht, nicht dass sie denken, wir strengen uns nicht an! Ich will, dass Sie sehen, dass wir alles versuchen«, betonte sie und ich erinnerte mich, wie gestern ihre Mutter gesprochen hatte. *Wir* wollen dies und das.

Ich bat beide in mein Zimmer und wusste schon in dem Moment, dass ich gerade wieder nicht das Steuer in der Hand hielt, ich verstrickte mich als Teil des Reparaturauftrages immer mehr: Ich sollte die Adresse sein, die man beschuldigen konnte, damit diese Schuldlast aus der Familie kam. Wer muss sich denn nun ändern, wer hat denn nun was falsch gemacht. *Ich bin's nicht – der da ist es,* so hieß das Stück, das hier aufgeführt wurde.

Rocco sah zunächst aus wie ein cooler Typ, dann blickte er unsicher zu seiner Mutter hin und wieder zu mir und ansonsten tat er zunächst desinteressiert. Er zuckte mit den Schultern, als ich fragte, ob er sich erklären könne, was mit der Mutter sei. »Zu viel Stress«, sagte er knapp. Dann: »Ich weiß schon, ich bin zu schlecht in der Schule.« Und wandte sich an seine Mutter: »Den Abschluss mach ich schon, die Zensuren sind doch dann egal.« – »Dann nimmt Dich aber vielleicht der Auto-Hebold nicht und wer weiß, *wo* Du dann eine Arbeit findest.« Das schien ihre Angst zu sein.

»Ihr Sohn soll bei Ihnen bleiben?«, fragte ich Frau Kötter unvermittelt. »Ja, ich meine Nein«, sagte sie, »er kann ja machen, was er will.« Ihr liefen die Tränen aus den Augen. »Und er hat doch dieses diagnostizierte ADHS«, warf sie noch ein, »das hat Ihre Kollegin festgestellt. Er braucht unbedingt Therapie!« Und der Sohn schaute an die Decke und ich musste fast lachen. Das mit dem Aufmerksamkeitsdefizit stimmte schon, aber irgendwie anders. Auf seinem T-Shirt stand *Should I stay or should I go now.* Dass die jungen Leute heute noch diese alte Musik hören, dachte ich. Wir schwiegen eine Weile.

»Das echte Problem ist die Alte«, sagte Rocco unvermittelt und sah zu mir. Frau Kötter erstarrte. Rocco fuhr fort: »Meine Mutter darf sich täglich anhören, wie unfähig sie ist, und was die Alte anders machen würde. Meine Mutter hat doch nur Angst, schuld zu sein, dass ich nicht ganz richtig bin. Und mein Vater – der ist ein schwacher Mann. Der lässt sich von den Weibern herumkommandieren.« Frau Kötter machte hilflose Handbewegungen. Tränen traten in ihre Augen. Sie sagte: »Sehen Sie!«

Der junge Mann fuhr fort: »Meine Mutter ist schon ganz richtig hier. Aber die anderen gehören auch hierher. Alle zusammen.« Frau Kötter sprang jetzt auf: »Das halte ich nicht aus!«, schrie sie und rannte aus dem Zimmer. Ich bat Rocco, kurz sitzen zu bleiben und informierte die Schwestern. Ich ging zum Schwesternzimmer, dort hyperventilierte eine Frau Kötter, die sofort den Oberarzt sprechen wollte. Schwester Katrin sah mich strafend an. Frau Kötter kreischte. »Ich will mich beschweren!« – »Rufen Sie den Oberarzt an«, sagte ich zu Schwester Katrin, »passen Sie auf sie auf, sie geht bitte nicht ohne Notfallmedikament. Ich habe den Sohn der Patientin noch in meinem Zimmer.«

Ich kehrte in mein Büro zurück und teilte dem Sohn nur kurz mit, dass ich seine Ansichten teile, aber gegen das Familiensystem nicht ankäme. »Man kann nur weggehen«, sagte Rocco, »aber die machen's einem schwer. Dauernd das Geheule, dann bekomme ich alles, was ich will, Konsole, Taschengeld, ich kann kommen und gehen, wann ich will …« Ich wünschte ihm alles Gute und sagte noch: »Sie sind gesund«, in der Hoffnung, dass ich mich mit dieser Einschätzung nicht auch noch übernommen hätte.

Als der junge Mann gegangen war, konnte ich nicht mehr arbeiten. Ich saß unfähig in meinem Therapeutensessel und starrte auf das Telefon. Gleich würde der Oberarzt anrufen. Was hatte ich nur falsch gemacht? Ich war zu schnell gewesen, ich hatte gedacht, dass ich es sein könnte, der ein Familiensystem ändert. Andererseits war ich überzeugt, dass ich Wahrheiten aussprechen musste. Du bist so radikal, hatte mir mal eine Therapeutin gesagt, die mich in der Gruppe erlebt hatte.

Da schrillte das Telefon.

Natürlich. Frau Kötter war suizidal auf Station aufgenommen worden. »Das war *too much*«, sagte der Oberarzt zu mir und wieder sah ich das Wort *Kündigung* vor meinen Augen. Der Fall wurde am nächsten Tag nachbesprochen und das gesamte Team war der Meinung, ich hätte sensibler vorgehen müssen, ich hätte ein besseres Krankheitsmodell erarbeiten sollen, mehr Diagnostik machen, nicht so schnell intervenieren sollen. Es war der Fall, bei dem ich zum ersten Mal ernsthaft dachte, ob ich hier und in diesem Beruf richtig bin mit meiner Art. *Should I stay or should I go?*

Die Therapeutin, die Frau Kötter auf Station übernommen hatte, erzählte mir im Laufe der weiteren Behandlung manchmal von ihr. Sie stöhnte oft, weil die Patientin nach Wochenendausgängen wieder sehr viel schlechter drauf war. Frau Kötter wurde irgendwann entlassen, ohne dass sich etwas geändert hatte.

Ein Jahr später wurde Frau Kötter wieder auf dieselbe Station aufgenommen. Ich hörte, dass der Sohn kurz nach dem ersten Klinikaufenthalt einen schweren Motorradunfall gehabt hatte, nachdem er trotz schon bestehendem Fahrerlaubnisentzug gefahren war und so drei Monate an das Zuhause gefesselt war. Er brach seine gerade begonnene Ausbildung als Automechaniker bei *Auto-Hebold* ab und zog unangekündigt aus und ging in die Großstadt. Ihr Mann hatte sich kurz darauf in einer Nacht-und-Nebel-Aktion getrennt.

Die Patientin beantrage jetzt eine Rente, erzählte mir die Therapeutin von Station, und lebe noch immer mit ihren Eltern zusammen in dem Haus.

* * *

Menschen wollen keine schwierigen Dinge hören, die in ihnen selbst liegen. Neben der Vergangenheit oder einer biologischen Erkrankung ist es vorteilhaft, wenn andere das Problem sind. Die Patienten wollen häufig *andere* zum *Seelenklempner* bringen. Die Tassen wieder in den Schrank stellen. Das Rad, das ab war, dran machen. Den Riss in der Schüssel kleben.

Frau Kötter sucht eine Ursache für ihre Schwierigkeiten außerhalb von sich selbst, in diesem Fall in anderen Personen. Sie demonstriert ihr gewünschtes Selbstbild und wer aus ihrer Sicht handeln muss. Kontrolle ist hier das zentrale Metamotiv, Kontrolle oder Macht. Beim Kontroll- oder Machtmotiv unterscheide ich drei Domänen: Wer hat die *Deutungsmacht*? Wer hat *Durchsetzungsmacht*? Wer hat *Verweigerungsmacht*?

Deutungsmacht kann ganz explizit ausgeübt werden, indem Bedürfnisse offen angesprochen werden, unerwünschtes Verhalten gekennzeichnet wird. »Was ist richtig und falsch? Was sollte getan werden?« drückt Deutungsmacht aus. Deutungsmacht wird aber sehr viel häufiger verdeckt kommuniziert, nicht nur mit sprachlichen Versteckspielen, sondern oft mit nonverbalen Mitteln. »Studien belegen den Vorteil antiautoritärer Erziehung« wäre ein Beispiel für eine sprachliche Verschleierung von Deutungsmacht. Weinen, Schmollen, Abwenden, Nichtreagieren sind Beispiele für nonverbale Deutungen.

Wir haben als Therapeuten nur selten wirkliche *Durchsetzungsmacht*. Man braucht dazu Sanktionsmöglichkeiten. Ich kann Ihnen nicht vorschreiben, mir fünfzig Euro zu geben. Mit einer Pistole gelingt das schon eher. Durchsetzungsmacht gelingt am besten, wenn man die Motive des anderen anspricht. Dies geschieht hier im Fall, in dem wechselseitig das Schuldvermeidungsmotiv getriggert wird und so Dinge in der Familie durchgesetzt wurden. Auch dies geschieht oft sprachlich verschleiert oder nonverbal.

Als Frau Kötters Ehemann sich beschwert, dass seine Frau Panikattacken habe, versucht sie über den Ehemann, den Therapeuten zu steuern. Sie hatte nicht gesagt: »Der Therapeut hat mich falsch behandelt«. Ihr Mann tut es für sie, zeigt auf ihre Panikattacken und spricht dadurch.

Verweigerungsmacht ist die stärkste Macht. *Verweigerungsmacht bricht Durchsetzungsmacht.* Sie brauchen nur einfach Nein zu sagen oder etwas nicht zu tun. Schauen Sie in Ihren Therapien auf die Handelnden, die am meisten verweigern. Da auch dieses Machtmotiv möglichst nicht offenbar werden soll, wird häufig verschleiert verweigert: Mit Symptomen kann man wunderbar ein unliebsames Treffen absagen, sich Sexualität entziehen oder Aufgaben verweigern. Noch besser mit Symptomen von anderen, um die man sich ja kümmern muss.

Die Deutungsmacht über das Geschehen liegt in unserem Fall bei der Patientin und damit eben auch die verdeckte Durchsetzungsmacht. Über Symptome und Diagnosen kann angeklagt werden. Es kann dargelegt werden, ob ich Opfer oder Täter bin, wer für mein Unglück, aber auch mein Glück zuständig ist und – wer etwas tun muss.

Hier in unserem Fall konstelliert sich wegen des verschleierten Machtmotivs und der Schuldabwehr ein übergeordnetes Muster, das ich »*Die Überkreuz-Motivation*« nennen möchte. *Überkreuz-Motivation* sagt: »Ich will, dass Du meinen Willen erfüllst (sonst bist Du schuldig)«. In einem System wie der Kötterschen Familie wird von mehreren Handelnden *überkreuz* erwartet, dass der andere meine Ziele erkennt und für mich handelt; dem anderen wird die Verantwortung zugeschoben. »Du wolltest doch, dass ich in Therapie gehe!«; »Siehst du, was aus Deinem Sohn geworden ist«;

»Er hätte doch wissen können, dass mich das kränkt«, lassen die Richtung erkennen. Es geht um Verantwortungs- und damit Schuldabwehr, etwas grundlegend Menschliches. Jemand, der solche Sätze sagt, hat in diesem Moment die Deutungskontrolle, schiebt aber die (vermeintliche) Handlungskontrolle und damit Schuld einem anderen zu.

Ich will etwas, aber es soll nicht so aussehen. Ich möchte, dass Du es erkennst und erfüllst. Sehr schnell rutschte in unserem Fall auch der Therapeut ins Schuldigsein. Von allen Seiten des Umgebungssystems wurde still erwartet und auch offen gesagt, was zu machen sei. Das ist eine Standardkonstellation in der Psychotherapie. Jemand bittet um Hilfe und sagt dem Therapeuten nicht selten verdeckt, was er tun und viel mehr, was er auf *keinen* Fall tun solle. »Könnte Hypnotherapie helfen?«, oder: »Medikamente nehme ich auf gar keinen Fall«, habe ich schon oft gehört.

Das Schuldthema und die Schuldabwehr als ein Motiv in der Selbstbildsteuerung durchzieht diese Geschichte in jeglicher Hinsicht und hätte besprochen werden müssen. Die Eltern von Frau Kötter hatten die Patientin für schuldig erklärt, als sie in jungen Jahren aus dem Elternhaus ausziehen wollte und zur Schuldabwehr (ein Vermeidungsschema) blieb sie bei ihnen wohnen, lernte dieses mächtige Steuerungselement kennen und es wurde zum wesentlichen Mechanismus, wie man sich in der Familie beeinflusste. Leider wurde dabei auch die Verantwortung für das Wohlergehen den anderen untergeschoben. Das geschah auch mit dem Therapeuten. Aus dieser Verstrickung, *überkreuz* für Wohl und Wehe anderer verantwortlich zu sein, kann man sich nur schwer entziehen. Jeder der Akteure hätte den Eigenanteil klären müssen. In einer Eruption des Fliehens geschah das erst ganz zum Schluss. Meist gehen aus solchen Systemen einer oder zwei, sie müssen weit weg, damit sie nicht wieder vom Schuldmechanismus eingeholt werden. Im Film »Das Fest« von Thomas Vinterberg wird dieser Überkreuzmechanismus vielfältig dargestellt.

Therapeutisch hätte sich nur bei Bewusstwerdung der Strukturen etwas bei Frau Kötter ändern können; in jedem Fall wäre die Beziehung zu ihren Eltern eine andere geworden. Beginnt man einmal mit der Eigenverantwortung, wirkt sich das auf alle relevanten Bereiche aus. Der *Plot* könnte heißen:

Der Reparaturauftrag.

Ein Familiensystem macht andere für Wohl und Wehe verantwortlich. Da das Machtmotiv darin verborgen bleiben muss, wird mit Überkreuz-Motivation häufig verdeckt vom jeweils anderen erwartet, dass die eigenen Bedürfnisse erfüllt werden. Eltern wollten, dass die Tochter im Haus bleibt. Die Patientin möchte Aufmerksamkeit und Macht über ihren Mann, dieser will, dass die Frau funktioniert und dass die Schwiegereltern nicht so viel Einfluss haben, der Sohn will ein eigenes Leben. Immer wird bei der Erfüllung eigener Bedürfnisse ein Bedürfnis anderer verletzt. Da niemand schuldig werden will, können eigene Bedürfnisse (hier: Macht über andere und sich selbst) nur in Krankheit und verdeckt ausgelebt werden. Der Therapeut gerät in diesen Strudel und wird ebenso schuldig.

Hier zeigt sich noch einmal, dass sich das *Kontroll- oder Machtmotiv* von den Grundbedürfnissen unterscheidet und in sie hinein gewoben sein kann. Ein aufgezwungenes oder mit Kontrollversuchen versehenes Essen (»Du wirst dick!«) verursacht trotz Hunger eine Inkonsistenz im psychischen Geschehen – und gegebenenfalls eine Essstörung. Eine geringe Kontroll- und Selbstwirksamkeitserwartung hinsichtlich eigener finanzieller Versorgung wird auch wenig Anstrengungsbereitschaft auslösen.

Nichtausgewogene Kontrolle in Beziehungen führt zu Machtverschiebungen und zum Machtkampf; auch über psychische Störungen. Ein in vielen Bereichen zwingender Mann muss sich nicht wundern, wenn er Hingabe nicht erzwingen kann, Unlust beim Sex entsteht oder Verweigerung mit psychosomatischen Erklärungen. Dabei sind die Betonungen unterschiedlich. Bei einer Anorexie ist das Kontrollbedürfnis zentral, Autonomiekontrolle wird vor allem in der Verweigerungsmacht (des Essens) illusionär kurzzeitig hergestellt. Eine Bulimie befriedigt mehrere Bedürfnisse: das nach Essen und Hunger und das nach Kontrolle, aber auch nach Lust und Gehenlassen.

Psychische Störungen werden häufig durch einen Kontrollverlust über einen der Grundbedürfnisbereiche ausgelöst. Hier geschah dies initial durch den Kontrollverlust über Frau Kötters Autonomie, als sie als Jugendliche ausziehen wollte, und die Mutter mit Schuldvorwürfen und Selbstmordankündigungen und -handlungen agierte. Psychische Störungen sind ein Versuch, wieder Kontrolle (Erklärungs- oder Handlungskontrolle) und/oder Bedürfnisbefriedigungen herzustellen.

Borderline-Patienten fügen sich lieber selbst Schmerzen zu, als die Hilflosigkeit gegenüber von anderen zugefügtem Leid auszuhalten, Kontrollverlust zu erleiden. Auch Suizid ist in vielen Fällen als Akt der Kontrolle einem subjektiv unerträglichen Kontrollverlust gegenüber zu begreifen.

Damit das Selbstbild konsistent bleiben kann, müssen die Informationen zum Selbstbild kontrolliert werden, auch diejenigen, die andere verbreiten. Vieles aus unserem Selbstbild soll nicht nach außen dringen, manches soll uns selbst nicht schmerzlich bewusst werden. Das implizite Eigenlob eines Helfers oder Kämpfers für soziale Gerechtigkeit soll nicht offenbar werden, weil es dem solidarischen Selbstbild widerspricht. Ein Intellektueller wird vielleicht verschweigen, dass er gern Schlager hört. Frau Kötter stellt das Problem in einer Weise dar, dass sie auf jeden Fall nicht schuldig ist.

Das übergeordnete und beigemengte Kontrollbedürfnis spielt bei vielen problematischen Interaktionen in der Therapie eine Rolle. Es gibt ganze Therapien, die unmöglich werden, weil das Kontrollbedürfnis zu hoch ist. In der Geschichte »Die unlösbare Falle« werden Sie davon lesen. Therapie bedeutet immer auch, sich einzulassen, zu überlassen, kontrolliert die Kontrolle abzugeben. In dieser spezifischen *Überkreuz-Motivation* behält Frau Kötter die Metakontrolle, indem sie sagt: »Ich habe keine Kontrolle, aber möchte, dass Du so und so handelst.«

Therapie müsste der Patientin Einsicht in diesen paradoxen Mechanismus ermöglichen. Sie würde Deutungskontrolle und damit verdeckte Macht verlieren. Sie müsste Handlungskontrolle bekommen, aber das würde auch Verantwortlichkeit und gegebenenfalls Schuld bedeuten.

Manchmal aber ist es wichtiger, dass das Selbstbild fest steht und bestehen bleibt.

Such da, wo es nicht wehtut

Selten ist in der ersten Sitzung ein Patient großspuriger aufgetreten.

Als ich den Namen *Einstein* las, streckte ich unwillkürlich die Zunge heraus.

Herr Einstein kam zur Tür hinein, legte sein Handy auf den Tisch und sagte: »Es kann sein, dass ich rangehen muss.« Er nestelte an sich herum und es dauerte eine Weile, bis er richtig saß.

»Herr Doktor ich habe mich hier angemeldet, weil ich hörte, dass Sie sich auskennen«, fing er an, »dass Sie eine genaue Diagnostik machen. Wo haben Sie studiert?« Als ich meinen provinziellen Ort nannte, verzog sich sein Mund leicht nach oben. Ich fragte ihn nach seinen Beschwerden. Herr Einstein berichtete, unter ungeheurer Anspannung zu stehen. Sein Blutdruck sei sonstwo. Er könne oft nicht schlafen. »Bei den Projekten, die ich habe«, erzählte er, ohne mich bis dahin auch nur einmal anzusehen, »müsste man eigentlich nicht schlafen dürfen sollen«. Er lachte selbst über seine Formulierung.

»Schlaf ist eine Art biologische Verschwendung. An Gottes Stelle hätte ich das anders eingerichtet.« Dann berichtete er umfänglich von seiner Doktorarbeit, die nun schon auf 700 Seiten angewachsen war, seinen Kontakten, der Idee, die dahinter stand – alles habe er zunächst neben seiner normalen Arbeit gemacht. Jetzt ginge nichts mehr. Er redete sich in Rage und kam von einer Idee zur nächsten. Er sprach von Bewerbungen auf Professuren, von Dozentur, Buchprojekten, Kontakten zur Presse. Ich lehnte mich zurück. Irgendwann kam er zum Kern der Sache: »Und ausgerechnet in dieser schwierigen Zeit für mich musste Marie gehen. Ist einfach abgehauen. Ich verstehe es nicht. Ich habe alles für sie gemacht. Was denken Sie, was für Geschenke sie bekommen hat. Wir waren in Paris, in New York.«

»Und das hat Ihnen dann den letzten Rest gegeben«, sagte ich zum ersten Mal etwas.

»Sie sind gut, Doktor«, sagte er. »Sie verstehen mich. Aber ich verstehe es nicht, Herr Doktor«, fuhr Herr Einstein fort und blickte mich jetzt hin und wieder kurz an, »ich konnte mich am nächsten Tag nicht mehr konzentrieren. Normalerweise stehe ich gegen 6.30 Uhr auf, mache meinen Sport, ess' was und sitze spätestens, allerspätestens halb acht am Schreibtisch. Aber nichts ging mehr. Einen Tag, zwei Tage. Ich lag nur rum. Dieses Grübeln nach dem Warum macht mich fertig.« – »Nach welchem Warum?«, fragte ich. »Na, warum ich nicht mehr arbeiten kann! Da muss es doch eine Ursache geben!«, rief Herr Einstein aus. »Nun, Sie haben offenbar gerade eine Trennung hinter sich.« – »Das ist jetzt ein halbes Jahr her!«, schnaufte er, »das muss man doch längst überwunden haben! Ich hab mir einen Coach genommen, tausende Euro bezahlt, ich war beim Arzt, weil ich dachte, das Fiepen in den Ohren hat was mit der Durchblutung im Gehirn zu tun. War bei der Gedächtnissprechstunde, habe Tests gemacht. Dann wieder musste ich eine Weile lang morgens kotzen, war beim Internisten. Sie finden nichts. Und ich denke, es muss was in der Birne sein, irgendwas mit dem Willen oder der Konzentration.«

»Was arbeiten Sie denn genau?«, fragte ich ihn. »Ich bin, das heißt: war Berater bei der Stadt. Ich habe Architektur und Raumplanung studiert und versuche nun, Konzepte einer optimalen Stadtentwicklung zu implementieren. Aber es geht ja nichts hier im Osten. Die Verwaltungen sind so verkrustet. Und wofür dabei alles Geld ausgegeben wird!«

»Und was ist mit Ihrer Doktorarbeit?« – »Ja also, vor zwei Jahren wollte mich meine Chefin in eine andere Abteilung schieben. Ich war denen sicher zu gut und eine Konkurrenz für ihr Gestümpere. Und ich dachte mir, dann zeig ich's denen jetzt und hab ein Stipendium beantragt bei so einer grünen Stiftung für nachhaltige Entwicklung.« – »Na, nicht schlecht«, erwiderte ich, »und jetzt müssen Sie nur noch die Arbeit abgeben.« Herr Einstein blickte kurz nach unten und zum ersten Mal sah ich so etwas wie Betroffenheit in seinem Gesicht. »Das ist jetzt ein halbes Jahr her!«

»Und, waren Sie wieder auf Arbeit?« – »Ich hatte so einen Aufhebungsvertrag gemacht, mit der Option des Wiedereinstiegs nach der Diss«, erzählte Herr Einstein weiter, »aber der Zeitpunkt ist vorüber. Ich krieg Stütze, stellen Sie sich das mal vor und die Schulden laufen weiter. Irgendwann Hartz IV, ich.« Herr Einstein schüttelte den Kopf. Ich fragte ihn, wie das Verhältnis zu seinen Arbeitskollegen gewesen wäre. »Ach, alles bestens, Sie sehen doch, ich bin der Kumpeltyp. Sicher, ich hab mal jemanden zusammengeschissen, der seine Arbeit nicht ordentlich gemacht hat. Aber dann haben wir wieder ein Bier miteinander getrunken. Nur die Klamm, die Amtstussi, die wollte es immer besser wissen beziehungsweise sagte sie zu allem, was ich vorbrachte: ›Geht nicht. Geht nicht.‹ Geht nicht, gibt's bei mir nicht.«

»Es fällt Ihnen schwer, sich unterzuordnen.« – »Ja. Nein. Wenn der Chef die richtigen Entscheidungen trifft, dann fällt es mir nicht schwer. Aber die, die hat ja gar nicht gesehen, was ich vorhatte. Sie hat immer nur klein-klein gedacht.« – »Haben Sie ein Beispiel?«, fragte ich ihn. – »Ich wollte den Alleen-Ausbau bei uns in der Innenstadt, der Altstadt, eine grüne Stadt, Boulevard Haussmann, verstehen Sie, den urbanen Platz beleben, dafür müssten Häuser weg, radikal denken, habe ich immer gesagt, das hat die Weltstädte erst zu Weltstädten gemacht!« Ich dachte an unsere Provinzhauptstadt und lächelte. Fehlte noch die Idee mit der U-Bahn.

»Und wie war das in Ihrer Beziehung?« Herr Einstein wurde ärgerlich. »Ich weiß nicht, was Sie da wollen, Doktor? Ich bin hier, weil ich nicht arbeiten kann. Weil meine Festplatte nicht richtig arbeitet.« – »Die Festplatte arbeitet schlechter«, erwiderte ich, »wenn emotionale Informationen ihr in die Quere kommen.« – »Aber da war nichts weiter!« Er wurde lauter. »Wir hatten eine tolle Beziehung, viel Sex und Spaß. Dann war die Tussi halt weg. Aber das ist jetzt lange her.« Sein Telefon klingelte und er ging mit Schwung ran, so dass es seinen Händen entglitt. »Verdammt!«, schrie er auf und schaute mich strafend an: »Sehen Sie!«

Er besprach sich kurz mit irgendwem und murmelte: »Tschuldigung.«

Den Rest der ersten Stunde erfragte ich die Dinge, die man so fragt: Behütet war Herr Einstein in Westdeutschland aufgewachsen, wegen dieser Frau vor drei Jahren in den Osten gekommen und hatte die Stelle bei der Stadt bekommen. Kein Alkohol, keine Tabletten.

Er kam in der nächsten Woche wieder. Ähnlich geknickt. Er sei die ganze Woche erst um elf Uhr aufgestanden. »Wir müssen rauskriegen, was da los ist«, sagte er.

Ich ließ mir von Marie berichten. »Eine solche Frau müssen Sie sehen!«, sagte er. Den Schilderungen Herrn Einsteins nach musste sie unglaublich schön sein, dazu Künstlerin, geschmackvoll, gebildet. Ich fragte ihn, ob sich in der Beziehung Dinge abgezeichnet hätten, jemand mal fremdgegangen sei. »Nun«, setzte er an, »wir haben ja nie zusammen gewohnt. Ich wollte uns ja immer Freiheit lassen. Toleranz ist eines meiner obersten Prinzipien.« – »Und Sie selbst?«, fragte ich ihn. – »Ich hab immer mit anderen Frauen geschrieben und mich getroffen, das wusste Marie. Ich hab es ihr ja auch nicht verboten, ich hab nicht mal danach gefragt, was sie machte, wenn wir uns eine ganze Woche nicht sahen.«

»Könnte es sein, dass ihr das irgendwann zu unverbindlich war?« – »Ja, Mann, hätte ich nur …«, und Herr Einstein verbarg sein Gesicht in großen behaarten Händen und es schüttelte ihn und es sah zunächst so aus, als ob er weinen würde. Das hätte ich nicht gedacht. Doch plötzlich stand er auf und ging aus dem Zimmer. Sollte ich hinterher gehen? Vor dem Weinen hatte ich keine Angst mehr wie zu Beginn meiner Karriere. Nach einer Weile kam Herr Einstein wieder herein. »Ich wünsche, dass wir Tests machen«, sagte er. »Ich habe mich belesen. Konzentration, Aufmerksamkeit, *whatsoever*.«

Ich war mir nicht sicher, was das bringen würde, aber man geht nicht gleich in der zweiten Stunde auf Konfrontation mit dem Patienten. Oder vielleicht doch, vielleicht hätte es etwas geändert. »Ich verspreche Ihnen, Tests zu machen, aber ich möchte vorher noch ein bisschen mehr erfahren. Sie hatten schon angedeutet, dass Sie bei vielen Ärzten und Psychologen waren.«

Herr Einstein begann zu erzählen. In seiner Familie seien »alle« Ärzte gewesen. Sein Vater war bis vor kurzem Direktor der Uniklinik seiner Heimatstadt gewesen. Chirurg und viele Zusatzbezeichnungen. »Ich muss Ihnen nicht sagen, dass unsere Familie Geld hat«, sagte Herr Einstein. Auch der Großvater Arzt. Ein großes Haus am Rande der Stadt, Gärtner und Zugehfrau, obwohl die Mutter Hausfrau war. Ich hatte einen *Wessimann* der alten Bundesrepublik vor mir sitzen.

Sein großer Bruder sei jetzt auch Arzt, er praktiziere ein halbes Jahr an der Uniklinik seines Vaters. Mund-, Kiefer-, Gesichtschirurgie. »Ein Schönheitschirurg ist er!«, rief Herr Einstein aus, »Er macht nichts anderes, er hat auch die Weiterbildung in der Plastischen. Er ist das andere halbe Jahr in Kairo, in einer privaten Klinik. Lässt sich die Sonne auf den Bauch scheinen, verdient dort das – Achtung – siebenfache! – wie in Deutschland. Sie können sich nicht vorstellen, wie viele Reiche es da unten gibt! Sie kommen auch aus Libyen, Algerien, Saudi-Arabien zu ihm. Und da unten kostet derselbe Luxus nur die Hälfte wie bei uns. Das Grand-Nile-Tower-5-Star-Hotel, als ich ihn besuchte, gar kein Problem!« – »Ist das Ihre Krankengeschichte?«, fragte ich lächelnd. Herr Einstein lächelte zurück. Er habe einen Klavierlehrer gehabt, habe Nachhilfe in Deutsch bekommen, sein Abi sehr gut hingelegt. Er ging danach, ich hätte es erwarten können, auf eine längere Weltreise, Südostasien, Australien, Neuseeland.

»Ich wollte etwas anderes machen als mein Vater und mein Bruder, letztlich war mir die Ärzte- und Geldwelt zuwider«, sagte er, »dieses abgehobene und hochnäsige. Ich wollte höhere Werte.« Ich sah sein feines Hemd, den gelben Kaschmirpulli über die Schultern gelegt, die Bootsschuhe, aus denen man ein Stück gebräuntes Bein sah. Herr Einstein hatte sich nach der Weltreise für Philosophie, Germanistik und Kunstgeschichte eingeschrieben. Gleich im ersten Studienjahr wurde er Mitarbeiter eines Professors, arbeitete an einem Katalog bestimmter Gebäudetypen mit, schrieb Texte und fühlte sich wohl in der von den Eltern bezahlten kleinen Studentenwohnung zweihundert Kilometer von seiner Heimatstadt entfernt. Er hatte erste Erfolge an der Börse, als in den »Nuller Jahren« die Deutschen zur Aktie griffen, er verdoppelte sein Vermögen, ließ das Studium schleifen, reiste, ging gut essen. Dann lernte er seine erste Freundin kennen, Studentin wie er.

»Da fing das an«, sagte Herr Einstein, »ich konnte manchmal nicht mehr schlafen, hatte Schmerzen in der Leiste und einen viel zu hohen Blutdruck. Ich ging zum Arzt – ich kenne mich natürlich selbst einigermaßen aus – und sie fanden nichts. Ich war damals privat versichert, sie haben natürlich *alles* untersucht. Ein Arzt fragte dann nach Stress und wenn ich heute zurückblicke, bin ich auf enormes Risiko gegangen. Ich hatte mehr als 70 % meines Geldes in Aktien, ich checkte jeden Tag wie es lief. Dazu die Freundin, die sich an unseren Lebensstil gewöhnt hatte. Das ist schon irgendwie Stress, aber ich war Mitte 20, stand gut im Fleisch, und andere schafften das ja auch!«

Herr Einstein bekam seine Seminararbeiten nicht mehr fertig, verlängerte immer wieder – und dann brachen die Telekomaktien ein, auf die er, wie so viele gesetzt hatte. Von einem Tag auf den anderen musste er sich vorsehen, konnte nicht mehr so viel Geld ausgeben. »Da fing das an, ich konnte mich nicht konzentrieren. Wieder saß ich beim Arzt, bis der auf die Idee kam und mich zum Psychiater schickte. Ich war ja, ganz im Gegensatz zu meinem Vater, sehr offen dafür. Ich finde Psychologie ein ganz besonders interessantes Fach. Ich habe Freud und Fromm gelesen!« Mich juckte es nachzufragen, was er gelesen hatte.

»Der Psychiater diagnostizierte eine Depression mit Antriebsstörung, und ich weiß noch, an dem Tag, an dem ich die Diagnose bekam, konnte ich dann gar nichts mehr tun. Das ging fast ein Jahr so. Julia, meine damalige Freundin wurde immer ungeduldiger. Wir stritten uns nur noch. Ich schob das Studium vor mir her. Meine Eltern konnte ich hinhalten. Ich bekam Antidepressiva, aber mir war eigentlich schon klar, dass es etwas anderes war. Zum Psychologen wollte ich nicht, was hätte der mir auch erzählen mögen!« Herr Einstein wippt ein bisschen auf seinem Stuhl hin und her.

»Ich hatte neben meinem Philosophiestudium Wirtschaftskurse belegt und war fasziniert von den Führungs- und Motivationsseminaren. Ich hatte das Grundstudium in Philosophie absolviert und im Hauptstudium war ich dann gar nicht mehr da. Unser Professor war auch langweilig, er hatte nichts zur Theorie der Moderne beizutragen. Ich kellnerte, abends war der Antrieb besser und irgendwann beschloss ich, das Studium zu wechseln. Und genau in diesem Moment trennte sich Julia von mir.« Herr Einstein stierte vor sich hin.

»Sie haben keine Erklärung dafür?«, fragte ich und dachte, vielleicht hat er gewechselt *wegen* der Trennung, sonst wäre es noch länger so gegangen. »Wir hatten Sex, bis zum Börsencrash auch ein sehr luxuriöses Leben, ich war ein fitter Gesprächspartner, sie konnte mich alles fragen, ich bin sehr einfühlsam. Aber sie meinte eben, ich hätte das Studium mal zu Ende machen sollen. Dieses Studium!

Dabei hatte ich ihr doch gezeigt, dass ich alles Mögliche machen konnte. Längst wollte ich Architektur studieren, ich hatte mit ihr darüber auch geredet. Perfekter Übergang: die Philosophie der Architektur.«

»Es kann nicht sein, dass Sie zu hohe Ansprüche hatten, diese zu offen verbreiteten und sich falsch eingeschätzt haben?« Herr Einstein lachte und schaute an mir vorbei. »Das Problem war eher Julias Biederkeit. Sie wollte rasch eine Familie und ein Kind. Dass sich jemand entwickeln muss, das hat sie nicht ertragen. So tolerant sollte man aber sein. Dann war sie eben nichts für mich.«

Er nahm sich eine kleine Auszeit und schrieb sich für Architektur ein. Hin und wieder schwindelte es ihm im Kopf, aber seit der Trennung waren die Symptome eigentlich kaum noch vorhanden. »Ich bin dann in der Zeit doch zu einer Psychotherapeutin gegangen, ich bin ja einsichtsfähig und eine Optimierung kann ja nie schaden. Sie gefiel mir gut, ich konnte ihr alles erzählen, sie wertete wenigstens nicht alles, was ich sagte, wie Julia oder meine Mutter. Ich brachte die Therapeutin dann auf die Idee von der sozialen Phobie, die ich haben könnte. Ich scheute mich – und ich scheue mich heute noch vor der Bewertung anderer Menschen.« *Er sucht da, wo es nicht wehtut,* schoss es mir durch den Kopf. Meine fixe Idee, andere Diagnosenbezeichnungen zu finden, war aktiviert. Ich fragte ihn: »Aber Sie haben doch keine sozialen Situationen vermieden, Sie können doch vor anderen Leuten sprechen? Sie waren im Ausland, haben ihre Freundin kennengelernt …«

»Und was ist mit meiner Studiumsvermeidung? Wie oft habe ich mir das Wort verkniffen, wenn Julia etwas sagte, oder wenn ich zuhause war? Eine soziale Phobie ist ja nicht überall sichtbar, das müssten Sie eigentlich wissen.« – »Und was hat die Therapeutin gemacht?«, fragte ich ihn. »Nun, wir sind nach Manual vorgegangen. Ich habe mir einen Konfrontationsplan gemacht, wir sind problematische Gedanken dabei durchgegangen, wir haben Übungen zur Mimik, Gestik und Stimme gemacht. Ich bin wirklich selbstsicherer geworden. Es war eine gute Therapie!« – »Aber heute sitzen Sie hier«, sagte ich. »Weil es noch etwas anderes geben muss, Herr Doktor, das sagte ich ja schon, das Aufmerksamkeitsdefizitsyndrom springt mich doch geradezu an! Ich habe mich belesen, Herr Doktor, meine Symptome ähneln denen einer Aufmerksamkeitsdefizit-Störung. ADS, wissen Sie? Bei mir natürlich nicht AD**H**S, ich bin ja kein Zappelphilipp, obwohl, wenn ich es recht bedenke …«

Wie oft hatte ich diese Diagnose in letzter Zeit gehört und hatte sie klinisch nur selten bestätigen können. Aber in den Fragebögen, die ja letztlich eine Selbstauskunft sind, kam das raus, was ein Patient offenbar wünschte. Solche Patienten strahlten, wenn ich ihnen das Ergebnis der Fragebögen mitteilte. Ich vertröstete ihn mit den Tests und bat ihn, mit seiner Biografie fortzufahren.

Herr Einstein war nach der Trennung und ersten Therapie beschwingt und ging sein neues Studium an. Er fand einen Nebenjob in einem Architekturbüro, seine Großmutter starb und seine Eltern überwiesen ihm eine erhebliche Summe von ihrem Erbe. Er lernte seine erste Ehefrau kennen. Es ging aufwärts, sie reisten viel, er blieb bei den Vorlesungen, wurde wissenschaftlicher Mitarbeiter und hatte dann die Idee von der Doktorarbeit: *Städtebau im 21. Jahrhundert.* Er kniete sich hinein und dann kam der positive Schwangerschaftstest. »Ich überlegte nicht lange, machte Beate einen Antrag und wir heirateten. Es ging wieder los. Mit den Symptomen, meine ich. Ich hatte Brechreiz, die somatischen Doktoren fanden nichts, alle sagten, ich solle zum Psychiater. Ich konnte nicht schlafen, ich hatte Gedankenkreisen. Was sollte ich meinem Sohn denn mitgeben? Ein Vater, der nur von einer Doktorarbeit *redet*? Durch die vielen Dinge verzögerte sich mein Studium, wir hatten aber Geld und Beate hatte schon als Sozialpädagogin gearbeitet. Jetzt ein Kind. Beate blieb zuhause. Unser Geld würde vielleicht zwei Jahre reichen. Und ich – ich konnte wieder öfter nichts machen, lag rum, war griesgrämig. Die Familie kam dauernd, mein Vater wollte seinen Enkel sehen, der in seine Fußstapfen treten sollte. Magnus war ein unruhiges Kind, Beate wollte immerzu reden und seit das Kind da war, wurde sie herrisch, kommandierte mich rum. Setzte ich mich an den Schreibtisch, war sie sauer, dass ich mich nicht mit ihr beschäftigte. Sie wollte sich aber auch weiterentwickeln, ging zum Yoga, machte einen Spanischkurs in der Elternzeit und ich saß mit dem Kind zuhause. Da war ich schon über 30. Beate verlängerte die Elternzeit und mir war klar, dass ich Geld verdienen musste. Ich legte die Doktorarbeit auf Eis und riss mein Studium herunter, schrieb dabei noch ein paar Artikel für Fachzeitschriften und übernahm ein Seminar. Mit 35 Jahren war ich dann endlich fertig und arbeitete im Architekturbüro. Ich war wirklich fertig. Ich war jeden Abend hundemüde, wir hatten keinen Sex mehr, ich war nur noch ein Schatten von mir. Dann kam das Ding mit dem Vorstand.«

Sein Vater hatte, umtriebig wie er war, im Ruhestand seine Immobiliengeschäfte gebündelt und eine Firma aufgemacht, die Immobilien aufkaufte, sanierte und vermietete. Sie expandierte in den sieben Jahren ihres Bestehens, die Finanzkrise hatten sie geschickt zu weiteren Ankäufen genutzt. Der Vater musste einen Vorstand berufen und er fragte seinen Sohn. »Es erschien mir wie ein Ausweg. Ich hatte wieder mein Projekt. Ich teilte mir die Zeit nach Managementplan genau ein. Den Sonntag für die Familie, ich kündigte den Job.« Herr Einstein hatte mit einem Mal wieder Erfolg, er reiste herum, dem Gemecker seiner Frau konnte er die Kontoauszüge entgegenhalten. Er bezahlte eine Kinderfrau, sah seinen Sohn im Prinzip nur noch sonntags. Er lebte im Büro, akquirierte, optimierte und feuerte. »Es war wie ein Rausch, eine andere Welt. Ich habe – wirklich jetzt – meinen Körper nicht mehr gespürt.«

Herr Einstein wurde sehr ernst, nahm sein Gesicht in seine Hände und sagte: »Dann flog ein riesiger Kreditschwindel auf. So ein anderer Typ aus dem Vorstand hatte sich verspekuliert, hatte in Dubai eine riesige Anlage gekauft, dafür einen irrsinnigen Kredit genommen, die Wohnungen schon verkauft, und dann wurde klar, dass er einer Fälschung aufgesessen war. Das Ganze brach in Null Komma nichts zusammen. Der Insolvenzverwalter verkaufte alles, was wir hatten, ich musste zum Glück für nichts persönlich haften. Aber ich war von einem Tag auf den anderen wieder ein Niemand, nicht mal eine Arbeitslosenversicherung hatte ich. Es ging richtig in den Keller mit mir. Ich hatte Zuckungen überall, ich konnte keine Schrift mehr erkennen, ich konnte nicht einmal mehr an den Briefkasten gehen.«

»Lassen Sie mich raten: Beate trennte sich da von Ihnen«, warf ich ein. »Ja, so ist das«, nickte er. »In guten wie in schlechten Zeiten. Sie nahm Magnus mit und zog zu ihren Eltern. Ich lag nur noch rum. Ich ging zur Psychotherapeutin. Es war so unklar, dass ich nichts machen konnte. Alle Belastungen waren doch weg. Ich fand meine Beschwerden am besten wieder im Bild der Hochsensibilität, ich nehme an, Sie haben davon gehört, Herr Doktor? Alles geht viel tiefer rein als bei anderen. Eine biologische Ausstattung, die es einem nicht gerade leicht macht.« Depression, Soziale Phobie, ADHS, Hochsensibilität – und *nichts* davon traf wirklich zu. Ich musste es ihm sagen. Aber wir waren immer noch in der zweiten Stunde.

Herr Einstein drängte auf Untersuchungen. Ich blieb hartnäckig. Ich wollte die ganze Geschichte hören. Als ich ihn vertröstete und fragte: »Wie kamen Sie nun in den Osten?«, antwortete er: »Kurz nach der Trennung ging ich eines Abends auf so ein Konzert, ich weiß nicht mehr, wo ich das gelesen hatte. Es wurden Geschichten gelesen und eine Cellistin spielte dazu. Sie hat mich umgehauen. Es war, als wäre ein Schalter in mir umgelegt und ich sprach sie nach dem Konzert an und wir landeten noch in derselben Nacht im Bett.« – »Sie können da unmöglich depressiv gewesen sein!«, warf ich ein. »Sag ich doch, es ist was anderes«, erwiderte Herr Einstein. »Marie war so quirlig, so lebendig, und musste doch am nächsten Tag wieder zurück nach Dresden. Schon am nächsten Wochenende war ich zum ersten Mal in meinem Leben in Dresden. Und obwohl ich zur Architektur dieser na ja – Metropole – natürlich schon viel gelesen hatte, verliebte ich mich sofort in die Stadt.«

Herr Einstein blieb eine Woche bei Marie, sah sich Stellenanzeigen an, und hatte noch in derselben Woche ein Vorstellungsgespräch bei der Stadtverwaltung. Er schaute nach Wohnungen und fand eine. In unglaublicher Geschwindigkeit löste er seine alte Wohnung auf und zog nach Dresden. »Und Ihr Sohn?«, fragte ich. »Wir haben ein sehr gutes Verhältnis!«, rief er aus. »Ich sehe ihn regelmäßig!« – »Wie geht denn das, das sind 500 Kilometer!«, warf ich ein. »Einmal im Monat, er fliegt, das geht von Frankfurt. Ein ganzes Wochenende.«

Ich schüttelte den Kopf. Wie dieser Mann mit Menschen und Beziehungen umging, machte mich ärgerlich. »Was ist denn nun mit den Tests?«, fragte er ungeduldig. Ich wollte schon aufspringen, und die Testanlage holen, dann hielt ich kurz inne und sagte: »Herr Einstein, soweit ich sehen kann, funktioniert alles bestens bei Ihnen, die mnestischen und kognitiven Funktionen sind in Ordnung. Sie können sich für Ihr Alter alles adäquat merken. Das schlussfolgernde Denken ist im durchschnittlichen Bereich – «

»Sehen Sie!« unterbrach er mich, »Das war nicht immer so. Hier muss das Problem liegen!«

Ich faselte etwas von der Normalverteilung von Intelligenz und dass die Tests im oberen Bereich nicht so genau messen. Irgendwie scheute ich mich ihm zu sagen, dass er ein ganz normaler Mann war. Dann sagte er plötzlich: »Und, was ist mit meinen Eltern?« – »Was meinen Sie, mit den Eltern?«, fragte ich ihn. – »Freud führt doch alles auf die Kindheit zurück. Ich habe überlegt, ob ich nicht in der Zeit, in der ich hätte in den Kindergarten gehen sollen, *zu sehr* behütet worden bin.« – »Und andere sitzen bei mir«, sagte ich etwas ärgerlich, »und sagen, sie wurden in den Kindergarten gezwungen. Sie hatten *zu wenig* von den Eltern.« – »Ja, aber, vielleicht hat mich das Überbehüten denken lassen, ich könne alles.« – »Nun, denken Sie das *heute*?«, fragte ich ihn. Er schwieg, und fuhr dann fort: »Mein Vater hat wahrscheinlich so einen Leistungsdruck ausgeübt. *Dein Bruder war viel ordentlicher.*« Herr Einstein imitierte eine nörgelnde Stimme. Oh Gott, dachte ich, das ist doch völlig normal. So etwas sagen Eltern.

»Mein Vater hat mir immer seine Physik- und Mathe-Einsen vorgehalten«, fuhr er fort. Ja, dachte ich wieder, so was machen Väter. Die sagen manchmal was Dummes, das führt aber nicht direkt zu einer psychischen Erkrankung. »Dabei war ich *künstlerisch* gut. Meine Mutter hat das gesehen. Oder kann etwas im Mutterleib, vor der Geburt schon schief gelaufen sein?« Nein, bitte, nicht das auch noch. »Darüber sprechen wir beim nächsten Mal«, beendete ich die Sitzung.

»Es gibt keinen Beleg für ein ADHS«, sagte ich mit wissenschaftlicher Stimme zum Beginn der nächsten Sitzung. »Sie haben doch gar keinen ADHS-Test gemacht, den HASE oder die Wender-Utah-Rating-Scale«, konterte er. »Herr Einstein, ich möchte eigentlich so nicht weiter machen«, sagte ich. »Sie wissen ja schon, was Sie haben und wo man suchen muss. Sie brauchen mich gar nicht.« – »Nein, nein, das Ergebnis weiß ich nicht! Ich war letzte Woche nach unserer Sitzung bei Neumeier, dem Coach, der, der die Sportler trainiert, Sie haben sicher von dem schon gehört. Der hat das ins Spiel gebracht. Der schien sich gut auszukennen.«

Ich wollte schon mit all meiner Rhetorik ansetzen, da fiel mir einer der wichtigsten Sätze meines eigenen Supervisors ein, den er vielleicht unbemerkt gesagt hatte und der doch hängen geblieben war: *Du musst nicht sofort zubeißen, nur weil Dir jemand einen Knochen hinhält.*

Sollte ich in diese Konkurrenz einsteigen? Dem Patienten beweisen, dass nichts von früher so wichtig war, wie sein *heutiges* Interaktionsverhalten und seine *heutige* Art, die Dinge zu verdrängen? Wenn ich dem Patienten meine ehrliche Meinung sagen würde, würde ich ihn dann verlieren? Oder wollte, sollte ich bloß besser als Neumeier, der Sportler-Coach sein?

Am einfachsten wäre, dem Patienten das zu geben, was er wollte: Er wollte *eine Diagnose*. Etwas, das seine Schwierigkeiten erklärte und als Begründung diente, nichts zu verändern. Wie ein schwerer Unfall, wegen dem man nun nicht mehr arbeiten *kann*.

»Herr Einstein. Ich möchte so nicht weitermachen. Alles, was Sie mir erzählt haben, ist die Suche nach einer Diagnose, die Ihre Schwierigkeiten erklärt. Sie haben immer wieder hohe und höchste Ziele, überarbeiten sich, gehen dabei nicht auf Ihre Partnerinnen ein, werden dann verlassen, und wechseln, wenn es schwierig wird, das Projekt, den Ort, die Frau. Und Sie schauen vor allem nicht, was Ihr Anteil daran ist, was Sie an sich problematisch finden.«

Herr Einstein stockte kurz und sagte dann: »Ich denke, Sie irren. Natürlich bin ich selbstkritisch. Ich hätte damals mehr bei meiner Familie bleiben sollen. Den Typen im Vorstand mehr kontrollieren sollen. Das waren schwere Fehler. Aber die will und werde ich nicht mehr machen.« Er schaute mich geradeaus an. »Herr Doktor, ich sehe schon, dass wir nicht weiter kommen. Vielleicht bin ich ein zu schwieriger Patient für Sie. Ich denke, Psychotherapie hilft nicht. Man muss die Ärmel hochkrempeln und rausfinden, wo die Ursache liegt. Es tut mir leid, Sie sind mir zu wenig *kausal* vorgegangen. Trotzdem vielen Dank für Alles, vor allem Ihre Fragen.«

»Herr Einstein, meine Einschätzung ist …«

»Lassen Sie es gut sein, Doktor«, sagte er väterlich, »andere brauchen Sie dringender.«

Ungefähr anderthalb Jahre später erhielt ich eine E-Mail und ich fürchtete schon, dass er vom Scheitern berichten würde und wieder zu mir kommen und nach Ursachen suchen wolle. Er schrieb:

»Sehr geehrter Herr Doktor,

Sie sagten damals zum Ende unserer Gespräche, dass ich Ihnen ja mal schreiben könne und dass Sie sich interessieren, was aus Ihren Patienten wird. Ich hoffe, das war nicht nur eine Floskel. Kurz nach meinem Klinikaufenthalt bei Ihnen fing ich wieder an mit Sport, und innerhalb von zwei Monaten schrieb ich meine Dissertation fertig und gab sie ab und veröffentlichte sie sogar. Damit bewarb ich mich auf Professuren, auf Dozenten- und Referentenstellen. Aber mit den Bewerbungen hat es nicht geklappt, überall hörte ich entweder, ich sei über- oder unterqualifiziert, für die Professuren sei ich zu alt. Ich ging zu einer anderen Psychotherapeutin, Frau Egger. Hier bin ich sehr zufrieden. Wir haben jetzt die Ursache gefunden. Ich habe eine *Ego-State-Disorder*. Sie haben mit Sicherheit schon davon gehört. Es gibt einen genialen Teil in mir, der zu viel will und damit die anderen Menschen überfordert. Und einen selbstunsicheren Teil, der von meinen Eltern herrührt. Diesen wollen wir hier in der Therapie wieder selbstsicherer machen, so dass es in der Synthese aller Schwierigkeiten doch eines Tages die Anerkennung gibt, die ich so nie bekommen habe. *Phönix*, sage ich nur. Es gibt auch noch andere *Ego-States* in mir, aber das sind die zwei wesentlichen. Frau Egger spricht noch von einem rationalen Strategen in mir, der der Chef über beide Teile sein solle. Das bedeutet auch, dass der geniale Teil von mir sich aus strategischen Gründen manchmal zurück nehmen muss, um andere nicht zu überfordern. Deshalb habe ich wieder eine Stelle in einem Architekturbüro übernommen und arbeite dort ganz normal. Aber ich habe den nächsten großen Wurf vor: eine Modellstadt zur nächsten Weltausstellung. Ich habe ein gutes Gefühl. Und: Ich habe eine neue Frau kennengelernt. Ich bin sehr glücklich.

Mit freundlichem Gruß und vielen Dank für alles,
(Albert ☺) Frank Einstein«

* * *

»Herr Doktor, wenn ich nur wüsste, wo's herkommt«, seufzen manche Patienten und richten alle ihre Fragen auf die Ursachensuche.
In keiner Autowerkstatt bliebe man dabei stehen. Es hilft zwar zu wissen, dass der Reifen platzte, weil er zu alt war, damit dies nicht noch einmal geschieht. Aber der Automechaniker wechselt den Reifen, egal, ob es das Alter, ein Nagel oder minderwertige Ware war. Würden wir in der Werkstatt gemeinsam immer weiter über die Ursachen fachsimpeln, führe das Auto noch immer nicht. Wenn dann deutlicher würde, dass man nur bei einem kaputten Auto von der Versicherung Geld bekommt, oder mit einem reparierten wieder die nervigen Schwiegereltern sonntags

auf dem Dorf besuchen müsste, würde man sich nicht über das unendliche Reparieren wundern.

Verdränger wollen lieber vergangene Ursachen als heutige Nöte erkennen. Wenn die Lösung eines Problems verstimmt, bleibt man doch lieber beim Problem.

Und Psychotherapeuten machen da oft genug mit.

In dem hier vorliegenden Fall *hätte* Herr Einstein vor allem gern gehabt, dass Biologie seine Schwierigkeiten erklärt. Dies geschah anfangs in der Kombination mit den Bedürfnissen von mehreren Therapeuten, das anzuwenden, was sie können, ganz gleich, was das Problem ist und die verführenden Triggerworte (»nicht konzentrieren können«, »Depression«, »Selbstunsicher«, »Angst vor den Bewertungen anderer«, »Eltern«) nicht zu hinterfragen und in einem größeren Kontext zu sehen. Sie vergaben Diagnosen und behandelten auch dementsprechend; und der Erfolg im Mikrobereich gab ihnen vermeintlich Recht. Der entscheidende verdeckte Faktor aber war der Versuch von Herrn Einstein, mit einer Diagnose sein (Größen-) Selbstbild zu managen. Das verweist auf eine narzisstische Konstellation: Der Patient konnte Kritik an sich und seinem Verhalten nicht unmittelbar zulassen, seine hohen Ansprüche nicht hinterfragen; auch seine mangelnde Empathie wurde deutlich. Die zweite Besonderheit, die nie angesprochen wurde, war eine aus dem Bereich der Lust-Unlustregulation: Wurden seine Projekte nichts, hinterfragte er sich und seinen Stil nicht, sondern wechselte die Situation. So konnte bei jedem neuen Projekt wieder eine »Optimierung« vorgenommen werden und insbesondere Verhaltenstherapeuten springen sehr schnell auf, wenn etwas zu »machen« ist.

Wesentlich für die Entwicklung eines neuen Störungsverständnisses ist jedoch das Zurücktreten von den offen genannten Dingen. Zuhören, Verhaltensmuster auch jenseits der Diagnosen sammeln, Nachfragen bei den Dingen, die nicht genannt wurden, die der offensichtlichen Diagnose widersprechen, kann helfen, einen adäquaten Therapieplot zu erstellen. Schauen Sie sich die Inszenierungen an, die Dinge, wenn man den Ton einer Therapie wegdreht, schauen Sie nach der Form, weniger nach dem Inhalt.

Der narzisstische Patient, der sich reales Versagen, Aufschieberitis, Unpünktlichkeit und Unordnung mit einer anderen Diagnose erklären möchte, ist recht typisch. Für Therapeuten und deren Bedürfnislage wiederum ist es relativ leicht, zum Beispiel AD(H)S falsch positiv zu testen. Sie können damit eine gute Therapiebeziehung herstellen und können »etwas angehen« und gelten als Experten. Inkonsistente Informationen werden auch von Therapeuten gern ausgeblendet. (Wie etwa in diesem Fall, als in den Schulzeugnissen die Unaufmerksamkeit gar nicht erwähnt wurde, und die Beobachtung, dass Herr Einstein bei interessierenden Tätigkeiten sehr wohl geradliniges Denken über lange Zeit vollbrachte etc.). Aber auch die vormalige Diagnose der Sozialphobie lässt sich bei jedem Menschen anhand von Mikrosituationen leicht (falsch) diagnostizieren – doch die Therapeutin konnte etwas therapieren, keiner von beiden war hilflos. Narzisstische Patienten steuern durch ihre Art auch den Ehrgeiz von Therapeuten, »gut« zu sein. Durch geschickt gestreute Informationen, wo man schon überall in Therapie war, Lob und geschickter Infragestellung beißen wir an. »Ich weiß ja nicht, ob *Sie* es können, aber ich hörte, dass Sie gut sein sollen.«

Dies ist aber ohne die gesellschaftlichen Rahmenbedingungen nicht denkbar. Die pädagogischen Grundhaltungen haben sich in den letzten fünfzig Jahren erheblich gewandelt: von Pflicht, Ordnung und Benehmen in der Erziehung hin zu Hedonismus, Selbstentfaltung, Singularität. Es wird zugleich wesentlich mehr Wert auf Diskriminierungen und gefühlte Verletzungen gelegt. Und je nach gesellschaftlicher Erzählung kann von Therapeuten auch psychische Krankheit und damit auch über vermutete Ursachen gedeutet werden.

Es gibt kein natürliches Ende einer Therapie. Zeitkontingente sind der Zielfindung und Wirtschaftlichkeit geschuldet. Therapeuten finden immer eine Begründung für weitere Therapie, sei es »Selbstoptimierung«, »Stabilisierung«, »Verbesserte Gefühlswahrnehmung« oder »Biografiearbeit«, alles Dinge, bei denen es keine definierten Ziel- und Abbruchkriterien gibt, im Gegensatz zu: »Kann wieder den Supermarkt besuchen. Arbeitet wieder«.

Patienten tun Dinge, die schädlich sind, sie rauchen trotz Lungenerkrankung, sie bleiben bei einem Partner, den sie nicht lieben etc. Therapeuten machen dennoch weiter, auch wenn sich kein sichtbarer Fortschritt ergibt. Therapeuten haben Verständnis, bieten Lösungen für das Leben im falschen Leben an. Wie oft lese ich in Gutachten von Patientinnen, die durch ihren Mann täglich abgewertet werden, nicht mehr begehrt und unterdrückt werden. Im Therapieplan steht, dass sie Bedürfnisse und Grenzen mehr ansprechen sollten. Die Patientin tut das dann therapeutisch korrekt, und doch bleibt das lieblose Miteinander bestehen. Ein direkter Rat, sich zu trennen, ist verpönt. Therapeuten gehen unverständlicherweise lieber das ungute System mit. Im Widerspruch dazu raten Therapeuten vieles andere: Tabletten zu nehmen, in einen Verein zu gehen, einen Tagesplan zu machen. Nur die wirklich »heißen« Vermeidungen werden von Patienten und uns so geschützt. Das Mitgehen bei Vermeidung durch Therapeuten wird oft mit dem »Willen des Patienten« begründet. Wie schnell sagt ein Patient: »Ich möchte keine Medikamente schlucken.« Psychologen nehmen das ungefragt hin, obwohl Leitlinien und die Krankheitsgeschichte deutlich dafür sprechen. In einer Diagnose steckt meist ein »Sie kann doch nichts dafür«. Dies jedoch muss klar unterschieden werden von dem, was ein Patient zur Aufrechterhaltung selbst beiträgt. Es gibt selbstverständlich Krankheiten, bei denen Wille und Selbststeuerung eingeschränkt bis ausgeschlossen sind; die meisten unserer Patienten in der ambulanten Therapiepraxis aber sind Herr ihres freien Willens und damit auch verantwortlich. Das Helferselbstbild ist oft gewährend und nährend, nicht grenzsetzend und fordernd.

Wenn dann noch Vermeidungsgewinn (hier: Es gab ein Stipendium, ohne dass Ergebnisse geliefert werden mussten, durch den Weggang musste er sich nie auseinandersetzen.) und Konsistenzgewinn im Selbstbild (»Ich bin ein Opfer.«; »Niemand erkennt meine wahre Größe.«) durch eine Diagnose hinzukommen, manifestiert sich Problemverhalten als Lösung im Widerstreit dieser Bedürfnisse.

Sie könnten darauf bereits am Anfang einer Therapie achten. Hier zeigte sich, wie ein Patient die Diagnosen vorschlägt. Auch das ist ein Einstiegskriterium, den Fall in seinem ganzen Verlauf zu untersuchen und eine Störung in der Domäne der Selbstbildregulation zu vermuten. Verschieberitis wiederum weist auf den zweiten Bereich der gestörten Regulation bei Herrn Einstein hin, auf der Achse Lust-Unlust.

Dabei spielen Kurz- und Langfristigkeit eine Rolle: Kurzfristige Unlustvermeidung verhindert Lustgewinn auf höherer, langfristiger Stufe. Herr Einstein vermied Unlust durch das Ausweichen in ein neues Projekt. So sind z. B. Tag-Nacht-Rhythmus-Verschiebungen, abnorme Gewohnheiten, Unpünktlichkeit, Studien- und Therapieabbrüche, häufige Krankschreibungen, Trostsuchtverhalten, spezielle Essgewohnheiten, der geleistete Aufwand für ein Ergebnis, langfristiges vs. kurzfristiges Denken etc. Hinweise auf diese Lust-Unlust-Motivdomäne.

Menschen wollen gern hören, was ihnen passt. Wir blenden überwiegend widerstreitende Informationen aus unserem Selbstbild aus. Wir leben in Selbstbild-Filterbubbles. In einem Psychotherapieantrag las ich von einem eindeutig pädophilen Mann, der die Nähe zu Kleinkindern suchte. Der Therapeut jedoch attestierte ihm »Zwangsgedanken«; zumal der Patient Lehrer (!) werden wollte, was die Diagnose verhindert hätte. Es ist ein harter und schmerzlicher Prozess in Psychotherapie und Selbsterfahrung, ein differenziertes, nicht so konsistentes und nicht so »schönes« Selbstbild zu entwickeln. Manche psychische Störungen ermöglichen in besonderem Maße Wahrnehmungen im Sinne motivationaler Ziele, die uns »passen«. Dies gilt nicht für alle Konstellationen. So wird die Diagnose eines ADHS sehr viel lieber akzeptiert als die einer Depression. Aber auch die schwere Diagnose einer bipolaren Störung wurde schon zur Erklärung von schlicht willkürlichem Verhalten benutzt. In der psychischen Störung muss man sich nicht mehr mit unliebsamen Themen auseinandersetzen, weil ein Symptom an diese Stelle getreten ist und ein Name, der etwas erklärt. *Ich bin's nicht, die Diagnose ist es gewesen!* Die Verhaltenstherapie hat dabei im Kampf mit der Tiefenpsychologie und wegen eines »guten« Menschenbildes die verdeckten Motive eines Patienten sträflich vernachlässigt.

So konnte Herr Einstein mit der Suche nach vorgeburtlichen Traumata, der *zu* guten Kindheit oder ADHS vermeiden, über sein großspuriges Verhalten Frauen gegenüber nachzudenken. Sein Selbstbild blieb so konsistent.

Die »unproblematischen« Motive und Schemata haben seit Jahren Eingang in die psychologische Diagnostik gefunden. Bindung, Lust-Unlust, Kontrolle – Herr Einstein würde ohne Probleme bejahen, dass er Dinge verschiebt, dass er sich nach Bindung sehnt, dass er seine Symptome unter Kontrolle haben möchte – aber die Kontrolle über sein Selbstbild abzugeben, über die Brüche seiner narzisstischen Persönlichkeit im Wunsch nach Größe und Anerkennung nachzudenken und das Rätsel der Beziehungsschwierigkeiten zu lösen, war offenbar äußerst unangenehm für ihn und ließ in Herrn Einstein die »Kompromisslösung« von der Ursachensuche auftauchen. Er suchte da, wo es nicht wehtat. Der *Plot* könnte in unserem Fall heißen:

Such da, wo es nicht weh tut.

Ein Mann braucht eine Diagnose, um von seinen Beziehungsschwierigkeiten und dem Nichterreichen zu hoher narzisstischer Ziele abzulenken. Da seine Doktorarbeit unabhängig von einem Ergebnis finanziert wurde, konnte er unendlich seine perfektionistischen Ansprüche weiterverfolgen, ohne etwas abliefern zu müssen. Er forderte weitere Diagnostik, im somatischen und Gedächtnisbereich.

I Diagnosensuche

Es kam zur Vermeidung des Problems durch Diagnosensuche. Therapeuten richteten sich zu schnell nach Triggerworten und sahen mikroskopisch Anfangssymptome für weitere Diagnostik und stiegen damit in den Vermeidungskreislauf durch Diagnosen ein.

Es passiert heute gar nicht so selten, dass Patienten ihre Diagnosen Therapeuten suggerieren oder sogar selbst stellen. Sollten Sie einmal das Gefühl haben, dass Ihnen ein Patient eine bestimmte Diagnose nahelegt, dann seien Sie auf der Hut! Diagnose oder Therapieverfahren können der Aufrechterhaltung des Selbstbildes bei Vermeidung wesentlicher Themen dienen. Patienten kennen heute psychologische und therapeutische Begriffe sehr gut, sie kennen manchmal mehr als Therapeuten die implizite Bedeutung von Worten (»Kindeswohlgefährdung«, »emotionaler Missbrauch«, »Trauma«, »Hochsensibilität«) und wissen, welche Reaktionen diese beim Gegenüber erzeugen. Sie haben auch am Therapeutenmodell aus den Vortherapien gelernt, wie andere Menschen mit Symptomen oder bestimmten Krankheitsbegriffen zu steuern sind.

Menschen, die ihrer Verantwortung nach Zeit- und Ressourcenplanung, Selbstdisziplin und Mühe nicht nachkommen, suchen überzufällig häufig nach AD(H)S bei sich. ADHS heißt dann: Ich kann nichts dafür. Ähnliches geschieht mit »Autismus« für Menschen, die zwischenmenschliche Schwierigkeiten haben und die Ursache von sich als Person weg halten wollen. In den Fällen, in denen ich von Autismus las, der mir seltsam vorkam, weil wesentliche Bestimmungsstücke dieser schweren Entwicklungsstörung fehlten, hätte eigentlich »Persönlichkeitsstörung« stehen müssen. In ambulanten Therapieanträgen kommt die Diagnose Persönlichkeitsstörung nun seltener vor, dafür deutlich häufiger Autismus oder ADHS. Ob sich die Therapeutenschaft mit der Diagnose der Autismus-Spektrum-Störung etwas Gutes tat, bleibt unter diesem Blickwinkel abzuwarten.

Aber auch die hier benannten Diagnosen wie »Sozialphobie« »Ego State Disorder«, »Mobbing« oder leider manchmal auch »Genderdysphorie« eignen sich dazu, andere Schwierigkeiten wegzuerklären.

Allzu häufig wird auch das sichtbare Phänomen (hier im Fall: Unkonzentriertheit) als »Diagnose« benannt, eine Tautologie, die vorgaukelt, es sei *die Biologie*, einhergehend mit dem klassischen Begründungsnarrativ: *Ich kann nichts dafür*. So könnte man auch Faulheit mit der Diagnose *Anstrengungsvermeidungssyndrom* beschreiben.

Da psychische Krankheiten ihren Makel verloren haben, weitet sich vermeidende Ursachensuche darauf hin aus, wo vorher Kopf- oder Magenschmerzen standen. So kann ein einfaches Gekränktsein wegen der Ablehnung eines Wunsches zu *meinen Depressionen* werden, Frustfressen zur *atypischen Essstörung*, eine Unlust sich mit den Kollegen auseinanderzusetzen, zur *sozialen Phobie*.

Wird auf Biologie und als Biologie getarnte Psychologie reduziert (Geschlecht, Krankheit, Intelligenz etc.), ist freier Wille und Selbstwirksamkeitserwartung aus der Therapie draußen und es kommt zur Verfestigung der Störung. Therapie ist dann wirkungslos.

Prüfen Sie bei Patienten, wie sie über Behinderungen, Krankheiten, Schönheit, Größe, Gewicht, Geschlecht, Hautfarbe, Temperament und Intelligenz kommunizieren.

Der Fall von Herrn Einstein zeigt uns, dass Diagnosenbenennungen in manchen Fällen selbst eine zentrale Rolle im komplexen Wirkungszusammenhang von psychischen Störungen spielen. Eine bestimmte Diagnose – oder manchmal auch nur bestimmte Formulierungen – sind erwünscht, weil sie dem Patienten einen sekundären Gewinn bringen – damit aber auf die falsche Fährte führen.

Die anonymen Briefe

Eines Tages bekam ich ein Psychotherapiegutachten in die Hand, bei dem mich das diffuse Gefühl eines doppelten Bodens beschlich.

Die Therapeutin beantragte die Umwandlung von einer Kurz- in eine Langzeittherapie. Meine Aufgabe war zu beurteilen, ob das Anliegen und die Methoden zweckmäßig und wirtschaftlich seien und die Therapie eine gute Prognose habe.

Die Therapeutin berichtete von einer 68-jährigen Frau Latter, die allein stehend war, keine Kinder hatte und zum ersten Mal Psychotherapie aufsuchte, nachdem ihr Hausarzt bei der Therapeutin mit den Worten »Da stimmt etwas nicht« angerufen hatte. Die Frau hatte bei ihm über Schlafstörungen geklagt, über ein Gefühl, dass ein Stein auf dem Magen liege. Ihr Allgemeinzustand sei so, als ob sie sich nicht richtig ernähre und nicht genug trinke, fügte der Hausarzt noch hinzu. Sie habe Kopfschmerzen, habe die Patientin ihm gegenüber erwähnt, so als ob jemand hin und wieder sie mit gleißendem Licht bestrahle, das wehtue.

Im Bericht der Therapeutin stand weiterhin, dass Frau Latter bedrückt wirke, tonlos, sie bewege sich hölzern. Manchmal möge sie sich morgens gar nicht anziehen. Sie traue sich nicht mehr, in die Gemeinde zu gehen, wegen der Briefe. Sie bekomme anonyme Schreiben, in denen sie abgewertet werde. Sie grübele nur darüber nach, was sie falsch gemacht haben könne und warum sie diese Strafe jetzt bekomme.

Frau Latter war ein Leben lang Katechetin in einer Kirchgemeinde gewesen, hatte jahrelang Kinder in Religion unterrichtet, Bibelstunden geleitet und war jetzt im Ruhestand.

Im Bericht an den Gutachter war die Rede von einem relativ normalen Elternhaus: eine ordentliche Mutter und ein immerfort arbeitender Vater, der aus der Kriegsgefangenschaft wortlos und verschlossen heimkehrte, so wie es in jener Zeit eben war. Ein älterer Bruder, Mamas Liebling, neben dem sie sich wie das Aschenputtel vorgekommen sei. Sie habe mit 13 eine Erweckung gehabt, sie sei für Jesus Christus entflammt, habe in der Bibel gelesen und in der Gemeinde eine Heimat gehabt. So entstand auch ihr Wunsch, Religionslehrerin zu werden. Sie ging mit 16 in ein evangelisches Mädcheninternat und machte dann eine Ausbildung zur Katechetin.

Man bot ihr eine Missionstätigkeit in Lateinamerika an und sie willigte mit Freuden ein. Das seien ihre schönsten Jahre gewesen, mit den Waisenkindern, mit den Indios von Gott zu sprechen, zu kochen, Spenden zu sammeln, Kleidung zu nähen, Gutes zu tun. Fünf Jahre war sie in Guyana gewesen. Dort lernte sie einen Mann kennen, einen deutschen Mitarbeiter des Missionswerkes. Sie verlobten sich.

Im Bericht der Therapeutin stand sogar, dass sie gemäß dem Keuschheitsgelübde mit dem Sex bis nach der Hochzeit warten wollten.

Dann sei ihr Verlobter ein paar Wochen vor ihrer Rückkehr nach Deutschland bei einem Überfall einer Bande in Guyana erschossen worden. Da muss die Patientin 21 oder 22 gewesen sein. Der weitere Lebensweg blieb im Bericht äußerst kurz bemessen: Danach habe die Patientin sich ganz ihrer Tätigkeit gewidmet. Es habe sich keine neue Beziehung ergeben, später sei sie zu alt gewesen. Sie habe immer mit viel Freude an Schulen und in der Gemeinde gearbeitet.

Nun aber bekomme sie anonyme Briefe, die ihr ganzes Lebenswerk in Frage stellten.

Der Schreiber sei geschickt, so vermerkte es die berichtende Therapeutin, er lasse ihr die Briefe in der Einkaufstasche zukommen, sie lägen vor der Wohnungstür, im Briefkasten. Sie werde darin beschuldigt, egoistisch zu sein, eigentlich nichts zu bewirken und man rede über sie, wie sehr sie sich mit ihrer Arbeit eigentlich in den Vordergrund spielen wolle. Die Briefe enthielten Sachkenntnis aus ihrem Leben und der Gemeinde.

Die Patientin habe die Briefe dem Gemeindepfarrer gezeigt und der habe zunächst mit der Patientin überlegt, wer der Schreiber sein könne, aber dann habe der Pfarrer den Verdacht geäußert, sie schreibe die Briefe selbst. Da habe sie sich nicht mehr in die Gemeinde getraut.

Die Therapeutin vergab die Diagnose einer Depression und schilderte im Therapieplan, wie sie mit »sokratischem Dialog« ihre »dysfunktionalen Kognitionen« bezüglich der Briefe in Frage stellen und wieder selbstsicheres Verhalten lernen sollte. Der Therapeutin ging es darum, dass die Patientin die Briefe nicht auf sich beziehen solle.

Aus dem Therapieverlauf der Kurzzeittherapie wurde nicht wirklich klar, was die Therapeutin mit der Patientin gemacht hatte. Die Patientin »kommuniziere jetzt besser« und sie habe sich entschieden, die Briefe »für eine Zeit umzuleiten«. Als Begründung für weitere Therapie schrieb die Therapeutin, die Briefe »träten wieder auf«, eine Formulierung, die mich verwunderte.

Nach vielem Hin-und-Her-Überlegen entschied ich mich, drei weitere Sitzungen zu befürworten, mit der Bitte, paranoide Tendenzen zu prüfen, sich die Briefe und ihren Drucker zeigen zu lassen und zu prüfen, ob diese nicht auch von ihr selbst geschrieben worden sein könnten. Die Therapeutin sollte die Patientin Tests ausfüllen lassen, um zu sehen, ob sich bestimmte Konzentrations- oder Gedächtnisauffälligkeiten zeigten. Des Weiteren wäre eine Vorstellung bei einem Psychiater sinnvoll, da es ggf. auch ein Antidepressivum oder Neuroleptikum für die Patientin geben könne. Es habe sich ja gezeigt, dass die bisherige Behandlung nicht ausgereicht habe.

Schon nach kurzer Zeit bekam ich einen weiteren Fortführungsantrag der Therapeutin, in welchem stand, sie habe mit der Patientin gesprochen und in den Gesprächen seien keine Hinweise auf Demenz aufgetreten, so dass sie sich nicht bemüßigt gesehen habe, einen Demenztest zu machen, auch das Gedächtnis sei intakt, sie könne so viele Episoden aus ihrem Berufsleben erzählen. Zu einem Psychiater wolle die Patientin nicht, eine Medikation lehne sie ab, da Gott ihr helfe und sie bete. Die Patientin brauche dringend Therapie, sonst verschärfe sich die Depression. Und insgesamt sei es wichtig, seinen Patienten zu glauben und sie »wundere sich«, wie der Gutachter, also ich, aus der Ferne die Vermutung anstellen könne, die Patientin habe die Briefe selbst geschrieben. Sie werde das bei der Kasse und besser noch bei der Kassenärztlichen Vereinigung prüfen lassen, ob ich solche Ansinnen stellen dürfe. Die Therapeutin schickte einen der Briefe mit, nicht ohne den Hinweis: »Wir bräuchten jetzt eine Zusage für weitere Therapie«. Ich nahm das Papier zur Hand und las:

- Du hast es wieder getan. Hast daran gedacht.
- Willst die Lieblingslehrerin von Schneider sein. Aufschneider, ein Niemand bist du. Nichts erreicht. Sie lachen über Dich. Und GOtt? Der Herr? HErrensWege, Frauens Leid.
- Hast Du erreicht, dass Dein Bruder auf dem rechten Weg bleibt? Was ist mit seiner Scheidung? Wieso helfen Deine Gebete nicht? Gebet, gebet, gebt. Kannst Du nicht. Nimmst nur.
- Weil Du ein Nichts bist.
- Halte Dich fern von den Menschen, Du bist ein Schaden. Schwefelgestank bist DU.
- Und höre auf, über die Briefe zu reden.
- Wir können noch ganz anders. Entschuldige Dich. An denen Du vorbei gegangen bist.

Ich lehnte den weiteren Therapieantrag ab. Aus meiner Sicht war es eine Psychose bei einlaufender Demenz nach Eintritt in den Ruhestand. *Eine alleinstehende, kinderlose, religiöse Frau schreibt sich im Wahn Briefe, um sich ihr Unglück erklären zu können.* Das Bedingungsmodell im Antrag der Therapeutin war völlig unklar. Sie schrieb, die Patientin sei durch den Fleiß ihres Vaters verunsichert worden und habe so eine selbstunsichere Persönlichkeit ausgeprägt. Auslösend für die Störung sei der viel zu schnelle Ruhestand und dann die Briefe gewesen.

Klar wurde aus dem Antrag auch, dass die vergangenen 24 Sitzungen der Kurzzeittherapie nicht geholfen hatten.

Der mitgeschickte Brief war in Inhalt und Form kein Brief eines Stalkers. Die Therapeutin hatte die Briefe nicht überprüft, keine Demenzprüfung und Psychiatervorstellung veranlasst, sondern wollte einfach so weitermachen. Die Patientin brauchte aus meiner Sicht Behandlung, aber nicht eine solche.

Aber auch die Therapeutin war auf einer Mission.

Im Falle einer Ablehnung einer Therapie können Therapeuten einen Obergutachter einschalten. Dieser prüft noch einmal den ganzen Fall.

Zunächst erhielt ich eine wütende E-Mail der Therapeutin, die sich über mich beschwerte und mich von allen weiteren Begutachtungsprozessen ausgeschlossen haben wollte. Ich wolle Hilfe vorenthalten, ich stellte Einsparungen über das Wohl eines Menschen. Die Patientin sei ein Opfer, was ich in Frage stellen würde. Ich behaupte somit indirekt, dass die Patientin und auch die Therapeutin Lügnerinnen seien. Natürlich gingen die Schreiben auch an die Kasse und die Kassenärztliche Vereinigung.

Warum hatte ich nicht einfach befürwortet? Die arme Frau hätte noch weitere 36 Sitzungen von den Briefen erzählt, sich verstanden gefühlt und irgendwie wäre dann schon das zutage getreten, was ich vermutete. Oder es wäre weitergegangen, wie es gar nicht so selten der Fall ist, weiterer Therapieantrag, wieder ein Jahr lang Kurzzeittherapie, dann wieder Umwandlungsantrag. Keine Besserung, außer: tieferes Gefühleverstehen. Jedoch die gleiche Symptomatik, selbe Therapeutin, selber Therapieplan.

Vielleicht zwei Wochen nach meinem Ablehnungsschreiben klingelte mein Telefon, und ein Professor aus Tübingen war am Apparat und sagte: »Ich bin Obergutachter und habe hier einen Widerspruch zu Ihrem Gutachten zur Patientin Latter mit den anonymen Briefen von der Therapeutin bekommen.« Ich bekam Angst, dass der Professor jetzt verkünden würde, mir die Gutachterlizenz zu entziehen. Aber er fuhr fort: »Ein seltsamer Fall, und es könnten beide Versionen zutreffen. Deshalb wollte ich mit Ihnen sprechen.« Der Obergutachter hatte auch schon mit der Therapeutin gesprochen und berichtete mir von deren Furor. Ich legte nun nochmals meine Sicht dar und er fragte mich: »Es ist zwar ungewöhnlich, aber ich würde einen Ortstermin anberaumen. Die Frau muss von unabhängiger Seite gesehen werden.« Das war ganz in meinem Sinne.

»Soweit ich das weiß«, antwortete ich, »hat die Patientin etwas dagegen, von einem Psychiater gesehen zu werden.« Der Professor war Psychiater, zudem ein ziemlich berühmter.

»Ja, das habe ich so verstanden«, sagte er, »aber das geht möglicherweise auch auf die Therapeutin zurück. Es geht hier ja auch darum, wer wem glaubt, und die Patientin sucht natürlich bei der Therapeutin Halt, nachdem ihr nun auch in der Gemeinde niemand mit den Briefen glaubt. Nun setzt sich diese Struktur auf höherer Ebene fort. Sie glauben der Therapeutin nicht und sie sucht bei mir Loyalität und Unterstützung.«

»Ich verstehe, und mit diesem Loyalitätswunsch haben Sie die Chance, mit der Patientin selbst zu sprechen«, sagte ich zum Professor.

»Ja, ich kann das ja zur Voraussetzung für weitere Begutachtung machen.«

Ich hörte dann einige Zeit nichts mehr von diesem Fall und manchmal dachte ich noch, wenn ein Brief von der Kassenärztlichen Vereinigung eintraf, jetzt wird Dein Fehler angeprangert, Deine Arroganz als Gutachter. Eines Tages erhielt ich, wie es üblich ist, eine Zweitschrift eines Obergutachtens. In diesem hieß es:

»Die Umwandlung in eine Richtlinienpsychotherapie konnte durch den Erstgutachter nicht befürwortet werden, da er eine psychotische Entwicklung vermutete, weitere Diagnostik einforderte und eine Vorstellung bei einem Psychiater zur Voraussetzung machte, was die Patn. ablehnte.

Die Therapeutin widersprach dem, und forderte ein Obergutachten an. Die Patn. sei eindeutig depressiv und bei Depression sei Psychotherapie nach den Leitlinien indiziert.

Da es sich hier um Hypothesen völlig verschiedener Art handelte und diese nicht allein aus der Aktenlage zu entscheiden waren, wurde eine weitere Begutachtung und ggf. Befürwortung einer Therapie von einem Ortstermin und einer Prüfung durch den unterzeichnenden Obergutachter abhängig gemacht. Diese fand nach Erstgespräch mit der Patn. Latter in Anwesenheit der Psychotherapeutin in T. am NN statt.

Im Gespräch vor dem Ortstermin schilderte die Patn. nochmals depressive Beschwerden und legte einen Aktenordner mit Briefen vor, die sie belasteten. Bei der Grobprüfung zeigten die Briefe alle das Muster der Beschuldigung der Patn., sie waren alle auch religiösen Inhalts mit Bezug auf konkrete Lebensereignisse, die eigentlich nur die Patientin kennen könne. Ein Demenzscreening wurde durchgeführt, in welchem die Patn. Grenzwerte zur Vergleichspopulation von Demenzkranken erreichte. Auch sprach sie zunehmend von weiteren Misstrauenserlebnissen, wie einer Verkäuferin, die ihr Geld gestohlen habe, Nachbarn, die durch die Scheiben auf sie zeigten.

Auffällig waren der kachektische Allgemeinzustand und die inhaltliche Einengung auf die Briefe. Ein Schädel-MRT wurde veranlasst, Befund ausstehend.

Der Ortstermin in der Wohnung der Patn. erfolgte anschließend nach schriftlicher Zustimmung (beiliegend) und in Anwesenheit der Psychotherapeutin.

Dieser zeigte das Bild einer verwahrlosten Wohnung. An den Wänden fanden sich Bibelsprüche, die in der Mehrzahl von Schuld handelten. Im Wohnzimmer lagen und saßen auf Stühlen und dem Sofa überall gestrickte Handpuppen, von denen die Patn. behauptete, sie seien ihre Kinder. Ungeordnet stapelten sich Wäsche, Bücher, Kisten, Lebensmittel, Strickzeug übereinander, so dass es nur wenige schmale Gänge durch die Wohnung gab. In der Küche standen geöffnete Dosen von Lebensmitteln. Es war schmutzig und roch streng. Bei der Prüfung einer elektrischen Schreibmaschine ergab sich das gleiche Schriftbild zu den Briefen, die die Patientin mit in die Therapie gebracht hatte. Die Patn. behauptete, der Schreiber würde nun sogar durch ihre Maschine bei ihr das ausdrucken.

Aus gegebenem Anlass können wir so eine Fortsetzung der ambulanten Richtlinientherapie nicht befürworten und veranlassten mit Hilfe der Psychotherapeutin eine Einweisung in das nächstgelegene zuständige psychiatrische Krankenhaus.«

***

Psychotherapiegutachten sind höchst umstritten: Ein Gutachter urteilt anhand eines Berichtes der Therapeutin, ob eine (weitere) Therapie notwendig und zweckmäßig sein solle. Ein solcher Gutachter ist ein Zwitterwesen aus einem Therapeuten, der Menschen eine Behandlung zukommen lassen will, und dem kritischen Prüfer und Handlanger der Krankenkassen, der in deren Auftrag prüft, ob Therapie zweckmäßig und somit wirtschaftlich vertretbar ist.

In diesem Fall konnte sich die Patientin nicht damit abfinden, dass sie nicht mehr gebraucht wurde, sie nach dem normalen Renteneintritt nicht mehr danach gefragt wurde, noch ehrenamtlich weiterzuarbeiten. Vielleicht war ihre Arbeit nicht so überragend, oder es war einfach der Lauf der Welt, man wird irgendwann abgelöst. Und so waren die anonymen Briefe und die Depression, die dadurch ausgelöst wurde, eine Erklärung, die Inkonsistenz reduzierte und eine andere, schmerzhaftere Überlegung und Erklärung überdeckte. Es hatte sich ein Fließgleichgewicht aus Bedürfnissen und Wahrnehmungen eingestellt, das zumindest kurzfristig Erklärung und Selbstwert vermittelte und so lebbar war.

Dieser Fall, der sehr wahrscheinlich auch biologische Ursachen in der Ausprägung der Symptome hatte (viele Demenzen zeigen auch paranoide oder psychotische Symptome), ist dennoch auch eine neurotische Kompromissbildung zu nennen, weil hier das Bedürfnis der Patientin nach Konsistenz im Selbstbild, nach Anerkennung und Wertschätzung zentral war – und weil die Psychotherapeutin eine entscheidende Rolle bei der Aufrechterhaltung der Symptomatik spielte.

Ich habe schon so oft von Psychotherapeuten den Satz gehört, dass man Patienten glauben müsse, als könnten unsere Patienten nicht auch lügen, Wahnvorstellungen haben und deren Erzählungen nicht auch eine konstruktivistische Deutung der Wirklichkeit sein. Wir psychologischen Psychotherapeuten haben leider üblicherweise *zu wenig* Erfahrung in der Psychopathologie und den typischen Verhaltensweisen von Menschen mit Wahn, Schizophrenie oder Demenz. Diese Ausbildungsbedingungen müssen hier mit einberechnet werden. Es existiert zudem eine deutliche Zweiklassenmedizin: Menschen mit psychotischen Störungen bekommen ungleich weniger Psychotherapie als neurotische Patienten. Angehende Therapeuten sehen somit weniger Menschen mit psychotischen und hirnorganischen Phänomenen. Und im Umkehrschluss sagen sich Therapeuten: Wer zu mir kommt, kann keine Psychose haben – oder sie nehmen solche Patienten aufgrund mangelnder Erfahrung gar nicht erst in die Therapie auf.

Häufig werden zudem von uns Psychologen biologische Faktoren zu wenig bedacht oder trotz ärztlich festgestellter Diagnose nicht mit in das Störungsmodell einbezogen; und häufig wird auch keine solche Diagnostik veranlasst. Hier gilt auch der Rat: Beachte die gute alte Schichtenregel! Unterscheide gut zwischen den Schichtungen und verdeutliche die Teufelskreise und gegenseitigen Beeinflussungen der Schichten.

Die für eine Psychotherapie vorgeschriebenen Konsilscheine werden andererseits häufig sehr schlecht von Hausärzten ausgefüllt, in den allermeisten Fällen steht nur die psychische Diagnose darin; aber die kannte die Therapeutin ja schon. Es wäre wünschenswert, wenn wir Psychotherapeuten uns wieder als Wissenschaftler verstehen würden, die Hypothesen testen und die Begrenzung des eigenen Fachs sehen können – und damit auch, dass juristische, soziale und biologische Faktoren Einfluss auf psychische Kompromissbildungen haben und dementsprechend manchmal auch die Lösung in *diesen* Gebieten und *nicht* in der Psychotherapie liegen.

In diesem Fall der anonymen Briefe wird auch noch einmal deutlich, dass es nicht biologische Faktoren allein (wie Alter, Demenz etc.) sind, die zur Ausgestaltung einer interaktionellen Kompromissbildung beitragen, sondern die Verbindung von Biologie und ihren motivorientierten Deutungen von Patienten und Therapeuten.

Wir Therapeuten nehmen häufig die Erzählungen von Patienten für die »Wahrheit«, wie in unserer Geschichte. Dass wir unser Leben konstruieren, ihm Bedeutung verleihen, wird damit außer Acht gelassen. Wir können Lebensereignisse unterscheiden, die wir uns selbst erzählen oder die über uns mit einer bestimmten

Deutung berichtet werden. Um die Bedeutung der ersten Enkelin zu verdeutlichen, sprach meine Schwiegermutter immer davon, dass die Kleine schon »von Anfang an in ganzen Sätzen« gesprochen habe. Ihre Klugheit wurde immer wieder herausgestellt, was sie später überforderte. Auf den Videofilmen sieht man die Kleine wie jedes Kind zunächst in ein, zwei- und Dreiwortsätzen sprechen. Aber die Erzählung vom Sprechen in ganzen Sätzen blieb bestehen. Sie war wichtig, ein bestimmtes Bild, auch über die Sprecherin selbst, die Großmutter, zu zeichnen, sie diente dem Selbstbildmanagement. So ist es auch hier in der Geschichte. Frau Latter brauchte die Geschichte der anonymen Briefe, um sich das Nichtmehrgebrauchtwerden selbstwertdienlich zu erklären. Die Therapeutin brauchte diese Geschichte, um zu zeigen, wie vertrauenswürdig sie ist und wie sehr sie auf Seiten ihrer Patienten steht.

Da Psyche und Selbstbild konsistent sein wollen, gibt es nur die Möglichkeit, geschichts- und geschichtenkongruente Informationen wahrzunehmen, dabei Inkongruentes auszublenden, oder anderen zuzuschreiben. Die reifere Möglichkeit wäre: eine zwar schmerzliche, aber differenziertere Geschichte oder Selbstbild aufzubauen.

Auch hier in unserem Fall wendet die Therapeutin einfach das an, was sie kann – ganz gleich, was das zugrunde liegende Problem ist. Zudem spielt die Angst, zu verletzen, bei der Therapeutin eine Rolle. Eine empfindsame Patientin löst eben auch dies aus, man wird vorsichtiger, wagt nicht, in Frage zu stellen, weil man ja selbst zum Täter werden könnte.

Und so könnte der *Plot* hier heißen:

Die anonymen Briefe.

Eine religiöse Frau erlebte den Tod ihres Geliebten traumatisch. Sie wendet sich vermehrt einer anderen Liebe zu, der Liebe Gottes. Sie wird noch religiöser, arbeitet als Katechetin, findet dort ihre Bestimmung. Als sie in den Ruhestand versetzt wird, fehlt das Ausgleichende der religiösen Arbeit mit sozialen Bezügen, in welcher ihr Liebesbedürfnis verdünnt, doch befriedigt wurde. Sie schreibt sich selbst Briefe, in denen sie sich beschuldigt, sich vom Kontakt mit der Gemeinde abhält – spaltet das aber im psychotischen Abwehrmechanismus ab. Hirnorganische Abbauprozesse mindern die Fähigkeit zur Informationsverarbeitung, so dass ein erster Wahneinfall entsteht, es könnte jemand dahinter stecken, sie schlecht zu machen. Als sie das ihrem Hausarzt anvertraut, schickt der sie zur Psychologin, die unkritisch diese konstruierte Lebenserzählung glaubt und stützt. Zuwendung, Verständnis und Selbstwerterhöhung durch die Psychotherapeutin reichen jedoch nicht aus, so dass die Symptomatik wieder auftritt. Die Konsistenz im Selbstbild verlangte eine konsistente Geschichte, die nicht vergehen durfte.

Häufig wird nicht nach der besten Therapie für ein bestehendes Problem behandelt, sondern dem was vorrätig ist (was ich als Therapeut kann) und was der Patient will. So kann es sein, dass eine in dialektisch-behavioraler Therapie ausgebildete Therapeutin eben alles mit Skillstraining behandelt und argumentiert, dass doch Gefühlsregulation immer wichtig sei. Andere Therapeuten tun das mit Entspannungsverfahren. Nicht zu vergessen: Homöopathen mit Kügelchen, Ärzte mit Antidepressiva.

Wir Psychotherapeuten handeln implizit manchmal so, als könne unsere spezielle Therapie alles, auch Medizinisches heilen, Eltern- und Partnerschaft verbessern, man braucht Therapie bei schwierigen juristischen Prozessen, bei Problemen am Arbeitsplatz, Krebs, Schmerzen, Schwangerschaftsbegleitung.

In meinen Gutachten fand ich auch Anträge auf ambulante Psychotherapie für viel *zu schwer* gestörte Patienten, nicht selten auch bei Ausbildungskandidaten. Etwa ein Zehntel aller Therapien in Deutschland wird durch Ausbildungskandidaten erbracht, ergab eine Auswertung meiner ca. 8.000 Therapiebegutachtungen. Das ist logisch, wenn man bedenkt, dass Therapeuten oft mehr als 10% der Lebensarbeitszeit in der Psychotherapieausbildung verbringen.

Psychotherapieanträge bei Ausbildungskandidaten für bipolare Patienten mit schweren Manien, die hoch verschuldet waren, »harte« Suizidversuche hinter sich hatten, schizophrene Patienten mit manifestem Wahn, Patienten mit chronischer Depression nach Hirninfarkt, verfestigte Anorexien mit einem BMI unter 15 etc. habe ich gelesen – und abgelehnt; der Widerstand dagegen war enorm. Diese Patienten brauchten mindestens eine Anbindung an eine Psychiatrische Institutsambulanz, in welcher eine komplexe Behandlung stattfinden kann, mit Sozialarbeit, Medikation, Laborkontrollen, Kriseninterventionsmöglichkeiten.

Wir Psychotherapeuten aber denken, dass Gespräche doch immer gut sind und immer helfen. Erst, wenn man das in Frage stellt, wird eine andere Dimension, die der Macht, der Überlegenheitsüberzeugung auf Seiten der Therapeuten deutlich.

Das ist schwer zu begreifen, da wir Therapeuten zunächst erst einmal recht ruhig, bescheiden und verständnisvoll herüberkommen. Wir sagen normalerweise, wir maßen uns nicht an, über irgendetwas im Leben des Patienten direkt zu entscheiden. In der Überzeugung aber, meine Therapie wird auch nach sieben erfolglosen Therapien und gewährter Rente etwas herausreißen, nur *meine* Verfahren, gleich ob sie zur Diagnose passen, sind das Richtige, zeigen doch einen therapeutischen Narzissmus, der sich von Gegenmeinungen abschottet, schnell humorlos und moralisch wird und nicht inhaltlich argumentiert. Dann zeigt sich auch bei uns Psychotherapeuten eine hohe Kränkbarkeit. Es sieht nur anfangs nicht so aus, wir wollen ja nur *helfen*. Das Ganze ist nicht nur Ich-synton, sondern auch in der Zunft und Gesellschaft so verankert; die selbstlosen Helfenden *können* nicht narzisstisch sein, sie haben *keinesfalls* ein geschlossenes Denksystem und mangelnde Selbstreflexion. Dabei zeigen Studien die Selbstüberschätzung von Therapeuten deutlich: 80% aller Psychotherapeuten halten sich für besser als ihre Kollegen – wie übrigens auch Autofahrer.

(Hier wäre ein Emoji angebracht, der zwinkert und zugleich entsetzt ist.)

Was in unserem Fall mit den anonymen Briefen zu tun war, war dann viel weniger psychotherapeutisch, als es unserem Beruf lieb ist.

Trialog: Die Unendliche Therapie

In Memoriam Klaus Grawe

Tom, Andrea und ich kannten uns seit unserer Jugend. Wir hatten in unserer Heimatstadt das Abitur zusammen gemacht. Wir sangen zusammen, schrieben Gedichte, gingen zu Konzerten, erzählten uns unsere Lieben. Dann fiel die Mauer. Andrea ging nach Holland und Amerika, Tom studierte in Göttingen, war in der Schweiz. Wir sahen uns eine Zeit nicht, dann wieder kamen lange Briefe. Zum Schluss hatten wir alle, unter anderem, Psychologie studiert.

Tom hatte es am weitesten gebracht. Er war Professor für Psychologie an einer Privatuniversität, er veröffentlichte viel, hatte einen Namen und entsprechend wenig Zeit. Andrea hatte nach einem unsteten Leben geheiratet, zwei Kinder bekommen und war erst mit 35 Therapeutin geworden und arbeitete in einer Praxis als psychologische Psychotherapeutin. Sie schrieb hin und wieder für die *Psychologie Heute* und von ihr kam auch die Idee, ob wir uns nicht für Schreibprojekte zusammenfinden könnten und uns austauschten. Ein Schreibzirkel.

Von Tom dachte ich nicht, dass er zu unserem Treffen kommen würde, bei dem, was er alles an Projekten hatte. Aber er nahm unseren Kreis dankbar an, um seinen Aufgaben zu entfliehen. Andrea nutzte den fachlichen Austausch und wollte wieder an frühere künstlerische Zeiten anknüpfen. Sie hatte die Idee, ein Buch über spannende Therapiegeschichten zu schreiben. Ich war dabei als Dozent, Gutachter und Supervisor – und mit meiner Idee, wie ich Studenten der Psychotherapie anhand von praktischen Beispielen Dinge erklären könne, die sich nicht mit Diagnosen ausdrücken ließen.

So verbannten wir jeweils für ein Wochenende unsere Kinder, kochten, und unterhielten uns wie früher bis in die Nacht hinein und besprachen Projekte und hofften auf gegenseitige Hilfe.

Tom fragte uns eines Tages, ob wir zu dritt an einem Projekt für eine renommierte Zeitschrift für Therapieforschung mitschreiben würden, das *»Was kommt nach Klaus Grawe?«* heißen sollte. Wir hatten uns schon oft über Fälle unterhalten, die nicht funktionierten, obwohl sie funktionieren sollten, hatten gedacht, dass wir unsere Erfahrungen aufschreiben sollten. Klaus Grawe war unser aller Vorbild und viel zu früh gestorben. Er hatte ohne Ansehen der Therapieschulen nach Faktoren geforscht, die in einer Therapie wirksam waren und sich gefragt, warum etwas nicht funktionierte. Er hatte sich viel Unmut der Schulenvertreter zugezogen. Nun sammelten wir diese Therapiegeschichten und versuchten sie nach Faktoren zu ordnen, die diagnostisch relevant sein konnten – jenseits einer der bekannten Diagnosen. Und so entspann sich bei einem unserer Treffen folgender Trialog:

Andrea, die Therapeutin: »Ich habe eine Patientin, die für unser Projekt interessant sein könnte. Sie hat gerade erst bei mir angefangen – hat mir aber schon bedeutet, dass sie noch in eine weitere Klinik *nach* meiner Therapie will.«

Holger, der Dozent: »Und, lass mich raten, schon x Therapien gemacht hat.«

Tom, der Forscher und Professor: »Sie sagt damit, dass Du sowieso nicht erfolgreich sein wirst. Aber erzähl erst mal.«

Andrea, die Therapeutin: »Sie ist vielleicht 40. Eine auffällige orange Haarsträhne. Sie steht im Weg im Wartezimmer, wenn sie Termin bei mir hat, sie sitzt nicht, wie die anderen. Auch wenn die Sitzung zu Ende ist, ist sie irgendwie noch eine Weile da. Man hört sie dauernd. Sie redet mit den anderen Patienten, die dann kommen. Schon seit Mitte 2013 kann sie nicht mehr arbeiten, seit 2015 ist sie frühberentet. Sie war Bürokauffrau und hat zuletzt in der Stadtverwaltung gearbeitet, wo es Mobbing gegeben habe. Sie ist verheiratet, lebt mit ihrem Ehemann in einem Dreifamilienhaus, in welchem neben einem älteren Ehepaar auch noch die Eltern des Mannes leben.«

Tom, der Forscher und Professor: »Und warum kam sie zu Dir?«

Andrea, die Therapeutin: »Ihr dreizehnjähriger Enkel habe sie mit Gewalt bedroht. Ein Jahr zuvor ist ihre Schwester an einem Hirntumor verstorben. ›Das war traumatisch‹, hat mir die Patientin gesagt, also ich nenn sie mal Frau Müller.«

Holger, der Dozent: »Das hatten wir ja schon: Patienten übernehmen die Sprache der Therapeuten und suggerieren so eine bestimmte Handlungsweise, eine Therapie oder Schonung.«

Tom, der Forscher und Professor: »Worunter leidet denn die Patientin, was hat sie für Symptome?«

Andrea, die Therapeutin: »Ich zitiere die Patientin: ›Ich fühle mich wie ein Hamster im Käfig, ich komme nicht mehr zur Ruhe. Ich höre die Schritte der anderen im Haus. Ich habe Angst, dass der Enkel wiederkommt. Manchmal steht die Schwiegermutter mitten in unserer Wohnung. Mein Mann tut einfach nichts dagegen, der ist ja nie da.‹ Sie sagt, sie habe Panikattacken, Depression, könne schlecht schlafen, schaffe den Haushalt nicht. Sie habe überall Schmerzen, ohne dass die Ärzte etwas finden. Ihr schwindelt oft. Sie hat Bluthochdruck, juckende Ekzeme am ganzen Körper.«

Tom, der Forscher und Professor: »Was weißt Du noch?«

Andrea, die Therapeutin: »Aus dem Vorbericht der letzten Klinik weiß ich, dass die Patientin seit 2011 immer wieder in ambulanter Psychotherapie war, zunächst 25 Sitzungen Tiefenpsychologie, dann der erste Reha-Aufenthalt in einer ominösen Klinik mit Bonding, Vergebungsarbeit und Seelenreise. Danach wieder 80 Sitzungen Tiefenpsychologie bei derselben Tiefenpsychologin. Nach der langen Krankschreibung 2013 und während dieser Therapie dann ein Reha-Aufenthalt zur Einschätzung der Leistungsfähigkeit wieder in einer anderen Klinik, es folgt ein Rentenantrag, der nach Widerspruch zunächst für zwei Jahre bewilligt wurde und unter der nächsten ambulanten Verhaltenstherapie 2016 mit Langzeit und Verlängerung über Höchstkontingent in einen unbefristeten Rentenantrag umgewandelt wurde. Als diese letzte Therapie ausläuft, kommt die Patientin nach dem dritten Akutaufenthalt wegen Suizidalität in die hiesige Psychiatrische Institutsambulanz, einem Setting für chronisch psychisch Kranke. Aber sie will weiter *richtige* Psychotherapie machen und kriegt das auch immer bewilligt.

(Ich hatte mitgeschrieben.)

Holger, der Dozent: »Also, ich versuche mal zusammenzurechnen: ungefähr 210 Sitzungen ambulante Therapie, zwei Reha-Aufenthalte und drei stationäre Akut-Aufenthalte, einer davon mit anschließendem tagesklinischen Aufenthalt. In der stationären Therapie sind weitere mindestens 50 Einzelsitzungen Psychotherapie gelaufen, dazu 40 Sitzungen Gruppenpsychotherapie, eine Menge Kunsttherapie, Körpertherapie, sowie Depressionsgruppe und Selbstsicherheitstraining.«

Andrea, die Therapeutin: »Und jedes Mal schrieben die Therapeuten im Therapieplan: Erarbeitung eines Störungsmodells. Verbesserung der Gefühlswahrnehmung. Genusstraining. Kognitive Therapie der dysfunktionalen Schuldüberzeugungen.«

Tom, der Forscher und Professor: »Ich werde langsam wütend. Kann man das Problem nur sehen, wenn man etwas weiter weg vom Fall ist oder sich vielleicht einmal nicht als Psychologe einen solchen Fall anschaut?«

Holger, der Dozent: »Gute Idee!«

Tom, der Forscher und Professor: »Nimmt sie Medikamente?«

Andrea, die Therapeutin: »Die Patientin hatte schon alles bekommen, was der Markt so hergibt. Zunächst pflanzliche, dann chemische Antidepressiva, dann Neuroleptika, dann Phasenprophylaxe, fest angesetzte Schmerzmittel, Tranquilizer. Immer wieder Änderungen, hoch runter. Die letzte Dokumentation spricht von vier Psychopharmaka.«

Tom, der Forscher und Professor: »Mit zunehmender Behandlungsdauer zeigt sich die Hilflosigkeit auch am Medikamentenplan. Was macht sie denn so den ganzen Tag?«

Andrea, die Therapeutin: »Oh, sie ist kreativ. Sie trifft sich mit ihrer Freundin, geht in einen Laienchor. Sie kommt zweimal in der Woche zur ambulanten Ergotherapie, trifft sich danach hier mit ehemaligen Patienten. Sie malt, das hat sie aus der Kunsttherapie mitgenommen. Sie wurde auch schon in so einer Vereinsgalerie mit ihren Bildern ausgestellt. Sie möchte ihre Krankengeschichte als Buch herausbringen, um andere zu ermutigen, zur Therapie zu gehen.«

Holger, der Dozent: »Und was denkst du, *was los ist?*«

Andrea, die Therapeutin: »Na, das Übliche; das hatten wir doch schon zusammengetragen. Meist ist es etwas aus der Beziehung, der Arbeit und Existenz und/oder den Eltern und der Herkunft.«

Tom, der Forscher und Professor: »Biologie nicht vergessen.«

Andrea, die Therapeutin: »Ihr Ehemann kann keine Kinder zeugen. Der Ehemann ist schuld, dann gibt es noch die Schwiegermutter im Haus. Die Patientin war mal in einen Arbeitskollegen verliebt, der ging mehr auf ihre romantische Ader ein als ihr Ehemann. Der Typ wollte sie nur ins Bett haben, als sie mehr wollte, ging er auf Abstand.«

Holger, der Dozent: »Und das war kurz bevor die Krankheitsgeschichte begann …«

Tom, der Forscher und Professor: »Die finanziellen Faktoren?«

Andrea, die Therapeutin: »Sie ist abgesichert, der Mann zahlt mit den Schwiegereltern das Haus ab, sie hat eine Rente. Als ich mir das Mobbing schildern ließ, sagte

Frau Müller, dass sie immer wieder zu viele Aufgaben auf den Tisch bekommen habe und die Chefin *kein Verständnis* gezeigt habe. Nach der Gewalt des Enkels gefragt, sagte sie, seine Stimme sei ihr gegenüber so laut gewesen, er habe die Türen geknallt. Er sei einfach unwirsch vom Kaffeetrinken aufgestanden und habe sie missachtet. Das nennt sie *Gewalt*. Ich wollte auch ihren Mann sprechen: Aber das blockte sie ab. Er habe zu viel Arbeit, er würde das sowieso nicht verstehen, zu Hause wäre dann die Hölle los, sie würde in einem solchen Gespräch dann kein Wort herausbringen …«

Tom, der Forscher und Professor: »Es gibt kein richtiges Leben im falschen!«

Holger, der Dozent: »Ich klage verbittert an!«

Andrea, die Therapeutin: »Nein, was mich in diesem Fall interessiert, ist die Reaktion der Psychotherapeuten, der vielen Kliniken und ambulanten Behandlungen. Ich hab versucht, alle Behandler zu erreichen. Das war spannend.«

Holger, der Dozent: »Ich habe einen ähnlichen Fall, sehr viele Behandlungen, aber eher kurze. Eine Patientin, vielleicht 30, sie hatte ihre Ausbildung nicht abgeschlossen und lebte seit der Schulzeit von Hartz IV, war mit seltsamen Typen zusammen, jobbte hier und da, hatte eine eigene Wohnung, Hund, Waschmaschine, Computer. Bei ihr war das Auffallende, dass sie unbedingt eine Diagnose haben wollte. Es war völlig egal, ob es was Körperliches war oder was Psychisches. Sie hat mir sogar gesagt, sie habe die Glasknochenkrankheit. Als ich dann später genauer nachfragte, sagte sie mir, der Hausarzt habe ihr nur gesagt, er müsse das *ausschließen*. Sie hatte sich immer wieder irgendwo gestoßen und auch Finger gebrochen. Nirgendwo war ärztlicherseits eine solche Diagnose vermerkt. Sie hatte alles Mögliche: Chlamydien, Fibromyalgie, undifferenzierte Schilddrüsenstörung, unklare Entzündungen. Und in den Berichten stand immer nur ›Verdacht auf‹.«

Tom, der Forscher und Professor: »Occams Rasiermesser wäre auch in der Psychotherapie eine gute Idee, zu fragen: Was ist die zentrale Störung? Und was war nun bei der Patientin psychisch?«

Holger, der Dozent: »Der Hausarzt kam doch auf die Idee, sie zum Psychologen zu schicken mit dem Verdacht einer Somatisierungsstörung. Dort berichtete sie am Anfang Gereiztheit und schlechte Stimmung und der erste Therapeut stellte dann die Suggestivfrage: »Sind Sie depressiv?«

Andrea, die Therapeutin: »Und das musste sie bejahen. Ich nehme an, so ging es weiter.«

Holger, der Dozent: »Ja, das fatale war, dass der erste Psychologe nicht weiterwusste und sie in eine Tagesklinik einwies, wo sie andere Patienten und Symptome kennenlernte. Sie fing an sich zu ritzen, was sie vorher nie getan hatte. Sie berichtete plötzlich über Zwänge. Als ich genauer nachfragte, hat sie in der Küche nachgesehen, ob der Herd aus war. Dann haben wir alle Zwänge.«

Tom, der Forscher und Professor: »Ja, das zeigt auch die Forschung. Es reicht manchmal *ein* Eingangssymptom, und Du hast eine Diagnose.«

Andrea, die Therapeutin: »Eigentlich gruselig. Ich sage meinem Psycho ›Ich glaube, ich habe eine tolle Idee‹, und der vergibt eine narzisstische Persönlichkeitsstörung …«

Holger, der Dozent: »Naja, ich finde Schizophrenie schlimmer, da gibt es ja die berühmte Rosenhan-Untersuchung.«

Tom, der Forscher und Professor: »Wo Pseudopatienten in eine Klinik eingeschleust wurden, und nur so was sagten, wie sie hören *Blop* oder *Peng* und bekamen dann eine Schizophreniediagnose.«

Andrea, die Therapeutin: »Aber das ist 50 Jahre her.«

Tom, der Forscher und Professor: »Ja, das war in der Antipsychiatriezeit. Aber man hat das Experiment wiederholt, und immer noch gab es einige Psychiater, die sehr rasch die Diagnose vergaben und Medikation empfahlen.«

Andrea, die Therapeutin: »Zum Glück nicht mehr Lobotomie, wie in *Einer flog übers Kuckucksnest*.«

Holger, der Dozent: »Bei meiner Patientin ereignete sich das Rosenhan-Experiment mit anderen Diagnosen. Sie sagte: ›Ich kann abends Chips nicht widerstehen‹, und bekam die Diagnose ›Essattacken bei sonstigen psychischen Störungen‹ hinzu. Sie sagte ›Ich habe oft Magenschmerzen‹ und bekam zusätzlich eine somatoforme Schmerzstörung diagnostiziert. In den Therapieanträgen, die ich begutachte, werden so oft Diagnosen vergeben, über die ich nur den Kopf schüttle. Eine Frau erzählt, dass sie schon mal sexuell belästigt oder missbraucht wurde und schon bekommt sie die PTBS-Diagnose, obwohl die anderen Symptome fehlen. Auch wenn ein Trauma vorliegt, hat man nicht immer PTBS.«

Andrea, die Therapeutin: »Nur mit Diagnose kannst Du behandeln.«

Holger, der Dozent: »Gibt es Geld.«

Tom, der Forscher und Professor: »Ich weiß nicht, kann ich das in unserem Artikel schreiben?«

Holger, der Dozent: »Zensierst Du Dich wieder vorher im Kopf, Wissenschaftler? Lass die Wissenschaft darüber diskutieren! Die Indizien sind doch deutlich. Ich hatte das schon in Gutachten. Ein Patient mit Angst vor Krebs bekommt sofort eine Hypochondrie, obwohl er gar nicht zum Arzt geht und dauernd checkt. Ein Depressiver, der sich wegen der Selbstwertstörung zurückzieht, bekommt zusätzlich eine Sozialphobie. Jeder, der sich mal nicht konzentrieren kann, bekommt ADHS. Machst Du Dir Sorgen über die Zukunft? Generalisierte Angststörung. Eine 62-jährige Patientin von mir mit einer realen Herzerkrankung sagte in der Klinik, wo sie vor meiner Behandlung war, sie habe Angst vor dem Tod und bekam eine Angsterkrankung diagnostiziert.«

Andrea, die Therapeutin: »Oh, dann haben wir wahrscheinlich eine Lebenszeitprävalenz von 100 % bei dieser Erkrankung.«

Holger, der Dozent: »Johann Sebastian Bach ausgenommen. *Ich freue mich auf meinen Tod*, BWV 82.«

Tom, der Forscher und Professor: »Holger, was war denn nun mit Deiner 30-Jährigen mit den vielen Diagnosen?«

Holger, der Dozent: »Ich hatte sie dann irgendwann in Behandlung. Ich nannte sie *Die Diagnosensammlerin*. Das Muster war recht schnell klar. Zunächst hatten alle Behandler eigentlich richtig gehandelt und alles Körperliche ausgeschlossen, die Psychotherapeuten hatten zwar am Anfang Eingangsdiagnosen vergeben, diese dann aber revidiert und die Behandlung abgebrochen, als deutlich wurde, dass es um das Kranksein ging.«

Tom, der Forscher und Professor: »Das Motiv lag in der Patientin. Die Krankenrolle anzunehmen. Versorgung. Ganz simpel.«

Holger, der Dozent: »Ja, ich fürchte, es war so simpel. Es war auch eine, wie sagen wir, *einfach gestrickte* Patientin. Sie hatte ein furchtbares Elternhaus, Schläge, Alkohol, Alleingelassen. Sie suchte Versorgung.

Andrea, die Therapeutin: »Und was hast Du gemacht?«

Holger, der Dozent: »Ich konnte es nicht auflösen. Sie hat das nicht verstanden: dass verdeckte Motive unser Verhalten steuern. Motive, die nicht offenbar werden dürfen. Eine 30-jährige, die sagt, umsorgt mich. Ich will nicht erwachsen sein, nicht arbeiten und ich möchte bekommen.«

Tom, der Forscher und Professor: »Ja, der Krankheitsgewinn. Die Forschung sagt dazu kaum etwas. Die wichtigsten Beiträge sind psychoanalytisch; aber lediglich deutend und nicht experimentell unterlegt.«

Holger, der Dozent: »Der primäre Krankheitsgewinn in der Verhaltenstherapie ist Vermeidung. Ein Angstpatient, der nicht auf eine Party geht, weil er Angst hat, schlecht bewertet zu werden. Aber der sekundäre Krankheitsgewinn, der wird in der Verhaltenstherapie nicht wirklich thematisiert.«

Andrea, die Therapeutin: »Erleichterung, Zuwendung, Geld, Konfliktvermeidung, Anklage …«

Tom, der Forscher und Professor: »Ja, die Verhaltenstherapie ist schwach bei sogenannten systemischen Faktoren in der Makroansicht.«

Andrea, die Therapeutin: »Stimmt, viele Therapeuten schauen nur *Mikro*. Sie sehen ein Symptom und holen das Manual raus. Eine von ihrem Mann geschlagene Frau kann nicht schlafen, hat hohen Blutdruck. Also machen wir Entspannungsübungen – statt den Alten loszuwerden. Der Vorwurf der rein symptomatischen Therapie trifft eben leider oft zu. Und so fängt jeder neu an, weil er oder meistens sie denkt, *sie* würde es schaffen.«

Holger, der Dozent: »Und niemand thematisiert das Ende einer Therapie, wenn es noch Symptome gibt. Der Narzissmus der Therapeutinnen. Ich bin diejenige, die heilt.«

Andrea, die Therapeutin: »Oh wehe, wenn Du das äußerst.«

Holger, der Dozent: »Werde ich nicht tun, versprochen.«

Tom, der Forscher und Professor: »Aber eigentlich hattest *Du* einen Fall erzählt, Andrea. Holger hat sich narzisstisch, wie er nun mal ist, mit seiner Krankheitsgewinn- und Diagnosensammlerin-Geschichte vorgedrängelt. Andrea, Du hattest bei deinem Fall, der Frau Müller erzählt, dass Du die vielen Behandler kontaktiert hast.«

Andrea, die Therapeutin: »Ja, das ist genau, was wir gerade besprochen haben. Jeder sah eine Mikroperspektive, ein Symptom, wo er oder sie *etwas machen* konnte. Alles nach Lehrbuch richtig, aber der Gesamtzusammenhang ist nicht klar geworden. Und ein Satz eines Verhaltenstherapeuten blieb mir in Erinnerung, als ich ihn darauf ansprach, ob er berücksichtige, dass die Patientin ja schon soundsoviel Stunden Therapie gemacht hatte.«

Holger, der Dozent: »Was hat er gesagt?«

Andrea, die Therapeutin: »Das war ja *nur* eine psychoanalytische Therapie.«

Tom, der Forscher und Professor: »Sehr wahrscheinlich sagen das andersherum auch die Analytiker: Der war ja bisher *nur* in Verhaltenstherapie, die haben ja nur die Symptome behandelt, jetzt gehen wir mal in die Tiefe.«

Andrea, die Therapeutin: »Ja und die nächste Therapeutin findet, die Patientin könne ihre Gefühle nicht richtig wahrnehmen und arbeitet an *der Gefühlswahrnehmung,* egal, was in der Ehe oder mit dem Beruf ist. Meine Lieblingstechnik der Kolleginnen: ›Verbesserung der Gefühlswahrnehmung‹. Ich könnte kotzen, wenn ich das lese. Dabei nehmen die meisten Patienten ihre Gefühle sehr deutlich wahr und schildern diese adäquat. Angst, Depression, Verzweiflung. Sie nehmen ihre Gefühle möglicherweise *zu gut* wahr. »*So, jetzt spüren Sie mal ganz tief in Ihre Verzweiflung rein!*« – Sicher gibt es Leute, die Gefühlswahrnehmung lernen müssen. Aber das sind eher wenige.«

Tom, der Forscher und Professor: »Diese Therapeuten sind wie Leute, die ganz nahe an einem Picasso stehen und sich über die Höhe der Farbschichten und die Mischungsverhältnisse der Pigmente unterhalten. Dazu noch die Schulenabsurdität: Die Menge und Bezahlung von Psychotherapie wird in Deutschland nach psychotherapeutischen Schulen gewährt. Es werden vier Richtungen von den Krankenkassen bezahlt. In anderen Ländern sind es acht, in der Schweiz dreiundzwanzig. Eine Kurzzeittherapie ist für alle Schulen in Deutschland einheitlich 24 Sitzungen lang. Die Länge einer Langzeittherapie – und damit die Kosten – werden dann völlig unterschiedlich bewilligt. So gibt es bei der analytischen Langzeittherapie bei uns im ersten Schritt 160 Sitzungen. Ist dann noch nicht das gewünschte Ergebnis erzielt, wird sofort auf insgesamt 300 Sitzungen erhöht. Zum Vergleich sind es in der tiefenpsychologischen Therapie im ersten Schritt 60 und dann gleich 100 Sitzungen Langzeittherapie, während es in der Verhaltenstherapie 60 und dann 80 Sitzungen sind. Bei der neu zugelassenen systemischen Therapie sind nur 36 und im zweiten Schritt 48 Sitzungen eine Langzeittherapie.

Holger, der Dozent: »Oh je, mir wird schwindlig. Was war noch mal der Unterschied zwischen tiefenpsychologisch und analytisch?«

Andrea, die Therapeutin: »Holger! Das meinst Du nicht ernst! Aber, wenn Effizienz der Aufwand pro Zeit ist, dann spricht alles für die systemische Therapie ...«

Holger, der Dozent: »Und ich würde als Analytiker natürlich die Behandlungsnotwendigkeit von Analyse nachweisen: Ich bekomme ohne weiteren Antrag über 100 Stunden bezahlt, das sind mindestens 10.000 Euro ... in der Verhaltenstherapie sind es erstmal nur 36 Sitzungen in der Verlängerung, also grob 3.600 Euro.«

Tom, der Forscher und Professor: »Der Stundensatz ist inzwischen deutlich höher! In Österreich sind 23 Schulen und Richtungen von den Krankenkassen zugelassen, wie auch in der Schweiz – aber dort sind es wieder andere als in Österreich. In anderen europäischen Ländern sieht dies nochmals anders aus. In der Schweiz werden 40 Sitzungen von der Krankenkasse übernommen – allerdings nur die eines Arztes. Für Therapien von Psychologischen Psychotherapeuten muss dort eine Zusatzversicherung abgeschlossen werden oder die Behandlung selbst getragen werden. In der Schweiz ist auch eine so exotische Richtung wie die ›Biosynthese‹ ein zugelassenes Verfahren. Dort darf sich jeder Psychologe nennen, der Beruf ist nicht geschützt. Zur Anerkennung als Psychotherapeut führt eine Praxisbewilligung, die in den Kantonen unterschiedlich ausfällt.«

Andrea, die Therapeutin: »Krass. Das wusste ich nicht.«

Tom, der Forscher und Professor: »In Österreich erstatten die Krankenkassen anteilig oder voll die Honorare beim Psychotherapeuten bis zur 50. Sitzung, aber je nach

Bundesland. In Österreich muss man nicht einmal Psychologie oder Medizin studiert haben, um zur Psychotherapieausbildung zugelassen zu werden. In allen drei deutschsprachigen Ländern gibt es für Ärzte, Psychologen und andere Zugangsberufsgruppen zur Psychotherapie sowie je nach Schule unterschiedliche Standards an Theorieumfang, zu absolvierende Lehrtherapien und dem Ausmaß der Selbsterfahrung und des praktischen Jahres. Schaut man sich das Ganze weltweit an, ist es noch chaotischer.«

Holger, der Dozent: »Ja, und neben dieser Willkür kann jeder in der Psychologie immer neue Kategorien und Namen erfinden für etwas, das es schon gibt. Auch die kausalen Modelle sind so unterschiedlich und keine Metatheorie sichert das ab. Guckt Euch allein die Typenlehre in der Psychologie an: Vom *homo oeconomicus* bis zur sadomasochistischen Persönlichkeit gibt es alles, ebenso Klassifizierungen nach Vater- oder Mutterstörungen. Und erst bei den Diagnosen: Depression, Burnout, Chronic Fatigue, Neurasthenie, Anpassungsstörung ... kann alles dasselbe klinische Bild einer weinenden im Bett liegenden Frau bezeichnen, die sich ausgelaugt fühlt, Schmerzen ohne organische Ursache hat und sich selbst für wertlos hält. Ich hatte wirklich so einen Therapieantrag vor mir liegen: F34.1 Dysthymia, F48.0 Neurasthenie, F33.1 rezidivierende Depression, F43.2. Anpassungsstörung, F45.1 undifferenzierte Somatisierungsstörung und F51.0 nichtorganische Insomnie. Sechs Diagnosen, schwer gestört. Was der Patient berichtete, war schlechte Stimmung, kaum Lust zu irgendwas, Früherwachen und wenig Appetit und Magenschmerzen.«

Andrea, die Therapeutin: »Wollen wir nicht lieber mit der Psychotherapie aufhören? Ich hoffe, das bekommt in der Bevölkerung niemand mit.«

Tom, der Forscher und Professor: »Ja, das ist seltsam, dass Kassen und Politik dafür überhaupt Geld bereitstellen. Wie soll man sich erklären, dass so unterschiedliche Schulen zu gleichen Therapieergebnissen kommen, obwohl sie sich den Erfolg völlig anders erklären? Woher kommt, dass sich Patienten nur allein durch das Reden oder die dem Therapeuten zugeschriebene Kompetenz schon viel besser fühlen? Warum verschwinden Symptome auch bei den am besten abgesicherten (»evidenzbasierten«) Therapietechniken, wie der Angstexposition manchmal nicht? Warum verschwindet Angst aber auch bei Psychoanalyse? Warum treten Essstörungen besonders in Industrieländern auf? Werden Patienten dort oral mehr frustriert, wie die Psychoanalytiker sagen? Wieso wurden Hysterien weniger? Borderline mehr?«

Andrea, die Therapeutin: »Hör auf!«

Tom, der Forscher und Professor: »Ich finde ja, dass Psychotherapeuten auf eine bestimmte Weise narzisstisch sind, also das heißt, ich natürlich auch. Sie drehen sich um sich, wähnen sich im Recht und hören anderen gar nicht zu. Verhaltenstherapeuten zum Beispiel vernachlässigen innere Konfliktstrukturen, wie den Autonomie-Abhängigkeits-Konflikt fast jeder Panikstörung.«

Andrea, die Therapeutin: »Analytiker andererseits die Ergebnisse der Verhaltensforschung.«

Tom, der Forscher und Professor: »Man bleibt in seiner Filterblase, spricht den anderen Therapien Wirksamkeit ab, weiß es besser und so kommt es, dass immer neue Psychotherapien ausprobiert werden, weil der Patient ja zuvor ›nur‹ eine tiefenpsychologische Therapie gemacht hat.«

Andrea, die Therapeutin: »In der Geschlossenheit des Schulendenkens kann ich mich selbst erhöhen, höre nur von bestätigenden Ergebnissen, blende kontroverse Ergebnisse aus. Schulen bedeuten Macht, Gelder, Lehrstühle. Sie bedeuten auch Deutungshoheit. Therapien, die nicht nach Schulenart beantragt werden, werden eventuell vom Gutachter nicht befürwortet. Schulen lassen keine kompositorische Diagnostik und Therapie zu, sie schränken Freiheit und Kunst der Therapie ein.«

Holger, der Dozent: »Man kann eine Sache, zum Beispiel Atomkraftwerke physikalisch, medizinisch, ethisch, politisch erklären. In der Psychotherapie könnte man sich doch eine Erkrankung genauso zusammengesetzt aus Biologie, tiefenpsychologischem Konflikt, physischer Gewalt, die Verstärkungsbedingungen verhaltenstheoretisch, sozial und finanziell denken.«

Tom, der Forscher und Professor: »Wie lange wünsche ich das schon! Psychotherapie sollte wieder Wissenschaft werden: widerspruchsfrei, erklärend, überprüfbar, wirksam, falsifizierbar und jenseits von Gesinnung ethisch verpflichtet.«

Andrea, die Therapeutin: »Und in Teilen Kunst zugleich, das kompositorisch, assoziativ, emotional, lebensnah.«

Tom, der Forscher und Professor: »Das können wir doch nicht in unserem Artikel so schreiben, das ist nicht empirisch unterlegt.«

Andrea, die Therapeutin und Holger, der Dozent: »Weitere Forschung ist nötig.«

II Im Ganzen betrachtet

Die Grenzgängerin

I

Die Patientin Friedrike Just betrat das Zimmer des Therapeuten Thomas B. in einer Tagesklinik einer psychiatrischen Klinik nicht.

Sie klopfte dennoch, er rief wie immer: »Herein«, und dann blieb es still. Er öffnete die innere, mit Leder und Dämmmaterialien gepolsterte Tür, dann die äußere Tür seines Büros. Dort stand sie, in einem roten, sackförmigen Filzpullover, mit einer überdimensionalen Kapuze, die ihr fast bis zu den Füßen hing. Der konnte nur selbst gemacht sein. Das Haar war kurz geschnitten, blondiert und gegelt.

Sie schaute und schaute nicht. Es gibt einen Blick durch einen Menschen hindurch, einen Blick, der Thomas B. sagte, dass sie nicht in dieser Welt sei. Sie blickte auf diese Weise und sagte mit deutlich zu hoher Stimme und sehr leise:

»Ich soll zu Ihnen kommen.«

Der Therapeut hatte vom ihm überweisenden Kollegen kurz erfahren, was ihr widerfahren war und wie schwer sie es anderen Ärzten und Therapeuten, insbesondere Männern gemacht hatte, mit ihr überhaupt in Kontakt zu kommen, geschweige denn, sie zu behandeln.

»Ich kann Ihnen wahrscheinlich nicht helfen, Frau Just«, sagte er. »Sie stehen vor einem Laien.«

Es war Thomas B. komisch gewesen, sie mit *Sie* anzusprechen, sie wirkte wie zwölf, diese zu hohe Stimme, diese verdrehten, verschämten Körperbewegungen. Er wusste, sie war vierundzwanzig.

Sie stand noch immer vor der Tür, die beiden Türen waren geöffnet. Thomas B. ging in sein Büro hinein, aber nicht zu seinem Stuhl und dem kleinen Couchtisch, an dem er sonst mit den Patienten sprach.

»Ich weiß nicht, wie Sie mich dazu bewegen wollen, mit Ihnen so zu sprechen«, sagte er.

Sie antwortete von vor der Tür: »Sie können das nicht. Das kann niemand verstehen.«

»Ich habe gehört, dass Sie sterben wollen«, sagte Thomas B., »Doktor Müller hat mir das gesagt. Ich sage es Ihnen sehr direkt: Ich habe eine freie, vielleicht zu freie Haltung zum Selbstmord. Ich kann das verstehen. Es gibt ausweglose Situationen, in denen das ein Akt der Freiheit und der Gerechtigkeit ist.«

»Es gibt keine Gerechtigkeit«, sagte sie mit zum ersten Mal tieferer Stimme.

»Wir sollten das Gespräch beenden«, sagte der Therapeut, »ich habe Schweigepflicht, und die Tür steht offen. Wenn Selbstmord für Sie eine gerechte Lösung ist, diese Möglichkeit bleibt Ihnen. Schließen Sie diese Tür.«

»Sie kriegen den Dämon nicht aus mir heraus, Herr Doktor«, sagte sie zu ihm, nachdem sie doch ins Zimmer gekommen war und sich stehend gegen die innere Tür gelehnt hatte. Die äußere hatte sie geschlossen.

Sie schob die Ärmel ihres überdimensionalen Pullovers nach oben. Thomas B. sah die Schnitte auf ihrem linken Arm, manche konnten nicht älter als ein, zwei Tage sein. Sehr fein nebeneinander, präzise parallel. Die Diagnose war klar, was zu machen wäre, stand in den Therapiebüchern. Doch wie sollten sie zueinander finden?

»Sie müssen es mir nicht erzählen, ich nehme an, Sie denken sowieso, dass Sie nur eine Nummer in der Reihe vieler Patienten sind«, sagte Thomas B. und war sich nicht sicher, ob er damit etwas erreichte.

Da schaute sie ihn zum ersten Mal mit einer Art ironischem Blick an und ihre linke Gesichtshälfte schien der Hauch eines Lächelns zu überziehen. Vielleicht war das die Art Sprache, in der er mit ihr sprechen müsste, immer ein bisschen abwertend, immer etwas ironisch. Bloß nicht zu warm, auch wenn alles in ihm danach drängte, ihr zu sagen: Du bist OK, Du kannst nichts dafür. Erzähl mal, ich will Dir helfen. Aber nach allem, was er von ihr wusste, hatte sie von guten Onkeln und Leuten, die ihr Bestes wollten, wahrscheinlich genug.

Thomas B. fragte sie andere Sachen, über die Schule, die Krankenhausaufenthalte und sie erzählte ein bisschen. Manchmal fragte sie ihn auch etwas, ob er Kinder hätte, eine Frau. Er antwortete wahrheitsgemäß.

II

Sie fing an zu erzählen, nachdem zwei, drei Sitzungen mit Geplänkel und Nähe-Distanz-Versuchen vergangen waren. »Bis acht war bei mir alles in Ordnung. Dann fing die Scheiße an.« Ach ja, der Jargon, fast schon ein Diagnosemerkmal, dachte Thomas B.

Ihre Mutter hatte sich in einen anderen Mann verliebt und verließ mit der Patientin den Vater. Der andere Mann stand nicht zur Mutter und es folgte eine On-off-Zeit mit Verzweiflungsausbrüchen der Mutter. Manchen Abend schleppte die Kleine die Mutter völlig besoffen angezogen ins Bett, die war auf dem Küchentisch eingeschlafen und die Tochter hatte nur das Klirren einer vom Tisch gestoßenen Wodkaflasche gehört. Manchen Abend kam die Mutter nicht nach Hause. Die Patientin hatte Angst, bildete sich Tiere ein, die zu ihr ins Bett krochen, versteckte sich unter der Decke. Manchmal machte sie bis zum Morgen kein Auge zu, mit Augenringen machte sie sich morgens ein Müsli und ging in die Schule. Wenn sie die Mutter dann nachmittags wieder sah, war sie einerseits froh, andererseits wurde sie immer angespannter, was als Nächstes passieren würde. Manchmal nahm die Mutter sie zu sich auf das Sofa und kuschelte lange mit ihr. Dann schien für einen Augenblick alles gut. Ihr Vater meldete sich ab und zu, die Mutter vermasselte aber auch Treffen, dann wieder sagte der Vater kurz vorher ab, sodass die Patientin keine Lust mehr hatte, ihn zu sehen. Dazu heulte er oft, wenn sie bei ihm war, und das war wie zuhause bei der Mutter, die ihr alles Mögliche vom Vater erzählte, wenn sie betrunken war, auch von anderen Männern, dabei weinte auch sie und bemitleidete sich selbst. Irgendwann zogen sie zu Steffen, dem neuen Macker der Mutter, da war die Patientin vielleicht elf.

Thomas B. ahnte, was jetzt kommen würde. Anfangs war Steffen nett zu der kleinen Friederike, irgendwie hatte er der Mutter ein bisschen mehr Stabilität gebracht, es gab regelmäßiger gemeinsame Abendessen, er fragte nach der Schule. Die Mutter redete ununterbrochen von Steffen und bis auf die Hausaufgabennachfragen gab es sonst kaum Kontakt.

»Ich hab einfach gelernt, mich selber zu beschäftigen«, erzählte die Patientin. »Es interessiert ja sowieso keinen, was ich mache. Ich hab mir Leute ausgedacht, die mit mir im Zimmer sind, wie die sind, was die machen, was sie lesen, was sie für Musik hören. Was sie für einen Charakter haben. Ich dachte mir fünf Freunde aus, eine Bande. Wir hatten Waffen. Ich weiß nicht, wie oft ich mein Zimmer gegen Feinde verteidigt habe.« Die Mutter ging wieder regelmäßig arbeiten, sie hatte eine Stelle als Kassiererin im Supermarkt angenommen und die Hälfte der Zeit hatte sie Spätschicht und kam erst abends kurz vor neun nach Hause.

»An so einem Tag kam ich aus der Schule«, erzählte die Patientin dann, »das Arschloch saß im Wohnzimmer und guckte auf seinem Computer einen Porno. Er hatte mich nicht kommen gehört. Ich machte irgendein Geräusch und dann drehte er sich zu mir um. Kurz war sein Gesichtsausdruck erschrocken gewesen und dann grinste er. Dieses Grinsen werde ich nie vergessen. Er hatte seine Hose offen und machte an seinem Schwanz rum. Keine Anstalten, das Ding wieder weg zu packen. Er sagte: ›Komm her‹, und rasch packte er mich und dann sollte ich sein Ding anfassen. Der Rest ist undeutlich. Aber ich hab's gemacht. Ich, niemand anderes. Vielleicht wollte ich das. Weil ich böse bin, genauso pervers wie der Typ.«

Thomas B. fühlte sich bemüßigt, etwas dazu zu sagen. Es musste doch eine Instanz geben, die kennzeichnet, was richtig und falsch ist. »Sie waren ein Kind. Er ist der Täter. Er ist pervers, ein Arschloch. Als Kind kann man nicht anders, man ist abhängig.«

»Lassen Sie das, Sie reden mir das ja doch nicht aus. Ich weiß, was stimmt. Das können Sie nicht verstehen.« Sie hatte Recht. Er redete, wie man als Therapeut reden musste.

»Ich will die Stunde beenden«, sagte sie und stand noch in dem Moment auf und ging aus dem Zimmer. Thomas B. blieb noch eine Weile wie in Trance sitzen. Wie oft hatte er schon solche Geschichten gehört. Warum musste solche Scheiße mit Kindern passieren, warum bremsen sich die Erwachsenen nicht und befriedigen sich stattdessen selbst ... Er war wieder und wieder wütend und hilflos. Sollte das sein ganzes Therapeutenleben so weitergehen? Ihm kamen wie so oft Rachegedanken ... wie auf den Autoaufklebern von der Todesstrafe. Aber so etwas denkt man nicht in der Helfer-Community. Da sind Täter auch Opfer und so weiter. Er jedenfalls *hatte* den Bestrafungsgedanken.

Als das Telefon klingelte, schreckte der Therapeut aus seinen Gedanken. Es war schwer, sich zum Schreibtisch zu bewegen. Schwester Karen rief an: »Frau Just hat sich geschnitten. Wir sind im Ruheraum.« Thomas B. hatte es fast geahnt, das war gar nicht so selten. Er lief zum Ruheraum, da lag Frau Just und zitterte und atmete schwer. Man sah Blutstropfen auf dem Fußboden, die eine Spur vom Schwesternzimmer bis zum Ruheraum bildeten. Schwester Karen versorgte die Schnitte, tupfte das Blut ab und verband die Wunde, eine zweite Schwester saß neben der Patientin und hielt ihre Hand.

»Hau'n Sie ab!«, rief die zitternde Patientin dem Therapeuten zu. Er sah, dass sie versorgt war, er hier nichts mehr tun konnte und ging. Die Patientin hatte eine Linie bei sich überschritten, dachte er, sie sah sich wieder einem Mann ausgeliefert und zeigte ihm jetzt deutlich eine Grenze. Wie sollte er ihr begreiflich machen, dass er ein Guter war? Thomas B. sagte Schwester Karen, dass sie sich noch ein bisschen zur Patientin setzen sollte und sie ablenken. Die Schwester könnte doch eine Beziehung zu ihr aufbauen, dachte Thomas B., Frau Just würde ihr dann schlimme Dinge erzählen, dann müsste sie es nicht bei mir tun, einem Mann, den sie für mächtig hielt. Aber er dachte damit Dinge, über die er noch zu wenig wusste und es entwickelte sich ganz anders.

III

Den nächsten Termin bei ihm, der zwei Tage später gewesen wäre, sagte die Patientin ab, es sei zu viel. Schwester Karen berichtete dem Therapeuten, dass die Patientin in den Tagen nach den Schnitten immer wieder zu ihr gekommen sei und sie viele Dinge gefragt hätte, auch, ob sie Kinder habe, wo sie im Urlaub war, wann sie ihre Ausbildung gemacht habe. »Sie ist so zutraulich«, sagte Schwester Karen, »ich glaube, sie dockt hier bei mir an und öffnet sich gerade«. Die Patientin half Schwester Karen beim Bettenabziehen, sie stellte die Stühle hoch und blieb bis zuletzt in der Tagesklinik, bis auch Schwester Karen die Räume abschloss. Thomas B. war beruhigt, dass es erst einmal einen Zugang zur Patientin gab. Wie er weitermachen würde, war ihm nicht klar. Er gab ihr die normalen zwei Termine in der Woche.

Beim nächsten Termin kam sie und erzählte, dass sie nach dem Schneiden sehr viel ruhiger gewesen war. »Ich brauche das manchmal. Es muss richtig krachen. Dann geht es mir besser.« – »Ich habe Angst«, erwiderte Thomas B., »wenn es zu viel kracht. Es kann auch mal schief gehen«. Sie lachte zynisch und sagte: »Sie sollten auch Angst haben.« Er schluckte. War das der Beweggrund, solche drastischen Symptome zu produzieren? Ein in ihren Augen mächtiger Mann sollte Angst haben? Sie würde ihre Ohnmacht so bewältigen können? Aber das müsste sich dann ewig wiederholen, da es ja nicht den Täter, nur ein Abbild traf. Und es würde nicht garantieren, dass nicht auch irgendwann wieder jemand mächtiger werden würde als sie.

Frau Just erzählte viel von Schwester Karen. Den Missbrauch erwähnte sie nicht mehr. Thomas B. fragte sie dennoch dazu, und sie musste ihm die Unsicherheit angemerkt haben: »Wollen wir da weiter ma…?« – »Ich will nicht!«, sagte sie barsch und schaute ihm direkt in die Augen. »Damit *Sie* sich daran ergötzen?«, fuhr sie fort, »Nee danke.«

»Und was soll ich tun?«, fragte er sie. Aber auf seine Unsicherheit würde sie immer nur drauf schlagen, das merkte Thomas B. in dem Moment, als er die Frage ausgesprochen hatte.

»Sie sind doch der Psychologe«, blaffte sie ihn folgerichtig an, »irgendwelche Techniken. Das steht doch in Euren Lehrbüchern.« So würde es keinen Sinn haben: Er würde einen Vorschlag machen und sie würde ihn wegdiskutieren. Er müsste das Steuer wieder in die Hand bekommen. Aber dann wäre ich wieder mächtig, dachte er, was sie als Bedrohung empfinden würde und würde wieder etwas tun, das mich kleiner machen würde, kastrieren, vom Sockel holen. Würde ich zu unterwürfig sein, würde ihr innerer Täter los schlagen. Hatte sie nicht in der ersten Stunde gesagt »Ich verachte Schwaches«? In ihm drehten sich die Gedanken, mögliche Antworten und sokratische Fragen, Handlungsmöglichkeiten – und keine der Varianten ging. »Kriegen Sie jetzt kein Wort heraus?«, sagte sie schnippisch und Thomas B. konnte nur sagen: »Ich weiß jetzt nicht weiter. Ich muss darüber nachdenken. Möglicherweise geht es nicht.«

Auch das kann sie zerstörend benutzen, dachte er, es hörte nicht mehr, sie zog ihn in den Strudel hinein, er wollte eigentlich nur einem missbrauchten Kind helfen.

Schwester Karen erzählte ihm, dass Frau Just mit ihr jetzt immer zur Bushaltestelle gehe und fast bis zu ihr nach Hause mitfahre. »Ich hab sie zu einem Kaffee zu mir nach Hause eingeladen. Sie war ganz begeistert von meiner Kleinen«, sagte sie beiläufig.

Nein!, war sein erster Gedanke. Den musste ihm Schwester Karen angesehen haben. »Habe ich was falsch gemacht?«, fragte sie den Therapeuten, »Sie gucken so böse«. – »Nein, ich, ich weiß nicht«, stammelte er. Schwester Karen war keine Therapeutin, sie musste kein striktes Abstinenzgebot einhalten. Hatte er nicht auch gedacht, er könnte die Therapie über Schwester Karen als Strohmann führen? Stand nicht im Lehrbuch.

»Borderliner haben ein Nähe-Distanz-Problem«, sagte Thomas B. zu Schwester Karen, »wenn man zu nahe kommt, dann machen sie was, damit man wieder weggeht. Ist man zu fern, dann machen sie alles Mögliche, um Nähe herzustellen. Und das kann unterschiedlich sein.« Aber das allein wurde dem Phänomen nicht gerecht. Thomas B. erklärte weiter: »Es gibt auch eine Täter-Opfer-Retter-Dynamik. Frau Just macht mich oft zum Täter, kennzeichnet meine Aktionen als falsch, aber sie macht mich auch hilflos, dann bin ich für kurze Zeit Opfer und sie ist mächtiger. Sie, Schwester Karen, könnten in ihren Augen die Retterin sein. Mich muss sie als Mann und potenziellen Täter weiter weg halten. Sie könnten in die Mutter-Übertragung rutschen. Die Mutter war oft blöd zu ihr und zugleich manchmal sehr zärtlich. Sie wird testen wollen, ob Sie die bessere Mutter sind. Also, Sie könnten Retterin sein, aber auch ganz schnell für die Patientin zur Täterin werden.«

»Ich pass schon auf, ich bin freundlich, wir sind beim *Sie*, ich werde doch nicht blöd wie ihre Mutter werden.«, sagte Schwester Karen, doch Thomas B. war sich nicht sicher, ob sie den Überblick über die Dynamik behalten würde, wenn es heiß würde. Sie war eine sehr erfahrene Schwester und wusste über die Störungen Bescheid. Sie war seine Lieblingsborderlineschwester, irgendwie hatte sie ein Händchen für diese Patientinnen. Es gab auch Lieblingsnarzisstentherapeutinnen.

In der nächsten Sitzung, vor der Thomas B. irgendwie sehr aufgeregt war und das Gefühl hatte, dass der Boden schwanke, sprachen sie anfangs davon, was in den letzten Tagen passiert war, was ihr durch den Kopf ging. Sie antwortete mechanisch, das war nicht das Eigentliche, worum es ging.

Der Therapeut fragte sie: »Wie sieht es eigentlich aus mit Beziehungen?«, und die Patientin sagte: »Wie meinen Sie das?«

»Nun, haben Sie eine, hatten Sie welche, wie waren die, wollen Sie wieder eine?«

Frau Just grimassierte und sagte: »Die Männer wollen was von mir und wenn ich das rieche, dann ist es aus. Ich treff' mich gerne, geh zum Boxen, ich find cool, wie die Kerle reden, aber wenn sie näher kommen, dann bin ich weg. Und in letzter Zeit strahle ich was aus, dass sie es gar nicht mehr versuchen.«

»Das kann ich mir vorstellen«, sagte Thomas B. nickend und sie grinste. »Ich find Frauen ganz schick«, sagte sie und er dachte sofort an Schwester Karen. »Obwohl die auch zickig sein können, kein Verlass und so.« – »Wollen Sie eigentlich Kinder?«, fragte er und bemühte sich, sicher zu klingen. In diesem Moment sprang sie auf und lief zum Fenster, das zum Park zeigt, öffnete es und setzte sich mit den Füßen aus dem Fenster hängend aufs Fensterbrett und sah ihn provozierend an. Ein Schubs genügte.

Mit einem Satz war Thomas B. dort und zerrte sie da runter. Sie wehrte sich nicht und sagte tonlos: »Oh, Sie können ja handeln!«, und schaute ihn böse an. Sie hielt die Hände auf den Bauch gepresst. »Tut es dort weh?«, fragte er. Sie schüttelte mit aufeinander gepressten Lippen den Kopf. Thomas B. rief Schwester Karen, erklärte ihr die Situation. Zu Frau Just sagte er: »Ich muss sicher sein, dass ich nicht alle naselang Leben retten muss. Das geht so nicht, Frau Just« Er war wütend und sprach laut und unwirsch. »Das sage ich doch«, sagte sie mit ihrem spöttischen Unterton und er hätte ihr gerne eine runtergehauen. Thomas B. informierte die Oberärztin, die sprach mit ihr. Sie machte ihr klar, dass es keine Suizidhandlung gewesen war und die Patientin nicht auf Station musste.

Später, als sie den Fall noch einmal aufrollten, erfuhr Thomas B., dass Schwester Karen an dem Tag länger geblieben war und sich mit der Patientin bis 18.30 Uhr unterhalten hatte. Da war die Tagesklinik eigentlich schon drei Stunden geschlossen. Sollte er das ansprechen, das ging nicht, das ging zu weit. Schwester Karen konnte gekränkt sein, wenn man sie kritisierte. Sie zahlte es einem dann anders heim, sie »vergaß« dann irgendetwas, oder hatte keine Zeit. Mit den Schwestern muss man sich gut stellen. Thomas B. hatte generell keine Lust auf Konflikte, den ganzen Tag war er mit solchen beschäftigt. Diese Patienten machen mit dem ganzen Team Beziehungstests. Sie bevorzugen die eine, loben die andere, werten nonverbal. Dann wieder begehen sie eine Grenzverletzung. Entweder das Team reagiert konsistent, dann wird es an anderer Stelle versucht, und es kommt zur Spaltung. Wie ein Kind bei getrennten Eltern.

Er wollte den Fall abgeben, er hatte keine Lust auf diese Machtspielchen. Ein Therapeut will inhaltlich arbeiten und nicht immer auf der Beziehungshut sein, dachte Thomas B. Wenn sie sich etwas antut, sich schneidet oder Schlimmeres, dann würden alle auf den Therapeuten schauen ... eine Angst, die ich loswerden musste, sonst war ich abhängig und nicht mehr Chef der Therapie. Das war Thomas B. hier noch nicht einmal im Ansatz. Die Patientin bestimmte, wie die anderen reagierten. Sie war traumatisiert, sie musste überall die Kontrolle behalten. Erklärungen gab es viele. Aber es war beides: Einerseits forderte die Patientin heraus, dass man handelte, entschied, stark war, und andererseits riss sie einem die Kontrolle immer wieder aus der Hand, weil sie das nicht ertragen konnte. Thomas B. sprach mit der Oberärztin und hoffte, sie erlaubte ihm, die Therapie zu beenden. Aber auch da sah er schon das Drama auf ihn zukommen, wenn sie sie entlassen müssten ...

IV

Die Oberärztin entschied, dass Thomas B. weitermachen sollte.

Als nächstes fragte ihn die Patientin, ob sie seine E-Mail-Adresse haben könne. Sie könne manches nicht sagen, sie wolle lieber schreiben. Er gab ihr die aus der Klinik, die war sowieso öffentlich einsehbar und sagte: »Aber ich werde nicht antworten. Ich lese die nur, wenn ich hier bin. Wenn da Notfälle drin stehen, werde ich nicht reagieren, nicht reagieren können.«

Wieder hatte sie ihn zu etwas gebracht. Nun hatte er jeden Morgen eine detaillierte Schilderung ihrer Vergangenheit auf dem Rechner. Er war danach kaum fähig, den nächsten Patienten zu empfangen. Sie schrieb, dass der Typ damals Teil eines Kinderhändlerrings gewesen war und, wenn die Mutter weg war, sie systematisch gefoltert hatte. Er sperrte sie ein, zündete ihre Haare an, tötete ihre Katze, würgte sie und drohte immer wieder, sie umzubringen, wenn sie etwas erzählen würde.

Jetzt hat sie Beziehung zu mir aufgenommen, dachte Thomas B. Sie erzählte es ihm, nicht Schwester Karen.

Er sagte ihr: »Ich habe es gelesen.« Und dachte, die Therapie müsste eine Frau übernehmen, es läuft auf eine Art Anklageschrift hinaus. Er tat alles, um das Schreckliche, das er selbst kaum lesen und ertragen konnte, anzuerkennen, ihr zu bedeuten, was dies für ein Unrecht war, das sie erlebt hatte. Dann sagte sie zu ihm: »Das, was ich Ihnen jetzt sage, das taucht nirgendwo auf. Ich will nicht, dass Sie es irgendjemandem sagen. Ich will nicht auf Station. Ich höre die ganze Zeit ein Kind schreien.« – »Sie hören Stimmen?«

»Nein, Sie Arsch, ich habe gesagt, ich höre ein Kind schreien. Mehr nicht, es ist furchtbar, ich kann es nicht abstellen. Es ist eine Folter. Manchmal ist es weg. Und dann wieder da.« – »Sehen Sie einen Zusammenhang?«, fragte er sie. Sie flüsterte, als sei noch jemand im Raum: »Ich bin von dem Typ schwanger gewesen. Ich war fünfzehn. Und sie haben es mir weggemacht, mein Mädchen.« Thomas B. schüttelte den Kopf vor so viel Unrecht, er schlug die Hände vors Gesicht. »Nein, was haben Sie alles erlebt! Ich, ich ... es tut mir so leid. Ich wünschte ich könnte diesen Menschen bestrafen.« Sie zeigte ihm Zeitungsausschnitte vom Gerichtsprozess und Polizeiakten. Es war wirklich passiert, es gab noch weitere Opfer.

»Der sitzt schon hinter Gittern und Sie quatschen doch nur«, sagte sie darauf wieder mit ihrer normalen Stimme. Thomas B. hob die Hände und antwortete nach einer Weile des Schweigens: »Frau Just, mehr kann ich nicht tun. Ich habe nicht das erlebt, was Sie erlebt haben. Ich kann mich nur bis zu einem bestimmten Grad da hineinversetzen. Ich finde alles schrecklich und es tut mir sehr leid. Ich würde dennoch gern überlegen, wie Sie davon weg kommen.« Sie hatte sofort mit dem Kopf geschüttelt und die Hände um den Bauch gelegt. Er versuchte mit ihr Vorstellungsübungen zu machen, dass sie weg von den Bildern kam oder wenigstens darüber Kontrolle erlangte, aber sie brach einfach ab und sagte: »Das geht nicht.«

Thomas B. hielt sich an ihre Anweisung und erzählte niemandem von dem Kind und den Schreien, die die Patientin hörte. Nahezu jedes Mal, wenn er ab da sein Büro verließ, begegnete er ihr. Sie saß auf den Steinen im Garten auf dem Weg, der für ihn aus der Klinik führte, sie stand auf der Treppe in der Nähe seines Büros zur Feierabendzeit. Selbst auf dem Weg zur Toilette, zum Mittagessen traf er sie. Jedes Mal dachte er, sie hört diese Schreie. Nahezu jedes Mal fragte sie den Therapeuten etwas auf der Treppe. Sie fragte dort nach extra Ausgängen, ob sie ein Mittagessen oder eine Therapie auslassen könne. Einmal sagte sie auf der Treppe: »Ich habe gestern eine Flasche Wodka getrunken.« Und ging weiter. Wie sollte man das, was hier geschah nennen? *Die Therapie auf der Treppe?* Die Patientin war eindeutig ein Opfer fürchterlicher Umstände geworden. Aber was sie jetzt tat, was war das? Sie war wie ein Kind, das eine neue Familie sucht und dennoch beweist, dass kein Mensch bedingungslose Liebe geben kann. Dass wir alle so sind wie ihre Eltern und sie sitzen lassen würden.

Ich soll als Therapeut so hilflos sein wie möglich, dachte Thomas B. Würden andere Therapeuten eine Gefolterte, schwer traumatisierte Patientin aus der Tagesklinik werfen, weil sie getrunken hatte? Die Stationsregeln besagen das. Auf Station gehe sie auf keinen Fall, das hatte sie von Anfang an gesagt. »Ich lasse mich nie wieder einsperren.« Wenn sie wirklich suizidal würde, müsste ich es tun, dachte Thomas B. Er setzte die nächsten Einzelgespräche aus. »Sie bestrafen mich«, sagte Frau Just mit triumphierendem Blick, »das sieht Ihnen ähnlich.«

Sie schnitt sich danach wieder und saß ewig bei Schwester Karen.

Thomas B. bekam eine Facebook-Anfrage von ihr. Natürlich reagierte er nicht. Er war professionell.

Eines Dienstags war sie weg.

V

Das Team informierte die Polizei, sie hatte ja keine Kontaktpersonen bei der Aufnahme angegeben. Kein Mitpatient wusste etwas. Erst am nächsten Tag erfuhr Thomas B., dass sie nach einem schweren Verkehrsunfall in ein Krankenhaus eingeliefert worden war. Sie war gegen einen Brückenpfeiler gefahren, auf der Autobahn, allein im Auto, das sie so liebte. Sie sei noch nicht ansprechbar.

Schwester Karen kam zu Thomas B. und weinte und sagte: »Ich glaube, ich bin schuld daran.« – »Warum?«, fragte er, »das ist eine schwer gestörte Patientin, sie hat hier schon auf dem Fensterbrett gesessen, sie hat sich so oft geschnitten …« – »Sie war an dem Tag, bevor sie verschwunden ist, wieder bei mir zuhause.«

»Sie hatten die Patientin noch einmal mit nach Hause genommen?« Thomas B. war fassungslos.

»Ja«, antwortete Schwester Karen, »sie war mehrere Male bei mir in der letzten Zeit. Ich dachte, ich könnte sie nachbeeltern und sie könnte Liebe und Wärme brauchen. Und die letzten zwei Wochen ging es ihr doch viel besser. Sie hatte sich nicht mehr geschnitten, war wacher … Sie war so vernarrt in meine Kleine, hat mit ihr gespielt, sie versorgt, und meine Dreijährige hat danach immer wieder nach Tante Dada gefragt. Sie hat mir im Haushalt geholfen, hat mir angeboten, dass sie auf meine Tochter aufpassen könne, wenn ich mal weg müsste. Sie hielt sie im Arm und roch immer wieder an ihr.«

Hätte ich das Schwester Karen mit dem verlorenen Kind sagen sollen?, dachte Thomas B. Was sollte das jetzt helfen?

»Und? Wie ging es weiter?«, fragte er Schwester Karen schließlich.

»Sie hatte immer wieder gefragt, ob sie die Christin sehen könne und sie würde mir helfen und ihr das so gut täte«, antwortete Schwester Karen, »ich habe ›*Ja, aber nicht immer*‹ gesagt, und bin unklar geblieben. Ich hatte ihr erzählt, dass wir in zwei Wochen an die Ostsee fahren, ich und meine Tochter. Und dann hat sie mich diesen Montag gefragt, ob sie mit mir und Christin in den Urlaub fahren könne. *Nein, das geht nicht*, habe ich ihr gesagt, ›das ist zu viel, das geht glaube ich über eine Grenze‹. Sie hat dann noch mit Abendbrot gegessen, ich habe ihr nichts angemerkt und dann ist sie gegangen.«

* * *

Sigmund Freud sprach von einer in jeder Therapiebeziehung sich entwickelnden Übertragungsneurose, die bearbeitet werden sollte. An ihr gelinge Heilung und Erwachsenwerden. Auch für Klaus Grawe (Grawe, 1997) und viele weitere Autoren ist die therapeutische Beziehung einer der zentralen Therapiefaktoren. In den Diagnosen und Problembeschreibungen kommt sie jedoch nicht vor, obwohl bestimmte Persönlichkeitsmerkmale fast immer zu einer bestimmten Reaktion des Gegenübers drängen und so Asymmetrien und Teufelskreise entstehen, die nahezu jeder Therapeut kennt. Dependente Patienten zum Beispiel drängen uns subtil oder offen dazu, für sie Entscheidungen zu übernehmen und so das Prinzip »Hilfe durch Selbsthilfe« zu unterlaufen. Paranoid Strukturierte lassen uns vorsichtig werden, weil sie Kränkungsbereitschaft und Loyalitätssuche immer wieder herausstellen. So traut man sich als Therapeut nicht mehr, bei ihnen Dinge in Frage zu stellen – und die Therapie geht möglicherweise am eigentlichen Thema vorbei.

Der Fall der Grenzgängerin zeigt, wie komplexe Faktoren zusammenwirken und zu einer psychischen Erkrankung führen können. Als therapiebehindernd zeigte sich ein spezielles Muster im Beziehungsgeschehen. Schwester Karen will besonders helfen; und aus diesem Motiv heraus vermeidet sie es zunächst, die Patientin mit Grenzen zu frustrieren. Dann spielt die besondere Dynamik der Borderline-Erkrankung eine Rolle. Sie werden das schon oft erlebt haben: Borderline-Patienten neigen dazu, Menschen in Gut und Böse aufzuteilen, zu spalten, wie wir sagen, und willkürlich Informationen auszuteilen und Koalitionen zu bilden. Diese Spaltungsphänomene kennen Therapeuten gut, in den Diagnosekriterien jedoch kommen sie nicht vor.

Unsere Patientin erzählte dem Therapeuten nichts über ihre besondere Beziehung zu Schwester Karen. Diese versäumte es, dem Therapeuten davon zu erzählen, weil sie hoffte, einen besonderen Zugang zur Patientin zu bekommen. Sie wollte auf keinen Fall als loyalitätsbrüchig dastehen wie die Mutter der Patientin.

Borderline-Patienten sind berühmt-berüchtigt für ihre Beziehungstests. Auch diese kommen in den Diagnosekriterien des ICD nicht vor. Beziehungstests haben im Wesentlichen die Form: »Stehst Du noch zu mir, auch wenn ich x,y tue?« Das kann ein Alkoholmissbrauch sein, Schneiden, Schweigen, ein Russisch-Roulette mit dem Tod, die Eröffnung von Fantasien und Nähewünschen in Bezug auf Therapie und Therapeuten. Bei Borderline-Patienten ist die Konsistenz im (schlechten) Selbstbild ein wesentlicher Krankheitsfaktor: Die Patientinnen beweisen in ihren Beziehungstests, dass sie doch nicht liebenswert seien. Steht man dennoch zu ihnen, geht die Bestätigungssuche des schlechten Selbstbildes in der Regel immer weiter. Eine meiner Patientinnen saß eines Morgens auf der Esse unseres Heizhauses, zwanzig Meter über dem Erdboden und winkte mir zu und grüßte »Guten Morgen, Herr Doktor«. Sie wollte nur wissen, wie ich reagiere und ob wir dennoch noch Stunden hätten, ob ich »cool« sei.

Auch unser Fall zeigt, dass immer weitere Beziehungstests mit Schwester Karen erfolgten, alle in Richtung *Nähewunsch*, aber auch mit dem Therapeuten prüfte sie, ob er zu ihr stehen würde, bis zum Schluss eine Grenze gesetzt wurde – und diese war dann zu viel und bestätigte das Selbstbild der Patientin, nicht liebenswert zu sein.

Das unbewusst ausagierte *ambivalente Bindungsmotiv* ist hier zentral. Der wegen Verletzungsangst abgewehrte Abhängigkeitswunsch wird an einer Stelle übermächtig und traf auf ein komplementäres Motiv bei Schwester Karen. Bei Borderlinestörungen (Grenzstörungen) kann man regelhaft die ambivalente Bindung verfolgen. Fühlt sich die Patientin sicher, kommt es zunächst nicht zu Exzessverhaltensweisen. Doch dann taucht Erinnerung auf. »Wenn es sicher ist, kommt der Hammer« sagte mir eine Patientin. Wir finden bei Borderline-Störungen zumeist eine unsicher gebundene Mutter und einen abwesenden oder gewaltvollen Vater. Dabei können die Patienten mit einem offen aggressiven oder vorhersehbar Abwesenden recht gut umgehen. Ambivalente, willkürliche Beziehungsbotschaften der Mutter aber entzogen ihr die Kontrolle. In der Entwicklung eines schlechten, nicht liebevollen Selbstbildes stellte die Patientin dann wenigstens Deutungskontrolle her: Ich bin es ja, weswegen die Mutter und andere genervt sind. Furchtbar und unaushaltbar war, dass die Mutter mal ganz lieb und zärtlich war, aber nicht eingriff, wenn Vater oder Stiefvater übergriffig waren, oder sie auch selbst beschimpfte. Dann doch lieber das sichere Böse.

Ich habe mir angewöhnt, mit Borderline-Patienten relativ rau und ruppig zu reden. Das ist ihnen vertraut, das macht keine Angst, das können sie selbst auch. Nervös werden sie, wenn man verständnisvoll und empathisch wird. Nähe wird gesucht und Nähe ist zugleich gefährlich. Hier immer wieder als Therapeut der Patientin Kontrolle und andere Beziehungserfahrungen zu ermöglichen, ist auch eine Kunst, bei aller Psychotechnik.

Unser *Plot* wäre hier:

Die Grenzgängerin.

Eine traumatisierte Patientin mit unsicherer Mutterbindung, großem Nähebedürfnis bei gleichzeitiger Verletzungsangst entwickelt eine Borderline-Störung. Sie verletzt sich, hat damit ein Kontrollgefühl über Symptome. Sie geht viele Beziehungen ein, die an der Oberfläche bleiben. Bei allem bestätigt sie ihr schlechtes Selbstbild, eine Böse zu sein. Dennoch sucht sie immer wieder Wärme und Nähe, am ehesten von weiblichen Personen. Es kommt zur Verstrickung mit einer Schwester, die zu lange Nähe zulässt und dem Therapeuten nichts von diesen weit ins Private gehenden Nähewünschen erzählt. Es kommt zur Spaltung im Team. Als ein Wunsch der Patientin auch der Schwester zu weit geht, setzt diese eine Grenze und dies wird Borderline-typisch als Ablehnung der ganzen Person und wieder als Bestätigung des schlechten Selbstbildes gesehen.

Persönlichkeit findet ihren Ausdruck in der Art der Selbststeuerung, des Selbstbildes und der Interaktion mit anderen. Ganz unabhängig von der Diagnose gelingt es persönlichkeitsgestörten Patienten schwer, sich selbst zu beruhigen; und je nach Persönlichkeitskonstellation geschieht dies dann z. B. durch Putzen, beruhigende Versicherungen durch andere, Abspaltung von Gefühlen, Betäuben in Sucht oder dramatischem Ausagieren.

Die entscheidende, auch von mir übersehene Interaktion war die zwischen den abhängigen Anteilen der Patientin und dem Anspruch der Schwester Karen, die Versorgende zu sein.

Ich werde das Folgende später noch weiter ausführen: In der Regel finden sich bei Patienten zwei krankheitskonstituierende widerstreitende Persönlichkeitsanteile. Der eine hat sich meist aus einem Kompensations- oder Schutzversuch des anderen entwickelt.

Viele Therapeuten haben sich gefragt, warum der Widerstreit zwischen hohen Ansprüchen und niedrigem Selbstwert bei narzisstischen, wie auch bei selbstunsicheren Persönlichkeiten vorkommt, die sich ja eigentlich widersprechen. Nun, weil sie Ausdruck derselben Domäne sind und in den bisherigen Diagnosen nur künstlich geteilt werden.

Auch bei der passiv-aggressiven Persönlichkeit kann man den Widerstreit zwischen narzisstischer Selbsterhöhung und Abwertung anderer und dem abhängigen Suchen nach Beziehung und Liebe erkennen – nur in den Diagnosekriterien kommt das nicht vor.

Bei den Borderline-Störungen wird auch in der Forschung ein *abhängiger* Untertyp (»Verlass mich nicht«) und ein *histrionisch-dissozialer* Untertyp mit hoher Affektaufladung, geringer Frustrationstoleranz und wenig vorausschauendem Denken beschrieben: Je nachdem, wie hoch diese Achsen vorherrschend sind, prägt sich ein Borderline-*Zustand* aus. Vielleicht ist das, was in der ICD-Symptomatik als Borderline-Persönlichkeitsstörung beschrieben wird, einfach eine Achse-I-Störung (»Borderline-Zustand«). Die tiefer liegende Persönlichkeitskonstellation ist dabei ein hochdramatisiertes (»demonstratives«) Bindungsmotiv – in der Kombination aus Abhängigkeitswünschen, Verletzungsangst, hoher Emotionalität und Temperament und Beziehungskontrolle. Auch abhängige Menschen halten sich, wie Borderliner, nicht für viel wert, glauben deshalb, dass sie verlassen werden, haben aber Angst vor dem Alleinsein. Kommt dazu noch Dramatik, Aufmerksamkeitswunsch und Temperament hinzu, sehen wir eben jene theatralischen Selbstverletzungen nach Partnerschaftsstreits. Dies erklärt nicht alles; im je individuellen Plot kann dann durch Lebensereignisse, Traumata noch Dissoziation und Selbsthass, Hypervigilanz und hohe Aggressivität dazukommen.

Borderline-Patienten berichten eigentlich immer über eine Mischung von Motiven. Sie haben das Gefühl der Kontrolle, sie können selbst schlagen oder sich kontrolliert und ohne wirkliche Verletzungsgefahr unterwerfen. Es ist das Spiel mit dem Feuer, sich der *Borderline*, dem Grenzgang zwischen Nähe und Verletzung immer wieder zu nähern. Zudem dienen Unterwerfungspraktiken auch der Konsistenz im Selbstbild (»wie Dreck«, sagte eine Patientin).

Es bleibt schwer verständlich, warum jemand ein schlechtes Selbstbild behalten möchte; aber auch hier kann man Patienten ganz offen und direkt fragen. Sie erzählen meist, dass es ein Enttäuschungsschutz ist und dass der Weg zu mehr Selbstliebe Verletzungsgefahr bringe. Sie suchen sich manchmal Partner, die sie gar nicht lieben, dabei bleiben dann wieder andere Bedürfnisse auf der Strecke, weil der Abschiedsschmerz im Bindungsmotiv vermieden werden soll.

Gibt es dann noch eine Kombination mit einem ADHS, finden wir die bedauernswerten Patienten, die viel Therapie machen, kaum eine Arbeitsstelle oder Beziehung behalten können und verzweifelt versuchen, Struktur und Sicherheit in ihrem Leben zu bekommen.

Der Fall der Grenzgängerin zeigt uns, dass bei Borderlinern neben vielen anderen Faktoren (wie Tagesrhythmus, Unterbrechung von Selbstschädigung und Anwendung von Skills, Selbstwertarbeit etc.) auf die besondere Dynamik dieser Erkrankung in den Beziehungstests und Spaltungen geachtet werden muss. Diese kommen in der Diagnose nicht vor, sind aber ein konstituierendes Merkmal der »Verstrickung« bei jenen Patienten.

Der Opfertäter

Der Therapeut Michael K. konnte seit zwei Wochen wieder richtig arbeiten. Es tat ihm gut. Die Streits der letzten Wochen hatten ihn mürbe gemacht. Er hatte sich im Frühjahr von seiner Frau getrennt und sofort war sie mit dem gemeinsamen Sohn zu ihren Eltern gezogen und hatte ihm einen Vertrag unter die Nase gehalten, der ihn als 14-Tages-Wochenendpapa und Unterhaltszahler freiwillig verpflichten sollte. Er hätte sie anzeigen können, da man ein Kind nicht aus der Wohnung der gemeinsamen Sorge entziehen darf. Aber das machte kein Mann.

Michael K. hatte dem 14-Tage-Modell nicht zugestimmt, hatte eine paritätische Sorge angeboten, war damit zum Jugendamt gegangen und musste erfahren, dass, egal, wie viel er sich vor der Trennung um seinen Sohn gekümmert hatte, nun auf einmal die Mutter wichtiger war als der Vater. Für alle ringsherum schien das selbstverständlich. Als er sich bei seinen Kolleginnen darüber ausließ, versteinerten deren Gesichter und sie sagten einfach nichts dazu und verwiesen darauf, dass man auch die andere Seite hören und verstehen müsse. Dasselbe sagten seine Eltern. Einige wenige männliche Freunde hörten ihn an, klopften ihm auf die Schultern, boten ihm Bier an und dass er bei ihnen übernachten könne. »*So isses nun mal*«, sagte sein Freund Andreas, der das schon zweimal durchgemacht hatte.

In der Nacht eines schönen Junitags wurde der Patient Aleksandr Nemzov auf die Akutstation im Haus B eingeliefert und Michael K. sollte am übernächsten Tag das reguläre Anamnesegespräch führen. Nachdem Herr Nemzov ausgenüchtert und sicher war, dass er nicht akut gefährdet oder aggressiv war, bestellte er ihn in sein Zimmer. Der Bereitschaftsarzt hatte Michael K. nur übergeben, dass Herr Nemzov nachts akut suizidal durch die Polizei eingeliefert worden war. Er hatte im Kneipenviertel randaliert und dann, als jemand die Polizei gerufen hatte, gebrüllt, dass er sich umbringen werde. Er hatte ein Promille und etwas THC im Blut, nicht eben viel für solche Vorfälle.

Aleksandr Nemzov blickte sich verängstigt im Zimmer um und schaute immer wieder zur Tür. »Sie haben doch Schweigepflicht?«, fragte er zu Anfang. »Ich habe sich mir aufdrängende Suizidgedanken«, begann er zu sprechen, »ich habe Depressionen, schon seit Jahren, das heißt, ich bin bipolar. Das Ganze hat schon vor Jahren angefangen, eigentlich in meiner Kindheit.«

Michael K. musste gar nichts fragen. Der Patient erzählte seine Geschichte. Er sei in Osnabrück aufgewachsen, in einer schlechten Gegend. Sein Stiefvater sei Alkoholiker. Er habe ihn manchmal im Flur liegen sehen, einmal habe er den Notarzt als Achtjähriger gerufen, weil der Stiefvater in seinem Erbrochenen gelegen habe.

»Mein richtiger Vater ist bei den antijüdischen Pogromen in der Sowjetunion umgebracht worden, in der Zeit, als sie sich auflöste. Dann ist meine Mutter mit mir nach Deutschland. Da war ich zwei.« Er habe viele Schläge bekommen, sei an die Heizung gefesselt worden, wenn er unartig war. »Meine Mutter war überfordert mit mir und ihrer Beziehung. Ich war ein lebhaftes Kind, wahrscheinlich trug ich die Krankheit damals schon in mir. Damals gab es ADHS noch nicht.«

Michael K. dachte, dass Patienten sonst nicht so erzählen. Mit linearem Aufbau. Gestern noch suizidal. Herr Nemzov hatte ein sehr feines kurzärmliges Leinenhemd an, die Adern über dem Bizeps traten hervor. K. konnte den Ansatz eines Tattoos erkennen.

»Dann bekam meine Mutter noch meinen Bruder«, setzte er fort, »damit war sie restlos überfordert. Ich habe gesehen, wie sie ihn schlug. Aber mein Stiefvater, auch ein Russe, vergötterte seinen Sohn und mich nannte er Bastard, wenn meine Mutter nicht dabei war. Ich fürchtete mich, wenn meine Mutter Spätschicht im Laden hatte und er zuhause war.«

»Was war Ihr Vater, Stiefvater von Beruf?«, fragte Michael K.

Herr Nemzov zögerte. »Ähm, etwas mit Import-Export. Wahrscheinlich hat er krumme Dinger gedreht. Ich hatte immer Angst. In der Schule ging das weiter. Ich wurde gemobbt. Ich hatte noch einen Akzent und wurde »Russenschädel« genannt, weil meine Mutter mir immer die Haare kurz geschoren hatte. Sie hatte Angst vor Läusen. Sie sagte immer, dass es in Russland so viele Läuse gegeben hatte.«

»Wann haben Sie das erste Mal gemerkt, dass etwas mit Ihnen nicht stimmt?«, fragte Michael K.

»Ich weiß nicht, ob das schon Krankheit war, aber ich habe irgendwann auch zugeschlagen, in der Schule. Ich hab auch die Schule gewechselt. Und ja, depressiv war ich damals auch schon. Ich hatte Antriebsstörungen, Schlafstörungen, Appetitverlust.«

Warum beschreibt er Oberbegriffe aus dem Diagnosenbuch?, dachte Michael K. Andere Patienten sagten: Ich konnte nicht schlafen und nicht: Ich hatte eine Schlafstörung.

»Das manische, ja, das waren die Ausraster. Es schlug von einem Tag zum anderen um. Zum ersten Mal mit dreizehn, da hab ich so einen Arsch vermöbelt. Gebrochene Nase, Krankenhaus.«

Herr Nemzov schaute Michael K. direkt in die Augen und hatte das Kinn leicht nach oben gereckt.

Nicht depressiv, dachte sich der Therapeut.

»Was haben Sie in den manischen Phasen gedacht?«, fragte der Therapeut.

Herr Nemzov antwortete sehr schnell: »Dass das Ganze ein Dschungel ist, Du musst überleben. Entweder Du oder Die. Ich wollte auf keinen Fall Opfer sein und dachte, ich habe Superfähigkeiten. Danach war ich depressiv und konnte monatelang nicht zur Schule gehen.«

»Gab es denn keine Behandlung?«

»Es kam ein Schulsozialarbeiter. Aber ich hab einfach nichts gesagt. Ich war denen sowieso egal. Du musst in dieser Welt sehen, dass Du Dich selber kümmerst. Ich bin dann ab von der Schule und hab so dies und das gemacht, immer mit Hoch und Runter. Erste Beziehung, zweite Beziehung, zwischendrin Frauen hier und da. Dann das Kind. Die Alte hat mich gelinkt.«

Deswegen sei er wieder depressiv geworden und 2014 nach Sachsen umgezogen. »Ich wollte mit allem abschließen.«

»Und was haben Sie so gemacht?«

»Ja, es ist ja unheimlich schwer auf dem Arbeitsmarkt. Die haben mir eine Maßnahme nach der anderen angeboten, aber ich hatte manchmal diese Antriebsstörung und kam früh nicht raus. Und das war auch nichts, was mich interessierte. Aber ich brauche nicht viel Geld.«

Dein Handy und das Hemd widersprechen dem, dachte Michael K.

»Haben Sie Drogen genommen?«, fragte der Therapeut.

»Ach so, dies und das. THC, MDMA.« Herr Nemzov blickte nach unten und es schien als würde er rot werden und eine Träne kam aus seinem rechten Auge.

»Was ist?«, fragte Michael K. »Ich fühle mich so schuldig«, sagte Herr Nemzov, »Ich habe mein Leben vergeigt, ich bin so ein schlechter Mensch.« Seine linke Faust war geballt. Michael K. hing noch an dem Gedanken, dass Herr Nemzov auch die Drogen mit einer technischen Bezeichnung genannt hatte, so, wie Süchtige sonst nicht sprechen. Vielleicht war es aber nur das Arztzimmer, manchmal denken Leute dann, sie müssten medizinisch reden. *Weil* er Schulden bekommen hätte, sei er wieder depressiv geworden. »*Weil* ich manisch war, habe ich gedacht, ich finde schon einen Job, um das abzubezahlen. Und meine Freundin wollte ein schönes Leben.«

Erst seit 2014 sei er in Behandlung gekommen, er sei immer wieder in der Psychiatrie gewesen, aber habe sich dann jeweils nach kurzer Zeit entlassen lassen. Michael K. nahm die Daten auf und wollte sich von Schweigepflicht entbinden lassen, um die Klinikberichte anzufordern. »Wozu brauchen Sie das?«, fragte Herr Nemzov.

»Reine Routine«, antwortete Michael K., »ich will den Krankheitsverlauf möglichst objektiv darstellen und nicht nur den Ausschnitt der Krankheit jetzt sehen, damit wir eine optimale Therapie entwerfen können.« Herr Nemzov grinste. Die Träne war weg. Michael K. wurde kalt und er bekam sein Kommissargefühl, wenn etwas nicht stimmte. Er hatte kein Mitgefühl, er wurde unbewegt.

Herr Nemzov schien gute Antennen für sein Gegenüber zu haben: »Glauben Sie mir nicht?«, fragte er, »Sie gucken so komisch.« Augenblicklich war der Gesichtsausdruck wieder traurig. »So geht mir das oft, die Menschen nehmen mich nicht für voll. Ich fühle mich abgelehnt.«

Michael K. spürte den Therapeutenimpuls, für eine gute Beziehung zu sorgen.

Herr Nemzov schilderte die letzte Beziehung als eine mit einer Narzisstin, die ihn abhängig gemacht habe. K. hatte gar nicht danach gefragt. Sie habe ihn runtergemacht, immer aufs Sexuelle gezielt.

»Ich habe auch homosexuelle Neigungen, ich bin wahrscheinlich *bi* und als ich ihr gegenüber mal so was erwähnte, hat sie mich Tunte, Schwuchtel genannt.«

Michael K. hörte noch dies und das und konnte sich keinen rechten Reim darauf machen.

Seine ärztliche Kollegin las seine Aufzeichnungen und sagte, dass sie Herr Nemzov kenne, ihn schon einmal im Dienst aufgenommen habe und sagte: »Er ist eindeutig manisch-depressiv.« Michael K. sagte, dass er in den Befunden kein Verhalten fände, was für Manie spreche. »Aber was der Patient erzählt, ist doch eindeutig!«, sagte Gerda, die Ärztin.

»Wir konstruieren eine Geschichte, die konsistent klingt, die unsere Schwierigkeiten erklärt. Es ist sein Narrativ«, sagte Michael K. »Mir ist das zu glatt.«

»Du bist ja misstrauisch, immer suchst Du verborgene, böse Motive bei den Patienten. Wir müssen dem Patienten glauben, wo kommen wir sonst hin?«, sagte Gerda und ging wieder an die Arbeit, untersuchte, nahm Blut ab, prüfte Laborbefunde, machte Anordnungen und rechnete ab. Viel zu tun.

Auch aus dem Vorbefund der anderen Klinik, in der Nemzov jeweils für maximal vier Tage gewesen war, und der noch am selben Tag zugefaxt wurden, gingen keine manischen Verhaltensweisen hervor. Jedes Mal hatte er sich auf eigenen Wunsch entlassen lassen.

Am Nachmittag kam eine Patientin zu Michael K. und fragte, ob sie in den Gruppenraum dürfe, der Patient Nemzov wolle mit ihr Yoga und Meditation machen. Als Michael K. nach Hause gehen wollte und bei den Schwestern fragte, ob noch etwas vorgefallen sei, sagte Schwester Brit, Herr Nemzov habe sie ewig angeschaut mit starrem Blick. Sie habe Angst vor ihm. Er habe gesagt: *Sie gehören nicht zu den Fotzen.*

Michael K. ging noch einmal zu Gerda, der Ärztin und berichtete ihr dies. Sie sagte, sie habe mit ihm heute gesprochen. Er sei eindeutig ein Opfer. »Überleg mal, was er alles erlebt hat. Migration, Mobbing, schlechte Beziehungen, Schulden. Er hat sich mir gegenüber völlig korrekt verhalten. Und Schwester Heike hat mir erzählt, dass er eine Patientin getröstet hat. Er will in einem Ehrenamt arbeiten. Das ist doch ein typischer Ausdruck eines depressiven Schuldgefühls: Er muss sich seine Daseinsberechtigung verdienen.«

Als Michael K. nach Hause ging, sah er Herrn Nemzov am hinteren Ende des Stationsgangs im Sessel der Sitzgruppe im Lotussitz sitzen, mit geschlossenen Augen.

Am nächsten Morgen sagte der Patient zur Visite, dass es ihm sehr schlecht gehe, er habe kaum ein Auge zugemacht. Auf seinem Bett lag ein Apple-Tablet. Seine Verfehlungen, sein Charakter und seine Schwierigkeiten seien ihm jetzt ganz deutlich geworden. »Auch das Gespräch mit Ihnen«, sagte Herr Nemzov und deutete in Michael K.s Richtung, »hat mir sehr geholfen. Ich glaube ich brauche eine spezialisierte Behandlung. Ich will an mir arbeiten. Meine Mitte finden.«

K. schüttelte es, aber er sah, wie die Stationsärztin ihn weiter befragte und ihm zulächelte. Es war faszinierend, wie lange Herr Nemzov ihr in die Augen schaute. Bis sie wegsah.

In einer Therapiesitzung später am Tag sagte noch eine andere Patientin zu Michael K., dass sie Angst vor Herrn Nemzov hätte. Er mache mit Frau Schmidt Meditation, er fasse sein Gegenüber immer an, nicht unsittlich, aber am Arm, der Schulter. »Und dann hat er, in der Stationsrunde, wo wir Patienten miteinander unseren Tag planen sollen und uns Rückmeldung geben, gesagt …« Die Patientin stockte. »Dass er gerne an Schulen vorbeigeht. Er würde sehen, wie die Abiturientinnen ihm auf die Hose starren würden und er wisse schon, warum.«

Michael K. versprach der Patientin, sich darum zu kümmern. Dann klingelte das Telefon.

Ein Kommissar fragte nach der Vernehmungsfähigkeit von Herrn Nemzov. Es gehe um Körperverletzung, im Zusammenhang mit der Aufnahme von Herrn Nemzov vorgestern. Michael K. sprach kurz mit Gerda. »Natürlich nicht!«, sagte Gerda entrüstet zur Vernehmungsfähigkeit. »Was bilden die sich ein! Er ist gerade mal zwei Tage hier.«

Dann rief eine Frau Müller bei Michael K. an und stellte sich vor, sie sei die Bewährungshelferin. Sie habe eine Schweigepflichtsentbindung, sie dürfe mit den Ärzten Kontakt aufnehmen. »Aber *ich* habe keine für Sie«, sagte Michael K., »ich darf Ihnen keine Auskunft geben. Ich wusste nicht, dass er Bewährungshilfe hat.«

»Dann hören Sie nur zu. Herr Nemzov ist auf Bewährung verurteilt. Man hat damals kinderpornografisches Material auf seinem Computer gefunden. Er hatte ein Praktikum in einem Kindergarten machen wollen, das Arbeitsamt hatte ihm eine Umschulung als Sozialassistent bewilligt. Als er immer wieder die Mädchen und Jungen auf seinen Schoß nahm und eine Erzieherin ihn erwischte, wie er einem schlafenden Jungen die Hose auszog und ihn fotografierte, kam das ins Rollen.«

Michael K. fühlte sich überfordert. Konnten die Dinge nicht einmal einfach sein? Er informierte die Stationsärztin. Gerda sagte, dass es ja nicht selten sei, dass jemand in einer Krankheit Dinge mache, für die er nichts könne.

»Und wenn er die Krankheit darstellt, *damit* er nichts dafür kann?«

»Ich will so nicht mit Dir diskutieren«, sagte Gerda und Michael K. wusste, dass er von dieser Station weg musste. Das war ihm jetzt so oft passiert. Gerda hatte eine Diagnose im Kopf und sie suchte nur nach Belegen, sie zu verteidigen. Nichts mit Wissenschaft, Zweifel, Falsifizierung. Es war müßig.

Er holte sich Herrn Nemzov ins Zimmer. Michael K. sagte ihm die Wahrheit. Dass seine Bewährungshelferin angerufen habe. »Sie sind verurteilt.«

Herr Nemzov fing an zu weinen. »Ja, eine Ungerechtigkeit!« Vor dieser Stimme konnte man Angst haben, trotz der Tränen. »Ich habe die Kinder gemocht, ich habe keinem etwas angetan. Sie haben mich geliebt!«

»Und das kinderpornografische Material?«

»So, hat sie Ihnen das erzählt? So kann man also hier vertrauen! Wenn Sie das schreiben, verklage ich Sie! Ich weiß nicht, wie das auf meinen Computer gekommen ist! Das war meine Ex, die wollte mich in die Pfanne hauen! Diese Homophobie in der Gesellschaft! Sie hat das nie verwinden können, das hatte ich Ihnen ja erzählt.«

»Pädophilie und Homosexualität sind verschieden, Herr Nemzov«, sagte Michael K.

»Jetzt wollen Sie mich auch in diese Ecke schieben. Das hätte ich nicht von Ihnen gedacht. Doch, Sie waren gestern schon so skeptisch. Einem psychisch Kranken gegenüber! Sexualität ist doch so vielfältig, das sollten gerade Sie wissen.«

Es schien, als träten überall auf seinem Körper Adern hervor. Michael K. schluckte. Er blickte zur Tür, doch auf dem Weg dazwischen saß Herr Nemzov.

»Herr Nemzov«, sagte Michael K. bedächtig, »ich nehme an, Sie wollen Behandlung. Sie wollen sich helfen lassen. Dafür ist ein Vertrauensverhältnis notwendig. Sie müssen mir gegenüber ehrlich sein. Ich brauche eine Fremdanamnese. Ich möchte Ihre Mutter sprechen.«

Herr Nemzov ging aus seiner angespannten Haltung und lehnte sich in den Sessel zurück.

»Ich muss Ihnen etwas sagen. Sie müssen mir helfen. Es bedrückt mich schon lange. Ich habe, um mit meiner traumatischen Vergangenheit abzuschließen, meinen Namen geändert und bin nach Sachsen gekommen. Ich habe es ja immer versucht, aber ich muss wohl einsehen, dass ich es ohne Hilfe nicht schaffe. Vielleicht leide ich an einer multiplen Persönlichkeit.«

Nicht noch eine Diagnose, dachte Michael K.

»Einen Kontakt mit meiner Mutter würde ich nicht aushalten, da kommt wieder alles hoch. Das ist ein *Trigger*.« Herr Nemzov schlug sich, während er sprach, mit der rechten Faust auf seine Oberschenkel, diese fingen an zu wippen. »Ich brauche Therapie, sonst komme ich in den Knast. Dort gehe ich nie wieder hin. Sie wissen, was die machen, wenn die was von Pädophilie hören. Bedenken Sie Ihre Schweigepflicht!«

»Herr Nemzov, gerade deshalb brauche ich objektive Informationen. Ich brauche die Adresse Ihrer Mutter.«

»Nein.« Er beugte sich nach vorn und nahm seinen starren Blick auf.

»Ich brauche Gerichtsbeschlü…– Bleiben Sie sitzen!«

Herr Nemzov war aufgestanden und kam auf ihn zu. Michael K. stand instinktiv auf. In seinem Brustkasten dröhnten Hammerschläge. Die Tür war weit.

»Lassen Sie uns reden«, sagte Michael K. noch, aber da hatte ihn Nemzov schon am Arm gepackt. In seiner Angst schlug Michael K. auf den Arm und schob Herrn Nemzov mit aller Kraft mit einem Ruck von sich weg. Der Patient schrie laut und schlug sich blitzschnell mit der Faust selbst auf sein Auge und in sein Gesicht, immer wieder. Herr Nemzov nahm Gegenstände vom Tisch und warf sie herum, »Hilfe!« schreiend und rannte dann aus dem Zimmer.

Es ging so schnell, dass Michael K. sich gar nicht bewegen konnte. Er hatte eigentlich aus dem Zimmer rennen wollen, aber nichts ging mehr. Wie mächtig doch Angst ist, dachte er noch. Er zitterte und als er den ersten Schritt machen wollte, wäre er beinahe gefallen, so weich waren seine Knie.

In diesem Moment öffnete sich seine Tür wieder und zwei Pfleger kamen und fassten den Therapeuten von beiden Seiten. Gerda kam herein und sagte: »Ich verständige jetzt die Polizei: Du hast einen Patienten geschlagen. Und wie! Du hast die ganze Zeit schon so über ihn gesprochen. Dass es solche Leute wie Dich aber auch in die Psychiatrie zieht!«

Michael K. setzte an und wollte das Geschehen erklären. Gerda schüttelte nur den Kopf und sagte: »Ich will das jetzt nicht hören.«

Bis die Polizei eintraf, blieben die Pfleger bei Michael K. Er erzählte ihnen seine Version, aber sie sagten, sie hätten doch Herrn Nemzov gesehen, blutig, völlig verzweifelt.

Die Polizei traf ein und befragte Michael K. Der Chefarzt tauchte auf und sagte ihm, er sei sofort vom Dienst suspendiert und erteilte Hausverbot.

Zuhause öffnete Michael K. eine Flasche Whisky und schrieb das, was geschehen war, auf. Er schickte die Mail an alle seine Kollegen. Dann schlief er ein und erwachte morgens gegen drei Uhr.

Michael K. wartete den ganzen nächsten Tag, ob es eine Reaktion gäbe. Ihm fiel auf, wie allein er in letzter Zeit gewesen war. Das, was ihn seit der Trennung bewegt hatte, interessierte niemanden. Er erinnerte sich an Gerdas Bemerkung: »Sie wird schon wissen, warum sie das Kind mitgenommen hat.« Niemand aus der Klinik schrieb ihm zurück. Alle distanzierten sich von ihm. Kontaktschuld war ein mächtiges Prinzip. Michael K. war ganz offenbar für alle schuldig.

Er rief seinen Freund Andreas an. Der riet ihm, die Füße still zu halten und legte ihm einen Rechtsanwalt nahe. Was war das für ein Fall? Wieder einer, der die Opferwaffe benutzte, aber diesmal, um seine Täterschaft zu vertuschen? Aber was ihn verbitterte, war die Reaktion seiner Kollegen. Die Nebelbomben von Diagnosen- und Opfer-Stichworten hatten bei Gerda gewirkt und lösten eine Schutzhemmung für den Patienten aus. Und sie wirkten noch weitgehender.

Der Chefarzt zitierte ihn ein paar Tage später in die Klinik. In seinem Zimmer warteten auch der Verwaltungsleiter, die Pflegedirektorin und der Personalchef. »Sie haben einen Patienten geschlagen, regelrecht vermöbelt. Der Patient sagte außerdem, dass Sie homophobe Äußerungen ihm gegenüber gemacht haben. Dass Sie antisemitische Dinge gesagt haben. Er ist damit zur Zeitung gegangen.« Der Chefarzt hielt ihm die heutige Zeitung hin: *Schläger-Therapeut*, las K. kopfschüttelnd die Überschrift und sah ein Foto von sich mit schwarzen Balken über den Augen, im Hintergrund die Silhouette des Krankenhauses und ein Bild von Herrn Nemzov mit blau unterlaufenen Augen. »Ist Ihnen bewusst, dass Herr Nemzov aus einer russisch-jüdischen Emigrantenfamilie stammt?« Michael K. erinnerte sich, wie er in den Diskussionen mit dem Chefarzt um die Entlassung eines Mitarbeiters für den Mitarbeiter gestritten hatte, wie sehr dieser ihm übel genommen hatte, dass er ihm und der gesamten Leitung in den Konferenzen widersprochen und an ihm vorbei Gelder für ein Forschungsprojekt organisiert hatte. Jetzt war die Chance da, das sah er in den Augen der gesamten Leitung.

Michael K. sagte dem Chefarzt, was geschehen war, wie Herr Nemzov auf ihn zukam, dass er zuvor seine kriminelle Vergangenheit angesprochen hatte. »Und selbst wenn, es handelt sich um einen Kranken! Einer mit so einer Störung kann nicht plötzlich und blitzschnell so eine Handlungsplanung vorlegen, sich selber schlagen, um jemand anderen zu beschuldigen.«

Michael K. erzählte seine Version nochmals. So war es auch beim Jugendamt gewesen, als er erzählte, wie er sich um seinen Sohn in der Ehe gekümmert hatte, wie viel Elternzeit er genommen hatte und an vier Abenden in der Woche seiner Frau den Rücken frei gehalten hatte. Niemand ging darauf ein, das Urteil stand schon fest, er würde seinen Sohn nur noch ein Zehntel der früheren Zeit sehen.

Die Pflegedirektorin, die früher *Oberschwester* hieß, sagte: »Mir ist zu Ohren gekommen, dass Sie im Rahmen Ihrer Trennung auch frauenfeindliche Äußerungen gemacht haben.« K. hörte die Wasser über sich zusammenschlagen. Der Chefarzt ergänzte: »In der Zeitung schreiben Sie auch noch, dass Sie ausländerfeindlich seien.

Das können wir als Klinik nicht zulassen. Ich spreche hiermit eine außerordentliche Kündigung aus.«

Irgendwie war Michael K. froh. Er hatte in den letzten Wochen oft darüber nachgedacht, etwas anderes zu machen. Er fühlte sich unendlich müde.

Aleksandr Nemzov hatte sich entlassen lassen. Als Michael K. die ersten zwei Wochen Verdrängung überstanden hatte, meldete sich seine Kollegin A. bei ihm und sagte, dass sie ihm glaube. Sie hatte ihren Mann, der Polizist war, gefragt, ob er nicht einige Informationen über Herrn Nemzov recherchieren konnte. Ihr Mann fingierte eine Anfrage beim Meldeamt, Standesamt und Bundeszentralregister und fragte die Täterdateien ab.

»Alexandr Nemzov hat 2014 seinen Namen ändern lassen«, begann seine Kollegin, »er hat dazu bei einer Psychologin ein Gutachten anfertigen lassen, dass er traumatisiert sei und deswegen seinen Namen nicht mehr tragen könne. Für eine Namensänderung braucht man ein solches Gutachten, nichts weiter. Andreas Härtel, Heimkind, nicht bei der Mutter aufgewachsen. Hat gestohlen, mit Drogen gedealt, keinen Unterhalt gezahlt. Er wurde wegen Körperverletzung verurteilt und hatte 200.000 Euro Schulden. Wahrscheinlich deshalb ist er plötzlich nach Sachsen gegangen, weil die Mafia ja einen ganz besonderen Inkasso-Dienst hat.«

Kollegin A. ermunterte Michael K., die Sache aufzurollen und gerichtlich vorzugehen. Michael K. aber fühlte sich unendlich müde und ließ Tag um Tag verstreichen, ohne etwas zu tun.

Michael K. verzichtete darauf, noch irgendwie dagegen anzukämpfen. Ihm war, als habe er die Tat begangen, die man ihm vorwarf. Kein weiterer Kollege hatte wieder mit ihm gesprochen. Er überlegte, seinen Namen zu ändern. Therapeut wollte er nicht mehr sein.

* * *

Vielleicht gab es dieses Phänomen schon immer, aber mir scheint, es nahm in den letzten Jahren bei uns zu, eigentlich weltweit. Man kann Macht ausüben, jemanden vom Arbeitsplatz drängen, Entschädigungen verlangen, wenn man ihn mit bestimmten Worten als Täter kennzeichnet und sich damit selbst als Opfer. Weiteres muss dann nicht mehr bewiesen werden. Es gibt ein regelrechtes Wettrennen, Angehöriger der am meisten diskriminierten Gruppe zu sein und es geht dabei um reale Entmachtung der als Täter bezeichneten Menschen. Diese müssen nicht immer etwas gemacht haben, es reicht, Angehöriger einer bestimmten Gruppe zu sein, oder ein falsches Wort gebraucht zu haben, genauso wie es für den Opferstatus reicht, Teil einer als diskriminiert bezeichneten Gruppe zu sein. Eigene Straftaten werden so unsichtbar oder man kommt zu Privilegien, die man ohne diese Gruppenzugehörigkeit nicht hat.

Ging es in der Geschichte »Ich klage verbittert an!« um Gerechtigkeit und Anklage, bei dem Fall »Falsche Erinnerung« um die Sicherstellung der eigenen Versorgung durch eine Diagnose, sehen wir hier das Motiv in der Beschuldigung des Therapeuten, eigene Straftaten zu vertuschen. Nicht immer handelt es sich bei dieser Konstellation eines Angriffs gegen Therapeuten um Straftaten, aber mit dem Leitsatz »Angriff ist die beste Verteidigung« wurde schon immer von eigenen Versäumnissen und Verfehlungen abgelenkt.

Ich las im Therapieantrag einer 60-jährigen Patientin: Sie komme unter Druck, weil ihr Geld fehle, alles teurer werde. Es folgte, dass sie nie regulär gearbeitet hatte, jahrelang Alkoholikerin war und wegen vieler Diebstähle verurteilt worden war. Nun äußerte sie, dass sie in frühester Kindheit vom Vater missbraucht worden sei und sie wolle einen Antrag beim Opferfonds der Bundesregierung stellen. Sie brauche dazu aber die bestätigenden Anmerkungen einer Therapeutin. Ich bat die Therapeutin, Berichte zu den Vorbehandlungen einzuholen. Aus den Berichten der Vorbehandler wurden noch weitere Dinge deutlich: Sie war schon mehrfach von den Bewährungshelfern zur Therapie geschickt worden, hatte aber jedes Mal abgebrochen. Sie sei »von Therapeuten zu Aussagen gezwungen« worden. Medikamente lehnte sie ab. Sie heiratete einen behinderten Mann, aber lebte nicht mit ihm zusammen. Sie stellte sich als Helferin dar, lebte aber real von seiner Rente. Sie verweigerte der Therapeutin, dass der Ehemann befragt werden dürfe.

Diese Therapeutin konfrontierte die Patientin mit den Widersprüchen. Da ließ sie mehrere Bemerkungen fallen, die auf ein gemanagtes Selbstbild hinwiesen. Sie stamme aus einer Romafamilie, ihr Vater sei im Konzentrationslager gewesen. Sie habe schon oft überlegt, eine Geschlechtsumwandlung vorzunehmen. Dann beging sie während dieser Therapie wieder einen Diebstahl und forderte von der Therapeutin eine Bescheinigung über eine psychische Krankheit. Als die Therapeutin das ablehnte, brach sie die Therapie ab und beschuldigte sie der seelischen Grausamkeit. Und nun saß sie bei der nächsten Therapeutin, die um eine dringliche Behandlung einer schwer traumatisierten Frau aus einer Romafamilie, deren Vater im Konzentrationslager war und die vermutlich *trans* sei, bat. Wer traute sich schon, das in Frage zu stellen.

In unserem Nemzov-Fall besteht wieder eine besondere Interaktion aus den Motiven des Patienten in Kombination mit den Reaktionen des Helfer- aber auch des gesellschaftlichen Systems. Die Therapeuten trauten sich bei bestimmten Triggerwörtern nicht mehr nachzufragen. Politische Korrektheit verhinderte hier offenes Hypothesentesten. Das wusste der Patient und konnte so die Täterschaft umkehren.

Wir Psychotherapeuten sind uns in solchen Fällen oft nicht der hermeneutischen Funktion von Psychologie bewusst. Es werden konstruierte und gefühlte Wahrheiten und Deutungen als Realität betrachtet. Es wird oft gar nicht in Betracht gezogen, dass Patienten lügen und Dinge bewusst verschweigen. (»Das bringt ihm doch nichts.«)

In der Psychotherapie spielen *gefühlte Wahrheiten* eine große Rolle und aus diesen Gefühlswahrheiten werden dann Deutungen abgeleitet, die in reale Konsequenzen münden, wie etwa: Opfern muss geholfen werden. Opfer haben per se keinen Anteil an dem, was geschieht etc. Wenn es ein Opfer gibt, müssen die anderen Täter sein, diese müssen Schuld begleichen.

Diese spezielle Form des Umgangs mit gefühlten Wahrheiten in der Gesellschaft und auch noch einmal in der Psychotherapie nenne ich das *Gefühlsrecht*. Für die Verletzung willkürlich und lediglich subjektiv gefühlter Tatbestände werden objektive Rechtskonsequenzen gefordert. »Er hat mich zu lange angeschaut, das war eine Mikroaggression. Er sollte aus dem Seminar verwiesen werden.«

Opfersein und Diskriminierung sind auch Kampfbegriffe geworden, mit denen sich Ziele erreichen lassen und Gegner vernichtet werden. Psychotherapeuten und Helferberufe gehen leider oft die Logik dieses Gefühlsrechts mit, äußere Täter zu suchen und vor sich *nur* ein Opfer zu sehen. Es gibt genügend empirische Belege zum falschen Opfersein und der Manipulation von Vorteilen. Es zeigt auch den Narzissmus der Helfenden, welche ja nur bei Opfern gebraucht werden. Jemand, der eine Härte selbst überwindet, braucht die Helfer nicht.

Psychotherapeuten gehen das *Gefühlsrecht* mit, wenn sie sagen, dass es egal sei, ob jemand *wirklich* missbraucht wurde, oder ob es nur so gefühlt wurde (»emotionaler Missbrauch«). Sie handeln wider den wissenschaftlichen Grundsatz der Falsifizierbarkeit und stützen im schlimmsten Falle Falschbeschuldigungen und Rache.

In früheren Gesellschaften war der gefragt, der Unglück meisterte. Hilfe in Anspruch zu nehmen, war anstößig. Heute werden Kinder von Helikoptereltern umflogen, den Kleinen darf gar nichts zustoßen, und auch Staat und gesellschaftliche Institutionen fahren vermehrt einen Nudging-Ansatz, der Eigenverantwortung wohlmeinend schwächt. Eine schicksalhafte Härte könnte auch ein Entwicklungsanreiz sein. Eine Beleidigung kann durchaus auch ein Anlass sein, Weisheit und Gelassenheit zu lernen.

Außerhalb der Psychotherapie zeigen uns die Beispiele der Historikerin Sophie Hingst mit erfundener jüdischer Herkunft[1] oder die Transrace-Identität der Dozentinnen Rachel Dolezal[2] und Jessica Krug[3], dass Opferzuschreibung lukrativ sein kann. In unserem Fall der »Falschen Erinnerung« erwähnte ich auch die vermeintlichen Holocaustüberlebenden Benjamin Wilkomirski[4] alias Bruno Dössekker und Misha Defonseca[5] alias Monique Ernestine de Wael. In dieser pervertierten Form bedeutet »Opfer« ein höherer Sozialstatus. Niemand hätte sich in der Zeit des Nationalsozialismus als Jude ausgegeben, niemand während der Rassentrennung als Schwarzer.

Man eignet sich einen Status des moralisch höherwertigen Opferseins (im Gegensatz zum wirklichen Unterdrücktsein) an und gewinnt dadurch eine pervertierte Form von Autorität. Jede Kritik daran wird ebenfalls als Hass, als Rassismus, Aggression und »Mikroaggression« abgestempelt und verstärkt noch den Kreislauf.

Ein »traumatisch erlebter Witz einer Mitschülerin« (kein Witz, das stand in einem Therapieantrag) ist dann auch für den Therapeuten ein reales Trauma. Auch der Ausruf einer Therapeutin, als sie von der bei einer Trennung plötzlich leeren Wohnung einer Patientin hörte und »Das ist ja traumatisch!« sagte, tut nicht nur wirklichen Traumaopfern Unrecht, sondern impliziert auch therapeutische Handlungen, Betrachtungsweise als Opfer, Beschuldigungen und Kompensationsforderungen. Diese gefühlte Wahrheit wird bei Infragestellung verbissen verteidigt. Therapeuten gehen damit quasi in einen psychotischen Zustand – sie können Realität nicht mehr von Gefühlen und Projektionen unterscheiden. Sie gehen mit dem Patienten eine Kollusion (=kollektive Illusion) ein. Sie verstärken nicht nur problematische Sichtweisen und dann auch entsprechende Verhaltensweisen beim Patienten, sondern sie selbst zementieren geschlossenes Denken. Sie geben ein Rollenmodell vor: Nicht zu hinterfragen, nicht aufklärerisch zu sein, sondern *einfach zu glauben*.

Die kognitive Therapie nach Beck (u. a. Beck, 1995) hatte eigentlich das Gegenteil gelehrt: Realität zu prüfen, sokratisch vermeintlich feste Wahrheiten zu hinterfragen. Dinge anders sehen zu können, ist nicht nur eine therapeutische Technik, sondern auch eine weise Tugend.

Und so zeigen sich in Psychotherapieanträgen über die letzten Jahre eine Zunahme aller Techniken, die nur mit der »Innerlichkeit« des Patienten zu tun haben: Achtsamkeit, Entspannung, Gefühlswahrnehmung stehen im Vordergrund. Es fehlen oft die objektiven Faktoren: Arbeitsaufnahme, Finanzierungen, Vorteile, Fremdanamnesen und kritische Prüfung von Aussagen. Bei Ablehnung von Medikation, mangelndem Abstand von Tätern oder der Teilnahmeverweigerung eines Partners folgen keine therapeutischen Konsequenzen. *Es ist halt sein Gefühl.*

Im weitergehenden *Gefühlsrecht* macht sich ein Mensch, in dem er bestimmt: »Das war jetzt eine (Straf-)Tat.«, zum Opfer. Das Opfer »wehrt« sich dann nur und verbirgt zugleich durch die Opferzuschreibung sein eigenes Tätersein. Es benutzt die *Opferwaffe*.

Es werden im Gefühlsrecht Pseudo-Kausalitäten konstruiert: *Weil* ihr Chef sie nicht grüßte, sei sie depressiv geworden, las ich kürzlich in einem therapeutischen Abschlussbericht. *Weil* sie mich sexuell reizte, konnte ich nicht anders. So deklariert sich das vermeintliche Opfer.

Dabei werden zudem Kategorienfehler begangen: ein Kompliment ist Sexismus, eine Religionskritik Rassismus. Durch unscharfe Begriffe kann alles als Begründung für Machtausübung herangezogen werden: Ausschluss von Diskussionen wegen Rassismus, Verbote und Verhaltensvorschriften wegen Sexismus, Essensvorschriften wegen göttlicher Gebote, Tötung wegen Beleidigung der Familienehre.

Ich rede hier nicht von wirklichen Opfern, denen objektiv etwas angetan wurde. Man könnte die Handelnden im *Gefühlsrecht* auch *Opferdarstellungstäter* nennen. Täter, die sich als Opfer darstellen. Oder der Einfachheit halber *Opfertäter*, wie Herr Nemzov, der ja gar nicht Nemzov hieß.

Durch den *Opfertäter* wird dem Gegenüber der Täterstatus zugeschrieben – wie auch in unserer Geschichte. Häufig tut das auch die so manipulierte Gesellschaft – hier die Mikrogesellschaft der psychiatrischen Station – *für* das vermeintliche Opfer.

Diese Zuschreibung ist eine Projektion der eigenen Machtansprüche, des eigenen Täterseins, des eigenen Sexismus, der eigenen Aggressivität. Die Reflexion darüber aber unterbleibt, weil man sich einfacher am anderen abarbeitet.

Daraus folgen dann die Logik der »Bestrafung« und das Recht zur Machtausübung. Der *Opfertäter* tut einem so Beschuldigten Gewalt an, bleibt aber als Täter und Machtausübender verborgen. Gefühlsrecht ist der einfache Weg zu sagen: »Ich war's nicht. Du bist es. Ich bin ein Opfer. Ich will etwas bekommen oder zurückbekommen, ich will Macht, Rache, Strafe, aber es soll nicht so aussehen.«

Echte Opfer haben zu Recht Ansprüche. *Opfertäter* möchten diese Rechte und Ansprüche, ohne dass ihnen objektiv etwas angetan wurde. Sie deklarieren es nur. Ihre Machtbestrebungen aber bleiben verborgen.

In den USA gibt es Bestrebungen, *Microaggressions* ins Strafrecht einzuführen. Das hätte dann drastische Konsequenzen. *Microaggressions* werden »gefühlt« und sollen dann zu einer Anklage führen. Dies kann zum Beispiel der zu lange Blick eines Menschen auf einen anderen sein. Sie entscheidet dann, wer ein Täter ist und wird damit selbst einer. Der Satz »Du bist in der Mikroaggression *unbewusst aggressiv*«, offenbart dann die nichtfalsifizierbare Hypothese. Auch wenn es nicht so aussieht, ist es ja unbewusst. Unbewusst, subliminal, latent, strukturell; alles Worte, bei denen wir hellhörig auf eine Täter-Opfer-Verkehrung und die Projektion von Aggression sein sollten.

Die Anklage ist hier bereits das Urteil. Das Urteil liegt allein im Auge des Machtwilligen, beim Opfertäter. Kindlich, subjektiv absolut wahr und unangreifbar.

Gefühle sind kein objektiver Straftatbestand und eignen sich bestens, um eine Täter-Opfer-Umkehr zu ermöglichen. Dies gibt dem Opfertäter eine ungeheure Macht durch Gefühle. Und Gefühle sind eine Domäne der Psychotherapie. Sobald Therapeuten in der Logik der Gefühlsepistemologie und des Gefühlsrechts denken, sind sie anfällig dafür, die Manipulationen von *Opfertätern* mitzugehen. Strafrecht aber braucht objektive Tatbestandsmerkmale, sonst ist der Willkür Tür und Tor geöffnet.

Therapeuten nehmen Patienten, denen sie Opferstatus zuschreiben, implizit Verantwortung ab, wenn sie nicht ermutigen, sich eine Arbeit zu suchen, den Tag mit einem Ziel zu beginnen, Selbstdisziplin zu üben und nicht alles auf die Umstände zu schieben. Der Anteil von Frühverrentungen wegen psychischer Erkrankungen ist im europäischen Vergleich mit 42 % in Deutschland besonders hoch.[6] Nun werden viele der Renten zu Recht gegeben, aber es gibt einen Teil Patienten, denen es mit Arbeit sehr viel besser ginge. Aber es könnte dann das Label »krank« und »Opfer« wegfallen.

Therapeuten wollen sensibel sein, nicht kränken, Verständnis zeigen, möchten *auf Augenhöhe* mit Patienten sein, ein Begriff, der der Aufrechterhaltung des eigenen Selbstbildes manchmal mehr dient als den Patienten.

Auch bei der Diagnose von Persönlichkeitszügen oder -störungen werden implizit Aussagen über Opfer-Täter-Zuschreibungen gemacht. Selbstunsichere Züge betonen eher den Opferstatus, während die Zuschreibung von narzisstischen oder histrionischen Zügen deutlicher Eigenverantwortung oder »Täterschaft« betont.

In vielen Therapieberichten werden bei den Persönlichkeitszügen nur die gewünschten (das Bild bestätigende) Informationen von Patient und Therapeut angesprochen. In den über 8.000 Therapieanträgen, die ich als Gutachter gelesen habe, ist bis heute lediglich in drei Fällen eine narzisstische Persönlichkeitsstörung vergeben worden (wohl aber »narzisstische Persönlichkeitszüge«), und nur bei Männern. Nahezu ebenso selten las ich von einer histrionischen Persönlichkeit bei Frauen. Es geht offenbar nicht zusammen, ein Opfer vor sich zu haben und zugleich einen Täter (denn dies wird diesen beiden Störungen zugeschrieben: sie seien manipulativ, unempathisch, ausnutzend, um sich kreisend). Nun leben wir aber in einem narzisstischen und histrionischen Zeitalter. Dramatische Emotionen, Selbstverwirklichung, Aufmerksamkeit, Singularität sind Kennzeichen unserer Spätmoderne.

Ebenso selten wurde eine dissoziale Persönlichkeit diagnostiziert, insbesondere bei Frauen. Dabei las ich mehrere Berichte, in denen Patientinnen sich als Opfer darstellten, keine objektiven Belege dafür vorhanden waren, aber Hinweise auf Ladendiebstähle, unbezahltes Übernachten in Hotels, keinen Kontakt zu Kindern und Kindesentzüge, Schulabbrüche, Gewalt und Verurteilungen, Sucht etc.

Die Angst, Gefühle zu verletzen, ist heute eine vorgetragene Triebfeder der politischen Korrektheit. Das eigene Machtmotiv wird dabei verborgen.

In der Psychotherapie ist ein zentraler Satz: »Du bist nicht für die Gefühle anderer verantwortlich.« Da wir aber als Psychotherapeuten professionelle Grenzverletzer sind und in Therapien auch Verletzungen und Gefühle angesprochen werden, ist ein therapeutisches und zugleich politisch korrektes Vorgehen nicht möglich, oder nur unter Aufgabe kritischen Nachfragens. Werden die Absurditäten der politischen Korrektheit nicht hinterfragt, kommt es zu solchen Auswüchsen wie bei der Rassismus-Klage gegen mich.

Eine Therapeutin stellte einen Therapieantrag auf Umwandlung in Langzeittherapie, den ich als Gutachter bearbeitete. Eine Frau mit Panikstörung mit ausländischen Wurzeln hatte einen Mann geheiratet, den sie nicht wirklich kannte und der ihr nun wenig Freiraum ließ und sie schlug. In der familiären und kulturellen Tradition sei es nicht möglich, sich zu trennen. Ich monierte, dass die Therapeutin die kulturellen Hintergründe (kognitive Grundannahmen über die Rolle einer Ehefrau, dysfunktionale Normen) nicht thematisierte – und folgerichtig die Panikstörung bis zum Ende der Kurzzeittherapie nicht verschwunden war. Normalerweise lässt sich eine Panikstörung gut behandeln; es sei denn, es werden wesentliche aufrechterhaltende Faktoren nicht berücksichtigt.

Als solchen sah ich nun hier die Herkunfts- und Familienkultur der Eheleute. Ich schrieb:

»Zentral ist ein Konflikt, in dem die Frau sich in der Ehe nicht wohl fühlt (»Ich bekomme keine Luft«). Alle Techniken, die bisher dafür – ganz regelrecht – angewendet wurden, haben nichts gebracht.

Es gibt kein richtiges Leben im falschen. Ohne die Möglichkeit einer Lösung jenseits der bekannten Denkschemata der Patientin oder der Idee von Freiheit ist die Prognose ungünstig.

Da hier traditionelle Kultur eine Rolle spielt, in der sich eine Frau familiären Regeln zu unterwerfen hat, kann eine Therapie nur diesen Faktor thematisieren (und überwinden), oder sie wird nichts bringen.«

Die Therapeutin zeigte mich bei der Kammer wegen Rassismus an. Nun hatte ich weder etwas von Rasse geschrieben noch jemanden abgewertet. Sie wendete den Rassebegriff auf eine Kulturkritik an, das heißt aber auch, dass *die Therapeutin* in Rassebegriffen dachte.

So wurde eine bestimmte Kultur hier mit einem höheren Opferstatus (»Rassismus«) als eine geschlagene Frau versehen. Und so blieb die Störung.

Die Klage gegen mich wurde als nichtig erkannt.

Aber es war ein Fall von *Gefühlsrecht*. Jemand wurde zu einem Opfer per Projektion erklärt und ein Täter beschuldigt. Die Schuld des Opfertäters war somit außen vor.

Der Plot unseres Nemzov-Falles könnte heißen:

Der Opfertäter.

Ein Mann begeht Straftaten. Um der Strafe zu entgehen, bedient er sich des leichten Namenswandelrechts bei Traumadiagnose und einer psychischen Erkrankung als Schuldminderungsgrund. Als ein Therapeut dahinter kommt, fingiert er einen Angriff; und mit weiteren Opfergruppenzuschreibungen konnte er sich der Reaktionen der Umwelt sicher sein: Er war ein Opfer, exkulpiert, und der Täter war der Therapeut. Hier ging es niemals um Therapie, sondern es kommt zur Opfer-Täter-Umkehr. Der Unangreifbarkeitsstatus als Opfer war ein zentrales Motiv.

Unser Nemzov-Fall hat als zentralen Faktor die Opfer-Täter-Umkehr und politische Korrektheit als Umgebungswirkfaktor. Dennoch sollten, falls es in so einem Fall zur Behandlung käme, nicht die lebensgeschichtlichen Faktoren außer Acht gelassen werden, auch die direkten Vermeidungsvorteile durch Haftverschonung müssten thematisiert werden.

Der Selbstmordattentäter

I

»Er hat *Allahu akhbar* gerufen«, sagte der Polizist, der Max Schnitter mit zwei weiteren Beamten begleitet hatte und im Notarztwagen mitgefahren war. »Dann hat er uns angegriffen, obwohl wir die Waffen gezogen hatten. Ein Glück, dass keiner von uns geschossen hat. Dann hat er so durcheinander gefaselt, dass wir dachten: Das ist kein Terrorist, und wir haben ihn zu Euch gebracht.«

Tamara S. schaute müde auf die Uhr und dachte: »Immer wenn ich Dienst habe, dann kommt so was.« Sie war jetzt schon drei Jahre Ärztin auf der Akutstation, aber wie alle Ärzte musste sie drei bis vier Mal im Monat Nachtdienste schieben. Ein bisschen Angst hatte sie immer.

Der Patient, ein vielleicht 25-jähriger Mann mit Flaumbart am Kinn, lag auf der Notarztwagentrage, war fixiert und schien zu schlafen. Tamara S. wunderte sich kurz über das T-Shirt, das einen grinsenden Emoji mit herausgestreckter Zunge zeigte. Der Notarzt sagte im Notarztjargon: »Ich hab' ihm zwei Ampullen Dormicum reingepfiffen. Den Rest macht Ihr. Checkt mal die Atmung, ich weiß nicht, ob er getrunken hat. Er riecht aber nicht so.«

»Wie ist denn das gekommen?«, fragte Tamara S. die Polizisten noch. »Wir waren auf Streife in der Neustadt«, berichtete der Polizist, »wir wurden über die Zentrale informiert und waren zum Glück nicht weit entfernt, da hörten wir schon die Rufe und Schreien. Der Typ hatte Flaschen an die Wand der Kneipe geschmissen, hat sich die Hand mit einer Scherbe aufgerissen und schrie irgendwas. Als wir auf ihn zu sind, rief er ›Allahu akhbar‹ und in dem Moment rasten die Leute nur weg von ihm und warfen sich auf den Boden. Aber der Typ war im T-Shirt und ich hab gesehen, dass er nichts weiter dabei hatte. Meine Kollegen hatten inzwischen ihre Waffen gezogen, aber wichen zurück. Ich hab ›Nicht schießen‹ gebrüllt und mich dann auf ihn geworfen. Er war ein Fliegengewicht, er hat sich praktisch nicht gewehrt und nur gesagt: ›Warum haben sie nicht geschossen?‹ Als er das dann immer wieder sagte und heulte, dachte ich ›Das ist einer für die Klapse‹, hab den Notarzt gerufen und hier sind wir.«

Jetzt sah Tamara S. auch, dass die linke Hand des Patienten verbunden war. Der Polizist übergab ihr noch das Portemonnaie und die Schlüssel des Patienten. »Mehr haben wir von ihm nicht, aber da ist der Ausweis drin. Max Schnitter, las die Ärztin, wohnt da und da. Ein paar Euro. Nichts weiter. Sie nahm ihm noch in der Nacht Blut ab und war sehr verwundert, als am nächsten Morgen klar wurde, dass Max Schnitter weder Drogen noch Alkohol intus hatte. Sie ließen ihn ausschlafen, überwachten ihn und am übernächsten Tag bestellte Tamara S. ihn sich ins Zimmer, nicht ohne einen Pfleger dabei zu haben.

Max Schnitter grinste und wippte mit den Füßen und sagte zunächst nichts. »Heftige Geschichte«, sagte Tamara, »Sie hätten tot sein können.« Der Patient grinste und nickte. »Shot by a policeman. Psychiatric patient shot by police.« – »Ist gar nicht so selten: Selbstmord, der gar nicht so aussieht«, erwiderte Tamara S., »ich möchte nicht wissen, wie viele Unfälle eigentlich Selbstmorde sind. Stromkabel, Auto. Wollten Sie sterben?« Max Schnitter zuckte mit den Schultern. »Die bessere Frage ist: Wozu leben?«

»Ja«, antwortete Tamara S. und war froh, dass er etwas sagte, »das sollten wir besprechen.« – »Mit Euch bespreche ich gar nichts. Ich will jetzt ins Bett«, sagte der Patient. – »Sagen Sie mir doch, was passiert ist, wie es dazu gekommen ist. Sie müssen große Wut auf jemanden gehabt haben«, sagte Tamara und kam sich wie eine Gouvernante vor.

»Arbeit weg, na und«, zuckten wieder die Schultern des Patienten. »Hab's halt nicht hingekriegt. So und jetzt ab ins Bett.« Er stand ruckartig auf, dass Tamara S. sich erschrak und sie und der Pfleger ebenfalls aufstanden. Der Patient klopfte mit seinen Knöcheln der verbundenen Hand gegen den Türrahmen. »Macht schon auf, der Bekloppte kommt!« Sie ließ ihn erst mal.

Er aß hin und wieder etwas, redete nicht mit den anderen. Die meiste Zeit saß er auf seinem Bett und stierte und wippte mit den Beinen. Max Schnitter erinnerte sie an ihren jüngeren Bruder, bei dem sie in der Jugend ADHS festgestellt hatten, dieses Wippen, diese Flapsigkeit, diese blödsinnigen Aktionen. Aber man konnte ihm irgendwie nicht böse sein.

Tamara S. bestellte Max Schnitter wieder zu sich und versuchte mit ihm zu reden. Die Gespräche waren kurz und endeten jedes Mal so abrupt wie beim ersten Mal. Was sie aus ihm heraus bekam: Er hatte früher mal längere Zeit getrunken und gekifft, aber er sei schon lange clean. Er wolle keine Medikation. Direkt depressiv war er nicht. Auf die meisten Fragen antwortete er »Egal«. Auf die Frage, ob er schon mal Psychotherapie gemacht habe, grinste er und sagte, dass sie ihn schon oft zum Psycho geschleppt hätten. »Alles Frauen, die mich bemitleidet haben, wegen der schlimmen Vergangenheit. Heim und so, Vater Säufer. Die dachten, die könnten *helfen*. Ich wollte nicht geboren werden und damit basta.«

Auf die Frage »Was ist denn auf Arbeit passiert?« antwortete er: »Nicht wichtig«. Auf die Frage nach Partnerschaften, zuckte er die Schultern und sagte »Gab's mal«. Die Ärztin hätte ihn schütteln mögen. Auf die Fragen nach der Kindheit – »Ich will jetzt nicht reden.« Sie konnte ihn aber so auch nicht entlassen. Was hatte der Patient? Sie konnte nicht einmal sagen, ob er suizidal war. Er wollte aber auch nicht gehen. »Ist mir egal«, sagte er, »hier gibt's zu essen. Garantieren tu ich für nichts.«

Wieso wollte er eine Strafe an sich und irgendwie doch an anderen auslassen, fragte sich Tamara S. *Der Patient mit einem Schuldgeheimnis*, dachte sie. Selbstmorde drücken zugleich eigene Schuld, Bestrafungswunsch und Anklage an die anderen aus, so stand es in einem alten Lehrbuch.

II

Tamara S. wusste nicht recht, was sie mit dem Patienten machen sollte. Der Oberarzt Dr. Nagler war im Urlaub und würde den Patienten erst in zweieinhalb Wochen sehen. Sie fragte die Psychologin; die riet abzuwarten, sie besprach sich mit dem Chefarzt und schilderte die mangelnde Motivation. Es gäbe eigentlich keine Handhabe, ihn in der Klinik zu lassen.

»Wir warten noch ab«, sagte der Chefarzt, »lassen Sie sich was einfallen. Wir brauchen ihn absprachefähig, nach dem, was da passiert ist.«

Tamara S. ging an diesem Tag wie immer in ihre Gruppentherapie und wollte gerade beginnen, da öffnete sich die Tür und Max Schnitter stand wie ein kleiner Junge darin und sagte: »Kann ich mich dazusetzen?« Eigentlich müssen Patienten angemeldet werden, dachte sie, aber insgeheim freute sie sich über den schüchternen Halbwüchsigen, der da stand. Sie startete die Eingangsrunde in der Gruppe, fragte kurz ab, wie es jedem Patienten ginge. Max Schnitter sagte nichts und hielt den Daumen seiner zur Faust geballten Hand horizontal. Ansonsten saß er breitbeinig und auf dem Stuhl nach unten gerutscht wie ein Vierzehnjähriger in einer langweiligen Geografiestunde.

Tamara S. sammelte Themen und zunächst entwickelte sich die Gruppentherapiesitzung wie üblich, eine Patientin berichtete von Angstattacken, andere Patienten erzählten von ihren Erfahrungen damit, dann kam die Runde mit den Vorschlägen, was man machen könnte. Tamara erklärte dazu hin und wieder ein psychologisches Modell. Eine etwas dickere Patientin erzählte davon, wie schrecklich es sei, dass ihr Sohn nicht bei der Hausarbeit helfe und sie so viel Stress habe und wenn sie sich aufrege, dann keine Luft mehr bekomme.

Eine jüngere, bunt gekleidete Patientin mit Rastazöpfen erklärte ihr eine Atemtechnik, da fiel Max Schnitter dieser ins Wort. »Ich war mal an ein Heizungsrohr angekettet, im Kinderheim, christliches Kinderheim, weil ich irgendeinen Mist gemacht habe. Der Typ von der Spätschicht hat mich in den Keller gebracht und angebunden. *Das* ist Angst. Er hat mich vergessen, ist nach Hause gegangen. Es war von unten arschkalt und ich konnte nicht schlafen, weil meine Hände immer wieder ans heiße Heizungsrohr kamen. Ich hatte Angst, einzupinkeln, und ich wusste, was den Einpinklern passiert. Das ist Angst. Atemübungen, pfff.«

Die Gruppe schwieg betroffen und auch Tamara S. wusste erst nichts zu sagen.

Als das Schweigen zu lange dauerte, fing sie doch an und ärgerte sich im selben Moment über ihre hölzernen Worte. »Danke für diese Erfahrung, Herr Schnitter. So schwer das ist, wir müssen das unterscheiden. Das eine ist eine Real-Angst, und damit geht man anders um als mit einer vorgestellten Angst. Frau Müller, Sie hatten doch gesagt, sie haben dann immer Angst, dass Ihnen die Luft wegbleibt und sie dann einen Herzinfarkt bekommen. Aber sie hatten schon so oft Panikattacken und nie ist etwas passiert.« Frau Müller, die Patientin blickte etwas schuldbewusst nach unten. »Du musst Dich konfrontieren«, sagte ein sportlicher Mann.

»Und dann kriegt sie doch einen Herzinfarkt, das passiert doch«, warf Max Schnitter lapidar ein. Tamara S. schaute auf sein Emoji-T-Shirt mit dem Grinsen. »Oder Du schaust, warum dieser Stress dauernd entsteht«, warf die nächste Patientin ein, »vielleicht musst Du Deinen Sohn besser erziehen. Ich habe bei meinem dann die Konsole weggenommen.« Max Schnitter lachte und sagte: »Dann hätte ich noch ein Handy und ein gebrauchtes Tablet.« – »Herr Schnitter«, sagte Tamara S. lehrerinnenhaft, »merken Sie, was Sie machen? Auf jeden Vorschlag kommt etwas Destruktives von Ihnen.« Max antwortete nicht und winkte nur mit der Hand ab.

Der sportliche Mann erzählte, wie er sich seit Monaten erfolglos bewerbe und sich frage, ob es an ihm liege. Er hatte Anspannungsfalten auf der Stirn, rieb die Hände aneinander und schaute in die Mitte des Stuhlkreises, als sei dort die Lösung zu finden. »Ich bin jetzt 49, das kann doch nicht sein, dass mich keiner mehr will. Ich hab im Vertrieb bei VW gearbeitet, bei Siemens.« Die anderen Patienten redeten ihm gut zu: »Uwe, Du wirst schon was finden. 49 ist doch nicht zu alt. Du musst Deinen Stärken vertrauen.« Uwe sprach weiter, als habe er das nicht gehört: »Ich hab ein Einfamilienhaus, die Kredite. Was denkt denn meine Frau, wenn ich nichts mehr verdiene?«

»Hängt denn Dein Wert von Deinem Einkommen ab?«, kam eine Frage aus der Runde. »Klar hängt der Wert eines Mannes vom Einkommen ab!«, warf Max Schnitter ein. »Geben Sie mal als Mann eine Kontaktanzeige auf: Bin arbeitslos und depressiv.« Uwe, der Sportliche, verbarg das Gesicht in den Händen. »Ich habe versagt«, sagte er tonlos.

»Stop. Stop. Stop!«, warf Tamara S. ein, »das läuft hier gerade in eine seltsame Richtung. Wir können uns alle gegenseitig in den depressiven Gedanken verstärken. Das kennen sie noch aus der Depressionsgruppe: Die Spirale nach unten. Alles geht nicht, Katastrophen kommen sowieso und zum Schluss schlafen wir alle unter der Brücke. Wir können aber auch überlegen, wie wir da raus kommen. Setzen Sie sich bitte wieder aufrecht hin«, sagte sie zu dem Mann, den die anderen Uwe genannt hatten. »Kann jemand noch einmal die wesentlichen Bausteine der psychologischen Depressionsbehandlung wiederholen?« Max Schnitter grinste und Tamara S. ärgerte sich wieder über ihren eigenen Ton. Die braven Patienten wiederholten brav die Lehrbuchbausteine. Tagesablauf, Rhythmus. Positive Aktivitäten. Drei positive Dinge am Abend aufschreiben. Beziehungen pflegen. Auf Stärken besinnen und ausüben.

»Und dann am Ende des Tages läuft die Frau trotzdem zu einem anderen«, sagte Max Schnitter, immer grinsend. »Sie fangen schon wieder damit an!«, herrschte ihn Tamara S. zornig an. »Wollen Sie mir hier den Mund verbieten?«, gab Max Schnitter zurück. »Da kann man sich ja gleich erhängen«, sagte ein anderer, kleiner und unscheinbarer Mann. Max Schnitter zuckte mit den Schultern und hob die Hände und sah ihn an. Die anderen rutschten unruhig auf ihren Sitzen umher.

»Mein Bruder hat sich umgebracht«, sagte eine Frau zu dem kleinen Mann, »weißt Du, was Du anderen damit antust!« – »Soll ich für die anderen weiterleben?«, fragte Uwe, der Sportliche, »ich mach schon mein ganzes Leben für andere, mein Vater, dass aus mir was wird, meine Frau, meine Töchter, die Kunden, der Chef …«

Tamara S. hob die Hand und sprach laut und streng. »Ich möchte, dass wir hier keine Suizidkommunikation machen. Das ist eine Regel in der Psychiatrie. Das gehört ins Einzelgespräch!«

»So sind sie, die Psychologen«, sagte Max Schnitter mit einem nach oben gezogenen rechten Mundwinkel. »Wenn's wirklich existenziell wird, kneifen sie. Und da wundert man sich, wenn man nach solchen tollen Therapien – Nehmen Sie ein Bad am Abend! Freuen Sie sich am grünen, grünen Gras auf der anderen Seite! Und wie schön die anderen Paare da draußen herumlaufen! – wenn man nach solchen Therapien denkt: Und jetzt? Auch Therapie ist sinnlos!«

Tamara S. wollte nur noch raus. Aber sie konnte auch nicht einfach abbrechen und die Patienten so gehen lassen. Sie stand auf und sagte: »Herr Schnitter, Sie kommen dann noch einmal zu mir. Das geht so nicht. Keine Suizidkommunikation in der Gruppe.« Und dann, zu den anderen gewandt: »Es ist schwierig, aber solche Runden gibt es nun manchmal. Ich möchte, dass Sie alle sich auf heute und morgen konzentrieren. Ob sie dann noch einen Spaziergang machen, etwas essen, ein bisschen schlafen, was spielen. Wer etwas braucht, holt sich eine Bedarfsmedikation. Wir sehen uns alle morgen zur Visite wieder und dann überlegen wir gemeinsam von neuem.

Die Patienten verließen den Gruppenraum schweigend.

III

Max Schnitter stand vor dem Arztzimmer. Tamara S. bat ihn herein. »Herr Schnitter, so geht das nicht«, begann sie. »Eine Therapie braucht den Ausschluss von Suizidalität. Sie können so auch nicht an der Gruppe teilnehmen. Wenn sie so wenig vom Leben wollen, dann bekommen sie eine basispsychiatrische Versorgung. Verstehen Sie, wenn Sie einmal bei uns sind, dann haben wir auch eine juristische Verantwortung für sie.«

»*Ich* wollte nicht hier sein«, antwortete er, »Sie können mich gehen lassen. Ich will auch keine Therapie. Hab ich nie gesagt.« – »Und warum sind Sie in die Gruppe gekommen?« – »Mir war langweilig.« – »Aber sehen Sie, was Sie mit den anderen machen, die vielleicht etwas wollen?« – »Die werden schon auch noch sehen, dass es sinnlos ist. Wie viele von Euren Patienten kommen denn wieder? Wo es nichts wird? Und jedes Mal klammern sie sich an irgendwelche sinnlosen Hoffnungen. Und wieder Enttäuschung. Und wieder Hoffnung. Und wieder Enttäuschung. *No Hoffnung anymore,* hab ich mir irgendwann gesagt.«

Tamara S. atmete tief. Hier lang oder da lang. Sie hob an: »Wir lassen die anderen mal raus. Erstmal zu Ihnen. Ganz grundsätzlich, Herr Schnitter, ich achte die Entscheidung zum Selbstmord in manchen Fällen. Unheilbare Krankheit, so schweres Leid, das jemand gehen möchte. Und dann sehe ich 20-Jährige, die sich wegen der Angebeteten umbringen, mit dem Auto ist einer hier vorne gegen die Friedhofsmauer gefahren. Berg runter, *fullspeed,* keine Chance. Abschiedsbrief an Cindy auf dem Beifahrersitz.« So einen Ton hatte Tamara S. ihrem Bruder gegenüber auch immer angeschlagen. »Sinnlos«, sagte Max Schnitter und grinste.

»Ja, langfristige, irreversible Lösung für ein Problem, das sogar kurzfristig ganz anders aussehen könnte«, antwortete Tamara S. und fuhr fort: »Aber wenn jemand in Therapie kommt, und die ganze Zeit zugleich an Selbstmord denkt, ist er wie jemand, der dauernd die Hand an der Klinke zum Exit aus der Therapie hat, und so sich gar nicht den Raum um ihn herum, die Therapie, das Haus des Lebens anschauen kann.« Sie war aufgestanden und zur Zimmertür gegangen und hielt die Hand an der Klinke fest und klinkte und zeigte in das Zimmer. »Das ist eine ganz grundsätzliche Entscheidung. Wollen Sie leben? Wenn Sie sich zu jedem Zeitpunkt beide Lösungen offen halten, dann bleiben Sie in diesem Zwischenzustand, im Limbo, in der Undefiniertheit der Sinnlosigkeit, die Sie die ganze Zeit auch tatsächlich ausstrahlen.« Max Schnitter schwieg. Ohne Grinsen.

»Wow«, sagte er nach einer ganzen Weile, »Sie können ja wie gedruckt reden.« Jetzt grinste Tamara S. »Und jetzt?«, fragte er. »Und jetzt?«, fragte sie zurück.

»Sie wollen, dass ich mich nicht umbringe«, fuhr er nach kurzem Schweigen fort und jetzt grinste er wieder. »Das kann ich aber nicht garantieren.« Die Ärztin schwieg, sie hatte alles gesagt. »Ich soll mich auf Therapie einlassen«, sagte der Patient, »Selbstmord beiseite legen oder mich entlassen lassen, aber nichtsuizidal und dann noch mal entscheiden.« Tamara S. spitzte den Mund und schwieg weiter. »Ich kann aber draußen nicht für mich garantieren. Das kann niemand.«

»Würden Sie wenigstens für zwei, oder sagen wir besser vier Wochen auf Suizidalität und Sinnlosigkeit verzichten, nur um zu sehen, ob dadurch etwas anders wird?«, fragte ihn die Ärztin. »Weil Sie's sind«, antwortete der Patient, »könnte ich es mir vorstellen, ich will ja nicht, dass Sie wegen mir Schwierigkeiten kriegen.« Tamara S. atmete gedanklich auf. »Brauchen Sie das schriftlich?«, setzte Max Schnitter nach. Sie sagte kopfschüttelnd: »Ich vertraue Ihnen, aber ich muss es dokumentieren, dass wir drüber gesprochen haben.«

Sie gab ihm einfach Termine für weitere Gespräche.

Max Schnitter erschien nicht zu diesen Terminen, aber die Schwestern berichteten ihr, dass er ihnen geholfen habe, ein Abrechnungsprogramm wieder zum Laufen zu bringen und in dem Zug gleich Drucker und Fax auf den neuesten Stand gebracht habe. Er war kaum auf Station zu sehen, kam nicht mehr in die Gruppentherapie und Tamara S. hörte, dass er sich fast immer in den Räumen der Ergotherapie aufhielt. Sie bekam eine Anfrage, ob das in Ordnung wäre und sie bejahte und so ließ man Max Schnitter. Der Chefarzt fragte nicht nach Entlassung, der Oberarzt war noch im Urlaub. Nach anderthalb Wochen rief die Ergotherapeutin an. Der Patient habe sich selbst Materialien ausgesucht und eine Art Altarbild hergestellt. »Das müssen Sie sehen«, sagte die Ergotherapeutin am Telefon.

Tamara S. ging in die Ergotherapie und war sprachlos. Das war ihr noch nicht begegnet und sie konnte das, was sie sah, zunächst nicht mit dem Max Schnitter in Verbindung bringen, den sie kennengelernt hatte. Sie sah eine Art Diorama, aber ja, es erinnerte an einen Altar, nur dreidimensional. Im Vordergrund sah sie farbig lackierte Tonfiguren. Sie sah das Jesuskind in der Krippe liegen, aber dann erblickte sie, wie es schrie und sie sah, dass es ein kleines Mädchen war. Als sie dem Kunstwerk noch näher rückte, sah sie, dass der Bauch des kleinen Mädchens offen war und die Gedärme heraushingen. Und um das Jesusmädchen herum standen nicht Joseph und Maria, sondern furchterregende Gestalten. Ein Teufel mit einem riesigen Auge als Kopf zog an den Gedärmen des Jesuskindes. Schafe und Lämmer standen uninteressiert in der Gegend herum. Die anderen Dämonen grinsten mit überspitzen

Mündern, rieben sich die Hände, zeigten auf die Szene. Alle waren auf das feinste lackiert, ein grüner Umhang, ein roter Hut, die Zähne weiß und einmal golden. Der Hintergrund war in Rot und Gold lackiert und hatte eine nahezu gotische Umrahmung. Auf diesem sah man die Wolken und die kleinen Engel der sixtinischen Madonna und von oben den Gottvater aus der Sixtinischen Kapelle schwebend. Aber anstatt den Finger der Rechten Adam zu reichen, zeigte er auf die Szene unter ihm. Auch er hatte ein überzeichnetes Grinsen im Gesicht. Auf dem gotisch verzierten Rand stand symmetrisch in goldenen Lettern: ECCE HOMO.

»So etwas Krasses habe ich noch nie gesehen«, sagte die Ergotherapeutin. »Darf ich es mitnehmen? Ich möchte mit dem Patienten darüber sprechen«, sagte Tamara S., die Ergotherapeutin nickte und machte noch Fotos von allen Seiten. Sie trug das Kunstwerk sorgsam in ihr Zimmer und holte sich Max Schnitter dazu. Es war Freitag und sie freute sich auf das verlängerte Wochenende; sie hatte am kommenden Montag einen Tag dienstfrei.

»Ach so, das«, sagte Max Schnitter, als er das Arztzimmer betrat und den Anlass sah. »Sie sehen, ich mach was«, sagte er, »auch wenn es nicht so konstruktiv ist, wie Sie vielleicht gerne hätten.« – »Ich bin begeistert über Ihre Kunstfertigkeit«, sagte Tamara S. und Max Schnitter hob eine Augenbraue und zeigte einen verächtlichen Gesichtsausdruck. »Aber ich bin auch ziemlich erschrocken, über das, was da zu sehen ist«, setzte sie hinzu. »So«, sagte Max Schnitter, »sind Sie? Haben Sie noch nie schwierige Bilder von Patienten gesehen? Immer nur leichte Hausfrauendepressionen hier gehabt? Keinen Afghanistanveteranen, kein gefoltertes Kind?«

»Doch. Glauben Sie mir. Dennoch«, antwortete sie, »mich hat das beeindruckt, schwer sogar. Ich könnte jetzt alles Mögliche dazu sagen und Sie könnten es mir wieder abschmettern. Ich will nur dass Sie's wissen. Auch dass ich beeindruckt bin von Ihren Fähigkeiten. Nicht nur das«, sagte sie und nickte mit dem Kopf zum Altar, »auch von Computerreparaturen und der Fähigkeit, sich zu beschäftigen!« – »Jetzt kommt sicher gleich, das sollte ich nutzen, beruflich, zum Beispiel.« – »Ja, ich weiß zum Beispiel immer noch nicht, warum Sie Ihre Arbeit verloren haben. Sie waren doch in der Computerbranche.«

»Ach, das ist schon so lange her. Es ist ganz einfach: Ich hab zweimal einen Kunden versetzt, ein Auftrag sollte fertig werden und ich hatte keine Lust mehr. Hab keinen Sinn drin gesehen. Hab gesehen, wie der Chef das Geld abschöpft und was wir an Zeugs verkaufen sollten und was ich verdient hatte. Sinnlos halt.« Grinsen.

»Was mich wirklich interessiert«, sagte Tamara S., und zeigte noch einmal auf das sakrale Werk, »ist, was Sie dazu sagen, was Sie gemeint haben *damit*.« – »Sie sind schwer von Kapee, was? Hab ich schon erzählt: Mein Vater war Alki, der hat geprügelt, wenn er nüchtern war und war lieb, wenn er gesoffen hatte, ekelhaft, dann sollte ich abends bei ihm bleiben und er hat geheult und mir erzählt, dass die Mutter ihn nicht liebt. Ja, und die Mutter, werden Sie jetzt fragen? Die war genauso: mal da, mal nich. Wollte dem Alten entkommen und blieb nach Arbeit weg, aber sie war damit auch weg für uns. Einmal hat sie es gesagt: Hätte ich doch nur abgetrieben ... Dann wieder war sie lieb, brachte Schokolade mit, was ich gar nicht gern esse oder gab mir 20 Euro.«

»Wann sind Sie ins Heim gekommen?«, fragte Tamara. »Mit zehn. Zehn. Zehntelkind.« Max Schnitter schob eine Lippe vor und stierte nach unten und wippte. »War halt so. Gab auch Gutes da. Kumpels. Spaß. Hab gelernt mit Schmerzen umzugehen. Ich wüsste nicht, was mir heute noch wehtun sollte. Die Geschichte hab ich schon x-mal durchdacht. Ist vorbei. Egal.«

»OK, ich belästige Sie nicht damit. Und was war eigentlich bei der Einlieferung los? Was sollte das mit *Allahu akhbar?*«– »Ich wollte halt sterben. Das war los. Hab Ihnen doch oft genug gesagt, dass ich nicht darum gebeten hatte, geboren zu werden, dass man mich nicht wollte und ich darf darum bitten, zu sterben – außer in Ihrer Einrichtung natürlich.«

»Ja, aber was war vorher?« Max zuckte mit den Schultern. »Keine Ahnung. Wird schon irgendwas gewesen sein. Hat vielleicht was nicht geklappt, oder so. Ich will jetzt gehen.« – »Warum ist Jesus hier ein kleines Mädchen?«, setzte Tamara nach. »Ha'm Sie nicht gehört?« sagte Max Schnitter sehr bestimmt und Tamara bekam Respekt vor diesem scharfen Ton. Er war aufgestanden und ging schnurstracks aus dem Büro von Tamara S., Fachärztin für Psychiatrie und Psychotherapie.

IV

Als Tamara S. am Dienstag wieder zum Dienst erschien, empfing sie der Oberarzt, der am Montag selbst aus einem Urlaub zurückgekehrt war.

»Der Patient Schnitter ist weg«, sagte Dr. Nagler und sie antwortete fassungslos: »Was?«

»Ich habe gestern hier Visite gemacht«, fuhr der Oberarzt fort, »Herr Schnitter saß auf seinem Bett und hatte mich erst nicht angeschaut und als ich ihm die üblichen Fragen stellte, guckte er ganz ungläubig hoch und schien verwirrt. Ich fragte ihn, ob irgendetwas los sei, aber er hat nur abweisend geantwortet. ›Irre ich mich, oder kennen wir uns?‹, hab ich ihn noch gefragt.«

»Sie kennen den Patienten?«, warf Tamara S. ein. Dr. Nagler antwortete: »Ich war mir nicht sicher, aber das T-Shirt hab ich schon mal gesehen. Aber Herr Schnitter hat mit dem Kopf geschüttelt und guckte nur weg. Er brauche nichts, danke. Ich wollte auf Sie warten, und nicht irgendwas über Ihren Kopf entscheiden, aber nun ist er weg und wir haben das hier gefunden und entsprechend schon Fahndung ausgelöst. Aber nichts. Die haben die Wohnung aufgebrochen. Nichts. Er ist nicht auffindbar.«

In Tamara S. drehte sich alles. Wieso das denn? Hatte sie irgendetwas falsch gemacht? War sie ihm im letzten Gespräch zu nahe gekommen? Sie nahm den Zettel, den die Schwestern erst am späten Nachmittag auf dem Bett von Max Schnitter gefunden hatten und las: »Ich kann meinen Anti-Suizidvertrag nicht einhalten. Deshalb gehe ich.«

»Warum haben Sie mich nicht angerufen!«, rief Tamara S. in Richtung der Schwester aus. Die zuckte mit den Schultern und sagte: »Ich war nicht im Dienst« und Tamara S. schüttelte mit dem Kopf. Unruhig erzählte sie dem Oberarzt das, was in der vergangenen Woche geschehen war und zeigte ihm das Kunstwerk und berichtete vom letzten Gespräch.

»Wir müssen in der Schlossklinik anrufen!«, rief Dr. Nagler aus, »ich bin mir jetzt relativ sicher!« Nirgendwo hatte der Patient eine Kontaktperson angegeben. Keine Frau, keine Eltern. Die Aufzeichnungen waren spärlich. »Warum haben Sie nicht …!«, herrschte der Oberarzt Tamara S. an. Die konterte, ebenso genervt: »Der Patient hat nichts rausgerückt, Sie haben doch gesehen, wie er war!« – »Wir brauchen irgendjemanden!«, sagte der Oberarzt, »ich rufe jetzt in der Schlossklinik an, die müssen die Akte noch haben, die müssen mir das rausrücken – Schweigepflicht hin oder hier, hier geht es um mehr!«

Tamara S. lief unruhig hin und her, erfragte noch das Neueste von den anderen Patienten. Was sollte sie auch anderes machen? Die Fahndung war eingeleitet. Sie versuchte, sich an alles zu erinnern, was der Patient preisgegeben hatte. Sie fragte die Schwestern, ob er irgendwas erzählt hatte, las die Kurve und die Pflegedokumentation noch einmal. Da stürmte der Oberarzt aus dem Zimmer und wedelte mit einem Zettel. »Ich hab die Telefonnummer seiner Freundin oder Frau. Ich denke, Sie müssen anrufen, Sie kennen ihn viel besser!«

V

»Hier ist Weinrich«, meldete sich eine Stimme am Telefon.

»Ja, entschuldigen Sie, hier spricht Stein, Tamara Stein, ich bin Ärztin im ***-Krankenhaus. Wir haben Ihre Telefonnummer aus der Akte der Schlossklinik. Es geht um Max, Max Schnitter. Er ist verschwunden, deshalb erlaube ich mir, Sie anzurufen. Er war hier in Behandlung und ist weg. Haben Sie eine Idee, wo er sein könnte?« – »Oh Gott, nein, wir sind schon ewig nicht mehr zusammen, es sind jetzt fünf Jahre! Ist es wegen der Sache von vor zwei Wochen?«

»Als er randaliert hat und die Polizei kam? Woher wissen Sie von vor zwei Wochen?«

»Ich war seit ewiger Zeit mal wieder in der Stadt und wollte mich mit einer Freundin treffen«, sagte die Stimme am Telefon. »Ich bin damals nach Leipzig gezogen, nachdem wir uns getrennt haben. Jedenfalls war ich mal wieder hier und bin nur die Straße entlang und dann habe ich ihn in der Kneipe sitzen gesehen und er mich wohl auch. Aber ich bin einfach weiter und habe den Krach gehört und noch gesehen, dass die Polizei kam. War er in der Klinik? Wollte er sich wieder umbringen?«

»Ja, ich meine nein, zum Schluss eigentlich nicht«, antwortete Tamara S. »Er ist einfach gestern nach der Oberarztvisite weggeblieben. Gibt es sonst Freunde, irgendeinen anderen Ort?« – »Unwahrscheinlich. Wenn er ausgetickt ist, dann ist er alleine raus, in den Wald, nach Tschechien, wo auch immer. Theoretisch könnte er zu Karl gefahren sein, ich geb' Ihnen die Nummer.«

»Haben Sie ein Kind zusammen?«, fragte Tamara.

Eine kurze Weile war Stille am anderen Ende der Leitung. »Das wissen Sie gar nicht?«
»Was?« –
»Ich musste auf eine Dienstreise. Max war unglaublich anhänglich, er hatte immer Angst, dass mir was passiert oder dass ich weg bin, zu einem anderen gehe. Eifersüchtig ohne Ende. Er hat sich dann an dem Mittwoch, bevor ich los musste, besoffen und hat rumgeschrien. Ich hatte Angst um die Kleine und hab die Polizei und den Notarzt gerufen. Ich wusste ja, was er für eine Vergangenheit hatte. Ich hab das auch dem Notarzt gesagt, dass er in die Psychiatrie muss. Er war nicht körperlich aggressiv, ich wollte ihm helfen.
Als dann am Samstag meine Mutter anrief, dass sie gestürzt war, rief ich in der Klinik an, und der Oberarzt, Dr. Nagler … «
»Unser Oberarzt Nagler, ja der war in der Schlossklinik damals, der hat mir Ihre Telefonnummer … «
»Hätte der den bloß damals nicht gehen lassen! Ich fragte Dr. Nagler, ob er für ein paar Stunden Ausgang bekommen könnte und auf unsere Kleine aufpassen, ich müsse zu meiner Mutter.« Die Frau am anderen Ende der Leitung schluchzte. »Mia hatte ziemlich schlimmes Asthma und Max wusste, dass sie mit den ICS inhalieren musste. Er kam nach Hause, war total friedlich, ich fuhr los. Als ich wiederkam, lag er völlig betrunken und halb im Koma auf dem Sofa.« Frau Weinrich schwieg eine Weile und sagte dann: »Er hatte einfach den Spray vergessen und Mia nicht gehört. Unsere Tochter ist damals gestorben.«
Tamara schluckte. Max Schnitter war vor zwei Wochen offenbar ausgerastet, weil er seine Exfreundin wieder gesehen hatte, und weil er nun auf denselben Oberarzt von damals traf, war er jetzt weg. Warum nur hatte sie gestern einen Tag frei haben müssen. Die Musik des Zufalls.
»Das tut mir leid«, sagte Tamara und fragte: »Was ist denn damals danach passiert?« Frau Weinrich antwortete: »Die Polizei wurde eingeschaltet. Er wurde auf Bewährung verurteilt und musste einen Entzug machen. Ich habe das Zusammensein mit ihm nicht ausgehalten. Ich habe mich von ihm getrennt und bin weggezogen, habe eine Therapie gemacht und neu angefangen. Ich hatte bis vor zwei Wochen nie wieder was von ihm gehört.«
Die Suche nach Max Schnitter wurde intensiviert, aber sie blieb erfolglos.

* * *

Eine der schwierigsten Therapiesituationen ist, wenn Menschen signalisieren, dass sie etwas wollen und zugleich nicht – und wenn es dabei gar ums Leben geht. Therapeuten werden vom Patienten, den Bezugspersonen und dem Helfersystem verantwortlich und zugleich hilflos gemacht. Ein dauernd drohender Selbstmord torpediert die ganze Therapie; und zugleich können wir den Patienten nicht gehen lassen. Im besten Fall begreifen Patienten, dass Selbstmordankündigungen und zugleich In-Therapie-Sein sich ausschließen. Eine der beiden Möglichkeiten muss ernsthaft und mit Konsequenz erwogen werden. Es kommt durch eine Selbstmordankündigung auch immer zur Therapiekündigung, ohne dass wirklich etwas geschieht. Man fühlt sich als Therapeut wie ein Sprengmeister, der einen Zünder entfernen soll und nicht weiß, ob es eine von Ferne gesteuerte Bombe ist.

Wir können hier diesen und jenen Faktor herausstellen, aber zentral und die eigentliche Diagnose war die Haltung von Max zum Leben, die sich über die ganze Therapie legte: die Haltung der Sinnlosigkeit. Dies ist eine Standardsituation in der Therapie, offenbar ein recht stabiler Attraktorzustand, in welchem Hilflosigkeit für Patienten auszuhalten ist. *The Living Dead.* Gepaart mit der Gefühllosigkeit wird Schmerz und Schuld kaum spürbar; allerdings fehlt dann auch Libido, wenn man sie hier einmal mit »Lebensenergie« übersetzen will.

Therapeuten, die trotz Sinnlosigkeitshaltung lostherapieren, werden keinen Erfolg haben. Patienten machen lustlos alles mit. Sie können sich einmal selbst in diese Haltung versetzen: Wozu das Bett machen, es wird doch abends wieder eingerissen, wozu schön essen, man braucht es doch nur für die Energie. Bloß nicht zu viel in Beziehungen investieren, Menschen betrügen oder gehen wieder weg. Vielleicht merken Sie, wie Motivation sinkt und man auf ein Leben im Minimalzustand, auf Sparflamme zusteuert.

Es ist wichtig, dass Therapeuten dieses Muster, die Situationsklasse »Koryphäenkiller« mit der Unterform »Es ist doch sinnlos – Spiel mit dem Selbstmord« erkennen und zuerst diesen Zustand attackieren. Es gibt für die Behandlung dieses Phänomens keine Lehrbuchvorlage. Es ist der berühmte »Schalter« in der Therapie, den Patienten nach Einsicht in die Struktur des Problems willentlich umlegen müssen. So wie jemand beschließt, mit dem Rauchen aufzuhören. Dem gehen viele Überlegungen voraus – und dann – Ratsch! – wird es getan.

Tamara S. ging die destruktive Haltung zunächst in der Gruppe und dann im Einzelgespräch an und es schien zunächst, als habe sie Erfolg damit.

In diesem Fall zeigt sich als weiterer Faktor das schon erwähnte Muster der Primär- und Sekundärpersönlichkeit, der zunächst widersprüchlich scheinenden Charakterzüge. Ein Kind, das bei Messie-Eltern aufwuchs, versucht vielleicht mit zwanghafter Überkompensation lebenslang sein Bedürfnis nach Ordnung, Struktur und Sicherheit herzustellen. Jemand, der hilflos der Willkür gewaltvoller Eltern ausgesetzt war, legt sich selbst eine harte Schale zu und möchte nie wieder zum Opfer werden.

Max Schnitter war ein temperamentvolles und sensibles Kind in seiner Primärpersönlichkeit. Die Heim- und Gewalterfahrung, die Beziehungserfahrungen und ganz zum Schluss der Verlust seines Kindes ließen eine Sekundärpersönlichkeit entstehen, die die Gefühle und Empfindsamkeit Schnitters schützte. Er wirkte teilnahmslos, als könnte er keine Freude empfinden, zeigte kein Interesse an Menschen, aus Enttäuschungsschutz bezeichnete er jedes Ziel als sinnlos; so konnte eine Frustration ihn kaum noch treffen. Er *wurde* schizoid. Aber auch das teilnahmslose Gefühleabschneiden entlastete ihn nur kurzfristig. Verdrängung hilft nicht. Schuld, Liebesbedürfnis, Lebendigkeit und Bestrafungswunsch, Abspaltung, Schutz lagen im Widerstreit. Max war durchaus Menschen zugewandt und dann wieder sehr abweisend. Dies führte zu einer besonderen Dynamik mit der Therapeutin.

Am dramatischen Abend, an dem er eingewiesen wurde und zuvor die Polizei auf den Plan gerufen hatte, zeigte sich doch der innere Kern, seine Primärpersönlichkeit. Max Schnitter schwankte zwischen dem unerträglichen Gefühl der traumatischen Bilder seines toten Kindes, die sich Nacht für Nacht bei ihm aufdrängten und des damit verbundenen schweren Schuldgefühls, das er nicht aushielt und vermeiden wollte. Zugleich wollte er Strafe, um Frieden zu finden, er behandelte sich schlecht, ließ Dinge laufen, verlor seinen Arbeitsplatz, ging nicht mehr zum Zahnarzt und in der Zuspitzung spielte er noch Russisch-Roulette, nachdem er seine Exfreundin und Mutter des Kindes kurz gesehen hatte und er von einer Welle gemischter Gefühle überwältigt wurde.

Im nichtpathologischen Bereich können die widerstreitenden Persönlichkeitszüge eine wunderbare Ergänzung sein: eine diszipliniert arbeitende Schauspielerin, die im rechten Moment ihr Temperament durchschießen lassen kann; ein ordnungsliebender Mensch, der seine Kinder nach einem überlangen Fernsehabend auch ohne Zähneputzen ins Bett schickt.

Bei psychischer Krankheit kommt es fast immer zum negativen Exzessstreit zwischen den konkurrierenden Anteilen. Pedanterie und Ordnungstyrannei sind keine Hilfe gegen Chaos auf der anderen Seite. Überzogene Freundlichkeit und Friedfertigkeit machen langfristig Aggression aufgrund von andauernder Bedürfnisfrustration nicht wett.

Max Schnitter schützte seine sensible und emotionale Seite durch betontes Coolsein, Langeweile, Desinteresse. Der Exzess bestand im Widerstreit zwischen dramatisch ausagierter Emotionalität und betontem Gefühleabschneiden, Abtötung von Lebendigkeit und letztlich dem Suizid.

Der *Plot* könnte lauten:

Der Selbstmordattentäter.

Ein junger Mann will seinem Leben ein Ende setzen. Er hatte nicht nur eine schwierige Kindheit, in welcher er Demütigung und Schmerz ertragen lernte, sondern verlor auch sein Kind durch eigene Unachtsamkeit und Schuld; damit auch seine Beziehung. Fortan schaltete er seine Gefühle noch mehr ab und ging in einen reduzierten Lebenszustand des »Living Dead«. Da der Selbstmordversuch misslingt, kommt er in die Psychiatrie und dort konstelliert sich durch seine Sinnlosigkeitshaltung eine neue Situationsklasse über den depressiven und anhedonistischen Symptomen heraus: Therapeuten werden durch die Selbstmordandeutungen hilflos gemacht und zugleich durch subtile Andeutungen von Therapiezielen bei der Stange gehalten.

Selbstmord durch Provokation von Polizisten ist insbesondere in Ländern mit Waffenbesitz und einer strengen Polizei nicht selten. Das Ende der Geschichte zeigt auch, dass Max Schnitter die Geschehnisse nicht mit seinem Selbstbild vereinen konnte. Diese Menschen sind höchst selbstmordgefährdet.

Aber die Geschichte lief auch so, wie sie lief, weil der Oberarzt in den Urlaub ging, ein Zufall, und Tamara S. nicht auf der vollständigen Anamnese insistierte. Es gibt Situationen, wo man als Therapeut nicht alle Informationen erheben kann; diese und noch weitere Geschichten zeigen nur, dass das »offizielle« Narrativ nicht immer das wahre ist. Insbesondere wenn es Lücken gibt, wenn ein Patient wie Max Schnitter die Stunde selbst beendet, wenn es Widersprüche gibt (wie in den »anonymen Briefen«), sollten Sie hellhörig werden, sollte nach verborgenen Dingen sensibel gesucht werden. Scham und Schuld lassen Menschen Dinge verschweigen und es ist die besondere soziale Dynamik dieser beiden Gefühle, dass sie in uns Therapeuten eine Hemmung auslösen, nachzufragen.

Die ängstliche Wut

I

Die Patientin Solveig Scholt war ausgesprochen höflich, als sie das Zimmer von Ulrich R. zum Erstgespräch betrat. Sie wartete, bis er ihr den Platz angeboten hatte und sagte oft: »Entschuldigen Sie«, bevor sie etwas sagte. Sie hatte medizinische Akten mitgebracht, die in einem Ordner abgeheftet waren. Sie war vielleicht 40 Jahre alt. Die Strähne eines längeren Scheitels verbarg die rechte Hälfte ihres Gesichts und wegen der Pandemie hatte sie auch eine Maske auf, so dass der Therapeut ihre Mimik gar nicht lesen konnte. Ulrich R. war unwohl dabei. Er hatte auf ihrem Einweisungsschein »Hypochondrisch gefärbte Ängste« gelesen.

Die Stühle im Behandlungszimmer waren wegen der Lage schon in zwei Meter Abstand gestellt worden, und Ulrich R. entschloss sich gleich zu Anfang zu einem therapeutischen Schritt. Ihm war dieses ganze Masketragen äußerst hinderlich in der Arbeit und bei dieser Diagnose wollte er in die Vollen gehen. Er nahm seine Maske ab und sagte zu ihr: »Wir haben hier großen Abstand und das Fenster ist offen. Ich wollte nur, dass Sie mein Gesicht sehen.« Es sah zunächst aus, als würde sie auf dem Stuhl zurückweichen. »Sie könnten, wenn Sie möchten, dann auch die Maske absetzen«, sagte Ulrich R. »So können wir uns besser kennenlernen.«

Frau Scholt schüttelte unmerklich den Kopf und sagte: »Ich würde sie lieber aufbehalten. Ich möchte nicht gegen die Vorschriften verstoßen. Andererseits, wenn Sie es sagen, Sie sind ja hier Chef …«, und nahm dann die Maske ab. Dennoch konnte er nichts in ihrem Gesicht erkennen.

Sie komme wegen Panikattacken, diese seien im letzten Jahr aufgetreten, natürlich *wegen* Corona, aber es sei auch so viel Stress auf Arbeit gewesen. Sie bekomme die Attacken jetzt immer öfter, bevor sie auf Arbeit fahren wolle, manchmal dann auch in der Straßenbahn, sie müsse aussteigen. Sie habe Asthma, das allein sei jedoch gut im Griff. Sie glaube bei solchen Attacken, irgendwas Toxisches sei in der Luft. Ihre schlimmste Fantasie sei, dass sie dann panisch ihren Asthmaspray nehme und nichts passiert. Sie sprühe nach, aber sie bekomme immer weniger Luft – und schließlich ersticke sie qualvoll und hilflos.

»Was haben Sie für Stress auf Arbeit?«, fragte Ulrich R.

»Seit April haben wir eine neue Chefin, zehn Jahre jünger, die will alles anders machen. Das ist ja grundsätzlich okay. Aber sie macht dabei Fehler!, lässt sich aber von uns erfahrenen Kollegen nichts sagen.« – »Wo arbeiten Sie denn?«, fragte der Therapeut sie. »Ich bin in der Altenpflege, eigentlich Krankenschwester«, antwortete die Patientin. – »Da haben Sie viel mit Krankheiten und Tod zu tun«, sagte der

Therapeut. – »Ja, das macht mir nichts aus«, antwortete die Patientin, »ich finde es schön, die Alten zu begleiten. Die inhaltliche Arbeit stört mich nicht. Aber es haben so viele Leute bei uns aufgehört. Nichts ist planbar, zwei Wochenenden im Monat muss ich rein. Und ich sehe so viel Schlamperei, weil so ein Zeitdruck da ist. Ich wette, es gehen schon Tote auf dieses Schlamperei-Konto.«

»Was gibt es noch für Faktoren? Wie geht es Ihnen privat? Haben Sie eine Beziehung?«, fragte Ulrich R. weiter. »Mein Mann ist ein ganz lieber«, antwortete Frau Scholt. »Wenn ich den nicht hätte! Er fährt mich jetzt manchmal auf Arbeit. Auch wenn es mir schlecht geht, dann bleibt er bei mir und kümmert – sich.« Sie redete die ganze Zeit betont langsam, immer ein wenig näselnd. Es klang wie »Wenn es mir schnecht geht …« Sie machte vor dem letzten Wort ihrer Sätze häufig eine … Pause. Mein Mann ist ein ganz – Pause – Lieber.

»Kinder?«, fragte Ulrich R. sie. – »Eine Tochter, die macht nicht das, was sie soll. Ja das ist auch ein Stressfaktor. Sie isst nicht richtig, aber will nicht zum Psychologen. Ich muss für die Schule bei ihr so hinterher – sein.« Sie hatte doch tatsächlich »Schune« gesagt.

»Die Lehrer kümmern sich nicht«, fuhr sie fort, »wie oft war ich schon dort und hab denen Tipps für die Unterrichtsgestaltung – gegeben.« Jetzt wurde der Gesichtsausdruck ärgerlicher, sie rutschte auf dem Stuhl nach vorne. »Und wie lange es gedauert hat, bis ich hier einen Platz – bekam!« Sie wirkte jetzt nicht mehr so höflich. Einen Pnatz bekam.

»Das wichtigste ist, sagt mein Mann, dass ich wieder mit den Öffentlichen fahren kann. Können wir damit – anfangen?«, blickte sie mich fordernd an. »Ja, können wir«, antwortete ich. »Aber ich muss noch ein paar Dinge mehr wissen. Sie wissen ja auch, die Psychologen fragen noch zu den Eltern.«

»Ich bin das schon oft durchgegangen«, antwortete Frau Scholt rasch und laut, um dann wieder in ihren langsamen und zu leisen Ton zu verfallen. »Es ist für mich kein Problem mehr. Ich hatte keine schöne Kindheit. Beide Eltern waren Alkoholiker und meine Mutter ging weg, als ich sieben war. Zuvor war sie oft in Kliniken, es hieß immer irgendwas mit dem – Magen.«

»Moment«, warf Ulrich R. ein, »die Mutter ist weg und Sie blieben beim Vater? Das ist ungewöhnlich.« – »Ja, mein Vater war so ein hohes Tier. Ökonom oder so was, SED auf jeden Fall und er hatte – Beziehungen. Er hat dem Jugendamt gesteckt, dass meine Mutter oft besoffen war, obwohl er selber nicht besser war und er hat einfach behauptet, sie habe uns geschlagen. Sie hat uns mal geschlagen, aber das war nichts, deswegen musste er nicht eingreifen. Zumal – was danach kam …«

»Und haben Sie heute Kontakt zur Mutter?« – »Nein, ich hab es mal versucht, ich hab raus gefunden, wo sie – wohnt. Sie ist nach Riesa in die Nähe ihrer Eltern gezogen, die dann auch nichts mehr von uns wissen – wollten. Erst habe ich geschrieben, da kam nichts zurück. Dann war ich mal bei ihrem Haus, hab geklingelt, da war ich vielleicht 25. Sie hat aufgemacht und gesagt, dass sie nicht mit mir sprechen wolle, das tue ihr zu – weh. Sie sah aus, als würde sie nicht mehr trinken. Ich hab das dann respektiert und mich nicht mehr – gemeldet.«

»Und dann haben Sie, ab sieben beim Vater gelebt?«, fragte Ulrich R. – »Ja, ich war nur noch auf der Hut, wie mein Vater drauf war, wann mein Vater besoffen war. Er konnte auch mal lieb sein. Ich hab auch immer mal eine gepfeffert bekommen, aber das hat mit heute nichts zu tun. Können Sie gleich mal mit der Angststörung – anfangen?«

Ulrich R. überlegte eine Weile, erklärte ihr dann noch den Teufelskreis der Angst und versprach, am nächsten Morgen eine erste Konfrontationsübung zu machen. Eigentlich macht man das nicht, nicht so schnell, dachte er, und dass es vielleicht gar nicht um Angst ginge. Aber das würde er ja sehen.

II

Am nächsten Morgen war Frau Scholt ganz ruhig. Ulrich R. sagte ihr, dass er das machen würde, was sie wünschte. Angstbehandlung. Er erklärte ihr nochmals, worauf es ankam. Sie gingen aus der Klinik hin zur Straßenbahnhaltestelle. Ganz regelrecht fragte er sie, wie hoch das Angstniveau auf einer Skala von Null bis Zehn sei, bevor sie einstiegen. »Wo fahren wir – hin?«, fragte sie. »Ich will Ihnen das noch nicht sagen, damit wir uns der Angst stellen können.«, antwortete der Therapeut, »Wo sind Sie jetzt bei der Angst?« – »Bei – vier.«

Von da an wurde sie einsilbig. Die Bahn kam, die beiden stiegen ein, es war nahezu leer, Pandemiezeit. Ulrich R. probierte einiges aus, ließ sie hyperventilieren, bat sie, ihre schlimmsten Gedanken zu haben, rückwärts zur Fahrtrichtung zu stehen und dann fragte er, wie hoch die Angst sei. »Drei«, sagte die Patientin. Nicht eben viel für eine Angststörung. Er entfernte sich von ihr. Das Gleiche. »Wie können Sie denn die Angst steigern?«, fragte der Therapeut sie. »Ich weiß nicht«, antwortete die Patientin. Sie stiegen in die S-Bahn um, dort wieder keine höhere Angst. Sie stiegen am Flughafen aus. Dort ebenfalls gähnende Leere. Eine riesige Agora, dachte Ulrich R., ein *horror vacuui*. Nachdem sie durch die Eingangsdrehtür gegangen waren, bat er sie, bis ganz nach oben zur Zuschauerterrasse zu fahren, sich alle Gedanken zu machen, die Angst auslösten. Er würde irgendwann nach ihr schauen.

Sie ging langsam und bedächtig von ihm weg, wurde immer kleiner, er sah sie die Rolltreppen hochfahren. Sie drehte sich nicht einmal um. Nach gut zehn Minuten ging er hinterher. Sie saß auf der langen Bank der völlig leeren Aussichtsterrasse des Provinzflughafens, die Rollbahn war tot, irgendwo stand ein verwaistes Flugzeug, wie aus dem Nest gestoßen. Es gab jetzt noch einen Flug am Tag, nach Frankfurt. Frau Scholt saß zusammengesunken und stierte vor sich hin.

»Sie haben das super gemacht! Wie geht es Ihnen?«, fragte Ulrich R. sie. »Die Angst ist nicht gekommen. Aber Sie hätten mich hier allein – gelassen!« – »Ja, darum geht es auch, dass Sie sich selbst beruhigen können. Ist Ihnen sonst noch etwas aufgefallen?«

»Nein.«

»Ist irgendetwas?«, fragte er sie. »Nein, nein, ich bin nur – verwirrt.« – »Wollen Sie von hier aus allein zur Klinik fahren?«, fragte er. »Nein, das würde auch nicht mehr bringen. Ich weiß es genau. Heute kommt die Angst nicht – mehr.« Sie war äußerst einsilbig. Ulrich R. ließ sich hinreißen und sagte ihr: »Frau Scholt, ich glaube nicht, dass Sie eine reine Angststörung haben. Sie haben die ganze Zeit die Maske aufbehalten trotz Asthma und Ihrer Angst zu ersticken, die Angst ging nicht höher als auf vier. Ihr ganzer Affekt ist eher ärgerlich und vergnatzt, als ängstlich. Ich würde mich freuen, wenn Sie mir sagen, was das ausgelöst hat.«

»Nein, Sie müssen das ja so machen. Ich habe mich ja belesen. Das ist die – Therapie.«

»Sie sehen ganz so aus, als wären Sie traurig, dass es so einfach ist«, sagte Ulrich R. »Deuten Sie nicht dauernd was in mich hinein«, warf sie ihm entgegen. Ärgerlich, eindeutig. Sie fuhren in die Klinik, er ermunterte sie, selbst weiter zu üben.

Am nächsten Morgen sagte die Patientin bei der Visite auf die Frage, ob sie denn allein nach Hause gefahren sei: »Nein, mein Mann hat mich abgeholt. Das wäre mir sonst zu viel gewesen. Und falls Sie fragen, heute Morgen hat er mich auch – gebracht.« Sie schaute dem Therapeuten triumphierend ins Gesicht. »Schade«, sagte er, »ich wollte Ihnen noch mal sagen, dass Sie ganz regelrecht mitgemacht haben. So kann ja Therapie gehen und Sie könnten rasch gesund werden und wieder alles allein unternehmen.«

»Mein Mann wartet draußen, er will Sie sprechen, wir haben ja sowieso gleich – Termin«, sagte sie noch. Ulrich R. war sich sicher, dass sie selbst ihren Mann gebeten hatte, mit ihm zu sprechen. Als er mit ihr von der Visite zu seinem Büro ging, saß dort ein Hüne, vielleicht 35, riesige Hände, das Kurzarmhemd spannte über seinem Bizeps. Hoffentlich hatte ich sie nicht zu sehr gekränkt, dachte Ulrich R. und jetzt schickte sie ihre Truppen. Seine Filmfantasie ging mit ihm durch. Psychologe erschlagen, weil er die Frau des Mafiaboss' kränkte. Irgendwie war Ulrich R. froh darüber, dass man zurzeit keine Hand geben durfte.

Er bat die beiden in sein Zimmer hinein, und der Mann von Frau Scholt fing gleich an zu sprechen: »Meine Frau war gestern ganz schön fertig. Sie haben sie sehr rasch gezwungen, Dinge zu machen, vor denen sie Angst hat. Ist das nicht ein bisschen zu früh?«

»Nun«, antwortete Ulrich R., »sie hatte mir ja gesagt, dass wir gleich mit der Angst anfangen könnten und sie hätte jederzeit Nein sagen können. Ich mache nur das, was Patienten auch wollen.« – »Sie hätten mich besser aufklären – müssen«, fiel jetzt die Patientin in ihrer langsam-näselnden Sprechweise inklusive Pause mit ein. Sie hätten mich besser aufknären – Pause – müssen. Und sie fuhr fort: »Sie sind verpflichtet, Patienten über die Nebenwirkungen von Psychotherapie aufzuklären. Ich habe äußerst schlecht geschlafen. Ich hatte einen Alptraum, in dem ich auf Arbeit von Polizisten gefangen gehalten wurde und mich nur befreien konnte, indem ich einem die Waffe entreißen und ihn töten konnte. Und als sich so ein Opa, ich hab ihn genau gesehen, einer von meinen Patienten, mir in den Weg stellte, hab ich ihn erschossen!« Sie schlug die Hände vors Gesicht und schluchzte auf. Das war ein Auftakt für eine Therapie! Ihr Mann ging zu ihrem Sessel und nahm sie unbeholfen in den Arm und schaute den Therapeuten strafend an.

»OK, das tut mir leid«, versuchte dieser, ihr den Wind aus den Segeln zu nehmen, »wenn es zu schnell war, ich wollte nur Ihren Auftrag annehmen. Aber wie soll es denn jetzt weitergehen?«, fragte er das umschlungene Paar.

»Meine Frau hat mir gesagt, dass sie in *ihrem* Tempo weiter üben muss«, sagte Herr Scholt. »Sie kann das nicht so gezwungen. Ich kenne sie. Sie wird Ihnen sagen, wann Sie mit ihr Konfrontationsübungen machen können.«

»Und wozu brauchen Sie mich dann, Frau Scholt?«, fragte Ulrich R. »Sie machen das schon ganz – gut«, antwortete sie in seine Richtung und er merkte, wie er erleichtert war, »ich brauche Sie auch zur Auseinandersetzung. Ich kann nicht einfach so Ja und Amen – sagen.«

»Ja, Sie hatte eine furchtbare Kindheit, hast Du ihm davon erzählt, Solveig?«, sagte Herr Scholt. »Ach, lass, das ist doch … vorbei«, beschwichtigte sie. »Er hat sie gedemütigt, in den Schrank gesperrt, geschlagen, der Vater«, fuhr der Ehemann fort. »Sie musste nachts aufstehen, wenn er wollte, dass sie ihm Bier aus dem Keller holte, der Keller, vor dem sie Angst hatte. Sie geht heute noch nicht gerne in den Keller. Ich würde dieses Schwein am liebsten abstechen.« Ulrich R. stellte sich das lieber nicht vor.

»Aber ich habe ihm – verziehen«, sagte sie. »Ich habe so ein Heilerseminar mitgemacht, das ist nun schon zehn Jahre her. Wir konnten unseren Schmerz dem Kosmos anvertrauen und neu beginnen. Ich fühlte mich … gereinigt.« – »Geht das so einfach?«, fragte Ulrich R., »Ihr Vater hat sich offenbar nie entschuldigt.« Sie schüttelte den Kopf und der Therapeut fuhr fort: »Ich wüsste nicht, ob ich nicht Rachegedanken hätte.«

»Deshalb hat mich ja der Alptraum so erschreckt. Man kennt mich als den friedlichsten Menschen der Welt, nicht – wahr«, näselte sie und schaute ihrem Mann in die Augen, der zur Bestätigung ihre Hand tätschelte. »Nichts ist mir verhasster als Konflikte. Deshalb mache ich auf Arbeit lieber auch das, was die Chefin anordnet, obwohl ich es nicht angebracht finde. Ich will auf keinen Fall so sein wie mein Vater, laut, rumschreien, vielleicht noch schlagen oder – Schlimmeres.«

»Aber wir haben das manchmal in uns, Wut, Aggression, Kränkung«, sagte Ulrich R. »Vielleicht ihr Männer«, zischte sie und Ulrich R. wusste nicht, wem das galt. Seit er Frau Scholt gesehen hatte, rätselte er, was das Besondere an ihr war. Sie war wie ein Rennwagen mit angezogener Bremse, man hörte schon den Motor, oder besser die Düsen heulen. Dazu ihre Stimme, das Zurückgenommene, dieser nasale Ton, dieses betont leise und langsam reden, dass man schon unwirsch werden wollte: Komm zum Punkt … Und jetzt das. *Ihr Männer.*

»Noch einmal zur Angstbehandlung«, setzte Ulrich R. wieder ein. »Es tut mir leid, Sie haben das nicht allein in der Hand. Ich kann nicht zwei Wochen warten, bis Sie üben wollen. Wir haben hier auch wirtschaftliche Gegebenheiten, es warten Leute auf die Plätze in der Klinik. Ich würde dann irgendwann entscheiden, dass Sie gehen müssen. Ich rate Ihnen sehr, zuhause allein zu üben. Es geht nicht darum, *mir* zu zeigen, dass Sie brav Aufgaben erfüllen, sondern sich klar zu machen, warum Sie angstfrei werden wollen und dann zu üben. Je massiver, desto besser. Und Ihre Rolle«, wandte Ulrich R. sich an Herrn Scholt, »ist die eines Coaches, der ermutigt, aber Ihre Frau muss alleine üben. Sie können Sie gern danach trösten, in den Arm nehmen, loben, alles Mögliche, aber schubsen Sie sie ein bisschen.«

»Was habe ich Dir gesagt«, warf Frau Scholt zu ihrem Mann gewandt ein, »Du bist manchmal zu lieb, ich brauch den Arschtritt ein bisschen.« – »Ja und dann regst Du

Dich wieder auf!«, antwortete Herr Scholt. »Ja, so bin ich nun mal«, und sie lachten beide.

Wir verabschiedeten uns und nach zwei Minuten klopfte sie noch einmal an seiner Tür und sagte: »Ich möchte nicht, dass Sie mich bedauern. Ich habe vorhin Ihren Gesichtsausdruck gesehen, als es um meine Vergangenheit ging. Lassen Sie das.«

Jetzt schreibt sie mir meine Mimik vor, dachte Ulrich R.

III

Am nächsten Montag saß zur Visite eine verheulte Frau Scholt da. Sie beschuldigte sich, die Therapie nicht hinzubekommen. Sie sei am vergangenen Freitag noch ins Kaufhaus gefahren, habe sich Unterwäsche gekauft, sei eine große Runde mit der Straßenbahn gefahren und habe sich sehr gefreut. Aber am Sonntag habe sie schon früh so eine Unruhe verspürt, sie habe nichts im Haushalt machen können. »Und immer wieder kam mir der Traum in den Sinn, den ich hatte!«, sagte sie schluchzend, »Und Gedanken, ich könnte meiner Tochter etwas antun, ich hatte die Vorstellung, sie von hinten zu erstechen!« Die anderen Patienten schauten auf den Fußboden oder erwartungsvoll auf den Therapeuten. »Oder meinen Mann!« Sie schlug die Hände vors Gesicht. »Das ist erst seit der Therapie so!«

Das war eine Anklage. Was hatte *ich* noch mal gemacht?, dachte Ulrich R.

»Wie hat Ihr Mann reagiert?«, fragte er sie. »Der war nicht da!« rief sie laut aus. »Aber nicht dass Sie denken, ich hätte Angst vor dem Alleinsein«, setzte sie hinzu, als hätte sie erraten, was er als nächstes fragen könnte. »Was war es denn dann?«, setzte Ulrich R. hinzu. »Es ist die Therapie!«, fauchte Frau Scholt weiter. »Ich merke, dass da irgendwas kommt. Sie waren viel zu – schnell!« Wieder eine Anklage. Die anderen Patienten blickten uns wie bei einem Tennismatch an.

Augen links. Augen rechts. Links. Rechts.

»Wir können eine Pause einlegen, und einen Schritt zurück machen«, erwiderte der Therapeut. »Ja, dass Sie mir dann vorwerfen, dass ich nicht richtig mitmache und Sie einen Grund haben, mich rauszuwerfen.« Hier wollte jemand einen Kampf. Ulrich wusste, dass das wenig mit ihm zu tun hatte.

Am Nachmittag klopfte eine Patientin aus der Therapiegruppe an seine Bürotür. Frau Scholt habe nach der Visite im Frühstücksraum so fürchterlich auf den Therapeuten geschimpft, berichtete sie, da habe sie Angst bekommen, Frau Scholt habe gesagt, er sei ein Manipulator, er wolle seine Macht über Patienten genießen und sie habe nur noch Gewaltphantasien.

»Und dann hat sie uns auch noch eine Schnittwunde an ihrem Unterarm gezeigt«, fuhr die Patientin fort. »Wir waren perplex und wussten nicht, was wir machen sollten. Frau Scholt wollte das nicht verbinden lassen, sie ist doch selber Krankenschwester. Sie hat noch gesagt«, die Patientin stockte, »dass ihr Mann mit einer anderen Frau unterwegs gewesen sei, aber das sei OK, sie hätten eine offene Beziehung.«

Ulrich R. dankte der Patientin. So, Frau Scholt war also nun eine Angstpatientin. Es gab bereits genügend Gründe, warum die Symptomatik bei ihr da sein konnte. Und genügend Gründe für diesen aggressiven Widerstand gegen eine Verbesserung.

Er hatte so direkt angefangen mit der Konfrontationsübung, vielleicht war im übertragenen Sinne die Konfrontation mit dem, was er bei ihr sah, wichtig, dachte er. Aber sie zeigte ihm, dass er zu schnell war, und jetzt noch das mit der offenen Beziehung. Ulrich R. hörte schon die bedenklichen Aussagen des Oberarztes und sah das Kopfschütteln seiner Kollegin, die alles erst verstehen wollte und aus seiner Sicht unendlich langsam therapierte ... Aber Frau Scholt zwang einen, irgendwie.

Er konnte nicht anders, er entschloss sich, weiter direkt vorzugehen, auch wenn die Patientin ihn vielleicht furchtbar fand. Wenn er nichts machen würde, würde sie ihm einen Brocken nach dem anderen hinwerfen, bis er sowieso endlich reagieren müsste. Er holte Frau Scholt in sein Büro. Sie schaute ihn an, als erwarte sie eine fürchterliche Strafe. Ulrich R. holte aus: »Ich will direkt sein, es hat glaube ich keinen Sinn, um den heißen Brei herumzureden. Sie sind ziemlich wütend auf mich. Sie kämpfen mit mir, seit der ersten Konfrontationsübung und statt der Angst sehe ich vielmehr, dass Sie Kontrolle ausüben wollen. Wissen Sie noch, wie Sie letzte Woche sagten, wie ich auf Ihre Äußerungen reagieren soll, bedauern sollte ich Sie jedenfalls nicht. Sie sagen mir, wann Sie sich konfrontieren wollen, wie schnell ich sein soll, Sie kennzeichnen mein Verhalten in der Visite als unmöglich. OK. Aber darunter liegt eine ungeheure Aggressivität. Mir hat vorhin, entschuldigen Sie, aber das passiert nun mal in einer Therapiegruppe, eine Patientin erzählt, dass Sie sich geschnitten haben, auch damit kann ich irgendwie umgehen. Aber sie hat auch gesagt, dass Ihr Mann am Wochenende mit einer anderen Frau unterwegs war. Sie haben das bisher nicht erwähnt.«

Sie schwieg, schaute nach unten. Quälend lange. Dann hatte sie wieder diese leise, feine, fast aristokratische Stimme. »Ja, und«, sagte sie, »wir haben schon lang dieses ... Abkommen. Er trifft sich mit ihr, er braucht das. Dadurch geht es uns mit uns viel – besser.« Ulrich R. dachte an die vielen Kompromissbildungen unserer Seele, die nach außen unverständlich erscheinen. »Und Sie haben keine Angst, dass er eines Tages weg sein könnte?«, fragte er. Sie schüttelte den Kopf. »Ich bin ärgerlich, dass er dann nicht da ist, dass ich mit meiner Tochter und meiner Zeit was anfangen – muss.« – »Daran könnte man ja arbeiten. Ist das besser als die Konfrontations-übungen? Ist *das* Ihr Thema?« – »Ich wollte noch sagen«, fuhr Frau Scholt fort, »ja, ich bin ärgerlich auf Sie. Aber ich will das nicht. Das hatte ich Ihnen gesagt. Ich will nicht so wütend und jähzornig sein, wie mein Vater. Aber ich hasse Ihre Macht.« Jetzt war es heraus. »Aber irgendwie finde ich es auch gut, mit Ihnen zu kämpfen.« Sie schaute den Therapeuten schelmisch von unten herauf an und lächelte vorsichtig. Er lächelte zurück. »Das kann ich verstehen, ich mag auch mit Ihnen zu kämpfen. Das ist mir nieber als der weichgespünte ... Singsang.« Er ahmte ihre nasale Stimme nach.

»Ich habe Angst vor Ihnen, dass Sie mich zu irgendwas zwingen; dass ich unterlegen bin. Und ich habe Angst, dass ich so wütend sein könnte, dass hier kein Stein mehr auf dem anderen bleibt.« Das also war ihre Angststörung. Angst vor der eigenen Wut. Sie wurde rot und schwieg. Man hätte ihr Herz außen hören können, man sah das Pulsieren am Hals und im Takt ihres Pulses schwang ihr Fuß auf den übereinander geschlagenen Beinen.

»Und«, fiel ihm noch ein, »haben *Sie* schon andere Beziehungen gehabt?« – »Aber verurteilen Sie mich nicht!«, antwortete sie. Sie schluckte und fing an: »Ich habe bei meinem Mann einmal entdeckt, dass ich es gut finde, von so einem großen und starken Mann bezwungen zu werden. Er hat mich von Anfang an wegen seiner Größe und Stärke fasziniert. Er ist auch so ganz in Ordnung, aber wenn ich ehrlich bin, ist es das, was mich antörnt. Ich habe nichts dagegen, wenn er mit anderen schläft, solange ich das auch von ihm kriegen kann. Ich habe mich anfangs dafür geschämt. Ich wollte mich seit der Geschichte mit meinem Vater eigentlich nie wieder unterwerfen. Aber mir gefällt das. Mich hat es zu solchen Männern hingezogen. Ich habe mich in solchen Clubs bewegt, habe mich fesseln lassen«, sagte sie und verbarg ihr Gesicht in den Händen und blickte ihn dann fragend an: »Was hat das mit den Angstattacken zu tun?« – »Das weiß ich noch nicht«, antwortete Ulrich R., »vielleicht haben Sie auch Lust, einmal Gewalt auszuüben und fürchten sich davor?«

Sie stand sofort auf: »Das lehne ich ab! Schon wieder so eine Manipulation von Ihnen. Sie wollen mir das einreden! Ich habe Ihnen gerade eben gesagt, dass ich das Gegenteil will, ich mache mich hier nackt vor Ihnen und dann so was! Ich denke, ich werde meine Konsequenzen daraus ziehen!« Sie ging ruckartig zur Tür, öffnete sie, und ging lauten Schrittes nach unten. »Frau Scholt!«, rief Ulrich R. ihr noch hinterher, aber sie drehte sich nicht mehr um.

IV

Ulrich R. ärgerte sich, dass er mit dieser Deutung schon wieder so vorgeprescht war. Das zog sich durch den ganzen Fall. Frau Scholt hatte irgendwie Recht. Er deutete etwas in sie hinein, was er nicht wissen konnte. Andererseits, er musste auch solche Fragen stellen und Ulrich R. wusste nicht, was es war, aber sie verführte dazu, sie härter anzufassen. Vielleicht waren es aber nur *seine* Machtgelüste: Ich weiß besser, was Sie haben und *da* geht es lang, Sie werden mir noch dankbar sein … Das alte: *Ich will doch nur dein Bestes …*

Er erwartete, dass Frau Scholt in der nächsten Sitzung nichts sagen oder mit ihm kämpfen wollte. Wieder hatte er sie falsch eingeschätzt. Bevor sie kam, schrieb ihm seine Kollegin noch eine Mail, in der sie eine Information aus der Gruppentherapie mitteilen wollte, zufällig eine reine Frauengruppe. Frau Scholt sei dort seit drei Sitzungen dabei gewesen. Es sei um den Elternkontakt gegangen, wann man sich abwenden, abgrenzen dürfe, ob man eine Entschuldigung bei schweren Straftaten annehmen könne und wann nicht. Zwei Frauen hätten von körperlicher Gewalt, eine auch von Missbrauch erzählt. »Frau Scholt sagte dazu: ›Und ist es auch eine Straftat, wenn einem der Missbrauch gefallen hat?‹«, schrieb ihm die Kollegin. Sie habe sie noch gefragt, was das bei ihr bedeute, aber Frau Scholt habe abgewiegelt, sie habe das nur mal diskutieren wollen. Ulrich R. würde bei Frau Scholt nachfragen können, aber es war immer heikel, wenn solche intimen Informationen aus anderer Quelle kamen.

Frau Scholt kam zu ihrer regulären Sitzung ins Therapeutenzimmer und redete relativ klar, nicht mehr so langsam und näselnd. »Ich habe viel nachgedacht. Wissen Sie, was Schwester Jana mir gestern gesagt hat?« – »Nein.« – »Ich sei wie eine Amokläuferin, ich würde gekränkt sein und dann würde ich eines Tages schießen.« Ulrich R. verdrehte die Augen. Er hatte – vielleicht dummerweise – im letzten Therapeutengespräch die Aggressionsstauhypothese als Behandlungsmodell für Frau Scholt ins Team eingebracht. Aber er hatte auch gesagt, dass er noch mehr Informationen zusammentragen wollte, damit uns der Fall nicht um die Ohren fliegt. *Ich* habe das Wort von der Amokläuferin eingebracht, dachte Ulrich R. und Schwester Jana, wieder einmal Schwester Jana, hatte es in ihrer Art, Psychotherapie betreiben zu wollen, gegenüber der Patientin ausposaunt.

»Ich fühle mich hier total missverstanden«, redete Frau Scholt weiter. »Ich zweifle langsam an der Professionalität Ihres Teams hier. Ich weiß ja nicht, was Sie hinter meinem Rücken reden«, und sie musterte ihn dabei sehr aufmerksam, »aber ich will noch einmal sagen: Ich bin nicht aggressiv. Aber was ich bin, und da haben Sie sicher Recht, ich bin verärgert. Meine Chefin will, dass ich dies und jenes und noch eine Aufgabe mehr mache, sie besorgt aber nicht die Materialien und kümmert sich um die Infrastruktur. Aber ich soll immer ran. Meine Tochter sagt mir einerseits: ›Du hilfst mir ja nicht richtig‹, andererseits blockt sie meine Hilfe bei den Hausaufgaben auch ab. Und mein Mann geht Dienstag und Donnerstag zum Sport und dann manchmal das Wochenende mit seiner Tussi – nicht dass er das nicht machen soll, aber die Arbeit bleibt an mir kleben, wer kümmert sich denn mal um mich?!« Ihr traten Tränen in die Augen. »Ich habe durch die Therapie hier gemerkt, dass ich totale Angst habe, wieder was für mich zu machen, oder Panik bekomme, wenn ein Tag nicht durchstrukturiert ist. Ich wollte diese Kindheit und Jugend abstreifen und hab gearbeitet, um zu zeigen, dass ich was kann, dass das ›Du bist nichts. Aus Dir wird nichts‹, das mein Vater immer gesagt hat, nicht zutrifft. Ich habe diese Ausbildung gemacht, gearbeitet, gespart, ich hab ein Konto, von dem weiß auch mein Mann nichts. Das garantiert mir, dass ich jederzeit weg kann. Das lass ich mir nicht nehmen.« Sie atmete schwer. Ihre Stimme war natürlich, sie hatte überall rote Flecken.

»Als meine Tochter kam, hab ich mich nur um sie gekümmert. Ich wollte unbedingt eine bessere Mutter sein als meine eigene. Dann bin ich aber nach einem Jahr wieder arbeiten gegangen, weil ich auch zeigen wollte, dass ich beides kann. Und das Schlimmste ist, das merke ich jetzt, ich habe viel zu wenig Zeit mit meiner Tochter verbracht! Wenn ich mit ihr zusammen war, wollte ich es besonders gut machen, dass sie was lernt, dass sie Regeln kennt. Die schöne Zeit ist vorbei, wissen Sie, wenn die Kinder klein sind …« Sie weinte. Die beiden schwiegen eine ganze Weile.

»Ich hab früher getanzt, ich mag Filme und Bogenschießen. Seit 16 Jahren hab ich das nicht mehr gemacht«, sagte Frau Scholt noch. »Das sind doch wichtige, wenngleich bittere Erkenntnisse«, erwiderte Ulrich R., »daraus kann man doch aber *heute* etwas machen.« – »Ja, ich weiß, hier geht es viel darum. Aber dann müsste mein Mann mehr ran, oder ich müsste meine Arbeitszeit reduzieren. Aber ich will nie mehr so abhängig sein! Es ist so kränkend, sich in der Hand eines anderen zu befinden!« Ulrich R. nickte nur. »Ja, das wäre toll, wenn man alles allein unter Kontrolle hätte. Als Kind ist man total abhängig; aber mit zunehmendem Alter wird einem die eigene Bedürftigkeit und Abhängigkeit dann wieder bewusst. Es kommen die Krankheiten hinzu, man braucht einen Arzt, oder andere Hilfe.«

»Ja, wissen Sie, wie furchtbar das ist, hier zu sein, es nicht alleine hinzukriegen!« – »Ja, das haben Sie mir oft klar gemacht«, sagte Ulrich R. und lächelte ein wenig. »Sie sollen das ja auch wieder zum großen Teil in Ihre Hand kriegen. Aber Sie werden sich mit dem Teil Abhängigkeit von anderen, den wir nun mal in uns haben, arrangieren müssen.« Sie hob die Augenbrauen und atmete schwer. »Ich würde Sie bitten, einmal alles aufzuschreiben, was Sie gern anders hätten, so dass Ihre Bedürfnisse einigermaßen befriedigt sind. Spinnen Sie ruhig erstmal, der nächste Schritt ist dann die Machbarkeit, aber lassen Sie alles zu, was Sie anders wollen.«

Frau Scholt nickte und erzählte noch ein bisschen, wofür sie sich eigentlich alles interessierte, bevor Ulrich R. die Stunde mit den Worten beendete: »Hatten Sie eigentlich in der vergangenen Woche Angstattacken?« – »Nö«, erwiderte sie, »ich war sogar beim Zahnarzt, eigentlich ein Horror für mich.«

V

Ein langer Arbeitstag lag vor Ulrich R. Draußen schien die Sonne. Er hörte mehr oder minder bei den Erzählungen seiner Patienten zu, die Leute bedankten sich bei ihm, er diktierte und telefonierte und dachte zwischendrin immer wieder daran, wie die Therapie von Frau Scholt weitergehen sollte. Sie war an einem wesentlichen Punkt: Es ging um ihre Bedürfnisse, die Angst war in den Hintergrund gerückt, ohne dass sie noch einmal üben mussten. Sie machte einfach die Dinge, die sie wollte. Aber er fragte sich, ob das alles sein konnte. Was war das für eine Geschichte mit ihrem Mann? Kam da noch etwas? Wir würden noch über die Arbeitsstelle sprechen müssen. Wie würde sich das Gefüge ändern, wenn sie manchmal etwas ablehnen würde, nicht mehr auf Hilfe des Mannes angewiesen wäre? Nicht wenige Beziehungen von Panikpatienten gingen im Zusammenhang mit einer Therapie auseinander.

Wo war der Kampf mit ihm hin? Dieses sich »in der Hand eines anderen fühlen« und dagegen rebellieren? Was für eine Diagnose hatte die Patientin? Wie sollte er die Persönlichkeit beschreiben? Es lagen recht eindeutig ein paar zwanghafte Merkmale vor, aber auch manches, was an eine Borderline-Störung erinnerte. War das Sexuelle schon eine Perversion? Ulrich R. dachte und dachte und dachte.

Er hatte gerade eine junge Patientin, eine Psychologiestudentin, zur ersten Therapiesitzung, die daran litt, dass sie nicht der ganzen Welt helfen konnte und die unglaublich wütend war, dass eine Frau, die sie über die Flüchtlingshilfe unterstützen wollte, *so egoistisch* war. Auch sie war mit einem »Nervenzusammenbruch«, was nur ein anderes Wort für Panikattacken ist, in die Klinik gekommen. Auch diese junge Studentin war eigentlich wütend, und so gar nicht ängstlich. Plötzlich sehe ich diese Gefühlsschichtung überall, dachte Ulrich R. noch, als es heftig an der Tür klopfte und Schwester Jana ins Zimmer stürmte und sagte, er müsse sofort kommen, Frau Scholt hätte sich was angetan. Ulrich R. hasste diese dramatischen Auftritte von Schwester Jana. Er sagte ihr, dass sie die junge Patientin nach unten begleiten solle, er würde sich dann bei ihr melden. Schwester Jana sagte: »Frau Scholt sitzt im Schwesternzimmer.« So schlimm konnte es also nicht sein. Ulrich R. eilte dennoch die Treppe hinunter. Frau Scholt weinte und zitterte und wurde gerade von einer anderen Schwester verbunden. »Ich krieg es nicht hin«, stieß sie hervor. »Ihre Therapie! Ich hab wieder Panikattacken! Das Ganze geht hinten und vorne nicht! Ihr hinterlistiges Hineindeuten! Und dann noch Schwester Jana! Ich soll ein Amokläufer sein!« Sie schrie jetzt und Ulrich R. wollte irgendwas Beruhigendes sprechen, aber sie war schneller und lauter. Keine Spur von ihrer bedächtigen Redeweise. »Sie alle denken, Sie könnten so an mir rumtherapieren? Wer sind Sie denn überhaupt!« Ihre Augen waren rot und jetzt roch er auch Alkohol. Als die Schwester sie am Arm anfassen wollte, um sie zu beruhigen, schlug sie die Hand weg und hämmerte auf die Schwester ein. Ulrich R. versuchte, an sie heranzukommen, aber dachte in dem Moment noch, was sie dann von ihm denken musste. Er rief nach den anderen Patienten, da hatte Frau Scholt schon von der Schwester abgelassen, riss sich die Binde und das Pflaster wieder vom Unterarm, nahm die Schere vom Tisch und stach wieder und wieder auf ihren Unterarm ein. »Ihr habt es versaut!«, schrie sie immer wieder. »Ihr habt es versaut!« Und dann entwich sie durch die Tür, ohne dass sie jemand hätte aufhalten können und hinterließ eine Blutspur auf dem Fußboden.

Ulrich R. informierte den Mann und die Polizei, sagte aber, dass sie nicht unbedingt suizidal sei, aber vielleicht fremdaggressiv. Er rief alle Therapeuten und den Oberarzt zusammen und informierte die Kollegen über das Geschehen. Die Sozialarbeiterin hob die Hand und sagte: »Bei mir ist etwas passiert. Frau Scholt war vor einer Stunde bei mir. Sie hatte einen Brief des Altenheims bekommen, in dem ihr Vater liegt. Er war vor ein paar Monaten dort eingeliefert worden, weil er verwirrt und ausgezehrt war und niemanden hatte, der sich um ihn kümmern konnte. Da er die Kosten nicht vollständig aufbringen konnte, hatten sie die Tochter, unsere Frau Scholt – aber erst jetzt – ausfindig gemacht, die nun die Pflegekosten ihres Vaters, auch nachträglich zu bezahlen habe. Sie wurde aufgefordert, ihr Vermögen offen zu legen.«

* * *

Mich hat immer gewundert, dass wir psychische Erkrankungen nur nach zwei, höchstens drei Hauptgefühlen einteilen. Zum einen haben wir die große Gruppe der Angststörungen, und zum anderen die der affektiven Störungen, die vor allem depressive Gefühle betont, aber natürlich auch deren Gegenteil.

Als nächstes fällt in Therapien auf, dass während der Angstbehandlung nicht selten die Hilflosigkeit eines Traumas zutage tritt oder die Trauer über einen Verlust.

Aber auch Ekel wurde in einem Fall deutlich, in welchem die Patientin in ihrer Kindheit zum Essen gezwungen worden war und die später zunächst Angst vor Medikamenteneinnahme hatte, die sich dann weiter auf alle stückigen Lebensmittel ausweitete, bis sie nur noch Brei und Suppen essen konnte. Und welch große Wut kommt in solchen Therapien mit hoch! Wir finden diese vor allem in der Borderline-Therapie, aber auch bei der Depression, verkehrt gegen sich selbst bis hin zum Selbstmord. In den Angststörungen kann man genauso den wütenden Grund sehen, bei den Zwängen als extremste Form von Ängsten spielt die Abwehr aggressiver Gedanken eine große Rolle. Das Adrenalin der Wut wandelt sich durch bestimmte Bewertungen in Angst, aber wir behandeln oft nur die Angst. Bei welchen Therapien kommt Neid vor? Stolz, Ehrgefühl? Rache, Eifersucht, Macht- und Überlegenheitsgefühl? Real begangene Schuld?

Und so therapieren wir möglicherweise mit unseren Manualen nur die eine Seite und Wesentliches bleibt verborgen. In den meisten Fällen ist es eine Mischung, besser: eine Schichtung von Gefühlen. Patienten berichten nur über die Spitze des Eisberges, vielleicht weil es zum Selbstbild passt. Aber die unterste Schicht, die ist vielleicht vulkanischen Ursprungs.

Auch wenn dieser Fall recht dramatisch endete, ist er doch irgendwie typisch. Ich möchte hier vor allem auf die Schichtung der Gefühle aufmerksam machen. In unserem Modell gesprochen, spielte die Kontrolle darüber, wie Frau Scholt *nicht* erscheinen wollte, eine zentrale Rolle – das Management des Selbstbildes. Das Selbstbild war das einer friedlichen und unabhängigen Frau. Die Therapie stellte das massiv in Frage, auch durch die viel zu schnellen Aktionen des Therapeuten.

Insbesondere bei Kindern, die geschlagen wurden oder anderweitig Gewalt erfuhren, spielt dazu das sogenannte *Täterintrojekt* eine Rolle. Ein tiefenpsychologischer Begriff, der für das Verständnis dieses Falles nützlich sein kann. Immer dann, wenn man selbst Verhaltensweisen des einstigen Täters an sich bemerkt (und das ist nicht so schwer, sind wir doch Menschen, und haben Aggressivität, Abwertung, Egoismus etc. in uns) – wird eine enorme psychische Gegenbewegung ausgelöst. Wir sind dann besonders friedlich, verneinen jeglichen Egoismus etc. Insofern sind solche übertrieben freundlichen und leisen Verhaltensweisen, wie sie Frau Scholt am Anfang zeigte, ein wichtiger diagnostischer Hinweis auf eine Überkompensation von Aggressionen.

Die Verquickung mit dem Täterintrojekt zeigte sich besonders an der Bemerkung aus der Gruppentherapie (und auch an ihren sexuellen Vorlieben): Frau Scholt hatte wahrscheinlich auch den aggressiven und sexualisierten Kontakt mit dem Vater als Zuwendung verstanden und schwere Schuldgefühle verspürt, Mittäterin zu sein.

Durch alles hindurch zog sich das Bedürfnis nach Kontrolle. Der Therapeut sollte so und so reagieren, ihre eigenen aggressiven Regungen sollten kontrolliert werden, das Selbstbild sowieso, aber auch andere Menschen, wie die Tochter und der Mann unterlagen ihrer Manipulation. Sie selbst wollte sich ja nicht mehr ausliefern und unterordnen, sie kontrollierte andere und ihre eigenen Gefühle und übernahm so die Rolle ihres Peinigers, allerdings in milderer Form. Autonomie und Autarkie waren ihr verständlicherweise extrem wichtig; aber zum Bedürfnis der Autonomie gehört immer ihr Zwilling Bindung; in der Extremform Unterwerfung. Beides lebte sie gespalten in Extremen aus: ihr übermäßiges Arbeiten, um genügend Geld nur für sich zu haben, und auf der anderen Seite die unterwerfenden sexuellen Vorlieben. Eine Spaltungs-Kompromissbildung, die jäh durch die Aufforderung, ihre Konten offen zu legen und ausgerechnet ihrem ehemaligen Peiniger Gelder zahlen zu müssen, schwer gestört wurde. Hier zeigt sich noch einmal, wie stark doch Kontrolle ein übergeordnetes Motiv ist und andere Motive, hier Autonomie, »versklavt«. Und wie wichtig es sein kann, nach den Geldern zu fragen.

Der Therapeut hätte sehr viel selbstwert- und selbstbildschonender vorgehen können. Die Kontrolle, die von der Patientin ausging, löste bei ihm, vielleicht aus eigenen biografischen Gründen, einen starken Widerwillen aus. Da er sich in einer Machtposition befand, hatte er agiert statt zu reflektieren. Ihm hätte klar werden können, dass sich durch die Attacke auf die Angststörung sofort eine neue Konfliktspannung bei ihr herstellen musste. Sie griff zunächst ihn an und hielt damit alle Einsicht und konflikthaften Gefühle von sich selbst fern. Aber aus der Ferne ist gut reden; ich bin selbst die gleichen Fallen gegangen.

Die Rolle des Ehemannes war offensichtlich; er reagierte ganz klassisch. Im Prinzip ließ ihm die Angststörung keine andere Chance, oder es würde die Beziehungsdefinition in Frage gestellt werden, was auch er nicht wollte. Folgerichtig musste er sich auch gegen den Therapeuten wenden.

Im gesamten Motivationsgefüge waren Autonomie und Bindung doch recht gut austariert; auch die offene sexuelle Beziehung der beiden stellte keine Gefahr dar, was der Therapeut zuerst gedacht hatte, und was sein erstes Modell der Wut-Angst-Störung war.

Es zeigte sich, auch hier leider zu spät, dass der eigentliche Faktor die Konsistenz im Selbstbild war, die Spannung immer mehr ansammeln ließ: Sie konnte nicht zugeben, dass sie rachsüchtig und aggressiv war, weil sie sonst wie ihr Vater gewesen wäre. Der Verlust an Kontrolle über ihre Autarkie brachte das Fass zum Überlaufen.

Und nicht zuletzt wirkten hier die gesellschaftlichen Rahmenbedingungen in die Therapie hinein: Kinder haften für ihre Eltern, wie ungerecht das auch manchmal sein mag. Es ist sehr schwer nachzuweisen, dass man wegen schwerer Schuld der Eltern nicht der Unterhaltsverpflichtung nachkommen muss (siehe auch §1611 BGB, Wegfall der Verpflichtung). Symptome können da helfen, anzuklagen und zu zeigen, was geschehen ist.

Ein möglicher *Plot* unseres Falles ist:

Die ängstliche Wut.

Eine Frau wurde in ihrer Kindheit von der Mutter verlassen, vom Vater oft gedemütigt und geschlagen, es bestand der begründete Verdacht auf einen sexuellen Missbrauch. Sie bricht den Kontakt ab, als sie erwachsen wird, versucht unabhängig zu werden, spart Geld an, um nie wieder abhängig zu sein. Immer wenn sie etwas ärgert, kränkt oder wütend macht, wird zugleich mit diesen Emotionen ihr Täterintrojekt und die Überkompensation dessen – eine besondere Friedfertigkeit – aktiviert. Diese Spannung äußert sich zunächst in Angstattacken, gerichtet gegen kleinere äußere Stressoren, den Mann, die Tochter und die Chefin. In den Angstattacken muss sie nicht wütend sein und kann sich doch damit abgrenzen. Als in der Therapie deutlich wird, dass sie Angst leicht in den Griff bekommen würde, kamen die nächsten Schichten Trauer und Wut zum Vorschein. Da so ihr Selbstbild nicht mehr zu wahren war, baute sich eine noch stärkere Spannung auf, die wieder zunächst gegen den Therapeuten und die Therapie gerichtet wurde. Als dann noch ihre Unabhängigkeit durch eine Unterhaltsverpflichtung ausgerechnet zum Vater bedroht wird, kommt es zum Zusammenbruch der Balance.

Der Fall ist nur *ein* Beispiel für die Schichtung von Gefühlen. Zumeist sind diese nicht rein geschichtet, sondern es findet sich aus den unteren Schichten bereits etwas in den oberen, sichtbaren Symptomen. Die oberen, sichtbaren Gefühle sind selbstbildkonform und dienen auch als Gegenbewegung zu den tiefer liegenden. So gibt es weitere charakteristische Schichtungen; etwa die massive Selbstanklage und Suizidalität in der Depression, der ebenfalls heftigste Aggressionen zugrunde liegen können; häufig gemischt mit der Kränkung eines Nähe-, Bindungs- oder Versorgungswunsches.

Das heißt *nicht*, dass das bei jeder Depression so ist. Meine zentrale These ist ja, dass die Diagnose nicht sagt, was los ist und wir in jedem einzelnen Fall die Struktur der Störung aufklären müssen. Anhand der Depression kann man das gut sehen: Es gibt nicht »die Depression«, sondern eine Unzahl verschiedener Muster depressiven Verhaltens, je nach Mischung unserer Faktoren.

Die Depression bezeichne ich immer als die »Endstrecke« oder Meta-Erkrankung aller psychischen Erkrankungen, deshalb gibt es sie auch so häufig. Egal, was Sie für ein Problem (mit Partnern, Chefs, mit einer Krankheit etc.) haben: Wenn Sie es nicht in den Griff bekommen, und es tritt bei hoher emotionaler Bedeutsamkeit Hilflosigkeit (Verlust der Kontrolle über andere Bedürfnisse) hinzu, kommt es zur Depression.

Weitere Schichtungen können von oben nach unten z. B. sein: Eifersucht-Selbstunsicherheit-Beziehungskränkung, oder Angst-Selbstunsicherheit-Liebe, oder auch Aggression-Schuldgefühl-Überlegenheitsgefühl.

Es geht darum, dies heuristisch im Blick zu behalten, insbesondere dann, wenn ein bestimmtes Gefühl, das zu erwarten wäre, *nicht* auftaucht oder übertriebene Verhaltensweisen oder Gefühlsausdrücke auftreten, die auf ihr kompensiertes Gegenstück hinweisen. Wir wollen ja an den Plot, das Strickmuster heran kommen.

Ich bin so ein großer Versager

Sehr geehrte Frau Schumann,

nach reiflicher Abwägung habe ich mich entschieden, diesem Leben ein Ende zu setzen. Mein Versagen auf ganzer Strecke ist nicht durch eine Therapie heilbar. Es wäre eine Kosmetik an den Symptomen und nicht am Charakterfehler, der in mir wohnt wie eine Erbkrankheit.

Ich habe rasch die Illusion durchschaut, die sich Therapie nennt, bei der beide mitmachen, der als Patient getarnte Versager und die Hilfe und Beziehung heuchelnden, von Mitleid und Ekel erfüllten Helfer.

Sie können nichts dafür, Sie haben sich redlich bemüht. Mir ist auf Erden nicht zu helfen.

Meine Selbstunsicherheit ist so erbärmlich, dass ich sie nicht mehr ertrage. In jeder Situation zu denken, was das Richtige sei, tausendfach abzuwägen, darüber zu wenig zu handeln und feige zu werden über »des Gedankens Blässe« (wir haben über Hamlet geredet und sein Zögern). Sie haben es »selbstunsicher-vermeidend« genannt und das war ein Schlag ins Gesicht, aber die Wahrheit.

Feige, faul, ohne Kraft, vermeidend, den Kampf des Lebens meidend, so bin ich.

Wir haben noch nicht viele Sitzungen miteinander gehabt, aber ich habe nach der Diagnostik gemerkt, dass Sie die Wahrheit aussprechen. Das war richtig so, das Geheuchel der meisten Menschen und vieler Therapeuten kann ich nicht mehr ertragen, dieses »Das wird schon« oder »Man muss nicht immer der Beste sein«, dieses Klein-Kleine Zufriedengeben mit *positiven Aktivitäten*. Ich ahnte schon, wie die Therapie weiter verlaufen würde, dafür habe ich schon zu viel Psychologisches gelesen. Ich wollte Ihnen mein Gejammer ersparen, andere brauchen Ihre Hilfe sicher dringender. Meine Frau hat richtig gehandelt, als sie nach meinen Worten vom »Strick nehmen« den Notarzt rief, der dann eine Einweisung verfügte. Ich war zu feige, mich dagegen zu wehren. Ich ließ mich in eine Klapsmühle einweisen, ich war kein Mann mehr. Der sich hier das Essen vorsetzen lässt. An Gesprächsgruppen teilnimmt. Dem eine Psychologiepraktikantin in der Depressionsgruppe sagt, dass er positiv denken soll. Der bei einer Krankenschwester nach Ausgang fragen muss. Aber das ist nur der Endpunkt einer langen Kette von Belegen, dass ich meiner Existenz unwürdig bin.

Wir haben nur wenig über mein unbedeutendes Leben gesprochen, Sie wissen ein paar Eckdaten, den Beruf meines Vaters und wann ich die Schule besucht habe. Sie haben Hobbies und Interessen abgefragt, aber all das offenbart nur eine erschreckende Mittelmäßigkeit, die mich schämt. Gitarre spielen! Wie lächerlich! Das können Unzählige! Englische Bücher lesen! Klassische Musik schön zu finden!

Nichts davon ist bedeutend. Und mein in letzter Zeit häufig auftretendes Zittern, wenn jemand mir bei irgendetwas zusah, meine Unfähigkeit, *souverän* zu sein.

Mein zentrales Gefühl ist das der Peinlichkeit und Scham. Ich habe einen wiederkehrenden Traum, in welchem mein Freund, der wirklich Opernsänger ist, der es als Junge aus dem Osten wirklich zu etwas gebracht hat, anruft und mich fragt, ob ich für ihn kurzfristig einspringen könne für seine Bass-Arien in der *Matthäuspassion*. In der vollbesetzten Kreuzkirche soll ich dann die Arie des Judas singen, der seinen Herrn verraten hat: *Gebt mir meinen Jesum wieder.* Ich beginne, obwohl ich weiß, wie scheußlich es sein wird und ich kann es in diesem Traum hören, es klingt alles falsch, aber ich singe weiter. Ich sehe die betretenen Gesichter der Zuhörer und ich wache dann ein jedes Mal schweißgebadet auf. Das ist das Gefühl meines Lebens. Ich würde gern aus der Realität einmal schweißgebadet aufwachen und dann merken, dass sie nur ein Traum war.

Ich habe nichts wirklich auf die Reihe bekommen, auch wenn die Leute sagen, *Ach, Du hast doch einen Sohn* oder *Du hast doch eine Frau* und *Du hast doch Deinen Beruf* …

Aber was ist das mit dem Beruf! Die Verkäufe meiner Produkte sind mittelmäßig, ich bin nichts weiter als ein Händler, der Spielzeugprodukte anderer Erfinder vertreibt. Dieser zweite Platz beim Ideenwettbewerb im letzten Frühjahr, der sagt alles. Ich habe mich überschätzt, meinen Selbstbausatz für ein Tretauto, ökologisch, feinste Holzsorten, völlig durchdacht, mit Elektronikbausatz, das Ganze für das Kind individualisierbar. Aber es wollte niemand. Dass ich immer wieder denke, dass es doch toll ist, das ist mein Charakterfehler. Diese Peinlichkeit nicht vorwegzunehmen und es dann bleiben zu lassen. Aber dieser Geltungsdrang bei Mittelmaß!

Mein Sohn schreibt Vieren in der Schule. Er hat keinen Ehrgeiz, obwohl ich mit ihm gelernt habe, ihm verdeutlicht habe, wie wichtig Fleiß, Anstrengung und harte Arbeit sind. Aber er wird gemerkt haben, dass es nur hohle Phrasen sind, dass ich nur so tue, als würde ich hart arbeiten. Ich bin ein Hochstapler und mit der Einweisung hier ist es ans Licht gekommen.

Meine Frau wird mich nicht vermissen, die ist zufrieden, wenn sie kochen und zweimal im Jahr in den Urlaub fahren kann. Nur die Mittelmäßigen sind zufrieden!

Als Kind dachte ich, dass ich wie mein Vater Erfinder werden würde. Ich belächelte die Schüler, die so angestrengt lernten. *Wer übt, kann es nicht*, sagte mein Vater immer. Mir fiel alles zu. Und ich habe nichts daraus gemacht.

Meine Mutter hatte meinen Charakter durchschaut. Ich merkte es daran, wie sie Jens, meinen jüngeren Bruder ansah. Sie nahm manchmal seine Hand, meine nie, streichelte ihm übers Haar. Er ist Bürohengst geworden. Er hat sich nicht so verstellt wie ich; er fand seine Anstrengungslosigkeit gut. Mein Vater hat ihn wohl verachtet. Ich werde die Klasse meines Vaters nie erreichen können. Dass er schon gestorben ist, erleichtert mich jetzt, er musste und muss nicht mehr sehen, was ich für ein Versager bin. Ich hoffe, nach dem Tod kommt nichts mehr, damit er nicht über mich urteilen kann. Ich vergesse nie seinen vernichtenden Gesichtsausdruck, als er bei einem Sonntagsspiel unserer Mannschaft zusah, und einer meiner Mitspieler ein Eigentor schoss. Und ich habe mir im Leben so viele Eigentore geschossen … Der Fußball. Ich war in der Jugendmannschaft von Dynamo, ich bekam sogar eine Zeitlang Geld dafür, dass ich spielte. Aber auch hier: Es reichte nicht, ich habe mich zu wenig angestrengt, war faul, anstatt härter zu trainieren. Und so kam es – als der Kader nach dem Aufstieg in die zweite Liga aufgestellt wurde, wählte man mich nicht hinein. Einer nach dem anderen wurde aufgerufen und ich blieb mit sieben mittelmäßigen Luschen zurück.

Sie haben sich sicher gewundert, warum ich in der Gruppentherapie nichts sage. Die anderen können zu allem etwas sagen, eine Geschichte aus ihrem Leben beitragen, aber mir kommt das unerträglich banal vor. Ich probiere die ganze Zeit Worte aus, dann ist der Gesprächsfaden schon woanders. Diese Selbstunsicherheit macht mich wahnsinnig. Ich habe einfach nichts zu sagen. Und seit dieser Arzt bei uns in der Therapiegruppe war, ist es noch schlimmer. Das schlimmste ist ja, dass man vielleicht noch in voller Überzeugung etwas Falsches sagt und es gar nicht merkt, wie bei Susi's Deppen-Apostroph oder dem Deppen Leerzeichen. Dass ich ein Fremdwort benutzen will und es falsch verwende. Und alle denken, *Oh Gott, ist das peinlich.* Aber natürlich sagt niemand etwas. Die Leute lächeln und nicken und ermuntern einen, weiterzumachen. Dem Behinderten kann man das nicht sagen, der kann das nicht verkraften. Wir lassen ihn aus Mitleid in dem Glauben, dass schon alles OK ist. Sie führen einen vor, so wie ich das auch von Ihnen denke. Sie reden mit mir freundlich, Sie wollen mir *helfen*, aber Sie können sich nicht vorstellen, wie kränkend das ist. Unsere Therapie heißt, ich schaffe es nicht alleine.

Sie erinnern mich an meine erste Freundin, eine tolle Frau, vielleicht die einzige, die ich wirklich geliebt habe, eine Cellistin. Die hatte mir wie nebenbei erzählt, dass sie mit einem Typen zusammen war, der einen großen Schwanz gehabt habe, aber sonst ein Arschloch war. Aber wie sie das gesagt hatte! Ich habe das von da an nie wieder aus meinem Kopf gekriegt, ich habe mir tausend Dinge einfallen lassen, eine Frau zu befriedigen, aber das alles konnte nicht über den Makel hinwegtäuschen. Ich habe Susanne danach betrogen in meinem Größenwahn. Ich wollte sie abwerten, wie kleinlich. Ich hätte nie etwas mit ihr anfangen dürfen, es war der Anfang von meinem Ende. Von da an hatte ich nur noch Partnerinnen, vor denen ich keine Angst haben musste, die mich bewunderten. Aber ich habe nie aufgehört, an Susanne zu denken.

Und jetzt sitze ich vor einer so attraktiven, jüngeren Frau, die mir helfen muss … und die die ganze Zeit denkt, wie beschränkt ich doch sein muss, wie unsicher, um in so eine Situation zu kommen, eine Klapsmühle. Wieso gibt es keine Männerquote in der Psychotherapie? Und als Sie heute diese Geste gemacht haben mit Daumen und Zeigefinger, als sie sagten, dass es mir schwer falle, mit Kleinheit umzugehen, durchfuhr es mich wie ein Blitz, dass nichts und niemand den angeborenen Makel tilgen könne und so habe ich beschlossen, dass die Scham endlich aufhören muss.

* * *

Das schrecklichste Ereignis innerhalb des Therapeutenberufes ist, wenn sich einer unserer Patienten in einer laufenden Therapie umbringt. Nicht nur über das Leben des Suizidenten wird damit ein Urteil gesprochen, auch über die Nahestehenden und die Hilfsangebote. Wir versuchen uns dann als Klinikteam zu stützen, aber es bleibt eine Fassungslosigkeit zurück, für die es kaum Trost gibt.

Eines Tages traf es meine Kollegin Cornelia von der Psychotherapiestation, eine erfahrene Frau um die 40. Sie saß weinend da, nachdem sie kurz die Fakten geschildert hatte, und überreichte mir den im Nachtschrank aufgefundenen, ungewöhnlich langen und säuberlich geschriebenen Abschiedsbrief. Der Patient, ein Mann um die 50, war in den Ausgang gegangen und hatte sich von der Aussichtsplattform unseres Rathauses gestürzt. Dieser *Fall* war am nächsten Tag auch aus den überregionalen Medien zu erfahren.

Trotz der Tragik möchte ich einige Hintergründe beleuchten. Ich hatte schon von der narzisstischen Achsenstörung gesprochen und sie zeigt sich hier im besonderen Maße. Dies ist ein Fall, bei dem äußere Ereignisse kaum eine Rolle spielten. Auch gab es wenig versteckte Motive. Zentral war die Spannung in seiner Persönlichkeit zwischen Groß und Klein. Diese war durch Anstrengung und Leistung immer wieder austariert worden; aber mit zunehmendem Alter, nachlassender Leistungsfähigkeit war das innere Gleichgewicht, die Kompromissbildung nicht mehr zu halten.

Der Patient war Unternehmer. Er war oft recht großspurig aufgetreten, war mehrmals fremdgegangen, hatte aber auch ein einnehmendes Wesen und konnte sehr herzlich sein. Er hatte eine Firma aufgebaut und seine Frau, sein 15-jähriger Sohn und er lebten in relativem Wohlstand. Es konstellierte sich ein Phänomen, das man »Du genügst nie« nennen könnte. Ganz gleich, ob er etwas erreichte, die Messlatte hob sich sofort weiter nach oben. Der Plot hätte hier heißen können:

Der große Versager.

Ein Mann spürte, dass seine Mutter seinen Bruder vorzog. Sein Vater betonte Leistung und Anstrengung, er machte sich über Versager lustig. So suchte er mit Anstrengung beiden Eltern zu genügen, doch überall verglich sich der Mann und fühlte sich minderwertig, weil er den Vergleichsstandard immer weiter nach oben schob. Er genügte vor seinen Augen nie. Es entwickelte sich eine narzisstische Achsenstörung. Als er merkte, dass das niemals zu erreichen war, zog er eine radikale Konsequenz, die aus seinem Wertemaßstab hervorging.

Über Narzissmus gibt es genügend Literatur. Der Begriff geht auf den griechischen Gott Narziss zurück, der sich in sein Spiegelbild verliebte und doch unglücklich blieb, weil ihm etwas Entscheidendes fehlte. Oder wie Bob Dylan schrieb: *You can't make love all for yourself.*[1]

Es ist sinnvoll, sich Narzissmus als Achse vorzustellen – und damit die Dichotomie von Groß und Klein, von vulnerablem und grandiosem Untertyp zu integrieren. Ich würde eine narzisstische Persönlichkeitsstörung *immer* narzisstische Achsenstörung nennen.

Die narzisstische Achsenstörung besteht im Auseinanderklaffen eines hohen, ja gottgleichen Anspruchs an sich und andere und der auf der anderen Seite *zugleich* bestehenden Überzeugung, nicht gut genug, nicht liebenswert genug zu sein.

Normalerweise befinden wir uns auf einer dimensionalen Achse des Narzissmus. Wir finden uns mehr oder weniger toll, sehen aber auch unsere Fehler (der Stern in Abb. 2).

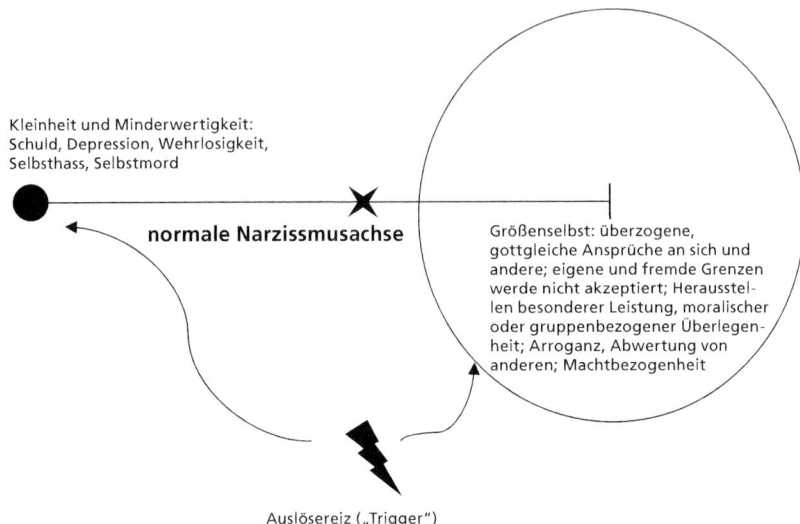

Der Stern bezeichnet die Lage eines gesunden Narzissmus zwischen Größe und Kleinheit („Ich bin ganz OK, aber ich habe meine Fehler.").
Die narzisstische Achsenstörung zeigt bei Triggerreizen eine Aufspaltung in einen absoluten Kleinheits-/Schuld-Teil und *zugleich* das Vorliegen von Größenideen. Da diese Ambivalenz nicht auszuhalten ist, wird die jeweils andere Seite entweder verleugnet (neurotisch) oder in projektiver Spaltung in andere Menschen hineinversetzt (psychotisch).

Abb. 2: Modell der narzisstischen Achsenstörung

Kommt es zur Achsen*störung*, werden beide Enden der Achse *zugleich* angesprochen: das macht das besondere und bisher diagnostisch nicht zu fassende Phänomen der Achsenstörung aus. Menschen fühlen sich darin grandios minderwertig, wie unser »Großer Versager«.

Die Achsenstörung kennen Menschen mit perfektionistischen Ansprüchen auch in Teilbereichen, z. B. bei Prüfungsangst. Hohe Ansprüche kollidieren zugleich mit der Angst zu versagen und machen einen Blackout.

Die Aufspaltung der narzisstischen Achse zeigt sich zum Beispiel in der »narzisstischen Gratifikationskrise«, in welcher der Patient voller Selbstzweifel, Selbstabwertung und gar Suizidalität in die Klinik kommt, so auch unser Unternehmer, oder unser Herr Einstein aus »Such da, wo es nicht wehtut«. Nach der Stabilisierung des depressiven Absturzes in der Therapie werden dann schnell wieder Größenphantasien und Abwertung anderer deutlich. Vielleicht kennen Sie typischerweise Männer jenseits der 50, die nach erfolgreicher Karriere nicht mehr denselben beruflichen Erfolg haben, die Arbeit gar verlieren oder sich die Partnerin von ihnen trennt.

Es lassen sich in der Forschung, ganz im Einklang mit der hier benannten Theorie und ihrem Platz auf der narzisstischen Achse, Untertypen der narzisstischen Persönlichkeit feststellen. Sie alle kennen hoch funktionale, erfolgreiche, eher extrovertierte Narzissten, die beruflich erfolgreich und sozial integriert sind. Sie sind kompetitiv, dominant und oft arrogant. Ein gewisses Maß an Empathie und der Verzicht auf Abwertung anderer lässt sie nicht ins Psychopathische abgleiten. Nur bei Beimengung dissozialer und paranoider Züge geht er über in den psychopathischen Typus, manchmal auch als machiavellistische oder dunkle Trias benannt.

Erfolgreiche Narzissten haben in der Regel keinen Leidensdruck, es sei denn, es kommt zu erheblichen Inkonsistenzen für das grandiose Selbstbild, eben durch Trennung, Kündigung oder etwa finanzielle Verluste, nicht selten auch einfach durch die Begrenzungen des Alters. Im grandiosen Narzissmus findet sich eine Verleugnung von allgemein anerkannten Regeln, die sich im Alltag auch in kleinen Dingen zeigt, z. B. nicht in einer Schlange warten zu können, eine besondere Behandlung beim Arzt einzufordern, oder auch der Glaube mancher Politiker, bei offensichtlicher Korruption und Betrug nicht belangt zu werden, immun, ja allmächtig zu sein. Es herrschen doppelte Standards. In der Politik lässt sich dieses Phänomen nicht nur bei einzelnen Politikern, sondern auch in Gruppen und bei Staaten beobachten.

Der zweite Untertyp verortet sich eher am selbstunsicheren Ende der Skala: der vulnerable und verdeckt-narzisstische Typus. Die »Generation Beleidigt« (C. Fourest), die Weltenretter, nicht wenige Psychotherapeuten, verkannte Genies und ewige Studenten gehören dazu. Sie werden wegen Depression oder Selbstunsicherheit behandelt, und nur selten wird der Narzissmus diagnostiziert und ebenso wenig bearbeitet, weil sie sich selbstunsicher tarnen. Sie haben narzisstische Phantasien über ihre Rolle beim Helfen, bei der Rettung der Welt, der Verbesserung von Technik und Infrastruktur. Sie werden mit zunehmendem Alter verbittert, ziehen sich sozial zurück. Ihr Leidensdruck ist deutlich höher und wir sehen sie dementsprechend öfter in der Psychotherapie als den grandios-dominanten Narzissten.

Es gibt beim vulnerablen Untertyp zugleich eine Narzissmusabwehr im Selbstbild, die meist moralisch, politisch oder religiös verbrämt ist. Wir Psychotherapeuten gehören eher auch zu diesem Untertypus und so sehen wir oft den Narzissmus der »Guten« bei Patienten nicht, weil wir ihn dann auch bei uns sehen müssten. Gesunder Narzissmus wird zwar verbal propagiert, ist aber real verpönt, weil er sich selbst nicht erlaubt wird. Damit gehen häufig Genussfeindlichkeit, Rigidität, Moralismus einher, die prädisponierend für Depressionen sind.

Der Patient, der betonte, dass er nicht um Hilfe fragen *könne*, weil er so selbstunsicher sei und später erklärte, dass um Hilfe zu fragen eine Abwertung bedeute, zeigte damit den Hintergrund des hohen Maßstabes auf. Dass nur das, was das Gegenüber freiwillig gibt, wirklich Wert hat. Ein König fragt nicht.

Ich werde später noch ausführen, warum Narzissmus in der Betrachtung der Persönlichkeit ein Metakonzept ist und in andere Persönlichkeitsdimensionen hineinragt.

»Der große Versager« ist ein tragischer Fall; er hätte über Weisheit und Gelassenheit vielleicht die Freuden höheren Alters genießen können. Aber sein Selbstbild eines aktiven, starken, sich selbst helfenden Menschen kollidierte direkt mit der Therapiesituation, insbesondere auch noch mit einer jungen Frau. Der Kern seines Minderwertigkeitskomplexes war zunächst ein sexueller. Auch hier kann man die Verbindung von Größe und Kleinheit sehen. Das Selbstbild ist etwas sehr Festes und die Erschütterung von dessen Konsistenz etwas existenziell Bedrohliches.

Der Möglichkeitsmensch

Hans Hartwig kam in die erste ambulante Sitzung zu Robert D., dem Verhaltenstherapeuten. Hans Hartwig war 28 Jahre alt, trug einen Dreitagebart und war das, was man cool nennt. Er konnte Schlagzeug spielen, machte ein bisschen elektronische Musik am Computer, und sah verdammt gut aus. Er kam in die Sitzung und sagte: »Ich glaube, ich hab ADHS. Ich muss mich selbst finden. Es kommt mir vieles so sinnlos vor, als wäre ich ohne Eigenschaften.«

»Das allein ist keine Krankheit«, sagte der Therapeut, »woran merken Sie denn, dass Sie eingeschränkt sind?«

»Eingeschränkt? Ich habe so eine – Arbeitsstörung«, sagte der junge Mann verlegen. »Ich müsste mein Studium längst zu Ende gebracht haben. Aber ich schaffe es einfach nicht, diese paar Seminare und die Masterarbeit fertig zu machen. Dabei habe ich schon die Hälfte geschrieben, eigentlich ist das nichts. Das Zeug ist nicht schlecht, sagt mein Professor.« Wie oft hatte ich das schon gehört.

»Nun, man kann ein Studium auch abbrechen«, antwortete Robert D. Herr Hartwig schaute ihn verständnislos an. »Nicht noch mal abbrechen. Ich will studieren, ich hab schon so viele Prüfungen gemacht. Ich bin nicht schlecht!«

»Erzählen Sie weiter!«

»Meine Bude vermüllt. Ich bin wieder bei meiner Mutter eingezogen. Hast Du eine Mutter, dann hast Du immer Butter, wie Helge singt. Aus der WG bin ich rausgeflogen, weil ich immer irgendwas nicht gemacht habe. Oder verreist war.«

»Kiffen Sie?«

»Nö, das heißt, ja, wie jeder, hin und wieder, so zum Runterkommen.«

»Wie viel?«

»Je nachdem, am Wochenende, mit Freunden, wenn wir Musik machen auf jeden Fall ein, zwei Joints. Und in der Woche, wenn ich nicht schlafen kann. Wieso wissen Sie das? Na, egal.«

Er erzählte, dass er nun schon zum zweiten Mal studierte, nachdem er Architektur nach zwölf Semestern erfolglos abgebrochen hatte. Und ich habe ihm gerade wieder einen Abbruch empfohlen, dachte Robert D. Nun war es eine Kombination aus Philosophie, Sozialer Arbeit und Politikwissenschaft, die Hans Hartwig belegte. Er war gerade aus Norwegen wiedergekommen, wo er den Sommer verbracht hatte. Er hatte hier und dort gearbeitet, da und dort ein Mädchen, und war jetzt wieder hier. Robert D. dachte an Peer Gynt, den Norweger.

Ansonsten war seine Biografie eine eher unauffällige. Keine schweren Krankheiten, ein reiches Elternhaus, Einzelkind. Der Vater Architekt, die Mutter Pastorallehrerin in einer katholischen Gemeinde.

»Ich hatte immer alles, was ich brauchte«, erzählte Herr Hartwig. »Wir waren so lange ich mich erinnern kann, zweimal im Jahr im Urlaub, manchmal dreimal. Ich war schon als Fünfjähriger auf den Malediven, mittlerweile bin ich bei 48 Ländern, die ich bereist habe. Hatte immer den neuesten Computer, ich konnte raus, wann ich wollte. Es gab im Prinzip nie Strafen. Mit meinem Vater war ich mit 16 in der Karibik segeln. Na, egal.«

Sein Handy klingelte und er ging ran, warf dem Therapeuten einen freundlich-lächelnden Blick zu und sagte kurz: »Nein, heute geht es doch nicht, ich hab jetzt schon was anderes. Sorry, ich muss auflegen.«

»Und die Mutter?«

»Meine Mutter kümmert sich um andere, die hat so einen Helferkomplex. Pastorallehrerin.« Er verzog das Gesicht. »Musste immer zu irgendeiner schwierigen Familie. Die war zweimal in der Klinik wegen Burnout. Die Kinder in Afrika«, grinste er. »Wenn ich mal was hatte, dann erzählte sie eine Geschichte von jemandem, der es schwerer hatte. Stimmt natürlich auch. Aber sie würde natürlich alles für mich machen.«

Robert D. wusste nicht recht, was er mit ihm anstellen sollte. Er dachte an Armee, Pflicht, Zwang. Utopische Gedanken, heutzutage.

»Waren Sie schon mal in Therapie?«, fragte er Herrn Hartwig.

»Naja, ich hab's versucht. Ich will ja. War beim Verhaltenstherapeuten. Sie sind doch auch Verhaltenstherapeut?«

»Und weiter?«

»Ach, eigentlich will ich nicht darüber sprechen. Ich hätte Lust, rauszugehen. Wozu eigentlich Therapie? Die Natur bringt's doch!«

»Ja, wozu Therapie?«, bemerkte Robert D. »Also, wegen was waren Sie wo?«

»Oh so streng. Na, wegen meiner Arbeitsstörung. Die Therapeutin hat Tagespläne mit mir gemacht. Hat mich auf verschiedene Stühle gesetzt. Aber ich bin spontan. Die war mir nicht gewachsen.«

»Und dann sind Sie weg geblieben.«

»Ja, ich, ich weiß gar nicht mehr, wie das zu Ende ging. Wie hieß die noch ... na, egal.«

»Und noch andere Therapien?«, fragte Robert D. ihn.

»Klar«, antwortete Herr Hartwig, »meine Mutter schleifte mich zum Psychoanalytiker«, und er grinste, »Rollkragenpullover, Couch, Bart. Ich legte mich hin und konnte erzählen, was ich wollte. Es war nicht anders als im Gras mit Gras. Meine Gedanken hoppten wie Grashoppers. Ich hab's ein paar Mal verschwitzt, da hat er das beendet und irgendwas von geschlossenem Narzissmus gemurmelt.«

»Medikation?«

»*Medication* hab ich probiert: Fluctin, da hab ich keinen mehr hoch gekriegt, und es gelassen, wie das gegen ADHS, Ritalin, das klingt wie Rhythmus, Rhytalin. Hab's unregelmäßig genommen, war besser drauf, aber ordentlicher hat es mich nicht gemacht.«

»Bei den Reisen ging es Ihnen anders«, schwenkte Robert D. um, »da mussten Sie ja irgendwoher Geld haben, was zum Schlafen organisieren.«

»Yo, in Rom war ich schon, in Buenos hab ich Tango getanzt, im Tibet bin ich die Stufen des Potalapalastes auf Knien hoch, um Erleuchtung zu bekommen«, lachte er, »aber egal, ich müsste DAS DING finden. Ach so, natürlich New York, in Manhattan Manhattan trinken, man hätt ihn oder man hätt ihn nicht, die alte japanische Hauptstadt Nara, zwei Monate Australien.« Der Kerl war 28.

»Wo haben Sie das Geld her?«

»Also meine Eltern geben mir jeden Monat 'nen Tausender, ich bin das einzige Kind. Ich brauche nicht viel, ich habe vielleicht zehn T-Shirts und drei Jeans, ein gutes Handy. Ich hab unterwegs in den Kneipen abgewaschen, Gitarre gespielt, bei der Apfelernte geholfen, im Krankenhaus mitgearbeitet. Das ist nicht so schwer.«

»Ein tolles Leben!«, pflichtete Robert D. ihm bei, »Und doch sitzen Sie hier.« Aber er spürte keine Traurigkeit.

»Beim Psycho«, sagte Hans Hartwig sarkastisch. Nichts war ernst.

»Irgendwann ist es egal«, fuhr er fort, ob Du eine alte Kirche in der Subsahara siehst oder vor der Mona Lisa stehst oder eine alte Shakespeareausgabe auf einem Trödelmarkt in einem Londoner Vorort in den Händen hältst. Es geht immer noch weiter. Nach Koks kommt LSD.«

»Und Beziehungen?«

»Jaaa«, sagte Hans Hartwig gedehnt. »Viele.« Dann schwieg er. Vielleicht habe ich ihn, dachte Robert D., der Therapeut. »Erzählen Sie mal ein bisschen«.

»Susanne war meine erste Freundin. Die habe ich wirklich geliebt. Die war schön, hier schauen Sie mal«, sagte er und zog ein abgegriffenes Foto in einer Plastikhülle aus seinem Portemonnaie. »Sie hielt in der Schulzeit zu mir, die war zärtlich, die hatte keine Zicken. Ich hab nie mit ihr geschlafen.«

»Und – was ist passiert?«

»Susanne ist mit ihren Eltern in die USA gezogen, egal. Ich hab geheult, ich wollte hinterher, aber das ging nicht. Ich wollte sie dann in den nächsten Ferien besuchen, aber sie schrieb mir, dass sie einen Freund habe. Ich hab sie nie wieder kontaktiert. Ich frage mich, was sie heute macht.

Ich war mehrfach in den USA, aber hab mich nie nach Virginia getraut. Hihi *virgin*.«

»Und wie ging es für sie mit den Mädels weiter?«

»Vielleicht vier, fünf Monate nach Susanne bin ich zu 'ner Nutte gegangen. Das war mein erstes Mal, ich war *virgin*. Es war total aufregend und gut, ich empfehle Ihnen das. Empfehlen Sie das auch Ihren Patienten. Tat nicht weh beim Abschied. Du bezahlst, klare Sache. Du machst, was Dir gefällt.«

»Keine anderen Freundinnen?«

»Doch, schon, zwischen 16 und 20 hab ich gevögelt, so viel ich konnte. Einige wollten mehr, riefen mich an, eine stalkte mich regelrecht, stalk stalk. Aber mir wurde das egal, auch wenn ich irgendwie immer bei irgendeiner lande, immer was am Laufen habe. Bei der einen ist der Busen zu groß, bei der nächsten zu klein. Die eine ist verständnisvoll, dann irgendwann stört sie was an dir. Es gibt immer noch andere. Das hört nicht auf. *I tinder my life.*« Hans Hartwig lachte.

Und sprach dann weiter: »Eine Frau in Australien fand ich super interessant. Drei total heiße Nächte in einem Hostel. Sie war so ähnlich wie ich. An einem Morgen war sie weg. Wir hatten keine Telefonnummern, keine Mailadressen getauscht. Sie war Holländerin, Trintje, mehr weiß ich nicht. Sie hat mir so ein zerbrochenes Herz gemalt, das Zettelchen lag dann auf einem Stuhl in meinem Hostelzimmer. Aber es gibt immer noch eine andere.«

Robert D. hatte Lust innezuhalten und ihn nach innen schauen zu lassen, aber es war die erste Sitzung. Vielleicht war das ein Fehler.

»Während sie solche Sachen erzählen«, sagte er ihm, »denke ich die ganze Zeit nach, was ich mit Ihnen machen würde. Mir fällt nur lauter biederes Zeug ein.«

»Versuchen Sie's ruhig!«, warf Hans Hartwig ein.

»Es würde nur zum gleichen führen. Ich schlag was vor, Sie büxen aus. Sie sind hyperautonom. Sie haben HADS. *Hyper Autonomous Deficit Syndrom*, erfand ich schnell. Autonomie kommt von *Auto* und *Nomos*, Selbst und Gesetz. Selbst-Gesetz. Sie unterwerfen sich Ihren *eigenen* Regeln. Das müssten Sie lernen.«

»Und wenn die morgen wieder andere sind?«, fragte er spöttisch.

»Genau. Sie verwechseln Autonomie mit Willkür.«

»Ich muss dieses Studium zu Ende kriegen. Ich werd's schon schaffen. Wie viel Kohle machen Sie hier?«, fragte er und seine Augen musterten die Bilder an der Wand.

»Sie scheinen ja nicht blöd zu sein, mindestens Englisch werden sie gut können, nach so vielen Reisen«, versuchte es der Therapeut.

»Ja, nö, auch spanisch. Ich gucke auch solche Online-Tutorials. Ich kann Ihnen was über Aktien und makroökonomische Zusammenhänge erzählen, über die Tscherenkow-Strahlung in Abklingbecken, ich hab Kafka und Sartre gelesen, aber auch Carl Schmitt und den *Kampf*. Natürlich alle Filme, Tarantino, Almodóvar und so. Peng Peng.«

»Sie können ja *alles!*«, rief der Therapeut ihm zu.

»Das ist ja das blöde!«, schoss es aus Hans Hartwig heraus. »Stellen Sie sich vor, ich entschiede mich für irgend etwas, sagen wir Jura. Ich werde Rechtsanwalt, Anzug, Ledertasche, zweihundert Steine die Stunde. OK. Krieg ich hin. Und dann? Was ist mit meiner Möglichkeit, Arzt zu werden? Oder Ingenieur, also Erfinder? Soll ich dann aufs Reisen verzichten? Oder ich heirate eine, bleibe bei der, kennste eine, kennste alle. Und dann? Nach drei Jahren, oder sagen wir nach einem Jahr? Was ist dann? Vielleicht noch ein Kind? Dann seh' ich eine bessere? Noch blondere? Oder ich will doch noch zu BMW ins Management? Haben Sie eine Lösung für das Problem?«

Robert D. hatte keine. Hans Hartwig war ein Kind unserer Zeit, ein Mann mit allen Möglichkeiten, doch ohne Eigenschaften. Der Therapeut würde ihm nicht künstlich die Freuden der Beschränkung lehren können.

Er wünschte ihm heimlich ein kleines, dosiertes Unglück, eine kleine Pandemie, in der er gezwungen wäre, mit jemandem auf engstem Raum zuhause zu bleiben, das Internet fiele aus, die Grenzen wären geschlossen.

Der Patient war nur die eine Sitzung bei Robert D. Zur zweiten Sitzung erschien er schon nicht mehr. Er hatte bei mehreren Therapeuten Termine gemacht, um den besten herauszufinden und sich nach dem Gespräch gesagt, dass es noch eine bessere Psychotherapie geben müsse.

Als die Pandemie kam, dachte Robert D. nochmals an ihn.

* * *

Ich habe während vieler Therapien über das Problem der Freiheit in der Therapie nachgedacht. Das Buch »Das Handwerk der Freiheit« von Peter Bieri (Bieri, 2001), auch besser bekannt als Pascal Mercier, kann ich nur empfehlen. Bieri zeigt darin neben vielen anderen Facetten, dass auch eine vermeintliche Freiheit eine große Unfreiheit sein kann; ein Wille, der sich selbst nicht mit allen Urteilen und Konsequenzen will, eigentlich kein freier Wille mehr ist.

Sucht ist ein klassisches Beispiel dafür. Der Mensch hat plötzlich zwei Willen.

Psychotherapie hat immer etwas auch mit Notwendigkeit und Freiheit zu tun. Die einen Patienten wollen wir freier machen, andere müssen wir Begrenzung lehren, manchmal beides in einer Person. Und wir vergessen oft, dass wir gegen den Willen des Patienten nicht ankommen. Der Wille, dieses psychologisch nicht bestimmbare Ding, das aussucht, ob eine Person sich so oder so entscheidet.

Wie wir in diesem Fall sehen können, konstelliert sich bei zu vielen Wahlmöglichkeiten plötzlich eine neue Situationsklasse, die man »das Problem der Freiheit« oder »den Möglichkeitsmenschen« nennen könnte. Es ist menschheitsgeschichtlich ein relativ neues Problem. Hans Hartwig hatte keine schlimmen Kindheitserlebnisse, keine abwertenden Eltern. Seine Intelligenz war wahrscheinlich überdurchschnittlich, auch war er ein attraktiver junger Mann. Er war lustbetont, hatte grundsätzlich ein gutes Selbstbild, er hatte die meiste Zeit Kontrolle, war hyperautonom und autark. Doch die Gegenseite dieser Motive war gestört: Unlust, Bindung, Versorgung, kritisches Selbstbild.

Hans Hartwig, der Möglichkeitsmensch, kam kurz mit dem eher erfolglosen Ende der narzisstischen Achse in die Therapie, betonte rasch seine Größe, seine Potenz in der Potenzialität, was er alles könne. Aber eben im Konjunktiv. Die häufige Verwendung des Konjunktivs ist für das Muster des Möglichkeitsmenschen ein wichtiges diagnostisches Merkmal.

Störungen im Gebiet der Lust-/Unlust-Regulation werden dann problematisch, wenn es nur um Unlustvermeidung geht. So auch bei Hans Hartwig. Jemand übte so viel Druck aus, dass es kurzfristig einfacher war, zum Psychologen zu gehen. Diese Patienten werden hin- und herschwanken zwischen der Unlustvermeidung einer Aufgabe, die sie nicht schaffen, dem enttäuschten Gesicht von Angehörigen oder des Therapeuten. Ein Vermeidungs-Vermeidungskonflikt, ohne positives Annäherungsmotiv.

Hans Hartwig verschaffte sich Kontrolle über den Ausgang einer Entscheidung, indem er sich eine weitere Möglichkeit offen hielt, wenn etwas schief gehen würde. Eigentlich war es eine Kontrollillusion. Sein Selbstbild war ein primär grandioses, er hatte nie Einschränkungen erleben müssen.

Der Plot könnte lauten:

Der Möglichkeitsmensch.

Der Patient konnte keinen Berufsabschluss, keinen endgültigen Wohnort, keine feste Partnerschaft finden. Er zog immer weiter, beendete Ausbildungen nicht, wechselte immer wieder die Partnerin. Er war immer nur kurz darüber unglücklich und fuhr dann in seinem Muster fort. Es zeigte sich das Muster der Freiheit ohne Begrenzung, die Identität völlig verwischte. Er hatte nie Leid erlebt, oder wenn etwas zu Ende ging, wechselte er einfach die Situation oder die Person. Er fühlte sich absolut frei und grandios, aber war in einer bestimmten Weise nicht glücklich.

Hans Hartwig erzählte während dieser einen Sitzung auch eine Familiengeschichte. Seine Großmutter berichtete oft, wie sie nach dem Krieg die Familienbäckerei weiter führte, als ihr Mann noch in Gefangenschaft war. Zwei kleine Kinder, die Backstube, Verantwortung für die Gesellen. Als eines Tages so ein SED-Funktionär in ihr Geschäft gekommen sei und zusätzlich Brot für sich haben wollte, habe sie das verweigert und gesagt: »Wir machen so etwas nicht. Wir sind etwas Besseres.« Dieses »Wir sind etwas Besseres« habe sie in vielen Situationen wiederholt; es war eine ganz selbstverständliche Überzeugung von Hans geworden. Sein heutiges Verhalten, bei Schwierigkeiten immer wieder in eine neue Möglichkeit, eine neue Partnerin, ein neues Studium auszuweichen, war eben auch getrieben von dem »Besseren«, das es da noch geben musste.

Solche Geschichten wie die der Großmutter von Hans dienen der Selbstbildkonsistenz und sind diagnostisch höchst wertvoll. Fragen Sie nach den Geschichten der Patienten, die prägend waren. Fragen Sie auch, was für Geschichten über den Patienten die Mutter, der Vater, die Exfrau, die Kinder, der beste Freund erzählen würden. Wir deuten unser Leben (auch) durch die Geschichten, die wir darüber erzählen.

Der reale Patient im »Möglichkeitsmenschen« sagte mir einmal: »Ich kann alles. Deshalb ist es so schwer, sich für etwas zu entscheiden.« – eine narzisstische Allmachtsillusion, in der keine Zeit und keine Begrenzung herrscht. In der Praxis oder Klinik sehen wir insbesondere junge Männer, die dieses Schema aufweisen, sie schieben ihre Berufswahl immer weiter hinaus oder wechseln oft.

Indem ich etwas nicht tue, mich nicht festlege, habe ich immer noch alle Möglichkeiten. Ich kann lange die Einbildung aufrechterhalten, mir stünden noch alle Möglichkeiten offen. Die Patienten glauben lange Zeit, ihnen werde nichts geschehen, sie hätten keine Konsequenzen zu fürchten. Sie glauben, es gäbe keinen Tod.

Wenn man Patienten genau befragt, zeigt sich, dass das seit einigen Jahren zunehmende Phänomen der Prokrastination auch etwas mit den offenen Möglichkeiten und Freiheit ohne Konsequenzen zu tun hat. Der Satz »Das kann ich auch morgen noch erledigen« stimmt zwar kurzfristig, geht aber gottgleich davon aus, dass das ewig ginge und Fristen für sich selbst nicht gälten. *Tue es jetzt*, bedeutet Kontrolle und zugleich auch die Aufgabe von Kontrolle, die Unterwerfung unter eine Regel. Absolute Freiheit hingegen ist amorph und letztlich keine.

Der Möglichkeitsmensch lebt ein Leben im Konjunktiv: Er *könnte* ja alles studieren. Er geht immer wieder Wege und Möglichkeiten durch, wie er sich entscheiden könnte. Wenn er sich entschiede, würden alle anderen Möglichkeiten sterben, deshalb bleibt er in der Vor-Realisierungsphase gefangen. *Action ist the dead end of possibility.*

Obwohl es nicht so aussieht, hat er ein Problem mit Freiheit und Autonomie. Zu viel Wahlfreiheit vergrößert die Unzufriedenheit bei einer Wahl. Ich spreche nicht nur von der Berufswahl. Sheena Iyengar (Iyengar, 2011) von der Columbia-Universität in New York ließ in einem Delikatessenladen Kunden verschiedene Marmeladensorten verkosten. In einer Variante des Versuchs standen sechs Marmeladensorten zur Auswahl, in einer anderen 24. Menschen mit der größeren Wahlfreiheit schätzten den Wert ihrer Wahl systematisch niedriger ein. Viel Auswahl klingt zunächst attraktiv, macht aber wegen der verloren geglaubten Möglichkeiten unglücklicher.

Wer denkt da nicht an die Partnerwahl. Menschen in Indien, deren Partner von den Eltern ausgewählt wurden, sind nicht grundsätzlich mit ihrer Partnerschaft unzufriedener als Menschen hier. Und Hans Hartwig verfällt auch bei Partnerschaften dem »Es gibt immer noch etwas besseres« – aber bleibt einsam.

Literarisches Beispiel ist Ulrich aus dem »Mann ohne Eigenschaften« von Robert Musil, der auf allen Hochzeiten tanzt, sich zwischen den Frauen nicht entscheiden kann und als Zerrbild des modernen Menschen als Mann ohne Eigenschaften allein bleibt. Wer alles behalten will, wird alles verlieren. Nur wer lernt, eine Möglichkeit aufzugeben, kann eine andere gewinnen.

Robert D. kam bei Hans Hartwig dauernd auf die Idee, ihn einzuschränken oder zur Armee zu schicken. In unserer narzisstischen Gesellschaft werden zu wenig Grenzen, Unlusttoleranz und Umgang mit Schwierigkeiten gelernt. Deshalb vermehren sich die Männer wie Hans in unserer Zeit; sehen wir Heerscharen junger Männer, gefangen in einer Möglichkeitsillusion. Sie müssten, wenn es nicht immer noch bessere Therapeuten gäbe, bei uns in der Therapie paradoxerweise Beschränkung lernen, und nicht immer weitere Selbstentfaltung.

Mutter Teresa-Sophie

I

Vor der Psychologin Miriam H. saß eine zitternde, leicht abgemagerte und verhärmt wirkende junge Frau. Teresa-Sophie war vorgestern von ihren Eltern auf die Station gebracht worden. Sie weinte und rang mit ihren Händen. Sie war ungeschminkt, trug einen abgetragenen Strickpullover, eine sackartige Leinenhose und rundliche Schuhe, die handgemacht aussahen. Sie hatte ihre halblangen, aschblonden Haare mit einem einfachen Gummi hinten zu einem Zopf zusammengebunden. Sie schaute die Therapeutin kaum an und blickte mit den Augen irrend im Therapiezimmer umher.

»Was ist denn passiert?«, fragte die Psychotherapeutin.

Teresa-Sophie fing an zu weinen. »Ich schaffe das alles nicht mehr. Es ist zu viel!« Sie verbarg ihr Gesicht in den Händen. »Es ist noch so viel zu tun! Ich habe die Kraft nicht. Mein Wille ist zu schwach!« Dann stierte sie wieder.

»Was ist denn zu viel?«, fragte Miriam H. und roch einen leichten Schweißgeruch und fragte sich, ob sie das selbst wäre.

»Die Bachelorprüfungen, die vielen Menschen, die Hilfe brauchen – und dazu diese Politik und es ist nie genug Geld da!«, antwortete Teresa-Sophie, um dann fortzufahren: »Ich war eine Einser-Abiturientin, es war für mich nie ein Problem, alle Aufgaben zu schaffen. Ich habe gerne gelernt, im Verein mitgemacht, im Orchester gespielt. Ich studiere Psychologie, ich will das machen, was Sie machen, Menschen helfen. Die Dinge auf der Welt sind so ungerecht verteilt. Ich habe alle Fähigkeiten und bin so reich beschenkt, aber kann es nicht weitergeben, weil ich zu schwach bin! Wir sind so reich, und wir müssen davon etwas abgeben!«

Als sie das *wir* hörte, sagte Miriam H.: »Ich bin nicht so reich, was meinen Sie denn mit *reich*? Ich darf Sie doch Teresa-Sophie nennen, wie im Studium.« – »Doch, ja, wir, auch Sie sind reich, allein dass Sie hier wohnen. Ich wette, Sie können jedes Jahr in den Urlaub fahren, haben Kühlschrank, Waschmaschine, Auto, Computer – und über sauberes Trinkwasser denken Sie gar nicht nach.«

Miriam H. interessierten diese Themen, doch etwas behagte ihr an diesem Ton nicht. Es gab eine ungeschriebene Regel in der Psychotherapie, von der allgemeinen Politik immer hin zu den persönlichen Motiven zu kommen. »Wo sind *Sie* denn zu reich«, fragte Miriam H. also Teresa-Sophie, »und was hat das mit Ihrem Aufenthalt bei uns zu tun?«

»Meine Eltern haben zwei Autos, ein großes Haus in einer besseren Gegend, wie man sagt. Sie sind Ärzte, sie verdienen eine ganze Menge Geld mit anderer Leute

Krankheiten. Stellen Sie sich vor, ich bin schon als Kind mehrmals im Jahr in den Urlaub geflogen oder gefahren. Teneriffa ist schön, aber wir schaden damit der Erde. Ich kann mit meinen Eltern darüber nicht reden, die wiegeln das ab. Nicht dass Sie denken, ich verstehe mich nicht mit meinen Eltern. Sie spenden auch jedes Jahr für Kinder in Not.« Sie redete sich in Rage und wirkte nicht mehr so verzweifelt. »Ich habe jeden Monat 750 Euro Unterhalt von meinen Eltern. Und dann stelle ich mir vor, ich wäre eine Näherin in Bangladesch und hätte nicht mal die Hälfte davon. Das ist doch ungerecht! Und jetzt sitze ich hier, unfähig und schwach!«

»Sie fühlen sich schuldig«, warf Miriam H. ein. »Wir *sind* schuldig«, sagte Teresa-Sophie leise und bedeckte wieder das Gesicht mit ihren Händen und weinte.

»Aber so wie es klingt, haben Sie doch eine Menge getan«, sagte Miriam H. »Irgendwas muss doch zu viel gewesen sein. Was haben Sie denn alles gemacht in der letzten Zeit?«

»Ich bin beim Ausländerrat engagiert, die Flüchtlinge, ich meine die Geflüchteten«, antwortete Teresa-Sophie, »Sie können sich nicht vorstellen, wie viel da zu tun ist. Ich gehe mit ihnen zum Arzt, ich organisiere Übersetzer. Was meinen Sie, wie schwer es ist, einen Psychiatertermin zu bekommen. Vielleicht können Sie mir ja helfen. Aber noch schwieriger ist es, Gelder zu kriegen. Die Leute – und noch schlimmer – der Staat geben einfach nichts freiwillig für Menschen in Not. Die Geflüchteten werden ausgenutzt und die Bürokratie macht es Ihnen sehr schwer, überhaupt an Gelder zu kommen. Ich helfe Ihnen bei den Anträgen, besorge Bescheinigungen, geh mit aufs Amt, besorge Rechtsbeistand.«

Miriam H. fühlte sich auch gleich ein wenig schlecht. Jemand musste nur sagen: »Ich habe dies und das Gutes getan«, schon fühlte sie sich kleiner und schlechter. Sie dachte daran, dass sie sich bei der Tafel engagiert hatte, aber auch schon wieder zwei Monate lang versäumt hatte, sich für einen Dienst einzutragen. Sie kaufte Lebensmittel in einer Verbrauchergemeinschaft ein, aber manchmal auch im Supermarkt, die Zeit war oft zu knapp mit den zwei Kindern. Sie setzte sich im Krankenhaus dafür ein, dass Papier doppelseitig bedruckt wurde und Müll gar nicht erst entstand.

»Und zu alledem studieren?«, fragte sie Teresa-Sophie.

»Ja, das sollte doch wohl möglich sein, so viel ist ein Studium ja nicht. Aber ich war noch im Praktikum auf der Traumastation im Städtischen Krankenhaus.« Teresa-Sophie stockte und schien irgendetwas zu sehen und schüttelte den Kopf und fing wieder an zu weinen. »Ich hatte der einen Patientin, die vergewaltigt worden war, versprochen, dass sie mich zuhause besuchen kann, wir hatten uns gut verstanden. Ich wollte mich bei ihr melden. Aber ich hab das nie gemacht. Ich hab das nicht gekonnt!«

»Das ist zu viel!«, sagte die Therapeutin. »Das ist egoistisch!«, rief Teresa-Sophie. »Und was gibt es noch alles: Der Industriezucker, der strukturelle Rassismus, die Autolobby und, wenn ich an das Klima denke, da wird mir schlecht!«, sagte sie wieder weinerlich, den Kopf schüttelnd und die Hände vor ihr Gesicht haltend. »Ich habe oft Kleidung von mir weg gegeben, überlegen Sie mal, wie viel eine europäische Frau zum Anziehen hat! Ich hab in unserer WG den Wasserverbrauch angesprochen. Man muss nicht jeden Tag duschen.«

Daher der Geruch, dachte Miriam H. »Sie nehmen kein Deo, nehme ich an«, sagte sie und ärgerte sich gleich darauf. »Nein, viel zu viel Chemie.«, antwortete Teresa-Sophie und schien sich nicht angegriffen zu fühlen.

Shoppen ginge sie schon lange nicht mehr. Sie kaufe das Nötigste, aber sie hatte immer das Gefühl, dass der Preis zu niedrig war. Wie sollte man für 1,50 ein Stück Butter mit fairen Löhnen, guten Stallbedingungen und ohne Chemie herstellen? Sie kaufe ihr Stück Butter dort, wo es am teuersten war.

Teresa-Sophie sprach von der Putzfrau ihrer Eltern, die aus Rumänien kam. Wenn Mica kam, fühlte sich Teresa-Sophie wie eine Sklavenhalterin, obwohl Mica fröhlich war, bei der Arbeit trällerte und sich immer für das Geld und die kleinen Zugaben bedankte. Teresa-Sophie half mit, wenn sie putzte. Sie konnte nicht einfach rumsitzen, während jemand *für sie* arbeitete. Mica mochte das nicht, aber was sollte sie machen, die Familie bezahlte sie.

»Wie ist es mit Freunden, Beziehungen?«, fragte die Psychotherapeutin. »Ich weiß, denen gehe ich mit meinen moralischen Fragen auf den Wecker«, antwortete Teresa-Sophie. »Und es bleibt viel zu wenig Zeit für die Freunde.«

»Eine Beziehung?«, fragte Miriam H. Teresas Freundin Rosa habe ihr auch schon gesagt, sie solle sich einen Kerl nehmen, um nicht so überspannt zu sein.

Teresa-Sophie schüttelte den Kopf, aber sie dachte an Bader, den Bruder von Fadila, der Migrantin, um die sie sich kümmerte. Sie hatte das doch tatsächlich vergessen, aber es war passiert. Er hatte ihre Hand genommen. Dann hatte sie den Anfall bekommen. Sie weinte, aber auch auf Nachfragen der Therapeutin sagte sie nichts.

II

Miriam H. hatte noch zwei weitere Sitzungen darauf verwendet, von den Belastungen und der Biografie zu hören. Die Sache war für sie eindeutig, ein Burnout. Was zu tun oder zu lassen wäre, erschien ebenso klar. Doch Miriam H. bewunderte Teresa-Sophie auch ein wenig und sie fragte sich, ob man denn so viel Engagement beschneiden sollte. Hier war einmal eine junge Frau nicht egoistisch, gab anderen etwas und sie als Psychologin sollte ihr sagen, sie solle *an sich* denken? In der Psychotherapie ging es häufig darum, dass Patienten mehr oder wieder an sich selbst denken sollten. Dabei war diese Gesellschaft schon eine äußerst egoistische. Sollten wir nicht wieder mehr *an andere* denken, so wie Teresa?

Teresa-Sophie erzählte ihr, wie sie sich über die vielen Neuankömmlinge im Land gefreut hatte. Sie konnte etwas direkt tun, für Menschen, die vor dem Krieg geflohen waren, kulleräugige Kinder, Frauen, deren Haus zerbombt war, junge Männer, die nicht lesen oder schreiben konnten. Sie ging zum Ausländerrat, organisierte Essen, das in Supermärkten nicht mehr verkauft werden durfte, beteiligte sich an Altmöbel-Sammelaktionen. Spendete Kleidung. Sie blühte auf.

So lernte Teresa-Sophie Fadila kennen, eine junge Frau aus Syrien, die mit ihren zwei kleinen Kindern nach Deutschland gekommen war. Fadila stammte aus einer relativ wohlhabenden, christlichen Familie in Hama, sie hatte Englisch gelernt und so konnten sie sich unterhalten. Fadila hatte zuvor Bombenangriffe durch die Regierungsarmee erlebt und war bei der erstbesten Gelegenheit über die türkische Grenze geflohen. Ihr Bruder hatte Leute bezahlt. Nach einem Vierteljahr in einem dieser UNO-Lager mit weißen Zelten in der Türkei hatte ihr Bruder rausbekommen, wie man auf die Balkanroute ging.

Teresa-Sophie half den Kindern beim Deutsch lernen. Sie füllte unzählige Anträge aus, ärgerte sich über die deutsche Bürokratie. Sie zeigte ihr, wo sie billig einkaufen konnte.

Teresa-Sophie brachte Fadila und die Kinder mit zu ihren Eltern. Sie kochte für sie. Sie las arabische Rezepte und machte Sfihas, Babah Ganoush, Sfafid Allush und natürlich Hommos. Sie organisierte einen Deutschkurs für Fadila.

Als sie sie nach der ersten Deutschstunde fragte, antwortete Fadila ihr ausweichend. Sie habe Kopfschmerzen gehabt. So lehrte Teresa-Sophie ihr an diesem Tag etwas Deutsch. Aber Fadila vergaß die soeben besprochenen Worte immer wieder und wenn Teresa-Sophie Fadila etwas auf Deutsch fragte, schwieg sie, verzog den Mund und hob die Schultern. Auch zum nächsten Termin ging Fadila nicht zum Kurs. Fadila war eine seltsame Mischung aus Stolz und Schüchternheit. Stellte man ihr eine unangenehme Frage, antwortete sie einfach nicht. Teresa-Sophie fragte sich, ob sie sie denn zwingen müsse, sich zu integrieren. Vielleicht war das westliches Überlegenheitsdenken, dachte sie. Und so begann Teresa-Sophie, arabisch zu lernen, mühsam mit einem Einsteigerkurs bei Youtube. Sie würde zur Volkshochschule gehen müssen.

In der vierten Sitzung sprach Miriam H. noch einmal Partnerschaften an. Teresa-Sophie hatte nur einmal den Kopf geschüttelt, aber nie Männer erwähnt. »Ist das so wichtig jetzt?«, stöhnte Teresa. »Ich will wieder fit werden, es ist so viel zu tun. Mein erster richtiger Freund war Marco. Der war sehr lieb. Sehr zärtlicher Mann. Er hat im Haushalt geholfen, war nicht dominant und konnte auch meine Launen verstehen. Wir haben uns gemeinsam politisch engagiert. Wir waren auf einer Wellenlänge. Meine Eltern mochten ihn. Er konnte super zuhören und man konnte Dinge mit ihm bereden. Im Alltag hat er sich hinter meinen Entscheidungen versteckt. Irgendwann war er nur wie ein guter Freund. Wir sind heute auch noch Freunde. Ich weiß gar nicht mehr, was ich an ihm mal fand.« Sie schwieg und setzte dann hinzu: »*These are no men*, hat Fadila zu mir über Marco gesagt. Ich habe mich mit ihr über Männer unterhalten. Aber sie hat oft nur gekichert. So richtig habe ich da nichts rausbekommen. Für mich ist der Umgang mit den arabischen Männern nicht einfach. Sie können sehr zuvorkommend oder sehr abwertend sein. Das …«

»Was?«, fragte die Therapeutin. »Ach nichts«, sagte Teresa, »nach Marco hatte ich eigentlich nie wieder einen festen Freund. So ein paar Versuche, aber dabei fiel mir auf, wie viel Männer bestimmen wollen. Die meisten sind unglaublich unsensibel, drehen sich nur um sich selbst und wären am liebsten nur unter ihresgleichen. Fadila sagte dazu: *You gotta leave them their way. Men and women have their own lives. Sometimes we come together. Mostly not.*«, und Teresa-Sophie dachte noch darüber nach, ob Fadila *lives* oder *lies* gesagt hatte.

»Sie haben sich offenbar viel mit Fadila über die Männer-Frauen-Sache unterhalten. Was interessiert Sie daran?«, fragte Miriam H. – »Ist doch irgendwie normal, oder?«, entgegnete Teresa-Sophie, jetzt ganz junge Frau, »ich will wissen, wie Männer ticken, wir wollen doch *gleich* sein.« In Miriam H. wollte sich schon etwas empören, aber sie hielt inne. Hier ging es nicht um ihre Meinung.

»Die letzten, mit denen ich zusammen war, wollten natürlich zuerst Sex«, redete Teresa-Sophie weiter. »Ist ja irgendwie auch ganz normal, aber wenn ich mit ihnen was Tieferes besprechen wollte, was von den wichtigen Themen, hatte ich das Gefühl, *jeder* Mann scheut Verantwortung. Sie meldeten sich immer seltener und blieben dann irgendwann weg.«

Von Bader, Fadilas Bruder sprach sie nicht.

Teresa-Sophie machte eine Pause und sagte dann: »Frau Hofreiter, Sie haben heute Adidas-Sneaker an. Wissen Sie, wie die hergestellt werden und von wem?«

Miriam H. sollte sich schuldig fühlen. Das machte sie wütend. Aber es ging hier nicht um sie. Wieso forderte diese Patientin sie immer zu ihren eigenen Standpunkten heraus? Sie sagte: »Ich ahne, worauf Sie hinaus wollen. Aber wir sollten schauen, wie es bei Ihnen weiter geht. Sie haben ein Burnout. Sie haben eindeutig zu viel gemacht. Sie sollten noch mindestens sechs Wochen bei uns bleiben, alleine die Erholung bringt schon was. Aber wir müssen auch ihre *Work-Life-Balance* neu austarieren.« Miriam H. hasste dieses Wort, aber wie sollte sie es anders formulieren? Alles klang nach Psychojargon: Arbeits-Lebens-Balance. Ressourcenverteilung. Energiekuchen. »Sie sollten mir einen Plan machen und aufschreiben, worum Sie sich alles gekümmert haben, was Sie davon weglassen können, was Sie delegieren wollen und was Sie beibehalten wollen; aber bitte mit zeitlicher Eingrenzung pro Woche.«

Teresa-Sophie schluckte. »Ich dachte, Sie arbeiten mit mir an meinem Egoismus, an dem was mir meine Eltern an Überheblichkeit beigebracht haben, die sind Ärzte, da liegt das doch wohl nahe?«, sagte sie. »Ich brauche für Freitag Ausgang. Fadila hat mir eine Nachricht geschrieben, dass sie mit einem Antrag für ihre Kinder nicht weiterkommt.«

»Und wenn ich Ihnen das verbiete?«, fragte die Psychotherapeutin.

»Aber, das tut mir gut!«, rief Teresa-Sophie aus, »Es gibt nichts Schöneres! Wollen Sie etwa den Egoismus in der Welt noch vermehren, indem Sie all den westlichen Patienten suggerieren, sie sollten nur noch an sich selbst denken?«

»Ja, daran habe ich auch schon gedacht«, antwortete Miriam H., »aber Ihre Krankheit zeigt doch, dass Sie eine Grenze überschritten haben. Sie müssen doch für Ihre Aufgaben auch genügend Kraft haben.«

»Wer sind Sie denn, dass *Sie* die Grenze festlegen!«, sagte Teresa-Sophie streng und zum ersten Mal tat Teresa-Sophie der Therapeutin nicht leid.

III

Es klopfte an Miriam H.'s Tür. Sie hatte keinen Patienten bestellt. Teresa-Sophie fragte, ob sie kurz Zeit habe. Die Therapeutin nickte und bat sie herein. »Haben Sie vom Opferfonds der Regierung gehört?«, begann Teresa-Sophie das Gespräch. »Ja, natürlich«, antwortete Miriam, »worauf wollen Sie hinaus?«

»Ich habe mich länger mit Frau M. hier auf der Station unterhalten«, fuhr Teresa-Sophie fort, »Sie kennen doch ihre Geschichte, nehme ich an. Ich habe ja keine Schweigepflicht. Das ist so furchtbar. Stellen Sie sich vor, in einem satanistischen Kinderschänderring! Und dann vom Vater! Und über so lange Zeit! Ohne dass es eine Sühne gegeben hat! Frau M. ist immer wieder zu mir gekommen. Sie hat so einen Redebedarf. Sie sollten ihr auch mehr Sitzungen geben.« Miriam H. glaubte ihren Ohren nicht zu trauen. Sie hatte ihr gestern noch ausführlich etwas zum Burnout und Grenzen erzählt. Sie fühlte sich ignoriert und unbedeutsam. Teresa-Sophie wollte ihr auch noch vorschreiben, wie viele Sitzungen sie machen sollte! Natürlich hatte sie sich mit Frau M. beschäftigt, es gab noch so viel zu klären, es lief sogar ein Verfahren gegen einen Therapeuten.

»Teresa-Sophie, Sie sollen bitte an Ihre Gesundheit denken! Wir kümmern uns um die Patientin, dessen seien Sie versichert. Unsere Sozialarbeiterin weiß vom Opferfonds, ich würde eine Stellungnahme dazu schreiben. Aber Sie hatten zur Aufgabe, angenehme Dinge zu tun, zu schlafen, gesund zu werden.« Teresa-Sophie schien durch Miriam H. hindurch zu blicken. »Wissen Sie, was sie mir erzählt hat?«, fuhr Teresa-Sophie fort, »Das kann man doch nicht so stehen lassen. Sie ist schon einmal durch einen Therapeuten angemacht worden und sie hat mir erzählt, dass der Ergotherapeut, Herr Groß auch schon anzügliche Bemerkungen gemacht habe. Wollen Sie solche strukturellen Bedingungen für Missbrauch hier dulden?«

Jetzt wurde Miriam H. energisch. »Frau B., Sie gehen jetzt wieder auf ihr Zimmer. Ich ermahne Sie dringend, der Frau M. zu sagen, dass sie ihre Anliegen zu uns bringt. Und Sie lassen das bitte, sonst werden Sie nicht gesund!« Teresa-Sophie blickte sie böse an, ihre Hände zitterten. »Aber ...«. Miriam H. stand auf, öffnete die Tür und sagte: »Kein Aber. Sie haben alles gehört. Gehen Sie bitte, drehen Sie eine Runde und denken noch einmal darüber nach.«

Teresa-Sophie war wütend und zitterte. Sollte sie sich gleich entlassen lassen? War dieses Krankenhaus auch nur Teil des egoistischen Systems? Wieso sah diese Therapeutin nicht ein, dass Frau M. so sehr litt. Es lag doch auf der Hand!

Teresa-Sophie überlegte, einen Rechtsanwalt zu kontaktieren, um für Frau M. Gerechtigkeit zu bekommen, da piepste ihr Handy und eine Nachricht von Fadila erreichte sie: »I got a *Mahnung*, again. I don't know what to do. You did not answer in the last two days.«

Teresa-Sophie klopfte das Herz bis zum Hals, sie wollte am liebsten losrennen, aber ihre Beine wurden immer schwerer. Ihr schien der Kopf zu platzen, als gleich danach noch eine zweite Nachricht eintraf, diesmal von Bader, dem Bruder Fadilas: »Ich von deiner Mutter gehört das du in Krankenhaus bist. Was ist los. Warum schreibst du nicht? Ich wollte dich gern wieder sehen.«

Ihre Beine versagten ihr den Dienst, die Umgebung wurde milchig und Teresa-Sophie stürzte und hatte sich wohl etwas aufgeschlagen, aber das merkte sie schon nicht mehr.

IV

Miriam H. wurde von der Schwester gerufen. Teresa-Sophie habe im Garten der Klinik einen Zusammenbruch gehabt. Die Ärztin sei schon da gewesen und wollte ihr etwas spritzen, aber sie habe abgelehnt. »Ich komme«, sagte Miriam H. und ging zu ihrem Zimmer. Teresa-Sophie lag in ihre Decke gehüllt im Bett und zitterte, ihre Augenlider flackerten. An einem Unterarm sah sie Schürfwunden, auch auf der Wange. »Habe ich Sie in unserem Gespräch verletzt?«, fragte Miriam H. Teresa-Sophie antwortete nicht. »Ist noch etwas passiert?«, fragte die Therapeutin. Die Patientin antwortete wieder nicht. Als sie eine Weile gewartet hatte und die junge Frau noch immer nicht sprach, sagte die Therapeutin zur Schwester: »Wir lassen sie in Ruhe. Sie schauen alle Stunde nach ihr.«

Miriam H. fühlte wieder den Anflug von Schuldgefühlen, aber dann schüttelte sie den Kopf und ihren ganzen Körper, um das loszuwerden. Sie hatte richtig gehandelt.

Am nächsten Tag kam eine sehr ruhige und kleinlaute Teresa-Sophie in ihr Zimmer. Ihre Stimme war tonlos, nichts mehr von der gestrigen Energie. »Ich muss mich ändern. Dann muss ich das eben lassen. Dann müssen die eben sehen, wie es geht. Vielleicht ist es ja auch Aufgabe der Regierung.« Ihr liefen still Tränen über die Wangen. Miriam H. freute sich ein wenig. Manchmal müssen Patienten eben buchstäblich noch einmal stürzen, dachte sie.

»Ich will doch nur gut sein«, sagte Teresa-Sophie. Alles, was Miriam H. darauf sagen wollte, klang banal. Sie schwieg. Nach einer ganzen Weile sagte Teresa: »Ich muss Ihnen von Bader, dem Bruder Fadilas erzählen.« – »Gerne«, antwortete Miriam H.

»Bader hatte Fadila und ihre Kinder über die Türkei und die Balkanroute hierher gebracht. Er ist so selbstbewusst. Nicht direkt ein Macho, aber er sagt einfach, was gemacht wird. Fadila verhätschelt ihre Kinder, ihr Junge wird bestimmt ein Muttersöhnchen. Und Bader diskutiert nicht viel, nimmt dem Kleinen die Konsole weg, wenn er Zähneputzen soll. Er wirkt dabei manchmal überheblich. Aber er spricht schon ganz gut Deutsch. Er hatte gerade sein Medizinstudium begonnen, als der Bürgerkrieg begann. Als die Regierungstruppen in den Stadtteil, in dem sie wohnten, einmarschierten, wurden schon am nächsten Tag Einberufungslisten zur Armee erstellt. Es gab nur ein winziges Zeitfenster, in dem sie fliehen konnten. Geh du, nimm deine Schwester mit, du sollst in diesem Krieg nicht sterben, hatten seine Eltern gesagt, als er sie fragte, ob sie mitkommen würden. Sie hatten ein Haus in Hama, waren in der Stadt angesehen und hatten gedacht, dass es schon nicht so schlimm kommen würde. Heute sind die Eltern tot. Bader hatte ein Ziel und er zog es durch. Er hatte nichts am Hut mit Islamisten oder der Regierung. Er mag das Internet und Englisch, er mag Europa und die USA. Coca-Cola, Sie wissen gar nicht, wie ich das verachte. Seine Lieblingsbands sind Bush und Nirvana. Bader heißt auf Deutsch »Vollmond«. Stellen Sie sich mal vor, jemand hieße hier »Vollmond Lehmann«. Teresa-Sophie lächelte zum ersten Mal.

»Sie mögen ihn, den Vollmond«, sagte Miriam H. Teresa-Sophie blickte nach unten. Wieder liefen ihr Tränen über das Gesicht.

Sie starrte in diesem Therapieraum und erinnerte sich, wie Bader sie in ein Café eingeladen hatte. Teresa-Sophie hatte die meisten Fragen gestellt, er antwortete. Sie hatten oft aneinander vorbei geschaut. Wenn ihre Blicke sich getroffen hatten, lächelten beide. Sophie hatte sich gewünscht, dass er ihre Hand nähme. Vielleicht hatte sich Bader nicht getraut, weil sie ihm so viel von der Gefährlichkeit von Männern erzählt hatte und dass sie das Machoverhalten überhaupt nicht abkönne. Sie hatte es fast nicht ausgehalten, dass er die Rechnung bezahlen wollte. Sie dachte oft an seine schöne Gestalt unter dem T-Shirt, so auch jetzt. Bader hatte von seinem Zuhause, seiner Sehnsucht nach den Freunden, den Wasserrädern seiner Heimatstadt, den römischen Mosaiken erzählt. Wie sie an seinen Lippen gehangen hatte. Er hätte ewig so erzählen können. Sie hatte nicht verstehen können, dass er die europäische Kultur, den Erfindungsreichtum und Liberalismus der westlichen Welt schätzte. »Ihr seid kolonisiert worden!«, hatte sie ihm gesagt, »Engländer und Franzosen haben Euer Gebiet unter sich aufgeteilt, wollten das Erdöl!« Aber Bader hatte sie nur verständnislos angeschaut. »Die Araber haben sich mit den Briten und Franzosen zusammengetan«, hatte er gesagt, »um den osmanischen Einfluss zurückzudrängen. Wir haben das Französische sehr geschätzt! Die Alten bei uns sehnen sich sogar nach der Ordnungsmacht und Verwaltung zurück. Ich mag Eure schnellen Autos und die perfekte Technik. Das gibt es bei uns nicht.« Teresa-Sophie hatte es kaum fassen können, dass ein junger Mensch aus einem Gebiet kam, dessen Krieg ihm der Westen aufgezwungen hatte – und auf Coca-Cola stand. – »Lass uns die Politik vergessen, ich bin für etwas anderes hierher gekommen.« Er hatte ihre Hand genommen und es war heiß durch sie gefahren. Durfte sie das? War sie nicht in einer überlegenen Position und nutzte das aus?

Die Stimme der Therapeutin riss sie aus ihren Gedanken. »Liebe ist kein Egoismus. Sie können ihm und der Familie doch helfen. Sie dürfen doch auch etwas für sich bekommen. Sie sind eine Frau.« Teresa-Sophie hielt die nächsten zwei Tage durch. Sie sagte Frau M., dass sie sich an die Therapeutin wenden sollte, sie sei selbst krank und zog so böse Blicke auf sich.

Sie antwortete nicht auf die Anfragen, die immer noch auf ihrem Mailkonto eingingen. Es gab eine Demo gegen Nazis, wegen der Angriffe auf Flüchtlingsheime. Ein Spendenaufruf, eine neue Kleidersammlung. Die Irakerin, die ihre Eltern hatte sterben sehen, meldete sich wieder, ob sie mit Teresa-Sophie reden könne. Teresa-Sophie hatte sie zur Therapie schicken wollen, aber man tat das im Irak nicht. Psychisch krank hieß dort »gefährlich«. Die Frau hatte wahnsinnige Angst, weggesperrt zu werden. Teresa-Sophie hatte sich gefragt, ob sie sich nicht selbst die Behandlung zutrauen würde, als Psychologiestudentin. Sie würde es nicht Behandlung nennen, sie brauchten keine Krankenkasse dazu. Es war verboten, ohne Approbation zu behandeln. Aber musste man nicht um eines höheren Zwecks willen manchmal Gesetze brechen, für das Gute?

V

Am Freitag der Woche rief Fadila Teresa-Sophie in der Klinik an.
»You didn't answer my request«, sagte sie. »I got a Mahnung again and I need help urgently.«
»I had to be at the doctors, I felt ill«, antwortete Teresa-Sophie.
»*I never thought of you like that*«, sagte Fadila und die junge Frau spürte einen Stich im Herzen.
Fadila bat sie noch einmal inständig, ob sie ihr nicht helfen könne. »Ich bin krank«, sagte Teresa-Sophie, ich bin sogar in einem Krankenhaus. »Dann komme ich eben zu Dir«, antwortete Fadila selbstbewusst, fragte wo und war eine halbe Stunde später bei ihr. Bader war an ihrer Seite und lächelte. In Teresa-Sophie drehte sich schon wieder alles.
Fadila reichte ihr die Mahnung herüber. Sie hatte ein Handy online gekauft und ihr Konto überzogen. Die Firma verlangte nun das Geld, dazu Mahngebühren und Zinsen. Dieser Kapitalismus!, gleich wollen sie abzocken, dachte Teresa-Sophie, aber sie ärgerte sich auch über Fadila. Als ob es das Wichtigste wäre, ein neues Handy zu haben. Teresa-Sophie übernahm die Summe, für sie war es wenig Geld. Sie erklärte Fadila, dass das Coltan für die Handys aus Kinderarbeit in Afrika stamme. Fadila sagte kurz Danke und überhörte Teresas Bemerkung.
Mit den Tabletten – oder war es die Ruhe – fühlte sich Teresa-Sophie schon nach einer knappen Woche besser, sie hatte wieder mehr Kraft. Sie ging im Ausgang zur Tafel, um Lebensmittel auszugeben. Irgendwie hoffte sie, Bader zu sehen.
Am Abend schmerzte ihr der Magen.
Die Asylbehörde rief am nächsten Tag bei Teresa-Sophie an. Fadila hatte ihren Sozialhilfeantrag nicht rechtzeitig abgegeben, aber Teresa-Sophie als Ansprechpartnerin angegeben. Sie bekam starke Kopfschmerzen. Sie nahm zwei Ibuprofen und ging einfach aus dem Krankenhaus und wollte das mit Fadila klären.
In der Flüchtlingsunterkunft öffnete ihr Fadila die Tür zu ihren Zimmern auf dem langen Gang. Teresa-Sophie trat ein und ohne Gruß brach es plötzlich aus ihr heraus und sie schrie laut auf Englisch: Dass Fadila Verantwortung zeigen müsse, dass sie nicht hierher kommen könne und nur konsumieren wolle und damit das Ausbeutungssystem am Laufen halte, was letztlich den Krieg in Syrien verursacht habe. Dass es nichts umsonst gibt im Leben, sie habe so ein Glück gehabt, dass sie es nach Deutschland geschafft habe, sie solle einmal an die Afrikaner denken, die das niemals könnten, dass sie sich den Arsch aufreiße für sie ... Da trat Bader aus dem Nebenzimmer. Teresa-Sophie war erschrocken über ihren Ausbruch, wurde rot und fing augenblicklich an zu weinen. Fadila saß mit versteinertem Gesicht da. Die Kinder hatten sich in eine Ecke verzogen. Bader ging auf Teresa zu und sprach zu ihr

auf Deutsch: »Du hast Recht. Wir müssen selbst kümmern. Wir können nicht abhängige Kinder sein von Euch.«

Speak English, zischte ihm Fadila zu. *Learn German,* gab ihr Bader zurück.

»Ich habe gehört du krank bist«, sprach Bader weiter zu Teresa. »Du machst zu viel. Zu viel für uns. Aber du machst für Dich. Damit *Du* Dich gut fühlst.«

»Please, help me«, sagte Fadila mit Tränen in den Augen zu Teresa-Sophie, »I can not pay everything. You must come with me to the authorities and explain. Perhaps you can lend me some money again.«

»Komm mit mir«, sagte Bader und streckte die Hand in Richtung Teresa-Sophie aus, »lass uns spazieren gehen, ich bringe Dich wieder in Klinik, Du sollst ausruhen und wieder *schön* werden. Du kannst natürlich auch mit Fadila gehen. Dann Du bist nur eine Frau aus Westen, die uns vorschreiben will, was gutrichtig ist.«

Teresa-Sophie fing an zu zittern, brach zusammen und fand sich erst wieder in einem Krankenhausbett und sah eine Binde über ihrer Armbeuge und jetzt erinnerte sie sich auch an die Injektion.

***

In der Therapie wollen wir häufig, dass Patienten sich selbst besser wahrnehmen, ihre Bedürfnisse erkennen und ausdrücken und wieder mehr an sich denken. Manchen Menschen verbietet aber ihr Wertesystem, an sich zu denken und sie vermeiden jeden Eindruck, egoistisch zu sein. Sie verstecken ihre genauso wie bei anderen Menschen vorhandenen Motive nach Anerkennung, Macht und Kontrolle hinter höheren Zielen, Moral oder Religion. Von außen ist erkennbar, dass sie dabei um sich kreisen, es darf nur nicht offenbar werden.

Nicht nur, wenn wir über eigene Grenzen gehen, können wir ausbrennen, sondern auch, wenn wir wollen, dass andere unsere Maßstäbe übernehmen, und dann nicht das tun, von dem *wir* glauben, dass es das Richtige sei. Das trifft leider nicht so selten auch auf uns Therapeuten zu.

Ich nehme an, dass es Ihnen auch schwer fallen würde, in einer Therapie das Helfen in Frage zu stellen. Den darin verborgenen Narzissmus bei sich selbst zu erkennen und auch anzuerkennen, fällt uns Therapeuten nicht leicht. Teresa-Sophies Art ging aber über die reinen Helfersituationen hinaus: Sie hatte berichtet, dass sie immer wieder auch Schwierigkeiten in Beziehungen hatte. Es fiel ihr nicht schwer, einen jungen Mann kennen zu lernen. Aber schon nach kurzer Zeit meldeten sich die Männer immer seltener bei ihr. Teresa-Sophie schob das auf deren Egoismus. Sie sah nicht, dass sie die anderen bevormundete, wenn sie eine Reise als unökologisch darstellte, oder über einen Witz sagte, dass er Randgruppen beleidigen könnte. Teresa-Sophie steuerte ihren Selbstwert mit ihrem Altruismus, implizit aber strahlte sie Bevormundung aus. Es ist sehr schwer, das anzusprechen. Es spielen bei der altruistischen Narzissmusvariante genauso wie bei den anderen Spielarten dieser Persönlichkeitskonstante Kränkbarkeit, Dominanz, Empathielosigkeit, Doppelstandards, Grenzenlosigkeit und Burnoutgefahr eine Rolle.

Viele Menschen sagen lieber *Burnout* als *Depression*, obwohl die Symptome im Wesentlichen dieselben sind. Das Framing jedoch ist ein anderes: Bei einer Depression unterstellt man Nichtstun, zu wenig Aktivität, Trägheit, Willensschwäche etc. Bei Burnout zu viel an Leistung, Wille, Machen – und dies ist positiv besetzt. Und so lässt sich Ausgebranntsein zwar kurzfristig mit Ruhe, angenehmen, nichtleistungsbezogenen Aktivitäten recht gut behandeln; wenn wir aber die dahinter liegenden Standards und vor allem den Bezug zum Narzissmus und Selbstwert nicht angehen, ist die Rückfallgefahr groß.

Je stärker die Selbstbezogenheit ausgeprägt ist, desto mehr zeigt sich ein Mangel an Empathie. Selten absolut, wie beim Psychopathen, wie auch Selbstbezogenheit selten absolut vorkommt. Eine Möglichkeit, sich selbst zu erhöhen, ist, andere abzuwerten und sich damit in Relation zu den anderen höher, besser zu fühlen. Aber man braucht ja zugleich Anerkennung der anderen. Dazu müsste man die anderen Menschen als Subjekte mit eigener Würde und eigenen Regeln wertschätzen, was Narzissten häufig nicht können. Die anderen sind Objekte in ihrem Universum – leider hier auch Fadila für Teresa-Sophie.

Auf der anderen Seite fühlen wir uns Narzissten gegenüber selbst als ein Objekt, als Claqueure für deren Großartigkeit. Dieses Gefühl beschrieben mir nicht selten junge Therapeutinnen, die narzisstischen Männern gegenüber sitzen – es ist ein wichtiger diagnostischer Hinweis.

Im Leben wie in der Therapie soll ein konsistentes Bild von sich (des Patienten wie auch der Helfer) und der Welt erzeugt werden. Doch jede gute Therapie erzeugt Inkonsistenz im Selbstbild und damit auch ›Widerstand‹. In einer Therapie mit Teresa-Sophie würde sie zunächst ihr Welt- und Selbstbild mit Zähnen und Klauen verteidigen, die Therapeutin wahrscheinlich als moralisch fragwürdig einordnen. Und es fiele ihr leicht, weil das Welt- und Selbstbild von Teresa-Sophie das eines Teils unserer Gesellschaft ist, der vor allem in den Medien, der Kultur, Wissenschaft, Sozialarbeit und eben auch Psychologie und Psychotherapie vertreten ist. Offenheit und Vielfalt, Schuld der westlichen Welt sind nahezu unhinterfragte Setzungen dieses – nennen wir es »selbstgerechten«– Milieus. Therapeuten möchten auf keinen Fall als nichtoffen gelten.

Teresa-Sophie betreibt Selbstbildkontrolle. Sie möchte so und so dastehen. Sie ist aber auch nach innen überzeugt, dass es absolut gut ist, altruistisch zu sein. Sie kann nur nicht ihre anderen Regungen akzeptieren, etwa Bader für sich haben oder sich anderen überlegen zu fühlen.

Man kann hier überlegen, wie es zu dieser Schuldgefühlbildung kommt. Teresa-Sophies Eltern hatten ihr nie ein solches vermittelt. Wir können hier ein Schuldgefühl auch als internalisierte Neidabwehr sehen. Dies sehen wir öfter bei sehr schönen, begüterten oder bevorteilten Menschen. Der Mechanismus ist für Therapeuten und erst recht für Patienten nicht einfach zu sehen und wird selten thematisiert. Neid ist möglicherweise stärker noch tabu als Aggression.

Teresa-Sophie hatte ihre erste Erfahrung mit Neid gemacht, als sie zur Frau wurde. Sie hatte neidische Äußerungen von anderen Mädchen gehört, weil sie etwas hatte, was andere nicht hatten (zunächst Schönheit, später materiellen Reichtum). Dies war mit Beziehungsirritationen oder Abbrüchen verbunden. Teresa-Sophie wollte von ihrer narzisstischen Grundstruktur her geliebt werden, und zwar von allen. Immer, wenn sie nun Ungleichheit sah und sich besser fand; schöner, reicher; sich also im Gegensatz zu depressiven Patienten *nach unten* verglich (ein narzisstischer Mechanismus: Ab-Wertung), projizierte sie zugleich Neid in die anderen.

Die anderen müssen neidisch auf mich sein, dachte sie dann.

Dies löste ein Schuldgefühl bei ihr aus und den Drang, dieses über Selbstlosigkeit, betontes Hässlichmachen und Abwertung materiellen Reichtums zu verringern. Ähnlich wie bei Hans Hartwig, dem Möglichkeitsmenschen, kannte Teresa-Sophie dabei keine Grenzen, auch ein Merkmal der narzisstischen Struktur. Sie wäre als Therapeutin ebenso burnoutgefährdet.

Der Plot könnte hier lauten:

Mutter Teresa-Sophie.

Eine junge Frau kommt aus reichem Haus und ein Schuldgefühl als Neidabwehr, das sich bei ihr über die Ungleichheit der Güterverteilung entwickelte, bringt sie dazu, Konsum und Egoismus abzulehnen. Sie studiert Psychologie, kümmert sich um Randgruppen. Als die Flüchtlingskrise kommt, engagiert sie sich immer mehr, erkennt keine Grenzen und in ihrem moralischen Anspruch stellt sie sich über die Empfänger ihrer Hilfe. Sie wird hilflos, weil manche ihre Hilfe nicht annehmen. Ihre Selbstwertkontrolle funktioniert so nicht mehr. Der Ärger darüber darf eigentlich nicht sein. Als dann auch noch ein junger Mann ihr Liebe schenken will, kann sie das angesichts der vielen Aufgaben in der Welt nicht annehmen und ihr psychisches System bricht zusammen.

Vielleicht kennen Sie einige Teresa-Sophies und auch, wie schwer es ist, ihre *guten* Motive in Frage zu stellen.

Wenn du mich liebst, komm mir bloß nicht zu nah

I

Dr. Markus Feldberg war in seiner Ausbildungszeit vielleicht drei Jahre bei Dr. Grünberger in Supervision gewesen und hatte ihm einmal im Monat Fälle vorgestellt. Dann machte er seine Approbation und Dr. Grünberger hörte von Markus Feldberg, wie von so vielen, zunächst nichts mehr. Eines Tages jedoch rief dieser ihn an und sagte: »Ich brauche eine Supervisionsstunde. Ich habe einen Fall, bei dem ich nicht weiterweiß.«

Dr. Grünberger entsprach dem Stereotyp eines Psychotherapeuten. Mann, mittleres Alter, Rollkragenpullover, graumelierter Bart, bedächtige, tiefe Stimme. Dr. Grünberger freute sich, Markus zu sehen, er war ihm in angenehmer Erinnerung geblieben, ein kluger, reflektierter, witziger junger Mann. So jemanden würde er als Therapeuten sofort einstellen.

Markus kam eines Donnerstagnachmittags und sagte: »Ich habe Angst, dass das schief läuft, dass schon was passiert ist.«

»Na erzählen Sie mal«, sagte Dr. Grünberger und nahm eine seiner gewohnten Haltungen ein.

»Ich habe seit vielleicht drei Sitzungen eine Frau in Behandlung, und ich merke, dass ich sie sehr anziehend finde. Ich hoffe, Sie sagen nicht sofort: Stopp, das geht gar nicht.«

»Langsam, langsam«, erwiderte Dr. Grünberger, »das kenne ich durchaus; nun erzählen Sie erstmal.«

»Maria S. ist 29, keine Kinder, keine feste Partnerschaft, und sie kam zu mir, weil sie ›mit ihrem Leben klarkommen‹ möchte. Als ich fragte, was das heißt, sagte sie, sie stürze öfter so ab, sie werde richtig depressiv, es drehe sich alles um sie herum. Sie habe schon den Kopf gegen die Wand geschlagen in so einer Situation. Manchmal schlafe sie zu viel, dann wieder könne sie nicht schlafen. ›Ich bin doch eigentlich ziemlich in Ordnung, Herr Doktor?‹, fragte sie mich unvermittelt, ›ich hab so viel geschafft, ich war ein Überflieger im Abi, die Tanzkurse, dann das Medizinstudium, das war leicht, es war geradezu lächerlich.‹«

»Der Antrieb?«, fragte Dr. Grünberger.

»Wechselnd, mal apathisch, dann wieder tanze sie die Nacht durch. Keine Kriterien erfüllt für eine depressive oder manische Episode, wenn Sie das fragen«, sagte Markus mit zweifelndem Gesicht.

»Sie wissen, mir sind diese Bezeichnungen ziemlich egal, ich will wissen, *was los ist*«, antwortete Dr. Grünberger.

»Deshalb komme ich ja zu Ihnen. Also. Ich habe Ängste abgefragt. Ja, hat sie manchmal, dann denkt sie, alle gucken auf sie und sie verhält sich blöd. Dann wieder verliere sie alle Scham und quatsche Leute an, was sie hinterher wieder sehr peinlich findet. Keine Psychose. Substanzen immer mal, und dann heftig oder gar nicht; aber keine Suchtkriterien erfüllt, auch Missbrauch kann man das nicht nennen. Eher lustvoll«, sagte Markus und blickte nach unten.

»Ja, was ist mit der Lust?«, fragte Dr. Grünberger ihn.

»Nun, das ist es ja, sie hat relativ rasch davon berichtet, dass sie eigentlich immer auch an etwas Sexuelles denke. Und im gleichen Atemzug sagte Frau S., Sex wird überbewertet. Und dabei schaute sie mich lange und durchdringend mit ihren – verzeihen Sie – sehr schönen dunkelgrünen Augen an und öffnete ein wenig den Mund.«

»Da bekommt man ja lebhafte Phantasien«, sagte Dr. Grünberger, »da ist jemand auf der Jagd.«

»Das hat sie auch gesagt!«, rief Markus verwundert aus, dass Dr. Grünberger dieses Wort getroffen hatte, »sie sei ein Tier, das auf der Jagd ist. Gehetzt. Verwundbar. ›Ich suche Heimat‹, hatte sie mir dann gesagt und mich so angesehen, dass ich sie sofort in den Arm nehmen wollte. Irgendwie ist das nicht fair, in unserem Beruf.«

Markus suchte in seinen Papieren und Dr. Grünberger fragte ihn: »Was macht sie denn?«

»Sie ist Ärztin und arbeitet in einem Krankenhaus. Sie kennt sich auch noch mit den Begriffen aus! Redet die ganze Zeit davon, wie viele Nachtdienste sie macht, wie lächerlich die anderen Kollegen sind. Stellen Sie sich vor, sie hat gleich am Anfang erzählt, dass sie Männer eigentlich für erbärmlich hält, weil die so leicht durch Sex zu ködern seien. Und wie sie mich dabei anlachte! Es habe nicht lange gedauert, erzählte sie mir, da sei der Chefarzt auf sie aufmerksam geworden und bestellte sie in sein Büro und was denken Sie, wie schnell sie auf seinem Schreibtisch landete!«

»Partnerschaften?«, warf Dr. Grünberger ein.

»Das hat sie bislang nur kurz erwähnt. Sie hatte drei längere Partnerschaften. Mit dem ersten hat sie zusammengewohnt, aber irgendwann sei sie da weg und mit den beiden anderen habe sie nicht mehr zusammen gewohnt.«

»Das will ich genauer wissen.«

»Ich werd sie das fragen.«

»Und die Eltern?«, fragte Dr. Grünberger.

Markus suchte wieder in seinen Papieren.

»Der Vater sei gestorben, als sie neun war, er war bei der Bahn und sei dort beim Rangieren zwischen zwei Waggons gekommen. Sicher furchtbar für alle. Die Mutter habe zu ihr gesagt, sie sei zu doof, würde keinen abkriegen, zu wenig Busen. Und ab zwölf sei dann ein Stiefvater in die Familie gekommen.«

»Mehr nicht?«

»Mehr erstmal nicht. Also doch, die Mutter habe immer gesagt, dass sie zu dick sei. Sie wisse aber heute, was sie für eine Ausstrahlung habe. Dass es immer Probleme mit den Männern gebe. Eine jüngere Schwester. Aber über die hat sie geredet, als wäre *die* ein dickes Pummelchen. ›Ich hab es nicht nötig, meine Schwester abzuwerten‹, machte Markus eine hochnäsige Stimme nach. »Sie müssen Sie sich dazu vorstellen:

schlank, dichte schwarze Strumpfhosen, halblange dunkelblonde Haare, darüber ein schwarzes Röckchen, fast girliehaft. Enger schwarzer Pullover.«

Markus blickte den Supervisor ratlos an. »Ich hab sie dann gefragt, was sie von mir wolle«, sagte Markus und Dr. Grünberger nickte. »Ich will wissen, ob ich in Ordnung bin‹, hatte sie dann gesagt. Wie sie darauf komme, dass sie nicht in Ordnung sei, fragte ich sie dann«, sagte Markus.

»Sie sagte: ›Alle behandeln mich so, als ob ich irgendwie nicht richtig wäre. Entweder als kleines Mädchen, wie der Chefarzt oder der Oberarzt, und das heißt, dass ich irgendwie ein bisschen dumm wäre. Oder als Fickvieh. Oder viele ignorieren mich und ich weiß nicht warum. Die Frauen, vielleicht bin ich denen zu schön?‹ und schaute mich an«, sagte Markus. »Ich habe nicht geantwortet, obwohl ich es hätte herausbrüllen mögen: ›Ja, Sie sind schön. Ich habe noch nie eine so schöne Frau gesehen!‹«

»Puh, Sie machen mich neugierig. Haben Sie selber gerade eine Partnerin?«

Markus atmete tief durch: »Nein, ich hatte eine längere Beziehung bis vor einem halben Jahr, wir waren ein Herz und eine Seele, dieselbe Wellenlänge, wenn Sie verstehen, wahnsinnig guter Sex und dann komme ich eines Tages eher nach Hause …

»Nein!«

»Nein, nicht, was Sie denken, ich komme nach Hause und sie telefoniert und telefoniert und telefoniert und ich frage, was das war, und dann wollte sie ausgehen, ohne mich und sie sagte aber immer noch, sie liebe mich über alles und wir hatten immer noch diesen fantastischen Sex und dann sagte sie, Maja hieß sie, eines Tages, ob ich mir auch vorstellen könne, eine offene Beziehung zu führen.«

Markus schluckte. »Mir wurde da schlagartig klar, dass sie von mir nur die Erlaubnis wollte, das zu tun, was sie wohl schon lange tat. Ich stellte sie dann zur Rede und ließ nicht locker, bis Maja sagte: ›Na und, ich bin eben so.‹ Ich wurde stumm, depressiv, nicht wegen dem Sex mit anderen, wegen dem Verrat.«

Ein bitterer Zug zeigte sich um Markus' Mund und er schwieg eine Weile.

»Und dann kommt jetzt so eine Frau in Ihre Therapie«, sagte Dr. Grünberger.

»Ich kann schon das Messer in der Hand hinter ihrem Rücken sehen«, sagte Markus.

»Dann sollten wir überlegen, ob oder wie das Ganze gehen kann – oder eben auch nicht. Manchmal ist so eine Übertragungssituation nicht schlecht für die Therapie, aber es kann auch gewaltig nach hinten losgehen, die Welt der Oper und Literatur ist voll davon. Madame Bovary, die Kameliendame, Tschechows Flattergeist, Basic Instinct, um nur einige zu nennen. Und ich würde Sie ungern tragisch tot sehen.«

»Was soll ich denn nun tun?«, fragte Markus den Supervisor.

»Nun, Sie nehmen erst einmal das, was sie in die Therapie bringt und explorieren weiter und schauen ganz genau, was auf der Spielebene zwischen ihnen passiert. Lassen Sie sich den Tagesablauf schildern, explorieren Sie ihre Abstürze, die Kognitionen dazu, Sie wissen schon. Und bleiben Sie wachsam für das Spiel, ihr Spiel, die Jagd. Und lassen Sie sich auf nichts ein, ich warne Sie.«

»Ich soll also weitermachen?«, fragte Markus Dr. Grünberger und der eigentlich klar *Nein* sagen wollte, aber aus irgendeinem unerfindlichen Grund sagte: »Naja, bis klarer ist, was los ist«.

II

Dr. Markus Feldberg konnte die weitere Woche recht normal arbeiten. Er empfing in seiner erst vor einem Jahr eröffneten Praxis Patienten, schrieb Berichte, er überlegte, ob er eine Studentin für die Praxisorganisation einstellen konnte. Die meiste Zeit dachte er nicht an Frau S., bis am Sonntag eine WhatsApp-Nachricht auf seinem Patientennotrufhandy eintraf: »Herr Doktor, irre ich mich, oder haben wir geflirtet?«

Von da an war es aus mit der Konzentration. Markus Feldberg tat am Montag so, als ob er den Patienten zuhörte. Er gab unverbindliche Tipps und wunderte sich noch, wie dankbar die Patienten waren. Und er sehnte den Mittwoch herbei, wann sie kommen würde. Er antwortete nicht auf die Nachricht. Er antwortete nicht auf *so eine* Nachricht. Das würde kein seriöser Therapeut tun.

Was tut ein souveräner Therapeut?, dachte er und diese Frage tauchte in ihm immer wieder auf.

Er bemerkte an jenem Mittwoch, wie er morgens länger brauchte, um etwas Passendes zum Anziehen zu finden. Er entschied sich für ein klassisches Hemd und nicht für das körperbetonte, bunte, das ihm schon viel Zuspruch eingebracht hatte, nicht das hellgraue, durch das man seine Haut sehen konnte. Das klassische blaue. Ganz normale Jeans. Alles ganz normal. Er duschte lange und legte Parfum auf, etwas mehr als sonst. Man sollte seinen Stil riechen können, dachte Markus und wunderte sich über den Gedanken.

Als der Termin heran war und er Frau S. die Bürotür öffnete, lachte sie und sagte gleich: »Sie haben es nicht nötig, mir auf eine Nachricht zu antworten. Das ist unter Ihrer Würde. Ich bin bloß eine Patientin.«

Markus Feldberg lächelte und bat sie Platz zu nehmen. Diesmal hatte sie ein auffälliges beiges Wollkleid an, mit eben jenen Strumpfhosen, die perfekte Formen sichtbar verdeckten.

Markus Feldberg entschied sich, alles wie immer zu machen. »Wie geht es Ihnen?«, fragte er und sie fragte statt einer Antwort: »Würden Sie nicht lieber auch Arzt sein? Sie hätten doch viel mehr Möglichkeiten. Medikamente verschreiben, krankschreiben, und so viel Querwissen. Ich habe mich immer gefragt, wie Psychologen abschätzen wollen, dass es sich wirklich um eine psychische Erkrankung handelt und nicht um ein hirnorganisches Geschehen. Die Schilddrüse spielt bei der Depression eine Rolle, wussten Sie das? Neulich hat mein Oberarzt, so einer, der ein bisschen zu klein ist und dadurch immer ein bisschen unsicher wirkt, einen Konsilpsychologen angefordert, weil jemand verwirrt war. Das hab ich gleich gesehen, dass das ein Durchgangssyndrom war. Und wozu dann einen Psychologen, wenn dann doch ein Psychiater, ein *Arzt* kommen muss.«

»Was ist denn nun mit *Ihnen*?«, fragte Markus Feldberg und achtete auf professionelles Sitzen. Frau S. fasste sich an ihr linkes Ohrläppchen, legte den Kopf schief, strich sich eine Strähne aus dem Gesicht.

»Das hebt Sie nicht an, diese – verzeihen Sie – untergeordnete Stellung. Kompliment! Sie haben's drauf. Wenn ich sonst so anfange, an der Bar, oder wo auch immer, dann fangen diese erbärmlichen Männer an, mir zu beweisen, wie toll sie sind und dann weiß ich schon, dann kommt noch dies und blabla und dann kann ich sie fallen lassen, wenn sie bezahlt haben.«

»Sind Sie deswegen hier, das klingt wie eine Störung der ... «

»*Störung*? Störung sagen Sie? Sie sind auch nicht anders als die anderen!« Frau S. verwandelte sich in etwas Unliebsames, Lautes. »Immer hab ich die STÖRUNG! Könnte es auch sein, dass die anderen sich arschig benehmen?«

»Verzeihen Sie, ich wollte ... «, antwortete Markus Feldberg verwirrt.

»Wenn Sie mich nicht verstehen können oder wollen, dann wird es eben nichts. Ist ja nicht das erste Mal. Aber Schwamm drüber!«, sagte Frau S. bestimmt, richtete sich auf und schlug ihre Beine übereinander.

Markus Feldberg war erleichtert. Er ärgerte sich, dass er so weit vorgeprescht war. Warum hatte er auch »Störung« gesagt.

»Ich habe nachgedacht, Doktor«, fing Frau S. wieder an, »ich glaube, ich bin traumatisiert.« Tränen traten ihr in die Augen. Irgendso etwas hatte sich Markus Feldberg schon gedacht. Beschützerinstinkt, *Vorsichtig sein!*, leuchtete es in ihm auf.

»In meiner letzten Beziehung«, sagte Frau S., »das war ein Fußballtrainer von einer Bundesligamannschaft, da dachte ich, ich wäre angekommen. Er war am Anfang unglaublich charmant und er kann das heute noch sein – und ich sage Ihnen, so ein *Body!* Ich hatte bis zu dem Zeitpunkt, da ich Thomas kennen lernte, gar nicht die Ahnung, dass ich so etwas brauchen würde, aber als ich mich zum ersten Mal an so einen eins fünfundneunzig großen Mann lehnte und seine Muskeln und den mächtigen Brustkorb spürte und *fühlte*, was er in der Hose hatte, da wurde ich sofort ...« Sie schwieg und schaute Markus an, der stumm blieb. »Geht Ihnen das zu weit, Psychölogchen«, fragte sie spöttisch, »darf man so was nicht erzählen? Sigmund Freud war doch auch ganz versext. Und Jung hatte doch Affären mit seinen Patientinnen. Keira Knightley, dieser Film ...«

»Eine dunkle Begierde«, sagte Markus Feldberg.

»*A dangerous method*, um genau zu sein«, antwortete Frau S., »ich hab ihn auf Englisch gesehen, damals in London. Wo waren wir stehen geblieben? Ja, Thomas, der Fußballtrainer. Sie sind übrigens auch ordentlich groß. Ein Mann muss auch Maße haben. Gute Gene«, sagte sie und fuhr dann fort: »Er hatte natürlich Geld, ein riesiges Haus hier vor den Toren der Stadt, er kannte tausend Leute. Er lief Marathon, spielte Klavier. Ich war eigentlich immer bei ihm, obwohl ich noch meine Wohnung hatte. Er nahm mich mit auf Parties, ich war sein Vorzeigsternchen, alle bewunderten mich – mit ihm.«

»Und was ist passiert?«

»Was ist passiert? Was ist passiert?« Wieder drehte ihre Stimme von schmelzend weich zu hart und unwirsch. »Wie Männer halt so sind. Eines Tages entdeckte ich eine Pralinenschachtel mit einem Zettel und einem Herzchen. ›Och das hat mir ein Fan geschenkt‹, log dieses Schwein. Ich fragte dann die Spielerfrauen, wie sie Thomas sähen. Ja, er würde schon Komplimente machen, aber vergriffen hätte er sich noch nie. Und Sie, Herr Doktor wissen, *wie* Spielerfrauen aussehen!«

Sind Sie eine Spielerfrau?, hätte Markus Feldberg am liebsten das Wortspiel gewagt, aber er schwieg und konnte kaum die Augen von ihrer Hand lassen, die unablässig alle möglichen Stellen ihres Körpers berührte.

»Aber eine nahm mich zur Seite und sagte, dass man sich dies und jenes über den Thomas erzählte. Dass er sich Cheerleadermädchen holen würde, dass er sich die Physiotherapeutinnen des Vereins sehr genau selber aussuchen würde und es sei doch auffällig, dass eine nach der anderen immer wieder aufgehört hatte. Ich konnte es nicht wirklich beweisen, bis mir dann mein EDV-Freund – ja, mit dem ich auch mal was hatte – die Idee mit dem Keylogger nahe brachte. Ich durfte Thomas Computer natürlich benutzen, aber selbstverständlich war sein E-Mail-Programm verschlüsselt. Ich installierte den Keylogger.«

Sie hielt inne und schluchzte auf und schaute Markus Feldberg mit tränenverhangenen Augen an: »Er hat mit, halten Sie sich fest, 80 Frauen geschrieben.«

Markus Feldberg atmete tief und hatte die Hände wie zum Gebet vor dem Gesicht und öffnete sie jetzt, um ihr zu bedeuten, fortzufahren.

»Ich hab dann eine Szene gemacht, hab Zeug durch die Gegend geworfen. Ich hab mir die Sachen vom Leib gerissen und ihn angeschrien: »Was haben die, was ich nicht habe?« und Frau S. wurde so laut, dass Markus Feldberg Angst hatte, dass gleich jemand aus dem Haus in seine Praxis stürmen würde.

Dann wurde sie sehr leise, schlüpfte aus ihren flachen Schuhen und nahm die Beine hoch auf den Therapiesessel und umschlang sie mit ihren Armen und sagte: »Und ich bin doch irgendwie nicht losgekommen von ihm. Wir haben dann sofort miteinander geschlafen. Was ist das, Herr Doktor?«, fragte sie und schaute Markus Feldberg mit großen Augen an. Ein Geparden-Reh, dachte Feldberg, eine Beute, die jagt, ein Fisch, der einen Angler sucht. Die unerbittliche, diskriminierende sexuelle Auswahl. Die Reichsten und Fittesten können die Schönsten haben. Die Schönste alle Männer.

»Waren Sie schon bei einer Therapie?«, fragte Markus Feldberg.

Frau S. blieb so verschlungen sitzen. »Ja, bei einer Tiefenpsychologin. Ich hab ihr alles Mögliche erzählt, aber das war noch im Studium, und die hat nur immer gesagt, dass ich ganz in Ordnung bin und auch einmal sagen dürfe, dass die anderen Arschlöcher sind. Und dass es wahrscheinlich am Tod von meinem Vater liegt. Ich meine, das ist logisch, dafür muss man nicht Psychologie studiert haben. Aber Sie können ganz gut zuhören, Herr Doktor, dass Sie einen Doktortitel haben, das ist wirklich gut, oder täusche ich mich, kommt auch von Ihnen irgendwann der Hammer, und Sie schicken mich wieder weg, weil ich zu schwierig bin oder Sie sagen, dass ich gar nichts habe. Das sagen mir meine Freundinnen, wenn ich mit ihnen über meine Probleme rede. ›Guck Dich mal an, wie Du aussiehst, Du kannst alles und alle haben.‹« Frau S. imitierte eine zu hohe, nervige Frauenstimme, bevor sie wieder zu ihrer natürlichen, tiefen, Markus Feldberg direkt in seinem Geschlecht treffenden Altstimme zurückkehrte, die er sich vergangene Woche immer wieder vorgestellt hatte. Wie sie »Jaa«, sagte. Ja, sie konnte alle haben. Mich auch.

»Die sind nur neidisch. Und die sehen das andere nicht. Sie sehen nicht, wie ich mich um die Patienten kümmere, ich back gleichzeitig noch 'ne Torte für die Schwestern, damit das Klima gut ist und höre meinen Freundinnen zu, wenn die Männerprobleme haben.«

Sie sind eine ganz tolle Frau, wollte Markus Feldberg schon sagen, aber er hielt sich zurück.

»Was läuft schief?«, fragte Frau S. klagend, »ich meine, ich würde mich nie mit so jemandem wie Ihnen einlassen, obwohl das wahrscheinlich besser für mich wäre. Sie sind bestimmt sehr gesettelt, haben Frau und Kind. Aber das wäre nach drei Monaten sowieso wieder vorbei.« Sie schluchzte wieder auf.

Markus Feldberg fühlte einen unbändigen Drang zu ihr hin, sie in die Arme zu nehmen, zu küssen, der ganze Film lief in seinem Gehirn ab. Sie strahlte ihn plötzlich an, als wüsste sie das und er versuchte, sich wieder auf das zu konzentrieren, was er eigentlich machen wollte.

»Meist ist der Dreh«, setzte er an, »dass man auch alleine zurechtkommen muss. Dass es nicht um die anderen geht, was die machen, was die über Sie denken. Der Selbstwert, der sich nur aus sich selbst ergibt.«

»Ach nee, Sie wollen mir erzählen, dass man nur mit Selbstbefriedigung glücklich wird? Ich denke, ich bin nicht richtig hier«, sagte Frau S. unwirsch und setzte sich wieder auf. Achterbahn runter. Jetzt wollte Markus Feldberg weg. Bloß diese Frau loswerden.

»Sie wollen mir doch auch nur an die Wäsche, wie alle anderen. Sie können nicht sehen, was mit mir ist. Ich muss es ja doch alleine stemmen. Und ich bin klug genug, die Analyse auch alleine hinzubekommen!«

In Markus Feldberg stieg Adrenalin auf. Er überlegte nicht und sagte: »Frau S., jetzt hören Sie mir mal zu: Sie kommen hier rein, wollen Hilfe, wechseln ständig die Tonlage, greifen mich an, schicken mir eine laszive Nachricht und schieben mir immer wieder eine Schuld zu, die möglicherweise wo ganz anders hingehört. Ich will das so nicht. Wenn Sie arbeiten wollen, dann erzählen Sie was los ist, lassen Sie die Spielchen oder gehen Sie und kommen nicht wieder.«

Im selben Augenblick dachte Markus Feldberg: Mist, was hast Du gemacht. Stille. Frau S. blieb sitzen und Feldberg konnte in ihrem Gesicht nicht lesen, was jetzt kommen würde. Uhrenticken.

Er erwartete einen rauschenden Abgang mit ein paar Beschimpfungen. Auch er starrte sie an. Schwieg. Die Zeit verging. Keiner schaute weg. Die Sonne brach durchs Fenster hinein.

Dann schluckte sie und sagte sehr ruhig: »Respekt. Das war mal 'ne Ansage. Sowas brauche ich. Ich denke, wir beenden für heute.«

III

Markus Feldberg rief Dr. Grünberger an und bat um einen Supervisionstermin. Er berichtete, dass er zwei Sitzungen mit Frau S. gehabt hatte. Markus Feldberg erzählte zunächst von der Auf-und-Ab-Stunde und als der Supervisor ihn fragte, wie es dann weiter gegangen sei, sagte er: »Ich hab sie danach nicht mehr aus dem Kopf gekriegt. Ich hatte eine Unmenge sexueller Fantasien mit ihr. Ich muss das abbrechen.«

»Aber Sie hatten dann doch noch eine Stunde mit ihr?«, fragte Dr. Grünberger.

»Ja, das ist ja das Problem. Ich kann das nicht lassen. Bin ich pervers?«

Dr. Grünberger beruhigte ihn, ihm fiel dabei die ganze Palette der Popmusik ein: *I wish I never met you* oder *With or without you* und viele mehr. Die ganzen Flugzeuge im Bauch.

»Ich hatte mir schon die Worte zurechtgelegt, wie ich Schluss machen würde, was sage ich, die Therapie beenden würde. Eigentlich wäre es ja ganz leicht. Ich könnte sagen, ich bin befangen, es geht von meiner Seite aus nicht. Aber dann kam eine Nachricht von ihr, ich konnte mich gar nicht wehren. ›Ich habe an Sie gedacht‹, schrieb sie und dazu ein Bild aus Blümchen; und wenn man genauer hinsah, war es ein Herz.«

»Die einzige Chance wäre«, antwortete Dr. Grünberger ihm, »dass Sie das in den therapeutischen Prozess einbringen, sonst muss ich Ihnen leider tatsächlich sagen, dass Sie sie nicht weiter sehen sollten, auf keinen Fall. Sie kennen das Abstinenzgebot und auch die Macht von Falschbeschuldigungen.«

»Ja, mir ist das auch lieber, ich kann nicht mit so einem Gefühlschaos leben. Ich konnte mich auch kaum auf die anderen Patienten konzentrieren, das geht ja nicht«, berichtete Markus Feldberg weiter.

»Aber was ist das, Doktor?«, fragte er den Supervisor, »welche Persönlichkeitsstörung hat sie? Ich meine das Ganze liegt doch eindeutig in der Interaktion, sie hat doch sonst keine psychische Erkrankung.«

»Früher hätte man vielleicht Nymphomanie gesagt«, sagte Dr. Grünberger zu Markus Feldberg. »Aber das trifft es nicht. Irgendetwas stimmt ja nicht. Sie sucht sich die aus, die sie dann verletzen oder die sie selbst verletzen kann, oder die sie nicht kriegen kann. Sie verführt und kastriert dann – Aber, was war denn nun in der zweiten Sitzung?«

Markus Feldberg nickte mit dem Kopf und sagte: »Ich hatte mir fest vorgenommen, ihr gleich am Anfang zu sagen, dass ich die Distanz wahren möchte und mich nicht in der Lage sähe, mit ihr zu arbeiten. Ich hatte ihr schon gute Kolleginnen herausgesucht, zu denen sie gehen könne. Aber es ging in meinem Kopf hin und her. Dann wüsste sie, dass ich sie begehrenswert finde. Andererseits weiß sie das sowieso und ein souveräner Mann steht zu dem, *was ist*. Dann wieder hatte ich Angst, dass sie bei einer Ablehnung der Therapie meinerseits draußen rumerzählen würde, ich hätte sie angefasst. Alle würden ihr glauben. Sie müsste nichts beweisen.«

»Sie hätten immer noch die Nachricht von ihr«, warf Dr. Grünberger ein.

»Ja, daran dachte ich auch und habe sie auch sofort gesichert. Ich probte in den nächsten Tagen vor dem nächsten Termin die Gesprächsanfänge und die möglichen Reaktionen auf Schreien, Tränen, Anklagen. Maria verließ mich erst beim späten Einschlafen und begrüßte mich wieder beim Aufwachen.«

»Und dann?«

»Und dann, es war Mittwoch, der reguläre Termin – und sie kam nicht.«

»Nein!!«

»Sie schrieb kurz vorher eine Nachricht, dass es ihr schlecht gehe, sie abstürze und sie wolle mich nicht weiter mit ihrem unmöglichen Wesen belasten. Normalerweise ist das ein Fall für einen Brief mit einer Ausfallhonorarforderung, aber ich schrieb ihr eine Nachricht zurück.«

»*Was* haben Sie?«, rief Dr. Grünberger entsetzt aus. Markus hatte ihren Kanal bedient, der Fisch hatte den Angler. »Sorry«, fuhr er fort, »erzählen Sie weiter.«

»Ich schrieb ihr, gerade in Notsituationen müsste sie kommen. Und bot ihr einen Termin zwei Tage später an, spät nachmittags nach allen anderen und dachte im selben Moment, das ist falsch, so falsch, aber da hatte ich schon abgesendet.«

»Man kann seine Meinung auch noch einmal ändern.«

»Ja, nein, jedenfalls kam sie dann Freitag. Ich war *mega* aufgeregt. Die Therapien vor ihr, ich weiß nicht, was ich da gemacht habe. *Fly by wire.*« Markus Feldberg lachte verlegen.

»Wieder dieselben ratternden Gedankenzüge durch mein Hirn, zwei Tage Qual. Dann stand sie in meiner Tür, es wurde schon dunkel, und sie hatte so einen rosa Schlabberpulli an, eine ausgebeulte Jeans, die Haare waren unordentlich und strähnig zusammengebunden, sie hatte sich nicht geschminkt – aber ich sah trotzdem diese Schönheit. Sie kam rein, kleinlaut und bat um Verzeihung, dass sie so ein Theater gemacht habe. Jetzt würde ich sehen, wie es ihr manchmal ginge. Sie fühle sich so allein, sagte sie, und das fixte mich am meisten an.«

»Eigentlich wollten Sie ihr sagen, dass sie die Therapie nicht machen können«, warf Dr. Grünberger ein.

»Ja, aber sie hat das total bei mir ausgehebelt. Ich *konnte* nicht, verstehen Sie, Doktor. Ich ließ mir die Situation schildern. Sie war an dem Dienstag vor unserem Termin wieder einmal tanzen gegangen und war von einigen Männern belagert worden. Sie habe getanzt und dann sei es ihr so vorkommen, als ob die Männer auf einmal in verschiedenen Schablonen und Rollen vorgestanzte Texte gelabert hätten. Die einen über Augensterne und tolle Figur und das Vernaschen. Andere weinerlich, so eine tolle Frau und man wisse gar nicht, was man ihr bieten müsse; einer, der *so allein* sei, der nächste und übernächste prahlte mit irgendwas, Größe, Auto, Geld, Härte. Über sie sei ein plötzlicher riesiger Ekel gekommen und sie sei schlagartig aus der Bar gerannt und nach Hause gefahren und dann eingeschlafen. Am nächsten Morgen ging es ihr so schlecht, sie musste kotzen und rief in ihrer Klinik an, dass sie nicht kommen könne. Und dann sei sie abgestürzt, fühle sich allein, heulte und schrieb mir. Ich habe sie dann eine Weile weinen lassen, habe ihr Taschentücher gereicht, nichts weiter gesagt.

Sie berichtete dann irgendwann weiter, dass ich Recht gehabt hätte, dass es irgendwas mit den Beziehungen sei. Ihr erster Freund sei eigentlich der beste gewesen, aber sie habe schon da erlebt, dass, wenn er ›Ich liebe dich‹ gesagt hatte, sie gar nicht darauf antworten und es schon gar nicht selber aussprechen konnte. Nach drei Monaten hatte sie kaum noch Lust auf Sex mit ihm. Aber sie verstanden sich gut, sie war unerfahren und dachte, das muss alles so sein. Dann war ihr erster Freund auf einer Dienstreise und sie ging mit einer Freundin aus und wurde sofort angemacht von einem Baumarktinhaber und irgendwie konnte sie nicht Nein sagen und dann lebte sie eine ganze Weile ein Doppelleben, bis sie ihren ersten Freund verließ. Die Männer verliebten sich reihenweise in sie. Aber jedes Mal, wenn sie sie zu etwas Offiziellem einladen wollten, lehnte sie ab. Auf keinen Fall ging sie zu den Eltern der Männer mit. Sie wollte auch nicht die Freunde der Männer sehen. Sie ging zu keinem Geburtstag, nur zu unpersönlichen Partys.«

»Oh je, ich ahne, worauf das hinausläuft«, warf Dr. Grünberger ein.

»Wenn der Sex besonders gut gewesen war, musste sie die Männer am nächsten Tag abwerten. Sie stoße sie dann richtig körperlich weg, sagte sie. Sie ekeln sie dann an. Und sie finde immer irgendetwas, denn diese Typen hätten ja schon ihr ganzes Leben vor ihr ausgebreitet. Sie müsse dann nur irgendwas, was sie vorher noch interessant fand, abwerten, sagte Frau S. Der eine mochte Musik der Romantikzeit und organisierte Konzerte, das warf sie ihm nach einer solchen Sexnacht um die Ohren, obwohl sie es vorher interessant, oder besser: amüsant gefunden hatte. ›Dein tragischer Mist! Das Ihr Männer immer das Tragische wollt! Das turnt Euch an! Kann nicht einer einmal normal sein!‹, hatte sie ihm am Morgen gesagt. Stellen Sie sich vor, wie man sich dann fühlt! Erst so eine Nacht, dann Bombenangriffe. Und, ich hatte ja auch schon solche Launenwechsel mit ihr erlebt. Man lechzt dann irgendwann nach einem guten Wort.«

»Das ist der Köder«, sagte Dr. Grünberger und dachte, das Ganze hier heißt: *Es muss doch gehen* und ihm wurde klar, dass Markus Feldberg der Liebes*illusion* aufsaß, er dachte, er könne sie ändern. Dr. Grünberger traute sich nicht recht, ihn zu ernüchtern, Markus Feldberg zum kalten Entzug zu bringen. Wie oft denken wir: Diesmal ist alles anders, dachte Dr. Grünberger, ich schaffe es, jemandem zur Einsicht zu bringen. Einer Essgestörten den Genuss von Tiramisu zu lehren. Einen Verbrecher zur Einsicht zu bewegen, eine Herzensbrecherin davon zu überzeugen, dass ich der einzige bin. Wir wollen nicht einsehen, dass wir einer unter vielen sind, austauschbar, benutzbar.

Markus fuhr fort: »Sie schaue eigentlich nur Liebesfilme, sie unterhalte sich furchtbar gern über Beziehungen und denke eigentlich immer, wo etwas ginge, egal mit wem sie gerade zusammen sei. Sie schaue sich um und suche den in ihren Augen fittesten Mann im Raum. Was aber ihre Angst dabei sei, habe ich sie gefragt. Und da habe ich sie das einzige Mal echt und tief traurig erlebt: ›Ich habe Angst vor den Männern‹, sagte sie, ›dass ich abhängig werde und sie mich dann verletzen oder dann weg sind. Und mehr Angst noch habe ich vor den Frauen dieser Männer, auch den verflossenen. Dass ich verglichen werden könnte. Aber auch vor den anderen Frauen. Den Blicken der Frauen, den Blicken der Männer.‹«

»Eine echte Bindungsstörung«, entfuhr es Dr. Grünberger.

»Aber warum fahre *ich* dann auf so etwas ab?«, fragte ihn Markus Feldberg und gab sich die Antwort gleich selbst: »Intermittierende Belohnung ist der stärkste Verhaltensverstärker. Ich weiß, Herr Doktor. Wie profan.«

»Was ist noch passiert?«

»Sie beschrieb eigentlich nur weiter ihre Angst vor echter Liebe und die vielen Aspekte ihrer Jagd. Ich möchte nicht wissen, mit wie vielen Männern sie im Bett war, immer waren es eher höherrangige *Männchen* oder super Muskeltypen, oder mit viel Geld, nur eine, nein eigentlich zwei Ausnahmen gab es.«

»Die wären?«

»Ihr erster Freund, auf den sie immer wieder zu sprechen kam. Er sei so väterlich gewesen. Er habe sich *gekümmert*, habe Essen gekocht, sie umarmt, ihr eine Decke geholt, wenn es kalt gewesen sei. Er habe mit ihr gelernt, habe alle ihre Launen ertragen. Und dann erzählte sie vom *Rollstuhlfahrer*.«

»Ein Rollstuhlfahrer? Wie passt das denn?«

»Ja, sie erzählte mir das ganz selbstverständlich. Sie habe an einer Bar einen netten Rollstuhlfahrer kennengelernt, einen Unternehmer. Er sei sehr freundlich zu ihr gewesen, habe ihr alles bezahlt. Da er in der nächsten Woche Geburtstag hatte, habe er sie prompt eingeladen, mit ihm essen zu gehen und sie habe spontan eingewilligt. Er hatte das beste Restaurant der Stadt ausgesucht, Dinner mit Kerzenschein, die Rechnung war um die fünfhundert. Natürlich verliebte sich der Rollstuhlfahrer in sie. Sie fand das amüsant, er dachte sich immer neue Geschenke aus, unterhielt sie gut und gestand ihr immer wieder seine Liebe – allein sie ging nicht darauf ein. Schrieb ihm hin und wieder, dann trafen sie sich, sie sagte öfter ab und der arme Mann verzehrte sich nach ihr. Eines Tages gab es eine Party bei einem ihrer vielen Bekannten, ein DJ wurde eingeflogen und sie nahm den Rollstuhlfahrer mit zu dieser Party.«

Dr. Grünberger dachte, wie stark die Liebesillusion doch sein musste, es tat ihm körperlich weh, wenn er daran dachte, wie sehr sich Männer erniedrigten, nur um an der Seite einer schönen Frau zu sein. Markus Feldberg sprach weiter:

»Sie tanzte mit allen und jedem und dann geschah es: Der Rollstuhlfahrer rollte zum DJ, nahm das Mikrofon in die Hand und sagte vor allen Gästen: ›Ich liebe dich, Maria. Willst du meine Frau werden?‹ Und Maria, jetzt sage ich auch Maria, schaute mich an und sagte nur: ›Stellen Sie sich das vor! Was bildet der sich ein!‹ Sie habe dann laut gelacht und nahm ihm das Mikrofon aus der Hand und sagte: ›Das war mal 'ne Partyeinlage und jetzt: Musik!‹ Und tanzte einfach weiter und ignorierte den Rollstuhlfahrer fortan. ›Ich brauche einen gesunden Mann‹, sagte sie mir, und: ›Er hätte die Spielklasse beachten müssen.‹«

Markus Feldberg schluckte. »Wissen Sie, Herr Doktor, wie übel mir war! Ich wusste kaum etwas darauf zu sagen. Natürlich dachte ich die ganze Zeit, bin ich ihre Spielklasse?«

Und dann sagte sie noch zum Schluss der Stunde: ›Ich hab die ganze Zeit an Sie gedacht, Dr. Feldberg.‹«

»*Femme fatale*«, sagte Dr. Grünberger. »Nehmen Sie Reißaus. Machen Sie bitte Schluss.«

IV

Die nächste Sitzung mit Maria S. rückte heran. Markus Feldberg sah sie überall in der Stadt. Ihre Stimme klang ihm im Ohr. Er ging jeden ihrer Sätze immer wieder durch, da schickte sie ein Bild von sich auf WhatsApp. Er konnte es nicht löschen. Sie weiß, wie man das macht, dachte er, wie musste erst der Sex mit ihr sein. Mit einer Patientin – das ging gar nicht. Er wusste, dass das Abstinenzgebot bis zu einem Jahr nach der Therapie galt.

Markus Feldberg sagte Patienten ab, er konnte sich kaum konzentrieren, er machte nur das Nötigste.

Zwei Tage vor der Sitzung kam eine weitere Nachricht: »Wenn Du mich liebst, komm mir bloß nicht zu nah« und sie verursachte ihm solche Qualen im Bauch, dass er sich weit weg wünschte oder ein sanftes Schlummermittel, das über ihre Person ein Vergessen ausbreiten würde.

Und in der Nacht vor der Sitzung schrieb sie etwas, das er erst am Morgen las: »Wir sollten uns treffen. Statt Sitzung. Selbe Zeit, draußen, in der Heide, Blumenstraße, wo es in den Wald hineingeht.« Smiley mit Küsschen.

Sein Herz schlug ungemein, als er das las. Er schrieb sofort zurück: »Ich werde nicht kommen.« Und verfluchte sich sofort dafür. Absturz, Leere. Ich lass mich krankschreiben, dachte er. Ich bin liebeskrank. Scheiße. Der Mittwoch kam heran. Er wusste an dem Tag nichts mit sich anzufangen. Es war 8 Uhr. Es war ein strahlend schöner Tag. Ein viagrablauer Himmel war von kleinen Hochdruckwölkchen durchzogen, die friedlich dahin zogen. 16 Uhr wäre die Sitzung gewesen. Oder der Waldspaziergang. Oder die Sitzung. Oder der Waldspaziergang. Oder gar nichts. Sollte er den Supervisor anrufen – er wusste, was der sagen würde, und ihm war es sowieso klar. Abstinenz. Wenn, dann Sitzung; aber wozu, es stand überdeutlich in seinem therapeutischen Gewissen geschrieben, dass er mit Maria keine Therapie mehr machen konnte. Und einfach den *Frame* wechseln? Sich treffen, reden, er konnte ihr vielleicht anders helfen? Konnte er nicht vielleicht mit seiner Liebe ihre Überspanntheiten heilen? Hatte Freud nicht so etwas Ähnliches geschrieben? Oder wollte *er* Heilung für eine Wunde? Jetzt einen Kaffee, bloß nicht zu viel davon. Fünf nach acht. In der Wohnung laufen, E-Mails checken, was schreiben. Halb neun. CDs ordnen?

Er hörte das Bling des Handys und hastete dahin. Sie schrieb: »Ich werde da sein, am Wald.«

Er verbrachte den Rest des Tages mit Shakespeare (»*For I have sworn thee fair, and thought thee bright / Who art as black as hell, as dark as night*«), um eine Antwort zu finden, hörte leichten Mozart, um sich trösten zu lassen, las im Gantenbein von Frisch, um etwas über ihre Persönlichkeit zu finden, duschte sich und ging dann in den Wald, um sie zu treffen. Zur Jagd.

V

Markus Feldberg rief Dr. Grünberger zwei Wochen nach ihrem letzten Treffen an einem Samstag an. Seine Stimme klang bedrückt. »Ich muss mit Ihnen sprechen, ich habe Angst, ich weiß nicht weiter.« Sie trafen sich in seinem Arbeitszimmer. Markus Feldberg sah schmaler aus als sonst. Er war sehr ernst. »Maria, nehme ich an«, eröffnete Dr. Grünberger das Gespräch. Er nickte.

»Ich habe *den* Fehler gemacht und jetzt habe ich Angst.«

Dr. Grünberger dachte: Wenn er mir jetzt erzählt, dass er mit der Patientin geschlafen und das Abstinenzgebot verletzt hat, muss ich ihn als Supervisor anzeigen? Aber zunächst einmal sagte er: »Herr Feldberg, nun erzählen Sie mal.«

»Ich hatte mir ganz fest vorgenommen, ihr zu sagen, dass ich keine Therapie mit ihr machen könne. Ich wusste nur noch nicht, ob ich ihr sagen würde, dass ich mich in sie verliebt habe oder ob ich auf das dauernde Beziehungsspiel hinweisen sollte, das die Therapie für mich unmöglich machen würde.«

»Nun, soweit haben Sie alles der Kunst nach bedacht«, sagte Dr. Grünberger.

»Aber dann schrieb sie mir diese Nachricht«, sagte Markus Feldberg und zeigte ihm die Nachrichten und auch das Foto von ihr. »Mannohmann!«, rief Dr. Grünberger aus, »das sind nicht nur Waffen einer Frau, das ist ein ganzes Arsenal, das sind Kanonen und Atomraketen. Leidenschaft. Schafft Leiden.« Markus Feldberg schüttelte den Kopf. »Ich bin der Idiot, ich hätte alles wissen können, Sie haben mich drauf hingewiesen ...«

»Nun kommen Sie, der beste Therapeut ist nicht gegen Versuchungen gefeit, es kommt drauf an, was man tut und was man draus lernt. Aber das heißt, Sie sind ihrem Ruf in den Wald gefolgt.«

»In den Wald. Ja«, sagte Markus Feldberg kleinlaut, »ich war wie in einem Tunnelblick. So müssen sich Süchtige fühlen. Nur die Flasche. Nur den Stoff. Endlich Frieden in den Venen.« Markus Feldberg nestelte an sich herum und schwieg noch eine Weile.

»Ich war am Anfang streng zu ihr, sagte, dass das nicht gehe, hiermit sei die Therapie beendet und sie war sofort ins Du verfallen und dann duzte ich sie auch, wie ich sie in meinen Gedanken schon hundertmal geduzt hatte. Sie fragte mich zu meiner Familie, ich erzählte viel von mir, während wir spazierten. Sie kam im Gespräch schnell wieder zu sich zurück, zu ihrem Arztsein, ich empfand sie wie schon zuvor als arrogant, aber das war mir egal, wir redeten und redeten und dann drehte ich mich zu ihr und küsste sie –«, Markus wurde rot, »und dann ging es ganz schnell. Wir befriedigten uns gegenseitig im Wald, wir liefen lachend Hand in Hand zu ihrer Wohnung, dort kuschelte sie sich in meine Arme und sagte, wie schön und angenehm es doch sei. Sie fühle sich so *zuhause*. Fragte mich dann, ob ich für sie kochen könne und ich zauberte ihr was von dem, was sie da hatte und sie war, Herr Doktor, ehrlich begeistert von mir, das war nicht gespielt! Wir schliefen dann noch mal und noch mal miteinander. Es war, wie ich es mir vorgestellt hatte, heiß und ewig und sie kam und wir weinten beide und schliefen dann ein.«

Dr. Grünberger machte ein bedenkliches Gesicht, hob die Augenbrauen und atmete tief. Junge!, dachte er, aber fragte: »Und der Morgen?«, und setzte hinzu: »Lassen Sie mich raten, Sie war abweisend.«

»Ja, am Morgen war sie kühl, sie küsste mich zwar, aber so als wollte sie sagen: Lass mich jetzt, sie bot mir kein Frühstück an und sagte, sie müsse gleich auf Arbeit sein. Ich solle die Tür zuschlagen. Danach blieb es still. Ich wartete auf eine Nachricht, ich schrieb vielleicht drei an jenem Tag, ein Blumenbild, ein Dylan-Zitat – aber nichts kam. Das konnte nicht sein. Immer wieder sah ich die Nacht vor mir, roch ihren Geruch an meinen Fingern. Aber nichts. Ich wollte natürlich nicht aufdringlich sein und wartete. Schrieb am nächsten Tag: *Ich denke dein. Sehne mich.* – Nichts. Auch am nächsten Tag – nichts. Sollte ich hingehen? Ich wusste ja, wo sie wohnte, aber das würde sie vertreiben. Vor ihrem Fenster singen?

Drei Tage nach dieser Nacht kam abends eine Nachricht von Maria: ›Ich kann das nicht.‹ Ich schrieb mir die Finger wund, lobte sie, wie toll sie sei, dass sie mit mir nichts müsse, sich Zeit lassen könne. – ›Du bist lieb, aber es geht nicht, ich will nicht Deine Lösung für Dein Frauenproblem sein‹, schrieb sie. Ich fragte zurück und sagte ihr, sie hätte mir doch erzählt, was *sie* für ein Männerproblem habe.«

»Niemals Beziehungsklärung über WhatsApp, das sollte in jedem Lehrbuch stehen«, sagte Dr. Grünberger mit einem Augenzwinkern, aber Markus Feldberg lachte nicht.

»Als ich das mit dem Männerproblem schrieb, kam folgende Antwort«, sagte Markus Feldberg und zeigte mir die Nachricht:

> Das ist das Gemeinste, was ich je gehört habe – watsch!, mitten ins Gesicht. Ich erzähle Dir erst alles, und dann verwendest Du es gegen mich. Du willst Dir nicht eingestehen, was Dein Problem mit Frauen ist. Du kannst es nicht und Du hechelst danach, jemanden wie mich zu befriedigen. Danke, darauf kann ich verzichten.

»Dann hat sie mich sofort überall blockiert.« Markus Feldberg schluckte und sah nach unten. Dr. Grünberger sagte zuerst nichts und nach einer Weile: »Voll in die Eier. Das tut mir sehr leid.«

»Wird sie mich verklagen?«, fragte Markus Feldberg ängstlich.

»Zuzutrauen ist ihr das, aber sie hat möglicherweise ihre Genugtuung schon gehabt.«

Dr. Markus Feldberg ließ sich krankschreiben und konnte erst nach drei Monaten wieder Patienten behandeln.

* * *

Mich wundert schon lange, dass noch niemand auf die Idee kam, die Bindungsstörung in den internationalen Katalog der Diagnosen aufzunehmen. Dabei sind die Kriterien relativ klar, unter anderen haben Stefanie Stahl[1] und Diana Böttcher[2] Symptome aufgelistet, es gibt einen eigenen Wikipedia-Eintrag. Bindungsangst und Liebesphobie verursachen beträchtliches Leiden.

Leute mit Liebesphobie sind vielleicht nicht heilbar. Sie können sehr wohl Beziehungen halten, aber am besten Fernbeziehungen und in getrennten Wohnungen. Wehe, man will von ihnen irgendein Bekenntnis. Eine Patientin sagte mir einmal dazu: »Mein Freund darf mir nie sagen, dass er mich heiraten will.« Da ihr Freund sich vor Eifersucht fast umbrachte, ging es schief und sie verschwand. Wie nach Vorlage ghostete sie ihn. Ich glaube dennoch, dass sie ihn sehr liebte und nur wegen ihrer Bindungsangst nicht konnte. »Auf dem Sterbebett würde ich ihn heiraten, das würde gehen«, hatte sie noch hinzugesetzt.

Sie können sich vorstellen, wie heikel die Sache für Markus Feldberg und den Supervisor war. Wie konnte er nur mit einer Patientin!, denken wir. Ein absolutes Sakrileg. Andererseits: Wie viele Dummheiten im Namen der Liebe gab es auf der Welt und hatte ich selbst begangen! Aber Markus Feldberg war Therapeut und diese Beziehungsaufnahme berührte weitere Ebenen. Er musste nicht zuletzt fürchten, verklagt zu werden. Bis heute war zu seinem Glück nichts passiert.

Die in dieser Geschichte vorkommende Konstellation von Therapeut und Patientin ist anders als in anderen Bindungsangstfällen *keine* häufige. Sie werden mit Sicherheit schon Menschen mit Bindungsstörungen in Ihrer Behandlung gehabt haben, nur eben nicht selbst darin verwickelt worden sein. Aber vielleicht kennen Sie das Muster aus Ihrem Beziehungsleben. Kontrolle ist hier die zentrale Bedürfnisdomäne.

Mit starker Kontrolle triggerte Maria die Annäherungs- und Vermeidungsschemata von Bindung bei Markus. Diese intermittierende Verstärkung schaukelte den Affekt unseres Therapeuten immer mehr auf, so dass er dachte, er liebe sie ungeheuerlich. *Gefährliche Nähe*, so heißen in etwa die Bücher oder Filme, die diese Leidenschaft zum Thema haben. Oper und Popmusik sind voll davon. Auf Marias Seite ist Kontrolle über Nähe und Bindung wichtiger als Liebesbedürfnis, Umgehen von Verletzungsmöglichkeit als Vermeidungsziel stärker als der auch nicht eben wenig ausgeprägte Nähewunsch. Sie war sehr wahrscheinlich vom plötzlichen Tod des geliebten Vaters verletzt worden, aber viel mehr noch von der Abwertung ihrer zärtlichen Gefühle durch die Mutter.

Ihre Schönheit ist im Bedingungsmodell nicht außer Acht zu lassen, auch nicht ihr starkes Temperament, das die Ausprägung des aktiven Typus der Bindungsstörung nahelegte. Sie konnte durch Schönheit, Klugheit und Temperament leicht eine narzisstisch-histrionische Achsenstörung entwickeln, in welcher Maria ihre Unsicherheit, liebenswert zu sein, mit Männergeschichten, Sexualisierung, Aussehen und Abwertung anderer wettmachen konnte. Auf diese Voraussetzungen kam die schwere Abwertung in Verbindung mit Fremdgehen durch Thomas, den Fußballtrainer – und Maria wollte nie mehr Opfer sein.

Dazu trat die besondere Symptomdynamik der Bindungsstörung mit dem Therapeuten. Diese Dynamik funktioniert nur mit Partnern, die eine ähnliche Motivlage (Bindung, Autonomie und Verletzungserfahrung) haben. Der Köder war das ambivalente Ansprechen von Bindungswünschen (»Ich suche Heimat«) und der Unmöglichkeit (»Ich kann das nicht«), das Versprechen von Liebe und plötzlichen Twists hin zu Kälte und Abweisung, die ein Gegenüber, das sich nach enttäuschenden Erfahrungen nach Liebe sehnt, noch mehr anstrengen lässt.

Auch Markus Feldberg hatte durch seine Verletzungserfahrung eine Unsicherheit über seine Liebenswürdigkeit in sich, die durch intermittierende Verstärkung seiner Anstrengung, seines Gebens (er nahm ihre Abwertungen hin, machte alles möglich, kam in den Wald, kochte für sie) manipulativ verstärkt wurde. Markus Feldberg brauchte nicht so viel Kontrolle, seine Verletzungsangst war nicht so hoch, sonst wäre das Ganze nicht so lange gegangen. Gut möglich, dass er nach dieser Erfahrung selbst noch stärker die zerrissene Dynamik von Nähe und Angst in einer neuen Beziehung spüren wird.

Es fiel mir schwer, einen *Plot* für diesen Fall zu schreiben; es war ja im eigentlichen Sinne keine Therapie.

Wenn Du mich liebst, komm mir bloß nicht zu nah.

Eine junge Frau, die sehr schön, intelligent und temperamentvoll ist, entwickelte nach dem Tod des Vaters und Abwertungen durch die Mutter eine narzisstische

Überkompensation, auf die dann eine Liebeserfahrung trifft, in welcher sie zunächst in den Himmel gehoben wurde, dann aber Verrat und schwere Abwertung erfährt. Sie entwickelt eine Liebesphobie bei gleichzeitiger dauernder Bindungssuche – eine Bindungsstörung. Sie sucht ständig die sexualisierte Nähe zu Männern. Wollen diese eine echte Beziehung, wertet sie Männer direkt ab, wird kalt oder spielt ein ständiges On-Off-Spiel. Durch ihre Schönheit kommt es immer wieder zu Beziehungsversprechen und sie muss sich kaum mit sich auseinandersetzen, da sie ihren Anteil immer wieder den unmöglichen Männern zuschieben kann.

Patienten kommen selten wegen ihrer Bindungsstörung in Therapie, eher ihre Partner, die unter einer solchen Beziehung leiden. Vielen ist das Thema gar nicht bewusst, sie suchen in anderen Gebieten nach der Ursache für ihr Leiden. In der Fachliteratur wird noch einmal der passive und der aktive Untertyp von Bindungsstörungen unterschieden. In unserer Geschichte haben wir es bei Maria mit dem aktiven Typ zu tun. Sie sucht Beziehungen, hat viele Affären, beschäftigt sich mit Liebe und Beziehungen so wie eine essgestörte Patientin, die dauernd über Essen nachdenkt und gerne Rezeptbücher liest.

Der passive Typ ist viel schwerer zu entdecken. Er wird eher einsilbig, wenn es um Liebe geht, er spielt das Thema herunter, betont, er brauche keine Beziehung, oder lässt sich gar nicht so tief ein, damit die Verletzung gar nicht erst droht. Diesen Menschen fällt es nach Verletzungen von Loyalität oder Abwertung ihres Nähewunsches sehr schwer, wieder Beziehungen einzugehen oder sie ziehen sich bei zu rasch entstandener Nähe wieder aus Beziehungen zurück. Sie zeigen wenig Interesse und Gefühl für mögliche Intimpartner, sind aber sonst durchaus soziale Menschen.

Eine Bindungsstörung kann nicht nur in der frühen Kindheit entstehen. Viele Patienten beschreiben, dass sie sich nach einer bestimmten Beziehung, in der sie sehr verletzt wurden, zurückzogen. »*Men going their own way*«-Männer und Frauen, die »keine Männer brauchen«, sind jenseits von dem, wie sie ihre Haltung begründen, häufig beziehungsverletzte Menschen. Geschah die Beziehungsverletzung sehr früh durch primäre Bezugspersonen oder sehr häufig in der Beziehungsgeschichte, kann sich der Beziehungsrückzug auf alle sozialen Situationen ausweiten und können sich sogar sekundär schizoide Persönlichkeitszüge entwickeln.

Im Gegensatz dazu können sich primär schizoide Patienten kaum in andere hineinversetzen, zeigen wenig Gefühlsausdruck und haben wenig Verlangen nach zwischenmenschlichem Kontakt. Eine Beziehungsverletzung wird selten geschildert; sie gehen häufig erst gar keine partnerschaftliche Beziehung ein.

Unsere passiv bindungsgestörten Patienten berichten von ihrem Bedürfnis, anderen nahe zu sein, aber auch von der großen Angst und Unbeholfenheit. Sie werden oft mit selbstunsicheren Patienten verwechselt. Bei diesen Patienten bezieht sich die Angst auf zwischenmenschliche Kontakte und die Vermeidung besteht in Kühle und Distanzsignalen, während sich bei genuin selbstunsicheren Patienten die Unsicherheit über viele Lebensbereiche erstreckt und die Vermeidung eher sogar in der Kontakt- und Ratsuche besteht. Selbstunsicherheit ist oft vergeschwistert mit abhängigen Zügen, während bindungsgestörte oder in der Extremform sekundär schizoide Patienten viel mehr die Unabhängigkeit (»Ich brauche Euch nicht«) betonen.

Da wir auch die Motive auf Therapeutenseite bedenken: Diese Patienten lösen in uns eine Hemmung aus, sie zur Kontaktanbahnung zu ermutigen oder tiefer nach Beziehungserfahrungen zu fragen. Wir wollen sie ebenso nicht verletzen, keine Aggressoren sein. Dazu kommt das Konzept der »sensiblen Sprache« und die wache Vorsicht, niemals die Gefühle von anderen zu verletzen – was in der Psychotherapie (und wahrscheinlich auch sonst) nur um den Preis von Oberflächlichkeit und Distanz möglich ist.

Der aktive Typ des Beziehungsgestörten, wie Maria S. in unserer Geschichte, verdeckt eben durch seine kontraphobische Aktivität zunächst, dass er Bindungsangst hat. Diese Patienten trennen sich rasch, begründen das natürlich mit Makeln des anderen, aber sie haben eine Höllenangst, selbst so zu lieben und abhängig zu werden. *I need you*, das wollen sie nie sagen. »Ich brauche das nicht«, »Sex wird überschätzt« und ähnliche Sätze habe ich schon gehört. Sie werten mögliche Partner schnell ab und begründen so, dass es ja »gar nicht geht«. Ich hatte eine Patientin, die sagte doch tatsächlich, nachdem sie ein Date mit einem jungen Mann gehabt hatte: »Er hat eine Brille. Das geht irgendwie nicht.« (Das gilt auch für Raucher, Hundebesitzer, Braunäugige, Schlagerliebhaber.)

Beim aktiven Typ ist es wichtig, diese Deutungen nicht sofort mitzugehen und das laute, aktive therapeutisch zu unterbrechen.

In der Therapiebeziehung gibt es dennoch – anders als unsere Geschichte suggeriert – mit solchen Patienten selten Beziehungsstörungen, weil Patienten eine professionelle und damit distanzierte Beziehung gut ertragen können. Sind sie so bedürftig, dass sie sich verlieben, wird es schwierig, denn dann lauert die Verletzung unweigerlich mit dem Ende der Therapie, selbst wenn nie etwas angesprochen wird.

Die folgenden Fragen haben mir geholfen, den Verdacht auf eine Bindungsstörung erhärten oder verwerfen zu können: Hat der Patient schon einmal mit Panik reagiert, wenn ein Partner nach Heirat oder festerer Bindung fragte? Ist ihm Händchenhalten, Küssen, Umarmen in der Öffentlichkeit unangenehm? Werden bei möglichen Partnern immer wieder disqualifizierende Details gesucht? Werden Partnerschaften, Flirts ganz vermieden (»Habe noch nie geflirtet«) oder exzessiv und mit hohem Partnerwechsel? Gibt es häufiger das Muster, sie schlecht behandelnde oder Partner, die unerreichbar oder vergeben sind, zu suchen? Hat der Patient schon einmal geghostet, d. h. hat er sich nach einer Zeit intensiver Verabredungen plötzlich einfach nicht mehr gemeldet? Oder romantische Verabredungen unverständlich abgesagt? Gibt es das Muster, dass er oder sie besonders nach einem sehr schönen romantischen Zusammensein Streit sucht, sich eiskalt verhält oder einfach wegbleibt? Gibt es Schwierigkeiten, den Partner den Eltern oder Freunden vorzustellen? Wird die Idee der gemeinsamen Wohnung, Heirat etc. immer wieder vermieden oder herausgezögert? Ist letztlich die Angst vor dem Scheitern größer als der Wunsch nach einer Beziehung?

Dass Maria S. in unserer Geschichte bindungsgestört war, ist offensichtlich. Auch der Part von Markus Feldberg wurde deutlicher, die Dynamik war kaum aufzuhalten. Der Supervisor hätte zu Anfang sehr viel mehr warnen müssen. Als Markus

Feldberg das zweite Mal zu ihm kam, sagte er ihm zwar klar, dass er das Ganze beenden müsse. Beim dritten Mal war es bereits zu spät.

Der Fehler war, zu denken, Markus könne etwas über korrigierende Beziehungserfahrung bewirken.

Eine unlösbare Falle

Herr Weiss betrat das Behandlungszimmer der Psychologin nur sehr vorsichtig, als habe er Angst. Sie streckte ihm die Hand zum Gutentag hin, er aber nahm sie nicht.

Cornelia G. war eine routinierte Psychotherapeutin. Sie arbeitete schon lange in diesem Krankenhaus. Sie hatte alle möglichen Patienten schon gesehen und behandelt. Von seltsamen Interaktionen ließ sie sich nicht gleich beeindrucken.

»Weiss, mein Name«, sagte der Patient, »Weiss, SS, ich meine Doppel-S. Wie Schwarz.«

»Mein Name ist Gall«, sagte die Psychologin und bat den Patienten, sich zu setzen.

»Könnten wir das Fenster ein wenig öffnen«, sagte Herr Weiss und fasste sich an den Hals.

»Kein Problem«, sagte die Therapeutin und kippte das Fenster hinter ihr an.

Herr Weiss hatte ein schwarzes T-Shirt an, auf dem *Apokalypse* stand; es hatte einige Risse und Flecken. Seine Schuhe waren ausgetreten, mit einem roten Schuhband und einem braunen. Die langen Haare lose in einem Zopf gebunden, nicht direkt unordentlich. Dabei war er schon etwas älter, ja, Cornelia G. sah das Geburtsdatum in der Akte. Herr Weiss war über 30. Er trug ein sogenanntes Palästinensertuch um den Hals und einen großen, silbrig glänzenden Ring mit Totenkopf an der rechten Hand.

»Mein Name ist Gall« – »Das sagten Sie bereits«

»Ich bin Psychologin hier in der Tagesklinik. Was führt sie denn zu uns?«, fragte Cornelia G. den Patienten.

»Ach, das sind eine Menge Baustellen«, hob Herr Weiss an, »ich weiß gar nicht, wo ich anfangen soll.«

»Was für Symptome hatten Sie denn in den vergangenen vier Wochen?«

»Ah, da muss ich viel früher anfangen. Ich habe schon eine Psychoanalyse gemacht und ich bin sicher, dass es an meinem Vater liegt«, antwortete der Patient.

Die Therapeutin atmete tief und fragte nochmals: »Und welche Symptome haben Sie heute?«

»Das steht da auf dem Zettel«, sagte Herr Weiss und reichte den Einweisungsschein herüber.

»Können Sie mir das auch schildern?«, fragte Cornelia G.

Der Patient verdrehte die Augen und sagte: »Pa-nik-attak-ken. Steht da.«

»In welchen Situationen bekommen Sie die denn?«

»Nun hier und dort, aber am meisten, wenn Stress ist!«

»Was ist denn Stress für sie?«

»Wenn ich zu einem bestimmten Zeitpunkt etwas liefern soll.«

»So wie jetzt?«, fragte Cornelia G. Herr Weiss grinste. »Nee«, sagte er gedehnt und wischte sich seine feuchten Hände an seiner Hose ab.

Das Gespräch zog sich und Cornelia G. konnte ihren angespannten Bauch fühlen, ihre sich unmerklich immer wieder nach oben ziehenden Schultern. »Locker lassen«, dachte sie sich, während sie zuhörte, »Bauchdecke weich, Schultern runter!«

Mit Mühe bekam sie aus dem Patienten heraus, dass er in einer WG lebte, im letzten Jahr einer Ausbildung zum Sachbearbeiter bei der Stadt mit Beamtenanwartschaft sei und zuvor mehrere Studienversuche nach kurzer Zeit hingeschmissen hatte.

Sein Vater sei ein Arschloch, ein ehemaliger Nationale-Volksarmee-Offizier, der ihn in der Kindheit verprügelt habe, erzählte er. »Wir mussten beim Essen still sein. Wir durften als Kinder nicht alleine ins Wohnzimmer, das war für die Kinder tabu. Er hatte da so eine Vitrine, mit Uhren. Eines Tages bin ich da über den Teppichrand gestolpert und mit dem Kopf in die Vitrine. Sie ist gesplittert, ich hab mir das Gesicht aufgeschnitten.« Richtig, man sah noch feine Narben auf der linken Seite. »Aber Prügel habe ich auch noch gekriegt.«

In die Schule sei er dann einfach manchmal nicht hingegangen, habe selber Entschuldigungszettel im Namen seiner Eltern geschrieben, unterschrieb die Fünfen bei Klassenarbeiten selber. Mit ein paar Kumpels trank er stattdessen *Sterni*, Sternburg-Bier. Seine Mutter habe sich immer wieder bei den Lehrern für ihn eingesetzt und so schaffte er das Abitur mit 4 und konnte sich für ein Studium einschreiben. Er wollte Rechtsanwalt werden, was die Therapeutin verblüffte.

»Das Schweinesystem mit den eigenen Mitteln schlagen«, sagte Herr Weiss jetzt und fuhr fort: »Das juristische Wissen hilft mir jetzt, im Amt. Ich kann Leuten helfen, denen die Chefs niemals etwas geben würden.«

Herr Weiss war in der Ausbildung in seinem letzten Jahr zum Verwaltungsbeamten im Sozialamt eingesetzt und er verriet der Therapeutin nicht ohne Hinweis auf die Schweigepflicht, dass er dort Prüfungen von Hartz-IV-Empfängern weglasse oder Bescheide so ausstelle, dass niemand aus der Wohnung musste. Herr Weiss lachte.

Er bekomme die Panikattacken oft auf dem Nachhauseweg, er habe Angst, dann doch eines Tages die Polizei vor seiner Tür zu finden. »Ich meine die Bullen haben schon meinen Führerschein!« Er berichtete, dass sie ihn bei einer Verkehrskontrolle THC-positiv getestet hatten und dann in seinem Auto auch noch mehr gefunden hätten. »Alles Eigenbedarf«, versuchte er Cornelia G. zu versichern.

Die Therapeutin klärte ihn über die Abstinenz während der Therapiezeit in der Tagesklinik auf. Er zog einen Schmollmund. Nicht mal ein Bier am Wochenende? »Nada«, sagte die Therapeutin und blickte in ein Gesicht, das sie nicht zu deuten wusste.

»Können Sie mir dann einen Schein ausstellen, dass ich so etwas wie eine Suchttherapie bei Ihnen gemacht habe und nicht zur MPU muss?«, fragte er dann unvermittelt.

»Das kann ich jetzt noch nicht entscheiden«, antwortete die Therapeutin.

Er hatte das Jurastudium nach drei Semestern hingeworfen, als die ersten Prüfungen anstanden, und sich dann für Kunstgeschichte und Literatur eingeschrieben. »Das konnte ich sechs Semester ziehen«, sagte Herr Weiss irgendwie stolz.

»Und wovon haben Sie gelebt?« – »Ach so, ich brauch nicht so viel. Materielles bedeutet mir nichts. Wohngeld ging klar, mal hier was schwarz gemacht, mal da, mal gekellnert, Schwarz-Weiss halt.« Und er grinste.

»Partnerin, Partner?«, fragte die Therapeutin.

Der Patient winkte ab. »Ja, dies und das, nichts Richtiges, aber die Frauen wollen einen immer erziehen. Komm ich mal ein bisschen zu spät, ist die Hölle los. Und was kann ich denn bieten? Nö, das ist schon ganz in Ordnung so.«

So richtig wirkte der Patient nicht wie einer, der Angst und Panikattacken hat. Eher selbstbewusst.

Cornelia G. spürte ihren Ärger bei jeder Bemerkung von ihm und zugleich sah sie einen kleinen Jungen. Sie erfragte noch die üblichen Dinge, ein paar hundert Euro Schulden, aber das sei kein Problem, Medikamente würde er nicht nehmen, die Vorbehandlung, die Psychoanalyse, da sei er irgendwann nicht mehr hingegangen. »Ich habe dann schon alles gewusst. Der Typ konnte mir kaum noch etwas sagen.«

Am nächsten Tag kam er 20 Minuten zu spät. Er sei schon aus der Tür gewesen, da sei ihm eingefallen, dass er ja noch den Therapieplan mitnehmen müsse und da sei dann die Bahn weg gewesen. Cornelia G. sagte nichts und vermerkte es nur im Therapieverlauf.

Sie wunderte sich, dass er gar nichts von einer Panikattacke in der Bahn am Morgen erzählt hatte. Es musste doch stressig gewesen sein, Zuspätkommen. Cornelia G. besprach mit ihm die Angststörung, zeigte ihm den Teufelskreis der Angst auf; aber es war, als ob Herr Weiss nicht richtig zuhörte, oder ihr bedeuten wollte, dass es bei ihm ganz anders sei. Sie zeichnete die Habituationskurven bei Angstkonfrontation auf und bat ihn, da ruhig schon einmal auszuprobieren und ihr zu berichten. Er solle auf seine Gedanken achten, und möglichst lange in der Situation bleiben, wenn er nachmittags fahre und übe.

Mittags bekam sie einen Anruf aus der Kunsttherapie. Herr Weiss sei ja neu eingeteilt worden, berichtete die Kunsttherapeutin und habe den anderen Patienten über Impressionismus und Expressionismus erzählt. Als die Therapeutin der Gruppe vorgegeben hatte, ihre aktuelle Gefühlslage zu malen, habe er sich geweigert, das sei Kinderkram.

Cornelia G. musste ran. »Wie anstrengend«, dachte sie und hatte schon Lust, ihm die Leviten zu lesen, aber das Lehrbuch sagte, dass man zunächst eine Beziehung aufbauen müsse, bevor man konfrontieren konnte. Andererseits, der Typ war schon zu spät gekommen. Wenn sie weitere Regelverstöße zuließ, würde es nur noch schwieriger werden. Müsste sie nicht gleich die Fronten klarmachen? Ärger stieg in ihr auf, schon wieder Ärger.

Sie bestellte ihn in ihr Zimmer. Er kam lächelnd herein und sprach mit sanfter Stimme: »Ich ahne ja, ich ahne ja, Frau Gall, dass die Kunsttherapeutin mich verpetzt hat. Aber das geht nicht. Wissen Sie, ich habe zuhause schon so viel gemalt, meine Bilder wären beinahe auch schon verkauft worden. Meine Spezialstrecke ist der Expressionismus.«

Die Therapeutin blieb ruhig. »Vielleicht habe ich Ihnen das zu wenig erklärt. In der Kunsttherapie geht es zum einen um Diagnostik, seine Gefühle auszudrücken, um zu sehen, was vielleicht noch im Verborgenen ist, und um sich selbst dort besser kennen zu lernen; aber auch um Bewältigung, indem man lernt, Unliebsames auszudrücken, sich dem Unbewussten stellt und dann auch darüber redet.«

»Ist mir schon klar. Können wir uns eigentlich duzen?«

»Nein«, sagte Cornelia G. sehr schnell und unwirsch.

»Sie sind ärgerlich auf mich«, sagte Herr Weiss, »wegen der Kunsttherapie und wegen heute Morgen. Bleiben sie mal locker. Wir sind schließlich Patienten.«

Cornelia hatte keine Erwiderung parat. Sie spürte das Adrenalin in ihren Adern.

»Versuchen Sie, sich einzulassen«, sagte sie noch und verabschiedete ihn und wartete mit gemischten Gefühlen auf den nächsten Therapietag.

Am nächsten Tag war Herr Weiss überpünktlich, hatte ein rostbraunes Hemd an, die Haare gewaschen, aber er wirkte in der Visite wie abwesend. Ob er geübt hätte in der Straßenbahn, fragte ihn die Therapeutin. »Ach, es ist gar nichts aufgetreten«, sagte er. »Ist etwas mit Ihnen?«, fragte sie. »Nö, ich bin nur müde, hab zu lange Serien geschaut und muss ja hier so zeitig da sein. Ist nicht meine Zeit.«

Auch aus der Ergotherapie wurde gemeldet, dass Herr Weiss völlig lustlos einen Korb nach Anweisung flocht, dessen Verknotungen aber immer wieder aufgingen und man das Ding zum Schluss nur wegschmeißen konnte.

Cornelia G. gab in der Teambesprechung die Linie vor, ihn erst einmal zu beobachten; es sei noch sehr unklar, was das Problem überhaupt sei. So berichteten die Schwestern, dass Herr Weiss vor den anderen Patienten dozierte, Tipps zur Überwindung von Depression gab, gegen Eltern wetterte, und dafür war, dass die anderen Patienten ihre Wut rausließen. Und er redete gegen die Pharmaindustrie, die Konzerne und den Kapitalismus allgemein, dass alle nur Sklaven seien und deshalb krank.

»Könnte es sein, Herr Weiss, dass unter ihren Panikattacken eine unbändige Wut steckt?«, griff die Therapeutin diese Diskussionen im nächsten Einzelgespräch auf. »Der Vater, der Vater Staat, sie richten sich gegen Anweisungen.«

»Halt, halt! Ich bin der friedlichste Mensch der Welt. Ich habe noch nie jemandem etwas zu leide getan«, sagte Herr Weiss mit lächelndem Gesicht. »Und Sie sehen doch, wie ich mich hier bemühe!«

»Ja, aber bislang haben Sie sich nicht mit besonderen Angstsituationen ausgesetzt, sie kamen zu spät, die Kunsttherapie …«

»Wollen Sie sagen, dass ich nicht richtig mitmache? Wissen Sie, dafür ist zuhause einiges geworden. Ich habe meinen Antrag auf Schwerbehinderung fertig gestellt. Ganz alleine, der lag vorher monatelang rum.«

Cornelia G. war es zum Verzweifeln. Das gab er als Fortschritt aus!

»Es sieht so aus, als seien Sie einerseits gegen das Staatssystem, aber wollten auf der anderen Seite versorgt werden! Auch hier wollen Sie Autonomie, machen nur das, was sie gern wollen, aber es ist Ihnen auch wichtig, hier zu sein!«

»Sie sind aber ärgerlich, Frau Therapeutin, was habe ich nur getan? Ich bin eine Woche hier, ich bin *einmal* zu spät gekommen, ich bin wieder in die Kunsttherapie hin, und bemühe mich dort. Vielleicht haben *Sie* ein Problem mit Wut, weil ich nicht so ticke, wie ich ticken soll!«

Wieder war Cornelia G. ausgehebelt. Ja, sie hatte Wut, und ja, sie konnte ihm nicht direkt etwas vorwerfen. So durften sich Patienten benehmen, es wäre ja ein

Wunder, wenn jeder Psychotherapiepatient schon in der ersten Woche keine Interaktionsprobleme mehr hätte.

»Könnte es nicht sein, Frau Therapeutin, dass ich ein Aspergersyndrom habe?«, äußerte Herr Weiss nun, »meine sozialen Schwierigkeiten, ich weiß schon, dass ich irgendwie komisch bin.«

Er habe schon in seiner Kindheit manchmal auf dem Holzende seines Bettes herumgekaut. »Verstehen Sie, ich wollte Holz essen!«

»*Bin ich ein Freak?*«, dachte Cornelia G., so klang das. Ein Thema, das ihr in letzter Zeit öfter unterkam. Die Patienten erzählten mit einem gewissen Stolz Symptome, als zeichneten sie diese aus. »Ich bin Borderline! Ein Asper-Girl!«

Herr Weiss sprach weiter. Er werde sozial immer missverstanden. Bei einer Diagnostik in der Kinder- und Jugendpsychiatrie sei er einmal als hochbegabt getestet worden.

Cornelia G. drehte sich der Kopf. Daran hätte sie *überhaupt* nicht gedacht. »Wir werden das prüfen«, sagte sie tonlos, hilflos.

»Und ich muss auch die vielen Bücher«, setzte Herr Weiss fort, »die ich aus dem Antiquariat und von Freunden habe, eine Lenin-Gesamtausgabe, nach dem Alphabet ordnen!«

Cornelia G. schwirrte der Kopf. Lenin? Wollte er auch noch Zwänge andeuten? Eine Nebelbombe, dachte sie. Sie wurde direkt: »Was soll denn nun bearbeitet werden, Herr Weiss. Panikattacken traten nicht mehr auf, depressiv wirken Sie nicht.«

»Vielleicht braucht es noch mehr Diagnostik«, verabschiedete er sich an jenem Freitag aus der Sitzung.

Am darauf folgenden Montag kam er nicht in die Tagesklinik. Cornelia G. war irgendwie erleichtert, jetzt konnte sie ihn wegen Nicht-Absprachefähigkeit wieder entlassen. Sie hatte den Eiertanz schon nach einer Woche satt gehabt. Viel zu oft hatte sie am Wochenende an ihn denken müssen und das geht für eine Therapeutin gar nicht.

Die Oberärztin wies die Sozialarbeiterin an, zur Wohnung von Herrn Weiss zu fahren, nachdem sie ihn nicht am Telefon erreicht hatten. Ein schlaftrunkener Herr Weiss öffnete die Tür. »Mein Handy hatte keine Batterie mehr«, sagte er der Sozialarbeiterin. Sie nahm ihn mit in die Klinik. Cornelia G. roch dort den Alkohol und ließ ihn pusten. »Ich hatte einen Absturz am Wochenende«, sagte Herr Weiss. »Vielleicht war es *zu gut* in der Tagesklinik und ich bin das nicht gewohnt, dass man mich so *gut* behandelt. Jedenfalls konnte ich schon Samstag früh nicht aufstehen. Ich hatte mir so viel vorgenommen, ich wollte die Therapieprotokolle ausfüllen, an meinem Buch weiter schreiben, wollte in den Elbepark mich konfrontieren fahren, auch die viele ungeöffnete Post ... Ich wurde suizidal, total depressiv.«

Weiss wirkte ehrlich verquält. »Wie ich an den Alkohol gekommen bin, weiß ich nicht, ich habe eigentlich gar keinen da. Den muss mein Mitbewohner irgendwo rumstehen gehabt haben.«

Schluss, aus, das wird so nichts, dachte Cornelia G. Sie setzte ein sehr formales, strenges Gesicht auf und sagte: »Wenn Sie suizidal sind, können Sie nicht in der Tagesklinik sein. Ich muss jetzt mit der Oberärztin reden, ob es ein Bett auf Station gibt.«

»Nein, nein, mir geht es schon besser und ich habe ja nie *wirklich* vorgehabt, mich umzubringen. Ich habe dann an meinen Neffen gedacht und meine Mutter, dass ich das nie über das Herz bringen könnte!«

»Und warum haben Sie nicht bei uns angerufen?«, fragte die Therapeutin streng.

»Das war mir zu peinlich, ich schäme mich so sehr dafür«, sagte Herr Weiss und verbarg das Gesicht in den Händen. Jetzt bitte nicht noch Tränen, dachte Cornelia G.

»Ich muss mich mit der Oberärztin beraten«, sagte die Therapeutin, und bat ihn zu warten. »Lassen Sie mich hier«, flehte Herr Weiss, »ich verliere sonst meine Ausbildung. Die Behandlung ist meine letzte Chance, hat mein Ausbilder gesagt.«

Cornelia G. ließ bei der Oberärztin ihren Unmut ab und berichtete alles. Zwei schwere Verstöße. Die Oberärztin versuchte, ihn mit seiner Biografie zu entschuldigen und auch mit der kurzen Therapiedauer. »Geben Sie ihm noch eine Chance, sprechen Sie die zweite Verwarnung aus, aber bei der dritten ist er draußen.«

Vor den weiteren Stunden fürchtete sich Cornelia G. Sie ging wie auf dünnem Eis, fühlte sich verarscht. Dann wieder hatte sie Mitleid mit einem, der ja doch nur irgendwo ankommen wollte.

Sie explorierte seine Probleme auf der Arbeit, der Patient gähnte dabei. Er machte in der Kunsttherapie mit, aber die Kunsttherapeutin berichtete, sie könne ihn nicht greifen. Er mache das, was sie verlange, aber so, dass man nichts wirklich von ihm sähe. Zu jeder der Gruppentherapien kam er als letzter, gerade so, dass man ihn nicht dafür rügen konnte. Aber Cornelia G. konnte sich Bemerkungen nicht verkneifen, wie »Der König erscheint« und danach beschwerte sich Herr Weiss bei der Oberärztin über solche »aggressiven, abwertenden Bemerkungen einer Fachkraft, die es eigentlich besser wissen müsste«.

Als er in einer Gruppentherapie zu schlafen schien, sprach sie ihn mit großer Lautstärke an, so dass er aufschreckte, aber sagte: »Ich habe alles mitbekommen. Die Therapien sind so anstrengend. Ich denke über so vieles nach.« Nach zwei Wochen Verzögerung brachte er auch die ausgefüllten Persönlichkeitstests mit und Cornelia G. hoffte schon, daraus etwas lesen zu können, eine Argumentationslinie zu haben, aber so etwas hatte sie noch nie gesehen: Der Patient hatte in allen Skalen die gleiche Punktzahl. Er war nicht angreifbar. Cornelia G. bekam Magenprobleme. Sie dachte nur noch über diesen Typen nach. Längst gab es kein konkretes Ziel mehr und es drehte sich alles darum, wie sie mit ihm umgehen sollte. Sie spielte Dialoge mit ihm durch, und selbst in ihren Gedanken schien es, als würde er immer wieder gewinnen. Auch sie selbst suchte nach Formulierungen, die ihm beweisen würden, dass er ein narzisstisches und ausnutzendes Arschloch wäre. In ihrer Fantasie sah sie sich triumphierend mit hochhackigen Schuhen auf seiner nackten Brust und erschrak über solche Bilder, die dieser Patient in ihr auslöste. Aber in ihren Gedanken wie auch im realen Leben hatte er immer wieder Begründungen für sein Tun, und jede einzelne schien plausibel. Aber in der Summe war er der Pudding, den man nicht an die Wand nageln konnte.

»Da wissen Sie auch nicht weiter«, sagte er jetzt auch noch lächelnd im Hinblick auf den Persönlichkeitstest in ihren Händen. Cornelia G. konnte nicht mehr an sich halten: »Wieso können Sie nicht einfach arbeiten gehen! Sie erzählen den Patienten und mir hier etwas vom Schweinesystem, aber Sie werden von diesem System auch alimentiert.« Sie war laut, etwas, das sie die ganze Zeit hatte vermeiden wollen. Aber jetzt war es zu spät, es sprudelte aus ihr heraus: »Es ist unklar, wofür Sie stehen. Haben Sie den Arsch in der Hose und gehen Sie irgendein Ziel mal nachhaltig an. Wir wechseln seit Stunden die Themen und Ziele! Panik, Depression, Suizidalität, Asperger, Alkohol ... Aber man kann Ihnen nicht beikommen, sie verschanzen sich hinter Ihrem wolkigen Gerede und lassen alles und jeden an sich abtropfen. Ein Teflonmensch – und ich traue Ihnen dennoch einen Amoklauf zu.«

Herr Weiss schwieg und blickte die Therapeutin an. Er bewegte sich nicht. Jetzt könnte er mir auch an die Gurgel gehen, dachte Cornelia G. und meinte einen tiefen Hass in seinen Augen zu sehen. Aber nichts geschah. »Was?!«, fragte die Therapeutin nach einer Weile, »Was wollen Sie?«

»Ich weiß nicht weiter«, sagte der Herr Weiss kleinlaut, »ich bin enttäuscht. Ich habe mich geöffnet, habe ihnen das gesagt, was mit mir ist, ich habe auch meine Fehler nicht verschwiegen, den Alkohol gebeichtet, ich bemühe mich in der Kunsttherapie ... So kann man in der Psychotherapie hintergangen und missverstanden werden.«

Cornelia G. sprang auf und lief im Zimmer umher. »Es ist selten so, aber ich beende die Therapie von mir aus einseitig. Ich kann das nicht.«

»Das ist in Ordnung so«, sagte der Patient mit seiner sanften Sozialarbeiterstimme und blieb sitzen.

»Ich werde mit der Oberärztin beraten, wie es weitergeht.« Der Patient blieb immer noch sitzen.

»Können Sie nicht einmal einfach gehen, ich hatte gesagt, die Stunde ist beendet!«, sagte die Therapeutin noch einmal deutlich.

»Wir hätten noch zehn Minuten«, sagte Herr Weiss, da packte Cornelia G. ihn mit links am Arm, in diesem Moment wissend, dass das ein Nachspiel haben würde, öffnete mit der Rechten die Tür und schob ihn hinaus und schlug die Tür zu.

Herr Weiss beschwerte sich postwendend beim Chefarzt und wurde mit Suizidalität auf der Akutstation aufgenommen. Cornelia G. bekam eine Abmahnung. Sie wollte über den weiteren Werdegang des Patienten nichts mehr hören.

Eines Tages wurden von der Staatsanwaltschaft die Behandlungsunterlagen angefordert. Der Patient Weiss, Norbert hatte in einer alten Fabrikhalle einen Keller ausfindig gemacht, den verschlossen und darin eine Marihuanapflanzenzucht angelegt und gewerbsmäßigen Handel betrieben und habe bei seiner Festnahme auf seine psychischen Erkrankungen hingewiesen.

**

Ich habe selbst einmal im Leben ähnliche Verhaltensweisen gezeigt wie der Patient in dieser Geschichte. In Ostdeutschland wurde ich noch zur Armee eingezogen und da ich die DDR verlogen fand, verweigerte ich den Dienst mit der Waffe und kam zu den sogenannten Bausoldaten. Dennoch waren wir Teil der Armee, mussten Uniform anziehen, dem besseren Deutschland dienen und wären auch im Kriegsfall verpflichtet worden. Nicht nur die Ablehnung des Systems ließ uns in den Widerstand gehen, sondern auch die Tatsache, dass man anderthalb Jahre der besten Jugendzeit weit weg von zu Hause eingesperrt war, nur weil man ein bestimmtes Geschlecht hatte.

Wir sollten für die »Nationale Volksarmee« ein Gebäude errichten, wir wollten nicht für die Armee arbeiten, es gab Befehle, aber kein Geld. Es war Zwangsarbeit, staatlich verordnete Zwangsarbeit, nichts anderes. Aber man kam bei Strafe nicht weg. Und so arbeiteten wir vorsätzlich langsam, urinierten, wenn die Offiziere nicht zu sehen waren, jeder in das Mauerwerk, so dass es hoffentlich noch nach Jahren stank. Wir sabotierten, wo wir konnten, verlegten Geräte und sobald der uns kontrollierende Offizier verschwand, arbeiteten wir nicht und sonnten uns. Wir verliehen dem Langsamsten unter uns den Orden »Die goldene Schnecke«, den ein Kamerad aus Messingblech geschnitten und gefeilt hatte. Wir waren abhängig und wollten Freiheit. Wir konnten nicht aus dem Armeesystem aussteigen, die Konsequenzen waren zu hart. Letztlich waren wir feige. Die wirklichen Helden in der DDR waren für eine Wehrdienstverweigerung ins Gefängnis gegangen.

Ganz egal wie die Diagnose des Patienten gelautet hätte, so zeigt uns dieser Fall, dass jegliche Behandlung ungefähr ähnlich verlaufen wäre. Die Therapeutin konnte prinzipiell keine wie auch immer geartete Kontrolle erlangen, den Prozess nicht steuern. Herr Weiss stellte eine passiv-aggressive Konstellation her. Hierbei ging es zentral um die Motivdomäne Kontrolle und Macht. Sie mischt sich in jedes andere Motiv, in jedes Ziel und jede Verhaltensweise. Im passiv-aggressiven Muster widerstreiten besonders Autonomie und Bindung; und jeweils noch moduliert durch das übergeordnete Ziel der Kontrolle in Kommunikationskontrolle, Deutungskontrolle und Handlungskontrolle.

Herr Weiss wollte nicht aus der Klinik geworfen werden. Er zeigte in seinem gesamten Verhalten Autonomie, verneinte das aber verbal. Er vermutete auf Grund seiner Biografie argwöhnisch dort, wo er hätte gute Bindung zeigen sollen, Unterwerfung und wehrte sich mit fehlgeleiteter, passiver Autonomie und Verweigerungsmacht. Dort, wo er Autonomie zeigen sollte, wollte er, dass andere für ihn Ziele vorgeben und Verantwortung übernehmen – etwas, wogegen er dann wieder kämpfen könnte. Ein mit seinem Vater angelegter Konflikt des Kampfes mit Autoritäten, deren Liebe und Versorgung man zugleich nicht verlieren möchte, wiederholte sich. Immer dann, wenn der Patient ein Machtgefälle in eine Situation hineindeutete, musste er kämpfen.

Der Plot könnte heißen:

Eine unlösbare Falle.

Ein junger Mann wurde in seiner Autonomieentwicklung allein gelassen, er bekam kein Lob oder Unterstützung für seine eigenen Projekte. Vom Vater bekam er willkürliche Anweisungen, wusste nie, wann er eine Regel übertrat, und versuchte sich später unangreifbar zu machen. Jede Autorität war gefährlich, in jeder Bitte sah er einen Befehl. So bekam er regelmäßig Schwierigkeiten in Schule oder Berufsausbildung. Ihn faszinierten zudem Menschen, die gegen den Staat kämpften, er verachtete Polizisten. Aber er hatte auch Angst, bestraft zu werden, denn er wusste, dass er viele Dinge nicht allein auf die Reihe bekam.

In der Therapie reizte er auch seine Therapeutin so weit, dass sie aggressiv wurde und er wieder den Beweis hatte, dass Autoritäten ihm übel wollten. Vorschläge mussten wegen der befürchteten Unterwerfung abgelehnt oder hintertrieben werden, aber so, dass er in der Versorgung verblieb. Verantwortung für eigene Ziele musste anderen untergeschoben werden, denn er wollte selbst nicht verantwortlich sein, aber dennoch die Kontrolle behalten. Es kam zur passiv-aggressiven Falle, die von der Therapeutin prinzipiell nicht unterbrochen werden konnte; und wegen der Passivität vom Patienten hätte nur Einsicht helfen können. Diese wiederum konnte ja auch nicht von außen suggeriert werden, die Deutungskontrolle musste der Patient auch behalten, so dass der Fall *unlösbar* wurde.

Normalerweise versuchen wir als Therapeuten, uns auf Augenhöhe mit Patienten zu begeben. Der Rahmen von Therapie ist jedoch per se ungleich: Nur einer stellt die Fragen, nur einer muss sich offenbaren, nur von einem wird Anstrengung verlangt. (Was nicht heißt, dass wir Therapeuten uns nicht anstrengen.) Gleichzeitig, ähnlich wie ein pubertierendes Kind, konnte dieser Patient nicht einfach gehen, er braucht die Diagnose für seine Versorgung. Er konnte nicht offen rebellieren, denn dann würde er den Patienten- und später Opferstatus und die damit verbundenen Vorteile verlieren; von ihm würde Verantwortung abgefordert, kein Vater, keine Schule, keine Gesellschaft wäre mehr verantwortlich.

Es ist in diesem Fall sehr offensichtlich, dass die passiv-aggressive Persönlichkeit mit den ihr verbundenen Macht- und Versorgungsmotiven der entscheidende Faktor ist und dass dies zugleich in der Logik dieser äußerst schwierigen Kompromissbildung zwischen Autonomie, Kontrolle und Bindung verborgen bleiben muss. Verweigerungsmacht, die verbal verschleiert ist, ist der zentrale Mechanismus dieser so unangenehmen Störung.

Es gab bei Herrn Weiss kein motivationales Annäherungsschema, auf das die Therapeutin hätte setzen können, wie etwa bei einem Alkoholiker, der trocken werden möchte, aber auch ambivalent ist. Es ging Herrn Weiss als Annäherungsziel nicht etwa darum, die Therapeutin durch kommunikative Kontrolle zu etwas zu bringen (wie etwas Narzissten oder Histrioniker), sondern nur, sich einer gefühlten Unterwerfung zu entziehen. Es gab nur ein generalisiertes Vermeidungsziel: sich in Beziehungen nicht zu unterwerfen. Nun ist schon eine Verabredung um 9 Uhr eine Unterwerfung unter den Vertrag, den man damit mit seinem Gegenüber schließt. Nicht jede Unterwerfung verweist aber auf Diktatur. Sich freiwillig einer durchdachten Regel und einem Vertrag zu unterwerfen, ist ein Kennzeichen gesunder, kooperationsfähiger Erwachsener. Deshalb führt passiv-aggressives Verhalten in Beziehungen zu sich immer weiter verengenden Verhaltensspielräumen, Druck von anderen, dem sich wieder entzogen wird, und letztlich zu Beziehungsabbrüchen. Eine Partnerin geht, weil sie nicht immer wieder vom Ehemann passiv verweigerte Aufgaben doch noch erledigen will – oder sie bleibt dran und »zwingt« den passiv-aggressiven Part zur Erledigung und der Ehemann flüchtet real oder in Symptome – nicht ohne die Partnerin der Diktatur zu beschuldigen.

Hat man sich einmal mit passiv-aggressiven Zügen beschäftigt, fallen sie einem deutlicher auf, in Beziehungen, am Arbeitsplatz, mit Patienten. Aber auch diese

Persönlichkeitsstörung wird kaum diagnostiziert. Wird sie vergeben, bedeutet sie für den Patienten »Mittäterschaft« am Krankheitsgeschehen, und Therapeuten sehen ihre Patienten doch lieber als Opfer der Umstände. Diese Menschen erfüllen scheinbar Anweisungen, aber so, dass man ärgerlich wird und es beim nächsten Mal lieber selbst tut. Sie übernehmen kommunikative Kontrolle in Gesprächen, streiten das aber ab. Sie werfen Nebelbomben, etwa auf die Frage »Wie geht's?«, antworten sie: »So la la« oder »Wie soll's schon gehen?«, sie verwenden reichlich Oberbegriffe oder gehen nicht auf ein Thema ein. Das geht soweit, dass passiv-aggressive Patienten es schaffen, die Frage nach der Uhrzeit nicht zu beantworten, etwa indem sie sagen: »Ich kann jetzt nicht, ich hab es eilig.« Oder lange an der Uhr herumspielen und dann sagen: »Oh, ich habe sie gerade verstellt. Sowas Dummes auch.«

Der Prototyp von »passiv-aggressiv« ist ein pubertierender Jugendlicher, der die Schule schwänzt, dafür Ausreden hat, Staat, Lehrer und Eltern kritisiert, sich für etwas Tolles hält, aber insbesondere Anordnungen und Anforderungen aus dem Weg geht, sodass es keine direkte Konfrontation gibt, sondern er versorgt bleibt.

Bei einem pubertierenden Jugendlichen kommt es darauf an, wie oft man eine »weitere Chance« gibt, ohne Belohnung zu entziehen. Es ist entscheidend, sich nicht in Diskussionen verwickeln zu lassen. Begründungen, Nebelbomben und kommunikative Kontrolle sind die Spezialstrecken des Passiv-Aggressiven. Ich hatte einen Fall eines 25-jährigen Patienten, der schon dabei war, die zweite Ausbildung kurz nach Beginn des praktischen Teils – als es anstrengend wurde – abzubrechen. Er lebte noch bei den Eltern, schlief bis mittags, spielte das Wochenende Computerspiele durch. Der Vater beklagte sich, dass er nicht einmal den Tisch mit abräume. Der Junge hatte keinen Respekt mehr, aber er hatte auch nichts zu fürchten. Als ich in einem Vierergespräch mit den Eltern die Verhaltensketten, deren Verstärkung und Aufrechterhaltung durch das Elternsystem deutlich machte und eine Abstaffelung der Unterhaltsbeträge bis zu einem bestimmten Datum vorschlug, eine klare Kontrolle über das Internet und Pflichten, ohne die er nicht am Essen teilnehmen konnte, wurde der junge Mann zunächst gegen die Eltern und dann gegen mich ausfällig, beschuldigte uns des »Adultismus«, dann stellten die Eltern meine »diktatorischen« Maßnahmen in Frage – und alles blieb so. Später erhielt ich eine E-Mail des Vaters, dass sie den Sohn rausgeschmissen hätten und alle Gelder gestrichen.

Sie können einmal passiv-aggressive Paare im Supermarkt beobachten: Der Ehemann verlässt den Wagen und will etwas schauen, seine Frau sagt: »Wo gehst Du denn schon wieder hin?« Sagte er etwas, sagt sie: »Das brauchen wir nicht.« Schlägt sie später einen Platz im Restaurant vor, muss er einen anderen nehmen. Bittet sie ihn, Brot mitzubringen, vergisst er es. Fragt er: »Wollen wir morgen Kartoffeln essen?«, sagt sie: »Meine Strümpfe sind kaputt, ich muss erst die Strümpfe nähen.«

Man kann sich eine menschliche Hölle auch passiv-aggressiv vorstellen, in der nie jemand den anderen schlägt. Im Film »Die Katze« des französischen Regisseurs Pierre Granier-Deferre spielen Simone Signoret und Jean Gabin ein solches Paar. Spoiler: Es geht nicht gut aus.

Die Behandlung solcher Patienten gestaltet sich wegen der Interaktionsbesonderheiten und des Autoritätsgefälles in der Therapie äußerst schwierig. Ich glaube ja, sie ist prinzipiell unmöglich.

Der Patient reagiert auf jeden Vorschlag der Behandlerin kommunikativ mit Bejahung und performativ mit Verneinung. Bittet sie ihn, eigene Vorschläge zu bringen, tut er es nicht, bzw. wirft der Therapeutin vor, nichts mehr vorzuschlagen. Es kann zu folgendem Dialog kommen:

Th: »Was steht denn als nächste Aufgabe an, Frau Müller?«
M: »Ich müsste meinen Krankengeldantrag ausfüllen.«
Th: »Nun ...«
M: »Ich kann das nicht.«
Th: »Wie, Sie können nicht schreiben?«
M: »Mein Problem ist, dass ich Rechtschreibfehler mache.«
Th: »Nun, das ist ein Fakt. Deswegen werden keine Anträge abgelehnt.«
M: »Mein Problem ist, was die Leute über mich denken.«
Th: »Naja, man kann andere Lösungen finden. Bitten Sie mich, diesen Antrag auszufüllen, oder den Sozialarbeiter.«
M: »Mein Problem ist, dass ich nicht um Hilfe bitten kann.«
Th: »Ich merke schon, Ihr Problem ist, dass Sie immer sagen, dass Sie ein Problem haben. Sie könnten ja auch sagen: Mir fällt es schwer, aber ich mache es trotzdem.«
M: »Mein Problem ist ja, dass ich das genau nicht kann.«

Häufig hören wir auch distanziert-wertende Sätze wie »Ich weiß nicht, was mir das bringen soll« oder zur Gruppenpsychotherapie: »Das ist nicht das richtige Format«, es wird gelächelt, auf der anderen Seite werden aber auch keine Vorschläge gemacht. Charakteristisch ist zudem ein Grinsen, das das Gegenüber aggressiv macht.

Sie liefern für alles Begründungen. »Der Handyakku war alle« ist beim Zuspätkommen noch das Harmloseste. Ein Patient habe keine Unterlagen mitbringen können, weil er im Fernsehen eine Reportage über Kinderheime gesehen habe, was ihn so sehr an seine herrische Mutter erinnert habe. Ein anderer wollte mit Bewerbungen »nicht den Kapitalismus und damit die Ungerechtigkeit stärken«.

Beim Therapeuten kommt es irgendwann zu solchem Unmut, welchen Patienten dann wieder einordnen können in: »Die Welt ist feindlich« und »Der weiß auch nicht weiter.«

Da Verweigerungsmacht immer stärker als Durchsetzungsmacht ist, kann eine passiv-aggressive Kommunikation per se nicht mit einer positiven Motivation, initiiert durch den Therapeuten, enden. Sie können lediglich versuchen, Inkonsistenz in der psychischen Störung durch Bewusstwerdung des Musters zu erzeugen. Der Widerspruch, etwas zu wollen und zugleich nicht zu wollen, gepaart mit Erklärungen des Therapeuten sowie der Verweigerung von Therapiestunden, wenn kein Eigenmotiv zu erkennen ist, bieten eine (kleine) Chance auf das Durchbrechen dieser speziellen Falle.

Gar nicht selten finden Therapeuten die Ausreden der Patienten plausibel oder finden weitere psychologische Begründungen (»Antriebsstörung«), Symptome und Diagnosen (»Prokrastination«, »ADHS«), die Fehlverhalten entschuldigen. Wir machen dann im System des Patienten mit – bis irgendeine Provokation so ungeheuerlich ist, dass wir eben doch ärgerlich bis aggressiv werden. Und dann werden wir beschuldigt, weil wir ja ausfällig wurden.

Wenn wir dieses Muster ansprechen, ein jedes Mal markieren und Konsequenzen setzen, muss uns Therapeuten dabei gleichgültig bleiben, ob der Patient höhere motivationale Ziele erreicht oder sein Leben vergeudet. Immer, wenn *wir* etwas wollen, löst das beim passiv-aggressiven Menschen die Gegenreaktion aus. Auch wir als Therapeuten können dann nur verweigern, und das ist schwer.

Trialog: Jetzt darf ich endlich nur noch an mich denken

Andrea, Tom und ich hatten weitere Geschichten zusammengetragen. Wir hatten versucht, unsere Plot-Idee zu vervollständigen. Aber, was war das für eine anmaßende Idee. So etwas wie die Zwei-, Drei-Faktoren-Theorie der Seele. Dauernd kam ein neuer Faktor dazwischen. Wir hatten Biologie, Lebensereignisse und verdeckte Bedürfnisse auf Seiten des Patienten und im letzten Gespräch die Besonderheiten einer therapeutischen Gesellschaft und deren verdeckte Bedürfnisse in einem Therapieprozess besprochen. Unklar hingegen war noch, ob die Motive Teil einer Persönlichkeit, eines überdauernden Zuges waren, oder ob unabhängig von den Motiven so etwas wie Persönlichkeit mit Einfluss auf die Entwicklung nahm. Wie hingen die Persönlichkeitsanteile zusammen? Und welche besondere Rolle spielte der Narzissmus, der dauernd als Begriff vorkam?

Und so entspann sich folgender Trialog:

Tom, der Forscher und Professor: »Wir haben ja jetzt schon eine Menge Fallgeschichten zusammengetragen. Es ging darum, wie wir als Therapeuten fälschlicherweise eine Therapie verlängern. Wir haben neue Phänomene, Emergenzen oder Situationsklassen benannt, die in einer ICD-Diagnose gar nicht auftauchen, aber die eigentlich jeder Therapeut kennt, wie etwa die Überkreuz-Verstrickung, Regression oder Verbitterungsstörung.«

Andrea, die Therapeutin: »Ja, aber mir scheint, dass wir den Einfluss der Persönlichkeit noch zu wenig herausgearbeitet haben. Ist es nicht verrückt, dass es in der ICD gar keine eigenständige narzisstische Persönlichkeitsstörung mit Kriterien wie im amerikanischen System gibt? Aber auch im amerikanischen System wird ein wesentliches Charakteristikum nicht beachtet: dieses Schwanken der Narzissten zwischen Größe und Kleinheit.«

Holger, der Dozent: »Ja, wie bei unserem »großen Versager«, dem Selbstmörder. Und hatte ich schon erwähnt, dass die Diagnose der narzisstischen Persönlichkeitsstörung in den vielen vielen Therapieanträgen, die ich – GANZ bescheiden – gelesen habe, nur dreimal vergeben wurde?«

Andrea, die Therapeutin: »Ja, hast Du. Dabei nutzen wir das Wort vom Narzissmus fast bei jeder Fallbeschreibung. Als Klinikerin finde ich auch, dass die Kriterien der narzisstischen Persönlichkeitsstörung nicht das treffen, was ich sehe. Die Leute kommen nicht und sagen: Ich bin der Größte. Es gibt empathische Menschen mit einer narzisstischen Persönlichkeitsstörung, es gibt die, die ihren Narzissmus unter Altruismus verstecken. Die meisten Narzissten kommen geknickt, nach einer Trennung, einem Arbeitsplatzverlust und machen sich runter.«

Tom, der Forscher und Professor: »Die Forschung ist so heterogen und die Begriffe in Bezug auf Narzissmus sind höchst verwirrend. Der Bezug von Narzissmus und Persönlichkeit zu den anderen Einflussfaktoren ist ganz offensichtlich.«

Andrea, die Therapeutin: »Man könnte meinen, dass die Narzissmusachse eine herausgehobene bei der Besprechung von Persönlichkeit ist. Ja, es ist vielleicht der Faktor, der in den allgemeinen Kriterien der neuen Persönlichkeitsstörungsdefinitionen ›Steuerung der Selbstfunktionen‹ genannt wird. Also vieles: Handlungsüberzeugung, grundlegendes Selbstbild, vermutetes Fremdbild, insgesamt Identität, Möglichkeit der Selbstberuhigung, Selbstdistanzierung …«

Holger, der Dozent: »Und wie passt das alles in das Modell, das wir hier vorschlagen?«

Andrea, die Therapeutin: »Gehen wir noch mal durch, was wir wissen. Narzissmus ist ein Begriff, der landläufig vom Volk für jemanden verwendet wird, der sich als besser, größer, schöner, toller darstellt, sich erhöht.«

Tom, der Forscher und Professor: »Ganz einfach: pathologische Selbstverliebtheit.«

Holger, der Dozent: »Uns fällt sicher gleich jemand dazu ein.«

Tom, der Forscher und Professor: »Die Politik ist voll davon.«

Andrea, die Therapeutin: »Und die Wirtschaft.«

Holger, der Dozent: »Und wie wir sehen werden, auch die Psychotherapie.«

Andrea, die Therapeutin: »Und Freud sagte: Narzissmus ist eine spezifische libidinöse Objektwahl, wo man durch die Objekte oder eben sich selbst als Objekt ein Ideal-Selbst repräsentiert …«

Holger, der Dozent: »Oh, du sprichst freudianisch, ganz schön von Dir selbst eingenommen!«

Tom, der Forscher und Professor: »ICH als Professor will das mal runterbrechen: Nach Freud zeigt sich der Narzissmus also in den Objekten, die man wählt, wir natürlich die Karriere, aber auch die Blondine an der Seite, das Auto, die Rolex, die ein bestimmtes Größen-Ich zeigen sollen …«

Andrea, die Therapeutin: »Ja, das war die männliche Variante. Dazu auf weiblich: den Chefarzt, den ich mir als Partner auswähle. Die Chanel-Handtasche, meine Kinder, die Mandarin und Cello lernen. Und allgemeine narzisstische Objektwahlen: die intellektuellen Bücher, teure Understatement-Kleidung … Nach Freud zeigt sich Narzissmus auch in der Libidodynamik, in der dann alles mit *mir* zusammenhängt. Das kann im Extremfall bis zur Psychose und zum Selbstmord gehen … Alles hat mit *mir* zu tun.«

Tom, der Forscher und Professor: »… übersetzt aus dem Freudianischen: Narzissmus zeigt sich auch in der Hinwendung aller Aufmerksamkeit zu mir selbst. Egal, ob Du vom Fahrrad *Deiner* Großmutter sprichst, erinnert mich das als Narzisst an *mein* tolles Auto.«

Andrea, die Therapeutin: »Ja, das spürt man dann als Gegenüber. Alles führt immer wieder zum Narzissten zurück. Es fehlt Empathie. Man selbst fühlt sich als Gegenüber unbedeutender, kleiner.«

Tom, der Forscher und Professor: »Hab ich doch toll erklärt, oder?«

Holger, der Dozent: »Und wir haben noch den Begriff des Narzissmus als *gesundes Selbstwertgefühl*, gesunder Egoismus, etwas, das wir therapeutisch fördern wollen.«

Tom, der Forscher und Professor: »Halten wir fünf Bedeutungen von Narzissmus fest: Selbstverliebtheit, Selbstfunktionen, Objektwahl, gesteigerte Selbstaufmerksamkeit und gesundes Selbstwertgefühl – alles mit dem Begriff ›Narzissmus‹ bezeichnet.«

Holger, der Dozent: »Und wie erklärst Du Dir, dass die Störung so wenig diagnostiziert wird?«

Andrea, die Therapeutin: »Wir leben in einer narzisstischen Gesellschaft. Selbstbezug ist normal, das Dystone tritt gar nicht mehr zutage. Wenn Du in den 50er Jahren als Mann einen Ohrring trugst, oder an Zeit für Dich oder ein Sabbatical denken wolltest, Du hättest als abartig gegolten. Elternzeit für Väter wäre als Faulheit gegeißelt worden. Wir leben in einer singulären Gesellschaft, wie der von mir verehrte Soziologe Andreas Reckwitz deutlich macht. Es wird erwartet, dass Du Dich behauptest, Dich verwirklichst. Ein einzigartiges Profil ist alles, sich abheben von anderen. Hast Du eigentlich ein Twitter-Profil?«

Tom, der Forscher und Professor: »Wir müssen dabei wieder auf die Rolle von Psychotherapeuten eingehen. Psychotherapeuten stärken in der Regel das Selbst, die Ich-Botschaft, das Ausdrücken eigener Wünsche. Sie kommen gar nicht auf die Idee, dass man sich besser auch mal zurücknimmt. Psychotherapeuten haben diesen egoistischen Strukturwandel der Gesellschaft sogar mit geformt.«

Holger, der Dozent: »Meine Erfahrung ist, dass Psychotherapeuten eine Narzissmus-Abwehr haben. Sie würden nie von sich selbst behaupten, dass sie narzisstisch seien. Sie leben ja einen Helferberuf. Aber wie wir in der Geschichte *Mutter Teresa-Sophie* hörten, ist dieser Helfer-Anspruch selbst auch narzisstisch belegt und führt zu denselben Phänomenen wie bei anderen Narzissten: Kränkbarkeit, Dominanz, Empathielosigkeit, Doppelstandards, Grenzenlosigkeit und Burnoutgefahr.«

Andrea, die Therapeutin: »Therapie bedeutet seit den 60er Jahren des letzten Jahrhunderts zunehmend auch »Selbstverwirklichung«. *Be the Chairman of Yourself.* Vorher waren wir vor allem Reparaturanstalt für die Rädchen im Getriebe. Die Unterordnung unter kollektive Ansprüche war gesellschaftlich gewünscht. Frauen waren noch Heimchen. Männer wiederum gehorchten dem Ideal des Ernährers und Versorgers und hatten keine Konflikte zu haben.«

Tom, der Forscher und Professor: »Und mit der 68er- und der Hippie-und-Free-Love-Sex-and-Drugs-Bewegung haben sich Werte gesellschaftlich fundamental geändert. Selbstverwirklichung ist heute der *Mainstream*.«

Andrea, die Therapeutin: »Ja und die Psychologisierung hat entscheidend dazu mit beigetragen.«

Tom, der Forscher und Professor: »Ihr könnt Euch vorstellen, wie das all diejenigen unter Druck setzt, die einfach nur »normal« sein wollen. Es gibt also jetzt einen Konformitätsdruck in Richtung »Besonderheit«, der auch von Therapeuten unterstützt wird. In einer Gesellschaft, in der »Besonderheit« normal ist, werden mehr »selbstunsichere« diagnostiziert. Bin ich in der Provinz, werde ich als arroganter Städter gesehen. In Berlin fühle ich mich selbstunsicher und frage mich, ob ich *cool* genug bin. Auch die gesellschaftliche Kontrastfolie erschafft ›die Störung‹ mit.«

Andrea, die Therapeutin: »Ich erlebe, dass Mütter ihre Kinder allein lassen, um in die Embodimentgruppe zu gehen. *Zeit für mich* ist wichtiger als Partnerschaftszeit. Egoismus wird therapeutisch begründet.«

Holger, der Dozent: »Ja, ich hatte eine Patientin, die sagte Therapien ab mit dem Verweis darauf, dass sie doch Grenzen setzen solle und an sich denken: ›*Jetzt darf ich nur noch an mich denken*, haben Sie doch gesagt.‹ Dabei sage ich das schon lange nicht mehr. Ich denke sogar, es wäre für einige Menschen sehr nützlich, weg vom Um-sich-Kreisen zu kommen, immer noch tiefer, auch durch Therapie ins eigene Ich einzusteigen. Eine Aufgabe, Pflicht, ein Selbstvergessen für andere ist auch etwas Heilendes.«

Tom, der Forscher und Professor: »Es braucht einen *altruistic turn* in der Psychotherapie.«

Holger, der Dozent: »Ich glaube, das ginge nur, wenn die Diagnose des Narzissmus im Denken der Therapeuten nicht so einseitig und an den Extrempolen so negativ wäre. Gegen den *I-first*-Narzissmus hilft nur Selbstverleugnung? Das kann ja nicht sein. Und diesen vielen Patienten, die sich selbst klein machen, deren Selbstwert gestört ist, hilft ja auch nicht, dass sie sich überall als toll hinstellen. Es geht nur mit der Idee einer sinnvoll equilibrierten Narzissmusachse.«

Andrea, die Therapeutin: »Ja, ja, Deine Lieblingsidee, ein *equilibrium therapeutensis*; ganz schön narzisstisch. Sei's drum: wir müssen uns die Phänomene aus den Fällen näher auf diese Achse hin anschauen. Was erklärt die *Schwarze Königin*, den *Möglichkeitsmenschen*, den *großen Versager*? Das geht nicht, ohne dass wir uns die andere Seite der Größe anschauen, die Kleinheit. Alle Patienten kommen, weil sie in irgendeiner Form inadäquat mit der Kleinheit umgehen, sie kommen nicht wegen der Größenphantasien. Kein aufgeblasener Fußballprofi kommt und sagt: ›Ich fühle mich zu toll! Machen Sie das weg, weil meine Beziehung drunter leidet.‹ Nein, sie kommen und sagen: Der Chef hat meine Idee nicht genommen, dabei ist sie so toll. Wie soll ich sie ihm besser verkaufen? Oder: Im Bett ging's nicht, wie kann das sein, bei mir tollem Hecht?«

Holger, der Dozent: »Wir wollten uns noch mit der Ausstrahlung der Narzissmusachse in andere Persönlichkeitsdimensionen beschäftigen. Aus meiner Sicht ist es bei einem Patienten nicht gleichgültig, ob er seine Verletzung und Kränkung immer wieder thematisiert, weil der Affekt nicht vergessen werden kann und fundamentale Gerechtigkeitsauffassungen berührt sind – oder es sich um Rache im Rahmen eines Machtmotivs handelt. In der ersteren Form gehe ich von einer paranoiden *übernachhaltigen*, nach Leonhard, in der zweiten eher von einer dissozialen geformten narzisstischen Persönlichkeit aus.«

Tom, der Forscher und Professor: »Und in Kombination ist das *Diktatoren-Schema* wieder eine neue Diagnose! Aber klar: Ein misstrauischer Mensch wird vermeintliche Kränkungen und Abwertungen besonders schwer nehmen, wenn sein Ich narzisstisch aufgeladen ist; er wird rigoros Rache unter dem Deckmantel von »Gerechtigkeit« verlangen. Da die Narzissmusachse am Größen-Ende in die Dissozialität kippt, finden wir in dieser Kombination (paranoid, narzisstisch, dissozial) besonders viele Diktatoren und Warlords. Ich nenne hier keine Namen, es gibt ja kein deutsches Buch, in dem der Name *nicht* auftaucht.«

Andrea, die Therapeutin: »Und eine histrionische Persönlichkeit kann durch das *Demonstrative* – auch Karl Leonhard, du siehst, ich weiß was – imponieren, die Betonung kann so auf dem Dramatischen, Demonstrativen liegen, im Motiv der Aufregung, der Bühne, der Vermeidung von Langeweile – und je nach Besetzung der Narzissmusachse wird sich das Manipulative, Dominante, das andere nur zu Zuschauern und Erfüllungsgehilfen der eigenen Wünsche degradiert, in den Vordergrund setzen. Also, je nachdem wie viel Narzissmus in die anderen Persönlichkeitszüge rein gemixt ist, verändert sich die Störung.«

Holger, der Dozent: »Bei selbstunsicheren Persönlichkeiten hängt die Bewertungsangst auch mit der Höhe der (narzisstischen) Maßstäbe und Überzeugungen zusammen. Diese diktieren, wie gut man zu sein habe, und definieren so auch die Fallhöhe. So können wir auch hier wieder klinisch Untertypen unterscheiden: Primär Selbstunsichere haben in der Regel von Anfang an gehört, dass sie schlechter, hässlicher, weniger wert und fähig als andere sind. Sie haben keine anderen Erfahrungen gemacht und aus dieser Überzeugung, sowieso schlechter zu sein, auch keine Anstrengung gemacht, sich Fähigkeiten anzueignen.

Der wesentlich häufigere selbstunsichere Typ ist ein Mensch, der nur in einigen spezifischen Gebieten (meist Leistung) Selbstunsicherheit betont, aber in seinen Ansprüchen gegen sich und andere scheint dann doch das Narzisstische, Größenphantasierte durch und als Kontrastfolie macht dies dann die eigenen Fehler unerträglich – wie im ›Großen Versager‹.«

Andrea, die Therapeutin: »Je nach Beimengung narzisstischer Anteile wird auch eine zwanghafte Persönlichkeit tyrannisch werden, weil es um die Einhaltung *ihrer* Regeln geht, die Ordnung selbst ist dabei oft unlogisch und sogar zweitrangig. Der narzisstisch Zwanghafte – nennen wir es auch das *Hausmeister-Syndrom*– versteckt seine Kleinheit hinter großen Regeln und setzt diese durch. Der Typ Untertan, der etwas zu sagen hat. Eben der Hausmeister in der Oper, der den Stardirigenten auf die Einhaltung der Mittagszeiten hinweist. Ein Narzissmus im zwanghaften Gewand, der oft fehldiagnostiziert wird. Der Kern ist narzisstisch – *meine* Regeln – und nicht zwanghaft. Da Moral, Regeln, Ordnung, das Gute und Perfekte zunächst im Vordergrund stehen, wird das Narzisstische daran meist nicht so schnell erkannt. Oh Gott, meine Mutter!«

Tom, der Forscher und Professor: »Die Forschung bringt es noch nicht zusammen, was Kliniker längst sehen. Es wird schon lange vom grandiosen und dem vulnerablen Untertyp der narzisstischen Persönlichkeit gesprochen. Beide Typen lassen sich faktorenanalytisch relativ scharf trennen. Auch Sachse sprach schon lange vom »doppelten Selbstbild« des Narzissten, vom erfolgreichen und erfolglosen. Aber bei den anderen Störungen habe ich das noch nicht gehört, klingt aber sehr plausibel.«

Andrea, die Therapeutin: »*Mutter Teresa-Sophie* finde ich am schwierigsten, weil das Motiv der Größe nicht offenbar werden darf. Das ist sozusagen politisch heikel. Wenn ich im Namen des Guten andere abwerte und auf keinen Fall deutlich werden darf, dass es sich bei meiner Auffassung auch nur um eine partikularistische, singuläre Ethik handelt. Obwohl, nur Jazz ist wahre Musik!«

Holger, der Dozent: »*Mutter Teresa-Sophie* würde darauf hinarbeiten, dass *alle* Jazz hören müssen und es zu Deinem Besten verkaufen.«

Andrea, die Therapeutin: »Das erinnert mich an den Narzissmus von Müttern, die *alles* für ihr Kind tun, aber man merkt schnell, dass es dabei um sie selbst geht. *Mein Kind spricht schon zwei Sprachen.*«

Holger, der Dozent: »Ja, die libidinöse Objektbesetzung. Nur ansprechen ist schwierig in einem verdeckt-narzisstischen Mutter-Teresa-Umfeld wie der Psychotherapie.«

Andrea, die Therapeutin: »Alles Narzissmus? Das sagt doch dann nichts mehr.«

Tom, der Forscher und Professor: »Nein, wir haben ja ein mehrstufiges Modell. Verdeckte Bedürfnisse der Patienten, Reaktionen des Umfeldes und Dynamik der Symptome. Aber es wird ja klarer, dass beim Faktor Persönlichkeit der Bezug zum Narzissmus eine wichtige Rolle spielt.«

Andrea, die Therapeutin: »Du hast ja Deine Idee der narzisstischen Achsenstörung im *Großen Versager* schon erklärt.«

Holger, der Dozent: »Gerne erkläre ich sie noch mal. Achtung, Achtung. Alle zuhören. Die wichtigste Idee. Alle anderen taugen nichts. Also: Die narzisstische Achsenstörung besteht im Auseinanderklaffen eines unglaublich hohen, ja gottgleichen Anspruchs gegen sich und andere und der auf der anderen Seite *zugleich* bestehenden Überzeugung, nicht gut genug, nicht liebenswert genug zu sein.

Normalerweise befinden sich Menschen dimensional zwischen 0 und 100 auf dieser Narzissmusachse. Man denkt von sich: ›Dieses oder jenes kannst du gut‹ und ›Das solltest Du lassen, das kannst Du nicht‹, man steht zu diesen Fehlern und Unzulänglichkeiten, betont aber eher das, was man kann. So weit, so normalneurotisch. 80 % gut, 20 % Fehler. Außer bei uns hier natürlich.

In der narzisstischen Achsen*störung* wird diese Dimensionalität durchbrochen, die Achse bricht auf und es werden nur die beiden Enden angetriggert; aber eben *beide* Enden – Größe *und* Kleinheit – *zugleich*. Die Achse spaltet sich auf. Hoher Selbstwert und Selbstunwert kollidieren wie Materie und Antimaterie und es wird sehr destruktive Energie frei.«

Andrea, die Therapeutin: »Genug – In so vielen Therapieanträgen ist der Baustein *Selbstwertarbeit* drin, ganz gleich, ob es sich um eine Panikstörung, Depression oder somatoforme Schmerzstörung als Diagnose handelt …«

Holger, der Dozent: »Ja, deshalb ist diese Achse ja so wichtig. Die narzisstische Achsenstörung kennen Menschen mit perfektionistischen Ansprüchen zum Beispiel auch bei Prüfungsangst. Hohe Ansprüche kollidieren zugleich mit der Angst zu versagen und machen einen Blackout.«

Andrea, die Therapeutin: »Suchen Sie also bei Sozialphobie auch die Narzissmusachse!«

Tom, der Forscher und Professor: »Ein unpolitisches Beispiel ist vielleicht das berühmte 7:1 der deutschen Fußballnationalmannschaft gegen Brasilien bei der Weltmeisterschaft 2014. Brasilien als Fußballnation war zu jener Zeit sehr von sich eingenommen als fünffacher Weltmeister, es gibt den Spruch »Deus é Brasileiro« (Gott ist Brasilianer); aber als der Stürmer Neymar junior ausfiel und die ersten beiden Tore in jenem Spiel in Belo Horizonte fielen, ging plötzlich nichts mehr und eine einst so wunderbar spielende Mannschaft wirkte hölzern, mochte sich verstecken, attackierte nicht mehr und gab alles verloren. Und der Nero-Befehl-Hitlers: Erst absolute Größe, dann Selbstvernichtung … wie in der Fallgeschichte vom *Großen Versager.*«

Holger, der Dozent: »Du wolltest den Namen nicht erwähnen! Aber: Ja. Bei unseren narzisstischen Patienten kommt es in Richtung Größe häufig zur Nichtbeachtung der eigenen Grenzen, sie arbeiten sich kaputt, sie rauchen und trinken, als ob es keinen Tod gäbe. ›Nichts ist unmöglich‹, der Werbespruch von Toyota steht stellvertretend für diesen überhöhten, grenzenlosen Anspruch. Bis das Burnout kommt.

Menschen, die ihre eigenen Grenzen missachten, missachten sie auch bei anderen. Sie machen einen Anspruchsdruck an andere, es genauso zu tun, es kommt zum arbeitsmäßigen, leistungsmäßigen, moralischen Imperialismus, der nicht akzeptiert, dass man selbst und der andere begrenzt, ja beschränkt ist. Was eigentlich ganz gut so ist. Also die Beschränkung, nicht der Imperialismus.«

Andrea, die Therapeutin: »Das kann ich bestätigen. Narzissten setzen ihre Partner, Mitarbeiter, aber auch Therapeuten unter Druck.«

Tom, der Forscher und Professor: »Das geht nur, wenn es auf dieselbe Anspruchsbereitschaft bei den Therapeuten trifft.«

Andrea, die Therapeutin: »Also nicht bei mir! Ich bin schließlich vollständig selbsterfahren und komplett reflektiert! Oder war das jetzt eine Kritik? Dann kann ich's gleich ganz lassen und den Beruf an den Nagel hängen …«

Holger, der Dozent: »Narzissmus ist lustig, außer bei echten Narzissten, die werden, darauf angesprochen, sehr ernst. Umgekehrt, wer selbstironisch sein kann und den eigenen Größenanspruch belächeln kann, ist schon fast geheilt …«

Tom, der Forscher und Professor: »Holger, schreib auf, wir fassen noch mal zusammen: In einem umfassenden Krankheitsmodell muss man unter heutigen Bedingungen die Größenphantasie suchen, da Patienten eher mit der Kleinheit kommen. Es müssen die gesellschaftlichen Normen der Umgebung überprüft werden, etwa in einer Firma, am Theater oder eben auch im Therapiesetting. Womit wird Selbstwert krankhaft reguliert, und wie unterstützt die Umgebung eventuell diese krankhafte Regulation, indem sie manches daran verschleiert. Egoismus und Geltungssucht, getarnt als Kümmern um die Kinder, wissenschaftlicher Fleiß, Ordnung oder ethische Haltung. Schreib auf!«

Holger, der Dozent: »Mein Therapeut hat gesagt, dass ich nur an mich denken soll. Ich hab keine Lust. Ich schreib diesmal nichts auf. Ich möchte nicht immer so im Vordergrund stehen. Das wäre sonst narzisstisch.«

III Finale

Die schwarze Königin

Aus Gründen, die erst am Ende des folgenden Falles zu verstehen sind, kommt hier, in der letzten Geschichte, die Nachbetrachtung zuerst, und sie ist kurz. Den *Plot* dieses Falles können Sie nun selbst erstellen.

Ich hatte zunächst vermutet, dass Frau Glückeding, die Patientin aus der folgenden Geschichte, ein Trauma erlitten haben musste. Dies stellte sich aber nie heraus. Entscheidend in dem folgenden Fall war wieder einmal die Persönlichkeit, die lange Jahre in der bisherigen Konstellation gut hatte leben können und erst mit dem Chefwechsel in ihrer Arbeit und der Aufmerksamkeitsverschiebung hin zu einer jüngeren Kollegin, dem Erwachsenwerden der Töchter, der Veränderung der Mutterrolle und ihrem Älterwerden und der nachlassenden Aufmerksamkeit und Komplimente durch Männer zu tun hatte.

Hier traten nun Psychotherapie und Symptome auf den Plan.

Als Therapeut sollte man immer prüfen, wie viel Krankheitsgewinn durch die Symptomatik und auch durch eine Diagnosenbezeichnung entsteht, dabei müssen besonders die stationären Behandlungen betrachtet werden. Hier gibt es oft ganz erhebliches Verständnis und Zuwendung durch das Pflegepersonal, die Patientengruppe und die Therapeuten. Der Ersatz familiärer Strukturen in Gruppe mit gemeinsamen Mahlzeiten, Ausflügen, angenehmen Beschäftigungen wie Sport und Ergotherapie, Kunst- und Körpertherapie; Neuentdeckung von Freizeitgestaltung, Strukturierung des Tagesablaufs, Abnahme von Verantwortung enthebt einen vielleicht von der Verantwortung, selbst zu suchen. Psychotherapie ist ein Raum, der vor körperlichen oder verbalen Übergriffen schützt, er stellt Menschen bereit, die einem beistehen. Psychotherapeutische Stationen und Einrichtungen sind hell und freundlich, keine Gitter, keine Oberschwester Ratched aus »Einer flog übers Kuckucksnest«. Zweimal in der Woche wird in einer intimen Situation zugehört, wertgeschätzt. Manche Therapeuten erfahren von ihren Patienten in zwanzig Sitzungen mehr als je ein Partner oder Elternteil. So viel fokussierte Aufmerksamkeit, in der es nur um einen selbst geht, ist sehr selten. Eine enorme narzisstische Aufwertung. Wird eine Therapie härter und konfrontativer, kann ein Patient auch einen Behandlerwechsel verlangen, weil die Chemie nicht stimmt.

Man ist mit Menschen zusammen, die einen verstehen, die gleiche Erfahrungen teilen. Auch das ist eine Art Filterblase. Aus der histrionischen Persönlichkeit des folgenden Falles ergab sich in der Patientin ein immerwährender Konkurrenzkampf um Aufmerksamkeit, vor allem mit Frauen, Therapeutinnen, der neuen Assistentin des Chefs und es konstellierte sich das klassische histrionische oder dramatische Dreieck: Zwei buhlen um eine(n) andere(n).

Die *schwarze Königin* vereint beide Seiten der narzisstischen Achse, vermengt mit genügend Dramatik. In der Krankheit ist sie besonders, keiner kann ihr helfen; nur der Chefarzt oder eine amerikanische Klinik, aber die Krankheit ist eben auch Kleinheit, Leiden, Insuffizienz, hier im Opfer und Leiden gewandelt in narzisstische Größe. Frau Glückeding trumpfte mit Negativem auf, konkurrierte mit Negativem, etwas, das sie in Gruppentherapien häufig erleben können. Da sie als goldene Königin entthront wurde, wurde sie zur schwarzen Königin. Man möchte denken, dass es eine solch opernhafte Therapie nicht gäbe, aber es ist doch gar nicht so selten. So fanden hier vor allem Konkurrenz und dramatische Dreieckskonstellationen eine kreative Lösung für das histrionische Drama. Die Geschichte deutet an, wo die Lösung in so einem Fall liegt, anstatt immer weiter über Symptome und Diagnosen die wichtigste Währung des Dramatikers zu bekommen: Aufmerksamkeit. Vielen Dank für Ihre!

* * *

Frau Glückeding war eine Erscheinung. Schon als sie das erste Mal in mein Büro schritt, hatte ich Respekt. Sie hatte ein edles schwarzes, langärmliges T-Shirt an, das ihre Figur betonte. Die blonden Haare waren kunstvoll geflochten, glitzernde Spangen hielten sie hier und dort. Alles passte zueinander, der kupferfarbene Schmuck spiegelte sich sogar in der Farbe ihres Handys wider. Ich wette, sie hatte noch mehrere Mobiltelefone, die sie je nach Schuhfarbe oder Schmuck nutzen würde.

Sie schluchzte, nestelte an ihrer Handtasche herum und legte ihre Utensilien vor mir aus. Das machten Patienten sonst nicht. Schlüssel mit Strassanhänger, Kalender in Krokoleder, drei Lippenstifte, eine Taschentuchbox in dreifarbigem Leder. Überall glitzerte etwas.

Als erstes sagte sie: »Niemand kann mir helfen, auch Professor Maaz konnte es nicht!«

Hans-Joachim Maaz war ein berühmter Psychotherapeut. Später erwähnte sie noch einen anderen Professor, und so dachte ich, dass ich ihr nicht gerecht werden kann. Ich hörte gleich in der ersten Sitzung von wochenlangem Nichtessenkönnen, im Bett bleiben, dem Gefühl, *nicht einmal eine Tasse heben* zu können, unerträglichen Schmerzen, Suizidgedanken mit ungewöhnlichen Methoden – aber sie verzog dabei kaum eine Miene und ihre Stimme klang seltsam unbeteiligt. »Ich verwahrlose«, sagte Frau Glückeding in eben dem Tonfall. Ihre Fingernägel widersprachen.

»Was ist denn passiert?«, fragte ich sie.

Was dann kam, erklärte nicht das Drama, das sie machte. Der Sohn ihres alten Chefs hatte vor drei Jahren die Firma übernommen, in der sie Managerin war. Ein kleines Unternehmen für Maschinenteile, das Prototypen an die ganze Welt lieferten. Dinge, wofür unser Land noch berühmt ist. Sie koordinierte dort Projekte, machte Kundenkontakte mit dem Ausland. Sie hatte in ihren 30ern noch einmal richtig Englisch gelernt, hatte ihr Schulrussisch herausgeholt und aufgepeppt, und fuhr für die Russlandkontakte öfter nach Moskau und St. Petersburg. Stimmt, sie hatte etwas von einer Russin.

Sie hatte drei Töchter bekommen, »alles solche Blondinen wie ich«, sagte sie stolz. Sie war jahrelang viele Stunden länger in der Firma geblieben, hatte sich Arbeit mit nach Hause genommen – und war zunächst nie krank geworden.

»Dann ging unser alter Chef«, erzählte Frau Glückeding. »Das ist nun schon fünf Jahre und einige Therapien her! Der neue *sieht* einfach nicht, was ich mache!«, schluchzte sie auf und verbarg ihr Gesicht in den Händen. »Mein alter Chef hat immer *mich* gefragt. Und nun hat der Junior diese Wetterfee, sein Mäuschen angestellt«, sprach sie ärgerlich und weinend zugleich, »Frau Kunkel hier, Frau Kunkel da. War früher Wettermoderation beim MDR. Könn' Sie sich ja vorstellen, wie die aussieht. Sie trägt den Rock bis hier«, sagte sie verächtlich und zeigte in ihren Schritt.

»Und Sie könnten wetten, dass er mit ihr ins Bett geht«, setzte ich hinzu. »Na aber so was von!«, ergänzte sie.

»Und Sie, früher? Ich meine, kennen Sie das auch?«, fragte ich die Patientin.

»Ich bin so hässlich geworden«, schluchzte sie und verbarg wieder das Gesicht mit ihren Händen.

Es stimmte nicht, aber ich biss mir auf die Zunge, um nicht bei *Fishing-for-compliments* mitzumachen. Ich traute mich: »Ja, Sie hässliche Kuh«, sagte ich, »nun stehen Sie da, keiner will Sie mehr, Sie werden nicht gefragt und eine Jüngere kommt«, und nun schaute sie mich zum ersten Mal richtig an, eine mit ihren 45 Jahren sehr schöne Frau. Sie hatte schon alle möglichen Diagnosen bekommen, war wie gesagt *bei Maaz* gewesen, zwei ambulante Therapien, in denen die Therapeutinnen sie *gar nicht* verstanden hätten. *Bei Maaz* in der Klinik sei es zunächst ganz anders gewesen, sie habe so eine Energie gespürt. Aber danach hätte die Katastrophe wieder zugeschlagen. Am liebsten hätte ich sie gefragt: »Und, was müssen Sie tun, damit diese Behandlung auch wieder schiefläuft?«

»Was habe ich denn nur, Herr Doktor?«, fragte sie und holte mich aus meinen Gedanken. »Erstmal sieht alles nach einer Burnout-Depression aus«, antwortete ich, aber sie schaute skeptisch. »Das heißt, ich werde zu alt? Ich kann's nicht mehr?«, um dann gleich hinterherzusetzen: »Habe ich vielleicht Autismus? Ich mag keine Menschen mehr! Ich finde sie furchtbar!«

Ich wollte gerade anheben, etwas zu Autismus zu dozieren, den sie garantiert nicht hatte, da sagte sie: »Und ich habe Vergewaltigungsphantasien! Nicht dass ich vergewaltigt werde, dass *ich* es tue! Bin ich ein Freak, eine Psychopathin?«

Es war wie ein Kartenspiel, bei dem sie ihre Trümpfe hinlegte. Professor Maaz, Suizidgedanken mit Verbrennung auf dem Neumarkt, Vergewaltigungsphantasien.

Ich wollte abwarten, was das werden sollte. Die Diagnosen waren beliebig. Das einzig Sichere war, dass sie *dramatisch* war.

Im Stationsalltag wirkte sie zunächst eher unsicher, nur ihr Äußeres kontrastierte Unsicherheit und Angst. Dann kam die erste Visite. In unserer Tagesklinik machten wir damals Gruppenvisiten; eine besondere Herausforderung für die Patienten, vor anderen zu sprechen. Ich überlegte nach diesem Fall, ob wir das wieder abschaffen sollten. Wir vier Therapeuten wechselten uns in der Führung ab. Diesmal war Karla M. dran, unsere ehrgeizige Assistenzärztin.

Man merkte schon, dass sie – ich meine Karla M. – sich an den Visitentagen schicker anzog, einen Blazer, einen kurzen Rock ... alle bemerkten es, die männlichen Patienten wagten kaum, sie anzusehen. Zu viel Schönheit schüchtert ein.

Die Visite begann pünktlich, Frau Glückeding fehlte. Die wichtigen Leute lassen auf sich warten, dachte ich. Wer zu spät kommt ... bestimmt den Anfang einer Veranstaltung.

Und deshalb fingen wir Visiten an, auch wenn nicht alle da waren.

Karla M. schlug die Kurve der ersten Patientin auf, da polterte es vor der Tür des Gruppenraumes, die Tür flog auf und eine verweint aussehende Frau Glückeding, eine wilde Haarsträhne sich aus dem Gesicht schiebend, stolperte geradezu in den Raum hinein. »Oh Gott, ist mir das peinlich!«, rief sie und schaute sich in der Runde um, wo sie sich hinsetzen sollte. Neben Karla M., der Stationsärztin, waren zwei Stühle frei. Frau Glückedings Blick schweifte und als er auf den Beinen der Ärztin ruhte, verzog sich der linke Mundwinkel nach unten und ihr Kinn reckte sich etwas nach oben. Sie nahm dann den anderen freien Stuhl hinter der Tür. »Entschuldigung«, sagte sie in den Raum, ohne jemanden anzusehen, »ich hatte meine Tabletten vergessen. Mir ging es heute Morgen *so* übel! Ach Gott, meine Handtasche ist ja noch draußen«, sprang sie wieder auf und setzte sich gleich wieder hin und schlug die Hände vor das Gesicht. Unsere italienische Patientin, Frau Mazzoli, und ein Patient um die 50 waren sofort aufgestanden und sagten beide gleichzeitig: »Ich hol sie Dir!« und machten beide eine Bewegung hin zur Tür; aber die Italienerin war schneller und meinte: »Nein, lass nur, ich mach das.« Und kam nach wenigen Sekunden mit der goldenen Handtasche von Frau Glückeding in die Visite, gab sie ihr wortlos und setzte sich.

Ouvertüre, dachte ich, Auftritt der Königin. Die Diener hatten sich auch schon zu erkennen gegeben.

Karla M. befragte einen nach dem anderen. Wir hörten von unruhigem Schlaf, Alpträumen, einer SMS, die eine Trennung ankündigte, einem Zirkusbesuch, Hausarbeit. Es wurden Medikamentenerhöhungen und -absetzungen und Therapieanordnungen verkündet.

Bei schwierigen Themen hörte man Frau Glückeding laut atmen oder am Stuhl nesteln. Bei ihr angekommen, fragte die Ärztin sie: »Und wie war Ihr Wochenende?« Frau Glückeding sah Karla M. mit einem Blick an, den man nicht anders als *böse* bezeichnen konnte. Sie schwieg, schaute an der Ärztin vorbei. Ihre Hände nestelten. – »Frau Glückeding?«

»Ich – kann – hier – nichts – sagen«, presste sie hervor. »Ich dachte, der Herr Doktor, mein Bezugstherapeut macht die Visite!«, sagte sie und schaute mich an. Wie sie das *Doktor* ausgesprochen hatte! Eine Träne lief aus ihrem Auge. Die Patientin, die neben ihr saß, nahm ihre Hand. Frau Mazzoli stand auf, nahm eine der Taschentücherboxen, die in jedem unserer Räume stehen, und reichte sie Frau Glückeding.

Ich fühlte mich bemüßigt zu helfen, weil sie mich erwähnt hatte, vielleicht war das ein Fehler. »Frau Glückeding, es ist wichtig, dass wir wissen, wie es Ihnen geht«, sagte ich.

Jetzt schaute mich die Stationsärztin böse an. Wer ist hier Chef, stand in ihrem Gesicht.

Frau Glückeding wandte sich mir zu und lächelte unter Tränen und viele der Patienten im Raum lächelten mit und sie sprach in meine Richtung.

»Ich habe Angst, dass mein Mann sich von mir trennt, er hat auf meine SMS nicht geantwortet. In den Zirkus wollte ich auch gehen, aber ich habe solche Angst vor Schlangen! Clowns sind mir unheimlich! Und mein Schlaf. Ich schlafe praktisch *gar nicht.* Oder voller Alpträume.«

Sie toppte alles, was die anderen erzählt hatten.

»Wir möchten Ihnen den Vorschlag machen«, setzte jetzt wieder Karla M., die Ärztin ein, zusätzlich zu ihrem Stimmungsaufheller am Morgen noch ein beruhigendes Antidepressivum am Abend zu neh…«

»Ich wollte Ihnen sowieso sagen, dass dieses Medikament früh *so* eine Übelkeit macht«, unterbrach sie Frau Glückeding. »Seit Sie mir das verschrieben haben, geht es eigentlich noch schlechter. Diese Übelkeit macht depressiv!«

Karla M. atmete tief durch. »Wir können das absetzen und überlegen, ob es gegen etwas anderes ausgetauscht werden kann.«

»Ich vertrage viele Dinge so schlecht«, sagte Frau Glückeding und setzte hinzu: »Haben Sie von der transkraniellen Magnetstimulation gehört?« Ich musste lächeln. Karla M. rückte sich zurecht und sagte: »Dieses Verfahren ist wissenschaftlich nicht ausgereift, die Nebenwirkungen noch unzureichend erforscht. Ich behandle Sie leitliniengerecht.« Oh weh, dachte ich, Frau Glückeding wird den Gegenbeweis antreten. Die Patientin verzog ihren Mund zu einem spöttelnden Lächeln, das man überlegen nennen konnte. »Und was machen wir nun mit mir?«, fragte sie die Ärztin. Wer fragt, führt.

»Sie sollten«, sagte Karla M., »ab dieser Woche ins Selbstsicherheitstraining gehen. Sie haben über Selbstunsicherheit geklagt.« Das war nicht mit mir abgesprochen, normalerweise legt der Bezugstherapeut die Therapien fest. Ich spürte Ärger in mir aufsteigen. Ich hatte Lust, Karla M. etwas zu beweisen. Hier entspann sich ein Dreieck. Das hysterische, das dramatische Dreieck, ein Klassiker der psychotherapeutischen Oper.

»Die Gespräche mit meinem Therapeuten tun mir so gut!«, sagte die Patientin nun und schaute dabei bestätigend zu mir und dann triumphierend zu Karla M. »Aber ins Selbstsicherheitstraining? Vor so einer Gruppe kann ich garantiert kein Auge zumachen, das wird meine Schlafstörung noch unerträglicher machen. Dort werden doch *Rollenspiele* gemacht und ein Therapeut bewertet das, das macht doch diese Ausbildungstherapeutin! Nein, das geht nicht!«

»Frau Glückeding, Sie können nicht …«, wollte Karla einwerfen.

»Nein, das ist zu früh. Nein, ich weiß, ich bin eine schwierige Patientin. Nichts hilft mir. Aber ich habe eine Frage: Als Kind musste ich immer bestimmte Fliesen in der Küche überspringen. Ich war überzeugt, dass sonst meiner geliebten Muschi, meiner Katze, ein Unglück zustoßen würde.« Sie war so von ihren eigenen Worten mitgenommen, dass ihr wieder Tränen in die Augen traten. Da war es wieder, das *Bin ich ein Freak?*-Thema. Vielleicht war das ihre Diagnose. *Sag mir bloß, dass ich nicht normal bin.*

Karla M. fuhr in der Visitenroutine fort: »Wir versuchen es mit 25 Milligramm Quetiapin zur Nacht und Sie berichten mir, ob es Erfolg hatte.« Frau Glückeding nickte stumm und die Visite ging weiter.

Dann war Herr Klagwerth an der Reihe. Karla M. hatte ihn erst vor kurzem als ihren Patienten aufgenommen. Herr Klagwerth war Konzertsänger, ein blonder, großer 28-Jähriger, der schon in Opernhäusern aufgetreten war. Er sprach eloquent, zugleich wirkte er bescheiden. Er trug Lederschuhe, nicht Sneakers wie die anderen jungen Patienten. Er wirkte sofort sympathisch. Herr Klagwerth hatte durch Gewalt in der Ursprungsfamilie eine schwere posttraumatische Belastungsstörung entwickelt, die ihn in der Arbeit behinderte und letztlich depressiv gemacht hatte.

Karla M. strahlte ihn an und fragte ihn, wie er denn hier in der Tagesklinik angekommen sei. »Ach gut«, sagte er mit seinem sonoren Bass, »die Gruppe hat mich gut aufgenommen. Ich will nur nicht jemandem den Platz wegnehmen, der ihn nötiger braucht als ich.«

»Nein, Du bist ganz richtig hier.« Es war nicht Karla M., die da sprach, sondern Frau Glückeding. Nichts Verquältes war jetzt mehr in ihrer Stimme. »Dir wird bestimmt die Körpertherapie helfen.«

Karla M. war perplex. Sie schaute Frau Glückeding durchdringend an. Ich stellte mir schon Kratzspuren in den Gesichtern der beiden Frauen vor.

»Wir werden Ihnen ein Programm zusammenstellen«, übernahm die Ärztin jetzt wieder, »Sie werden wieder gesund.« Frau Glückeding schüttelte dazu den Kopf. Herr Klagwerth sagte: »Ich muss es erstmal beginnen lassen«, und Frau Glückeding nickte und strahlte ihn an. Sie wirkte wie ein Empathiespiegel von Herrn K. Er fragte noch dies und das und die Visite ging weiter.

Als eine Patientin davon erzählte, dass ihre Mutter eine infauste Krebsdiagnose bekommen habe und still weinte, stand Frau Glückeding ruckartig auf und verließ mit ihren klackernden Absätzen schluchzend den Raum und man hörte es auch noch klackern, als die Tür schon wieder geschlossen war.

Eine meiner Patientinnen sagte mir später, dass Frau Glückeding den anderen Patienten erzählte, wie *furchtbar* diese Visiten wären, sie sei es nicht gewohnt, so *ausgefragt* zu werden, sie fühle sich so *gezwungen*. Die Patientin fragte mich, ob wir nicht sanfter mit Frau Glückeding in der Visite umgehen könnten, ob nicht besser ich als ihr Bezugstherapeut ihr die Fragen stellen könnte.

Die Königin schickt ihre Emissäre, dachte ich.

Zu den Visiten kam Frau Glückeding weiterhin als letzte und es handelte sich jedes Mal um einen *Auftritt*. Jeden Tag hatte sie neue Sachen an, beim Eintritt in die Visitentür hatte sie Tränen in den Augen oder den goldenen Igelball in der Hand, der für mich ein diagnostisches Instrument geworden war. Wer nimmt den goldenen? An einem anderen Tag waren ihre Haare dann plötzlich ganz schwarz gefärbt. Man musste auf jeden Fall immer *hinsehen*.

Sie saß oft auf der Bank an der Treppe zwischen den Etagen unserer Tagesklinik. Dort müssen alle vorbei; wenn man in den Gruppenraum will, zu den Therapeuten oder ins Schwesternzimmer; und so war man gezwungen, sie zu sehen.

Man sah in der Folgezeit Frau Glückeding oft mit Herrn K. zusammen und das Bild war eindeutig. Sie himmelte ihn an. Nichts von ihrer sonstigen Visiten-Negativität war zu spüren. In den Visiten, in der Kunst- oder Ergotherapie zeigte sie »Die Große Unfähigkeit«. Nach einer weiteren Woche wollte ich sie zur Gruppenpsychotherapie anmelden, die ich mit Karla M. zusammen leitete. Als Frau Glückeding hörte, dass Karla M. mit dabei war, sagte sie: »Ohgottogotogott! Mit anderen! Das kann ich nicht! Da versinke ich ja vor Scham in den Boden! Die anderen hier können alle so gut reden!« Frau Glückedings Angst vor den Therapien und, dass sie etwas Falsches sagen könne bedeute, sie sei wohl eine selbstunsichere Persönlichkeit, meinte Karla M. in einer der Therapeutensitzungen zu mir. Ich sagte nichts dazu.

In der nächsten Sitzung sagte ich Frau Glückeding, wenn sie sich nicht gut behandelt fühle, auch einen Behandlerwechsel anmelden könne.

»Sie wollen mich loswerden!«, entrüstete sie sich. »Wer soll mich denn sonst behandeln? *Sie* sind der leitende Psychologe der Klinik, der einzig promovierte Psychologe hier. Soll ich etwa zu den jungen Anfängerinnen?«

Sie habe *solche* Angst, etwas Dummes zu sagen. »Die Menschen vergleichen doch ständig«, sagte sie. »Vergleichen Sie?«, fragte ich, und sie antwortete nicht.

Ich versuchte zu verstehen, was mit Frau Glückeding los war. Sie hatte einen Mann, drei Kinder. Sie lobte ihren Mann als einen bodenständigen Mann, ein richtig Lieber, sagte sie.

Ihre Mutter beschrieb sie als eine sehr dramatische Frau. Es habe Streits gegeben, bis die Nachbarn kamen. Sie habe sich von ihrer Mutter auch nicht gesehen gefühlt, dann wieder wurde sie als hübsche Tochter vorgezeigt. Sie musste in weißen Blusen Klavier vorspielen.

Ihren Vater beschrieb sie blass, lieb – ich konnte nichts wirklich Auffälliges finden.

Ich fragte sie, ob ihr einmal etwas Schlimmes passiert sei, da versteinerte ihr Gesicht und sie brach ab. Ich hatte mehr Drama erwartet, aber es blieb ruhig.

Nachdem die beiden Patienten knapp drei Wochen da waren, traf sich das Team wiederum zu einem Therapeutengespräch, in welchem wir uns über jeden Patienten austauschen und weitere Therapiestrategien festlegen.

Anwesend waren außer mir die zwei Stationsärztinnen, eine weitere Psychologin, die Schwestern und je eine Kunst-, Körper- und Ergotherapeutin. Ich hatte Frau Glückeding kurz mit Rahmendaten vorgestellt und dann trugen wir die Auffälligkeiten zusammen.

Karla M. sprang schnell an: »Du müsstest mal sehen, was sie mir für Blicke zuwirft! Wenn ich bei der Visite etwas sage, geht sie nicht darauf ein, antwortet vorbei und reckt das Kinn immer ein bisschen höher!«

»Ja und sie grüßt uns freundlich«, fügte Schwester Anne hinzu, »aber Karla gar nicht. Das sieht aus wie Zickenkrieg.«

»Und sie kümmert sich rührend um Frau Mazzoli, unsere italienische Patientin«, fügte die Ergotherapeutin hinzu, »die sieht sie wohl als ihre Tochter.«

Schwester Jana sagte: »Neulich in einer Patientenversammlung erzählte Herr Friedrich (ein anderer Patient) vom miterlebten Unfalltod eines Freundes. Frau Glückeding berichtete sofort, wie sie miterlebt habe, wie ein Junge in Ungarn am Plattensee auf eine Fähre springen wollte, ins Wasser fiel und von der Fähre zerquetscht wurde.«

»Mein Herr Klagwerth hat auch so fürchterliche Sachen erlebt!«, warf Karla M. ein. »Eine Heizungsexplosion, bei der seine Großmutter starb. Und stellt Euch vor, er wurde von seinem Vater noch dafür verantwortlich gemacht! ... Was ist jetzt mit der Beziehung von Frau Glückeding?«, fragte Karla weiter.

»*Ach, wie mein Mann es mit mir aushält!*«, imitierte ich die Patientin. »*Ich bin so anstrengend. Ich kriege nichts mehr auf die Reihe. Alles muss er jetzt übernehmen, der Ärmste!*« Ich berichtete, dass sie aus Frust Käufe machen müsse, und er habe sich schon beschwert, dass das Geld ausgehe. Ihr Mann arbeite in einer Autowerkstatt. Er mache »Alles« für sie, aber als sie von ihm erzählte, machte Frau Glückeding auch mit der Linken so eine wegwischende Handbewegung.

Die Kunsttherapeutin sagte, dass Frau Glückeding ein übergroßes schwarzes Bild gemacht hatte, ein Dämon zeigte sich darauf und auf einer Art Vulkan leuchtet ein – goldenes – Kreuz. Die Kunsttherapeutin sagte noch, dass sie sich erst völlig geziert habe, überhaupt etwas zu malen, sie sei so unbegabt. Dann habe die italienische Patientin angefangen, so kleine innere Monster zu malen. Frau Glückeding hatte zugeschaut, weinend und mit verschlossenen Armen und habe dann abseits von den anderen das große Plakat gemalt. Karla M. warf ein, dass Herr Klagwerth auch ein Plakat gemalt habe, mit Ornamenten wie im Jugendstil. Bei Herrn K. ist es soundso, Herr Klagwerth macht dies und das. Herr Klagwerth war wirklich angenehm, und Karla M. wollte ihm gefallen. War *ich* jetzt eifersüchtig? Was hat Herr Klagwerth, das ich nicht habe? Wir sind als Therapeuten nicht davor gefeit. Oder wollte *ich* Karla nur sagen, wie man *richtig* behandelte?

Wir spielten Therapieskat und es ging um die Trümpfe, die dramatischsten Geschichten, so wie die Patienten ihre Symptome verglichen.

Karla M. hatte bei Frau Glückeding die Medikamente nochmals einfach geändert und einen Zusatzausgang gestrichen. Normalerweise besprechen wir das gemeinsam. Ich bat um Erklärung.

»Frau Glückeding brauchte unbedingt noch ein Medikament«, sagte Karla M. zu mir. »Du musst darauf achten, Holger, dass sie es nimmt. Sie brauchte was Stärkeres.«

»Sollen wir nicht erst mal noch ein bisschen beobachten, was hier los ist?«, fragte ich.

»Bist du Arzt?«, fragte mich Karla M. ihrerseits.

»Das ist eine rhetorische Frage«, antwortete ich reflexhaft.

»Die Frau ist eigentlich unsicher«, sagte Karla M., »sie merkt, dass sie eigentlich nichts richtig kann.«

»Hast Du gesehen, wie Sie mit Dir in Konkurrenz ging?«, fragte ich sie. Sie lachte etwas zu laut. »Das kann sie nicht«, sagte Karla M.

Kann sie doch, dachte ich, aber sagte nichts. Patienten haben ganz andere Waffen.

»Karla«, hob ich an, »ist Dir aufgefallen, dass es zwischen der Patientin und Dir, aber wahrscheinlich auch mit mir eine Konkurrenz gibt?«

»Wie meinst Du das?«, fragte sie zurück, alte Psychiaterrhetorik.

»Nun, aus den Blicken, die sie Dir zuwirft, den Fragen, die sie Dir nicht beantwortet, wie sie mich lobt, aber deine Maßnahmen konterkariert. Aber auch Dein Verhalten: Du schlägst etwas vor, das nicht mit mir abgesprochen ist, Du dozierst ...«

»Machst Du nicht auch gerade dasselbe?«, konterte die schlagfertige Kollegin.

»Das will ich gar nicht in Zweifel ziehen. Ich sage ja auch nur, dass es hier darum geht, wer das Sagen hat. Das müssen wir bedenken, denn die Patientin hat als letzte

Möglichkeit immer die Verweigerungsmacht, uns zu zeigen, dass sie es besser als wir weiß. Ich glaube, bei aller vorgetragener Selbstunsicherheit und Depression handelt es sich um eine spezielle Spielart des Narzissmus.«

»Es ist einfach Vermeidung, Holger.« Ich hasste es, wenn Sie mich Holger nannte und wusste natürlich auch, an wen mich das erinnerte. »Die Patientin will ihre Dinge nicht angehen. Dann musst Du eben Konsequenzen setzen, Holger.« Warum sagte Karla nicht einfach: »Du weißt doch nicht so gut Bescheid. Ich weiß es besser. Denk nicht so viel nach.« Ich meinte, meinen Blutdruck zu spüren.

»Merkst Du, was Du machst?«, antwortete ich Karla, »Du ordnest etwas an, das ich möglicherweise gar nicht will, und die Konsequenzen soll ich dann setzen.«

»Lass das Psychologisieren. Ich bin Ärztin, die Medikamente sind meine Sache. Du willst doch nur über mich bestimmen.«

Ich beschloss, das Spiel nicht weiter mitzumachen. Ich notierte die eigentliche Diagnose: »Frau G. muss überlegen sein, auswählen können, dann ist sie gesund. Sie duldet niemanden neben sich. Zur Not auch mit Krankheitssymptomen. *Wer hat die heftigsten Krankheitssymptome? Die schwarze Königin.*« Karla!, notierte ich daneben noch mit Ausrufezeichen.

»Gut so, dass Du nichts mehr dazu sagst«, meinte Karla M. noch.

Als wir zur Besprechung von Herrn Klagwerth kamen, schwelgten die Therapeutinnen in höchsten Tönen. Endlich ein selbstreflektierter Patient, ein Mann, der *spüren* könne, so die Körpertherapeutin. Mit dem unterhält man sich gerne, sagten die Schwestern, egal, was er hat. Mir ging es genauso.

»Es geht richtig gut vorwärts in der Therapie«, sagte Karla M, »die Schläge seines Onkels führten uns zum Tod der Mutter zurück, aber auch zu deren Schlägen und Abwertungen vor dem Klavier.«

Alle bestätigten die Fortschritte.

»Ich habe die Idee eines Ressourcenprogramms«, sagte Karla M. »Wir haben doch zurzeit so viele kreativ begabte Patienten bei uns. Wir könnten sie ein Kulturprogramm gestalten lassen, eine Matinee, dass sie wieder Selbstwirksamkeit spüren – und zugleich geben sie den anderen Patienten etwas.«

»Ja«, sagte Schwester Jana, »Frau Mazzoli kann Bauchtanz. Herr Klagwerth kann singen. Er hat schon mit Herrn Friedrich zusammen geübt. Der kann ihn am Klavier begleiten.«

»Frau König war mal in einer Schauspieltruppe«, sagte ich, »sie könnte Gedichte aufsagen, oder einen anderen Text.«

»Deine Frau Glückeding könnte ihre Handtaschen ausstellen«, lachte Schwester Jana. Sie hatte den Schwestern erzählt, dass sie die Handtaschen selber gestaltete, aber auch Etuis und T-Shirts und ihnen welche gezeigt. Schwester Jana hatte sogar eine gekauft.

»Aber sie wird's nicht können«, sagte Karla M. »Sie ist viel zu unsicher.«

In den Therapiesitzungen mit Frau Glückeding drehte sich alles nur um Aktuelles aus der Therapie, wie jene Ärztin etwas gemeint haben könne, was gehe und was nicht gehe. Sie stellte immer wieder ihre Unfähigkeit heraus oder übertraf die Symptome oder Unfähigkeiten der anderen. Mit mir gab es komischerweise keine Beziehungsschwierigkeiten oder Tests. Männer waren offenbar außer Konkurrenz.

Sie war die einzige Patientin, die es schaffte, schon nach kurzer Zeit die Sitzordnung der Patienten zu verändern. Nicht nur, wo sie selbst saß, sie wies überdies den anderen Plätze zu. In die Visite brachte sie zur Not noch einen Stuhl mit hinein, wenn sie sich nicht auf einen freien Platz neben einer ihr nicht genehmen Person setzen wollte.

Sie konnte kurz angebunden sein, antwortete mit »Gut« oder »Ja« und »Nein« oder sagte einfach gar nichts, wenn sie nicht antworten wollte. Bei Herrn Klagwerth war sie immer wortreich, gespickt mit ihrem kulturellen Wissen. Sie war auch Chefin der Zeit. Sie kam auch manchmal am Morgen oder in meine Sitzungen etwas später. Sie beendete Stunden eher, wegen Kopfschmerzen oder weil sie nichts mehr zu sagen hatte oder auch einfach so. »Genug für heute«, sagte sie dann. Frau Glückeding kam manchmal zu irgendeiner Zeit an meine Tür, auch wenn sie sah, dass eine Patientin im Zimmer war. »Nur ganz kurz«, sagte sie dann und erzählte irgendetwas, das man nicht ignorieren konnte, ein Unfall der Tochter, eine Schnittwunde, bei der sie fragte, ob ihr Unterbewusstsein sich vielleicht verletzen wollte.

Ich konnte kaum auf der Treppe oder im Gang an ihr vorbeigehen, ohne dass sie irgendetwas hatte. Sie bestimmte die Form der Kommunikation. Für sie wurden besondere Stoffe in der Ergotherapie gekauft, sie konnte Stunden überziehen, um eine Arbeit zu beenden.

Sie erzählte mir beiläufig, dass sie im Nachbarhaus beim Grillen ein Paar kennengelernt hatte, »Stellen sie sich vor, ein Soziologieprofessor. Wir haben gesprochen, er hat so intelligente Fragen gestellt und solch interessante Dinge erzählt. Er ist ein bisschen wie Sie«, sagte sie und schaute mich verlegen an.

»Er hat gesagt, dass ich Schematherapie machen soll, und Akzeptanztherapie.«

Ein Soziologieprofessor. Ich erinnerte mich an die erste Bemerkung zu *Professor Maaz*.

Die Kulturmatinee sollte an einem Freitag stattfinden. In den drei Wochen zuvor ging es unter den Patienten nur darum. Symptome traten in den Hintergrund, alle wurden belebter. Was für eine schöne Idee von Karla, musste ich neidvoll anerkennen. Ich hatte Frau Glückeding von Karlas Ressourcen-Performance erzählt. *Schönes Wort*, sagte sie. »Rosige Ressourcen-Performance mit Rosetten-Soße. Ist ein Zungenbrecher. Larmoyant-rosige Russisch-Roulette-Ressourcen-Performance mit Kuss-Rosetten-Soße.«

Das hatte ich ihr nicht zugetraut. Ich lachte laut und Frau Glückeding freute sich. Sie erzählte, dass sie sich manchmal Zungenbrecher ausdachte. »Echt-selbstgerechtes-Echsensex-Geklecker-Ekzem«, legte sie nach. »Koschere Rokoko-Kokoschka-Schokolade.«

Hier funktionierte etwas.

»Wollen Sie die nicht vortragen?«, fragte ich sie. Sie verfiel zunächst wieder in ihr übliches *Ohgottogottohgott*. Dann sagte sie: »Eigentlich wollte ich immer Sängerin werden. Herr Klagwerth singt sehr schön. Er hat mir schon vorgesungen. Ich kenne viele deutsche Lieder. Es waren zwei Königskinder. Innsbruck, ich muss Dich lassen. Ich sang meinen Töchtern vor, alle haben mehr verlangt, wenn sie mich gehört haben. Aber seit ich so krank bin, geht es nicht mehr. Ich habe solche Angst davor. Herr Klagwerth ist so unglaublich gut.«

Das war eine echte Offenbarung. Ich ermutigte sie, sagte das Übliche, dass es auf den Spaß ankomme und Fehler egal seien. Natürlich widersetzte sie sich.

Karla M. sprach seit der Planung für die Matinee nur von ihrem Schützling, wie er übte und was er für eine herrlich tiefe Stimme habe. Er wollte den Erlkönig singen, dazu würde ihn der klavierspielende Herr Friedrich begleiten. »Das wird der Höhepunkt des Tages!«, sagte Karla M. Auch die anderen Patienten übten. Es gab kleine Voraufführungen, es wurden Kleider und Hemden ausprobiert. Die Selbstverletzungen nahmen ab, keiner sprach von Suizid. Man sah sich Videos an, wie andere es machten, las sich lustige Geschichten vor, die sich eignen würden. Es war ein Live-Selbstsicherheitstraining. Die Patienten machten so viele Vorschläge, dass die Veranstaltung gut auf ein Drei-Stunden-Programm anschwellen konnte.

Frau Glückeding aber war verzweifelt. Am Tag, nachdem sie von der Veranstaltung gehört hatte, konnte sie nicht schlafen. Sie hatte versucht, zu Hause zu singen, aber gleich nach den ersten zehn Sekunden abgebrochen. »Ich kann das nicht«, jammerte sie in der Sitzung. »Ich bin zu schlecht.« Zu gefangen in ihrer schwarzen Rolle, dachte ich.

»Wenn Sie sicher wären, dass alle anderen keine Ahnung von Musik hätten, nicht auch etwas könnten, dann würden Sie singen, stimmt's?«, fragte ich sie. Sie nickte.

»Ihre Zungenbrecher haben Sie mir auch vorgetragen, wahrscheinlich weil Sie wussten, dass ich keine auf Lager hatte. Hätten Sie gewusst, dass ich auch welche schreibe ...«

»Hätte ich niemals was dazu gesagt«, unterbrach sie mich.

»Blödes Performanzakzeptanzauthentizitätsdilemma«, zwinkerte ich Frau Glückeding zu. Sie lächelte zurück und dann lachte sie aus vollem Halse, nichts Schwarzes war jetzt mehr da. Zungenbrechertherapie. »Bauernschlaue Frau haut Mauern blau und mauert und klaut blaue Brautschautrauben und mault flau im Bau!«, konterte sie.

»Also Konkurrenz geht nicht«, fuhr ich lachend fort, »Aber vielleicht, frei nach Goethe, geht Liebe. Wenn sie mit jemandem was präsentieren.«

»Mit Herrn Klagwerth? Das wäre der Wahnsinn!«, sagte sie.

»Ich habe gar nicht an Herrn Klagwerth gedacht. Vielleicht auch jemand anderes.« Ich wollte, dass sie aus dem Vergleichsding herauskam. Vielleicht brauchte sie jedoch Konkurrenz, aber eben nur auf *eine* Weise.

Frau Glückeding wirkte jetzt beleidigt. Da ich langsam begriff, wie sie tickte, sagte ich ihr: »Üben ist auch blöd. Üben heißt, dass Sie's noch nicht können. Üben heißt, sich korrigieren zu lassen. Soweit ich Sie verstanden habe, können Sie das nur vom *Meister* akzeptieren. Wie in der Therapie«, lächelte ich ihr zu.

Frau Glückeding dachte nach. »Und noch was«, ergänzte ich, »das Ganze darf nicht offen sein. Erzählen Sie niemandem, auch nicht mir, was Sie vorhaben mit diesem eventuellen Auftritt, den Sie von mir aus auch vermeiden dürfen. Machen Sie es nicht offen.«

»Woher wissen Sie das?«, sagte Frau Glückeding und fuhr fort: »Ja, das war schon in der Schule so. Ich durfte niemandem sagen, ob ich für einen Gedichtvortrag geübt hatte, oder was ich sonst für die Schule getan hatte. Den anderen war es wahrscheinlich egal, aber ich hatte, sobald ich offiziell eine Leistung abliefern sollte, eine solche Hemmung, dass ich lieber verweigerte und eine Fünf kassierte, damals gab's noch Fünfen.«

»Sie müssen *von oben* kommen«, sagte ich ihr und sie nickte, »Sie können nur aus Überlegenheit gut agieren. Königinnen schwitzen nicht und zweifeln nicht. Sie *repräsentieren*. Und falls Sie zu viel an unsere Stationsärztin denken, machen Sie sich klar, dass die nicht in Ihrer Spielklasse ist.« Und ich lächelte wieder.

Frau Glückeding wollte erst aufbrausen, mir war klar, dass sie das als Abwertung verstehen konnte. Aber dann hatte sie es verstanden und lächelte. »Nicht meine Spielklasse!«

Die nächste Woche bis zum Auftritt plätscherte so dahin. Frau Glückeding erzählte nichts darüber. Die anderen Patienten übten, man sah sie zusammen, überall hörte man von der Matinee. Karla M. fragte immer wieder, ob Frau Glückeding denn etwas vorhabe. »Die hat bestimmt Angst, Du wirst sehen, sie vermeidet das Ganze. Du lässt Dich von ihr einwickeln, Holger. Wo ist Dein Biss?«

Dann kam der Tag der Performance. Wir hatten uns alle schick angezogen, weil wir den Künstlern Respekt erweisen wollten. Karla M. sah umwerfend aus. Sie stach alle anderen Frauen an Schönheit aus. Aber auch mit der Idee der Patientenaufführung zeigte sie, was sie drauf hatte und Herr Klagwerth würde, da war ich sicher, Karla M. und ihre Idee noch mehr leuchten lassen.

Wir hatten Blumen besorgt, Karla M. brachte unter anderem einen Rote-Rosen-Strauß mit. Unser Festsaal war gut gefüllt. Patienten anderer Stationen waren gekommen, auch Therapeuten, sogar Mitarbeiter der Verwaltung.

Eröffnet wurde das Programm von – Karla M. Sie ging auf die kleine Bühne und man hörte einen Patienten aus dem Publikum laut sagen: *Ist die schön*. Alles lachte und nickte.

Karla M. sagte, dass wir gleich die *Kreutzersonate* von Beethoven hören werden und sie fasste die gleichnamige Novelle von Tolstoi zusammen. Eine Geschichte über Eifersucht, in welcher der Mörder Posdnyschew auf einer Zugfahrt verschiedene Standpunkte zu Liebe, Ehe, Eifersucht und Sexualität hört und zum Schluss den Mord an seiner Ehefrau erzählt. Herr Friedrich spielte die Sonate in einer Fassung nur für Klavier. Er bekam lang anhaltenden Beifall und alle klatschten auch seiner Bezugstherapeutin zu.

Frau Glückeding war nicht zu sehen. Herr Klagwerth eröffnete die Beiträge der Patienten mit einem Kinderlied und wurde von Herrn Friedrich begleitet. »Der Kuckuck und der Esel« und er animierte die Patienten im Saal, mitzusingen: »Wer wohl am besten sänge / Wer wohl am besten sänge«. Meine Patientin Frau König trug den Zauberlehrling vor. Sie ging dabei durch unseren Festsaal und sprach direkt die Patienten an. *Und mit Geistesstärke / tu ich Wunder auch*. Ich war stolz. Karla M. fragte mich flüsternd: »Wo ist Deine Patientin?« und meinte Frau Glückeding. Ich konnte nur mit den Schultern zucken, als sei es mir egal.

Dann tanzte Frau Mazzoli einen Bauchtanz zu arabischer Musik. Die ganze sonstige Unsicherheit, das Weinerliche, die Sinnlosigkeitsfragen der Patientin waren weg. Auch hier wurde ihrer Bezugstherapeutin bewundernd zugenickt und heftig geklatscht. Toll, was ihr mit den Patienten macht, hörten wir, was ihr aus ihnen herausholt. Es war auch eine Veranstaltung für die Therapeuten, mich eingeschlossen.

Herr Klagwerth verschwand plötzlich nach draußen. Als er länger als zehn Minuten wegblieb, wurde Karla unruhig. Die Patientin, die durch das Programm führte und die Ansagen machte, kündigte Karla M. mit einer witzigen Psychiatergeschichte an, aber Karla sagte: »Ich will mich nicht so in den Vordergrund drängen, die können wir auch noch wann anders hören.« Und mir schien, dass ihr der Wichtigste aus dem Publikum fehlte. Herr Klagwerth kam mit rotem Kopf wieder in den Saal und war auch schon wieder dran. Etwas zerstreut animierte er die Patienten, wieder mit ihm zu singen. Er hatte Textblätter zuvor auf die Stühle legen lassen. *Kling klang, du und ich* sang er jetzt und der Saal sang laut mit.

Nachdem ein anderer Patient noch *Lemon Tree* zur Gitarre gesungen hatte, ging Karla M. auf die Bühne und wies das Publikum mit einer Handbewegung an, sitzen zu bleiben und kündigte den Höhepunkt an. Sie führte noch einmal den Werdegang von Herrn K. aus, seine Auftritte im Konzerthaus Wien und an der Semperoper. Herr Klagwerth schüttelte den Kopf, offenbar war das nicht mit ihm abgesprochen. Die Veranstaltung dauerte nun schon weit über anderthalb Stunden. Frau Glückeding hatte wohl einen Rückzieher gemacht und ich ahnte schon, wie sie sich am nächsten Tag in der Visite oder in meiner Sitzung zerfleischen würde. Schade.

»Wir hören nun aus der *Winterreise* von Schubert«, sagte Karla weiter an, »das erste Stück *Gute Nacht*.« Krass, dachte ich. Das von einem Patienten gesungen, ein zutiefst depressives Stück. Aber klar, es passte. Herr Friedrich saß am Klavier, aber betätigte die Taste eines CD-Spielers.

Herr Klagwerth stellte sich verkehrt herum auf die Bühne.

Als die ersten Takte ertönten, zuckte ich zusammen. Da war etwas falsch, durchfuhr es mich. Aber es waren nur die ersten marschartigen Akkorde eines anderen Liedes. Unbemerkt war Frau Glückeding hereingekommen und war zum Bühnenrand geschlichen und stieg nun zu Herrn K. die eine Stufe hoch. Auch sie drehte dem Publikum den Rücken zu. Dann sang sie: *Quando sono solo sogno all'orizzonte e mancan le parole* und das Publikum fing an zu johlen und zu klatschen. Jeder kannte das Lied. Mir kamen die Tränen. Dann setzte Herr Klagwerth ein, das Ganze viel tiefer gesetzt, als man es sonst zu hören bekommt und anders als in der bekannten Fassung hörte man schon beim ersten Refrain ein: *Time to say goodbye …*

Sie wechselten sich bei den Liedzeilen ab und dann drehten sie sich zueinander zu, schauten beide nicht ins Publikum. Als das Lied endete, brach ein Beifallssturm los. Zugabe, brüllte der Saal. Das hatte ich nicht erwartet. Als sich der Lärm legte, sagte Herr Klagwerth: »Wenn es am schönsten ist, soll man aufhören. Deshalb keine Zugabe. Ich möchte meiner Therapeutin für die Unterstützung danken! Meine Therapie hier geht schon zu Ende, ich werde draußen weitermachen.« Und er zeigte auf Karla M., die aufstand und sich verbeugte. Sie gab ihm den Strauß roter Rosen und er gab sie an Frau Glückeding weiter, die ihr Gesicht in den Händen verbarg und dann schnell hinaus rannte.

Im Rest der Therapie wurde deutlich, dass Frau Glückeding nicht mehr an ihre alte Arbeitsstelle zurückgehen konnte. Sie zeigte mir Dinge, die sie zuhause entwarf, sie fing an, alte Kommoden zu restaurieren, nähte Kleider, entwarf sogar Schmuck. Ihre ganze weitere Therapie bestand darin, sie mit einem Designer und einer Werkstatt zusammenzubringen. Heute fährt sie auf künstlerische Messen, sie singt in einem Chor, hat hin und wieder einen kleineren Nervenzusammenbruch, aber ist im Großen und Ganzen guter Dinge. Sie hat selbstverständlich noch alle ihre Diagnosen.

Anhang

Literaturverzeichnis

Bass, E. Davis, L. (1988). *The Courage To Heal., A Guide For Women Survivors of Child Sexual Abuse.* New York: Harper & Row.
Beck, A.T., Freeman, A. (1995). *Kognitive Therapie der Persönlichkeitsstörungen.* Weinheim: PVU.
Belmont, V. (Produktion und Regie) (2005). *Surviving With Wolves* (Filmportrait). Frankreich: Stephán Films et al.
Berben, O. und Ehlert, J. (Produzenten), Prochaska, D. (Regie). (2021): *Glauben.* (Miniserie). Deutschland: RTL+.
Bieri, P. (2001). *Das Handwerk der Freiheit. Über die Entdeckung des eigenen Willens.* München: Hanser.
Caspar, F. (4. Auflage 2018). *Beziehungen und Probleme verstehen. Eine Einführung in die psychotherapeutische Plananalyse.* Göttingen: Hogrefe.
De Shazer, S. (2015). *Der Dreh. Überraschende Wendungen und Lösungen in der Kurzzeittherapie.* Heidelberg: Carl Auer.
Erickson, M. (2015). *Gesammelte Schriften.* Heidelberg: Carl-Auer.
Farelly, F., Brandsma, J. (2019). *Provokative Therapie.* Heidelberg: Springer.
Forman, M. (Director) (1975). *Einer flog übers Kuckucksnest* (Film). USA: Fantasy Films.
Fourest, C. (2020). *Generation beleidigt.* Berlin: Edition Tiamat.
Freud, S. (1991). *Studienausgabe.* Frankfurt: Fischer.
Granier-Deferre, P. (Produzent und Regisseur). (1971) *Die Katze* (Film). Frankreich: Lira Films.
Grawe, K. (1997). *Psychologische Therapie.* Göttingen: Hogrefe.
Haidt, J. (2024). *Generation Angst. Wie wir unsere Kinder an die virtuelle Welt verlieren und ihre psychische Gesundheit aufs Spiel setzen.* Hamburg: Rowohlt.
Hald, B., Kaufmann, M. (Produzenten) Vinterberg, Th. (Regie). (1998). *Das Fest* (Film). Dänemark, Schweden: Arthaus.
Hobkinson, S. (Regie) (2021). *Misha und die Wölfe.* (Dokumentarfilm).
Iyengar, S., (2011). *The Art Of Choosing.* New York: Twelve.
Kleist, H.v. (1810). *Michael Kohlhaas.* In: Ders.: Erzählungen. Leipzig: Reclam.
Leonhard K. (1986). *Akzentuierte Persönlichkeiten.* Jena: Urban & Fischer.
Linden, M. (2017). *Verbitterung und Posttraumatische Verbitterungsstörung.* Göttingen: Hogrefe.
McAdams, D. (1997). *The Stories We Live By: Personal Myths and the Making of the Self.* New York: Guilford.
Musil, R. (1930, 1933). *Der Mann ohne Eigenschaften.* Berlin: Rowohlt.
Neubauer, I. (2010). *Strafzumessung und Geschlecht.* Dissertation. Berlin: Charité.
Nitsch, D.B. (2018). *Die Prävalenz und Therapie von Persönlichkeitsstörungen.* Diplomarbeit. Universität Graz.
Oldham, J. Morris, L. (2020). *Ihr Persönlichkeitsportrait.* Hohenwarsleben: Westarp.
Reckwitz, A. (2017). *Die Gesellschaft der Singularitäten.* Frankfurt: Suhrkamp.
Rudy, S. (2012). Aspergirls. Die Welt der Frauen und Mädchen mit Asperger. Weinheim: Beltz.
Sachse, R. (2019). *Selbstverliebt, aber richtig.* Berlin: Klett-Cotta.
Shaw, J. (2018). *Das trügerische Gedächtnis.* München: Heyne.
Sivan, O. et al. (2005–2008). *BeTipul* (Serie). Israel: HBO.
Stahl, S. (2020). *Jein! Bindungsängste erkennen und bewältigen.* München: Kailash.
Toledano, E., Nakache O. et al. (Regie) (2021). *En Thérapie* (Serie). Frankreich: ARTE.
Van der Kolk, B. (2023). *Das Trauma in Dir.* Berlin: Ullstein.
Wilkomirsky, B. (1995). *Bruchstücke: Aus einer Kindheit 1939–1945.* Frankfurt: Suhrkamp.

Anmerkungen

Einleitung: Quo vadis, Psychotherapie?

1. Statista (2023). Anzahl der Sterbefälle durch vorsätzliche Selbstbeschädigung (Suizide) in Deutschland in den Jahren von 1980 bis 2021. Zugriff am 30.05.2023
2. So gibt die Gesundheitsberichterstattung des Bundes für das Jahr 2000 etwa 63.854 Krankenhausfälle für Schizophrenie an, im Gegensatz zu 21.933 Persönlichkeitsstörungen. Im Jahr 2021 sind es 51.757 für Schizophrenie und 27.667 für Persönlichkeitsstörungen. Die Krankenhausfälle für neurotische Erkrankungen steigen von 2000 bis 2021 von 71.407 auf 83.627. Quelle: Gesundheitsberichterstattung des Bundes (2023). Diagnosedaten der Krankenhäuser ab 2000. Zugriff am 30.05.2023
3. Statista (2023). Anzahl von Operationen zur Geschlechtsumwandlung in Deutschland in den Jahren 2012 bis 2021. Zugriff am 30.05.2023
4. DGPPN (2019). Zahlen und Fakten zur Psychiatrie und Psychotherapie. Factsheet (pdf). Zugriff am 30.05.2023
5. So werden die Persönlichkeitsstörungen insgesamt mit einer durch verschiedenste Studien mit einer Lebenszeitprävalenz von um die 10% angegeben, die narzisstische aber in vielen Studien nur mit 0% – ebenso die histrionische, bei einem Übergewicht der Cluster-C-Persönlichkeitsstörungen (selbstunsicher-abhängig-zwanghaft). Dem gegenüber stehen der klinische Eindruck vieler Therapeuten und die übergroße Sachbuchliteratur, die sich mit Narzissten beschäftigt. Quelle: Nitsch, D.B. (2018). Die Prävalenz und Therapie von Persönlichkeitsstörungen. Diplomarbeit. Universität Graz.
6. So stiegen die Einzelleistungen für ambulante Psychotherapie von 2005–2021 um 41%, die Aufwendungen dafür jedoch um 178%. Quelle: GKV Spitzenverband (2023). Ambulante Psychotherapie. Zugriff am 31.05.2023
7. Techniker Krankenkasse (2020). Gesundheitsreport 2020 – Arzneiverordnungen. Zugriff am 31.05.2023
8. Zusammenfassend dazu: Robert-Koch-Institut (2015). Gesundheit in Deutschland 2015. Kapitel 2.11: Psychische Gesundheit. Zugriff am 30.05.2023
9. Gesundheitsberichterstattung des Bundes (2023). Umsatzstärkste ärztliche Leistungen. Zugriff am 31.05.2023
10. DGPPN (2019). Zahlen und Fakten zur Psychiatrie und Psychotherapie. Factsheet (pdf). Zugriff am 30.05.2023
11. Gesundheitsberichterstattung des Bundes (2023). Umsatzstärkste ärztliche Leistungen. Zugriff am 31.05.2023
12. Gesundheitsberichterstattung des Bundes (2023). Bei den Ärztekammern registrierte Ärztinnen und Ärzte mit Schwerpunktbezeichnung. Zugriff am 31.05.2023
13. Gesundheitsberichterstattung des Bundes (2023). An der vertragsärztlichen Versorgung teilnehmende Ärztinnen und Ärzte sowie Psychotherapeutinnen und –therapeuten. Zugriff am 31.05.2023:

14 DGPPN (2019). Zahlen und Fakten zur Psychiatrie und Psychotherapie. Factsheet (pdf). Zugriff am 30.05.2023
15 Frances, Allen (2013): Normal. Gegen die Inflation psychiatrischer Diagnosen. Köln: Dumont.
16 American Psychiatric Association. (1994). Diagnostic and statistical manual of mental disorders (4th ed.). Washington, DC: American Psychiatric Press.
17 https://www.ipetitions.com/petition/dsm5/
18 Buss, D. M., & Schmitt, D. P. (2019). Mate preferences and their behavioral manifestations. Annual Review of Psychology, 70, 77–110. https://doi.org/10.1146/annurev-psych-010418-103408
19 Haskell, D. M. (2024): What DEI Research concludes about Diversity Training: It is divise, counter-productive, and unnecessary. Aristotle Foundation for Public Policy. Abgerufen am 24.06.2024
20 Minkin, R. (2023): Diversity, Equity and Inclusion in the Workplace. Pew Research Center, Report. Aufgerufen am 26.06.2024
21 Copeland W, Shanahan L, Costello EJ, Angold A. Cumulative prevalence of psychiatric disorders by young adulthood: a prospective cohort analysis from the Great Smoky Mountains Study. J Am Acad Child Adolesc Psychiatry. 2011 Mar;50(3):252–61. doi: 10.1016/j.jaac.2010.12.014. Epub 2011 Jan 26. PMID: 21334565; PMCID: PMC3049293.
22 Zit. n. Frances, Allen (2013): Normal. Gegen die Inflation psychiatrischer Diagnosen. Köln: Dumont. S. 162
23 Butler G, De Graaf N, Wren B, et al (2018). Assessment and support of children and adolescents with gender dysphoria. Archives of Disease in Childhood 2018; 103:631–636.
24 Rosenquist, J. N., Fowler, J. H., & Christakis, N. A. (2011). Social network determinants of depression. Molecular Psychiatry, 16(3), 273–281. https://doi.org/10.1038/mp.2010.13
25 Bering, J. (November 15, 2011). Puppy Pregnancy Syndrome: Men Who Think They Are Pregnant with Dogs. Scientific American. Retrieved March 26, 2013.
26 U.a. Elan Jung, K. (2001). Posttraumatic Spectrum Disorder: A Radical Revision. Psychiatric Times Vol 18 No 11
27 Siehe z.B. DGUV (2021). Arbeitsunfallgeschehen 2021. DGUV.
28 Innenministerkonferenz (2022): Polizeiliche Kriminalstatistik 2021. Ausgewählte Zahlen im Überblick.
29 https://de.wikipedia.org/wiki/Rituelle_Gewalt
30 siehe z. B.: https://kidslox.com/de/guide-to/sadfishing/unter Jugendlichen. Zugriff am 20.05.204
31 Olvera C. (2021). TikTok Tics: A Pandemic Within a Pandemic. Movement Disorders. Volume 8, Issue 8, Pg. 1200–1205. https://doi.org/10.1002/mdc3.13316
32 https://www.psychologytoday.com/gb/blog/abcs-child-psychiatry/202203/the-tiktok-inspired-surge-dissociative-identity-disorder. Zugriff am 20.05.2024 und: https://www.goethe.de/prj/jad/de/the/fake/24148220.html. Zugriff am 20.05.2024
33 siehe auch: Nesse, R. M. (2021). Gute Gründe für schlechte Gefühle: Evolutionäre Psychiatrie. Ein neuer Blick auf negative Stimmungen und psychische Beschwerden. München: Kösel.
34 Schulz, F., Skopek, J. & Blossfeld, HP. Partnerwahl als konsensuelle Entscheidung. *Köln Z Soziol* 62, 485–514 (2010). https://doi.org/10.1007/s11577-010-0107-0
35 https://www.unodc.org/unodc/en/data-and-analysis/wdr2021.html
36 https://www.bzga.de/fileadmin/user_upload/PDF/studien/Drogenaffinitaet_Jugendlicher_2019_Basisbericht.pdf
37 Rattay, P., Butschalowsky, H., Rommel, A., Prütz, F., Jordan, S., Nowossadeck, E., & Kamtsiuris, P. (2013). Inanspruchnahme der ambulanten und stationären medizinischen Versorgung in Deutschland. Bundesgesundheitsblatt-Gesundheitsforschung-Gesundheitsschutz, 56(5), 832–844.

38 McLean, C. P., Asnaani, A., Litz, B. T., & Hofmann, S. G. (2011). Gender differences in anxiety disorders: Prevalence, course of illness, comorbidity and burden of illness. Journal of Psychiatric Research, 45(8), 1027–1035. https://doi.org/10.1016/j.jpsychires.2011.03.006

39 Sherman, A. C., Higgs, G. E., & Williams, R. L. (1997). Gender differences in the locus of control construct. Psychology & Health, 12(2), 239–248. https://doi.org/10.1080/08870449708407402

40 Gimbrone C. et al. (2022). The politics of depression: Diverging trends in internalizing symptoms among US adolescents by political beliefs. SSM – Mental Health, Volume 2, 2022, 100043, ISSN 2666-5603, https://doi.org/10.1016/j.ssmmh.2021.100043.

41 Dyer, C. (2022). Tavistock to face possible clinical negligence claims over gender identity service. BMJ 2022; 378 doi: https://doi.org/10.1136/bmj.o2016.

42 Clark, C. J., Jussim, L., Frey, K., Stevens, S. T., al-Gharbi, M., Aquino, K., Bailey, J. M., Barbaro, N., Baumeister, R. F., Bleske-Rechek, A., Buss, D. M., Ceci, S. J., Del Giudice, M., Ditto, P. H., Forgas, J. P., Geary, D. C., Geher, G., Haider, S., Honeycutt, N., … Stewart-Williams, S. (2023). Prosocial motives underlie scientific censorship by scientists: A perspective and research agenda. Proceedings of the National Academy of Sciences, 120 (48) e2301642120 https://doi.org/10.1073/pnas.230164212

43 Nature Human Behaviour Editorial, Science must respect the dignity and rights of all humans. Nat. Hum. Behav. 6, 1029–1031 (2022).

44 Bschor T, Nagel L, Unger J, Schwarzer G, Baethge C. Differential Outcomes of Placebo Treatment Across 9 Psychiatric Disorders: A Systematic Review and Meta-Analysis. JAMA Psychiatry. 2024 May 29:e240994. doi: 10.1001/jamapsychiatry.2024.0994. Epub ahead of print. PMID: 38809560; PMCID: PMC11137661.

45 Clance, P. R., & Imes, S. A. (1978). The imposter phenomenon in high achieving women: Dynamics and therapeutic intervention. Psychotherapy: Theory, Research & Practice, 15(3), 241–247. https://doi.org/10.1037/h0086006

46 Sylvester SV, Rusu R, Chan B, Bellows M, O'Keefe C, Nicholson S. Sex differences in sequelae from COVID-19 infection and in long COVID syndrome: a review. Curr Med Res Opin. 2022 Aug;38(8):1391–1399. doi: 10.1080/03007995.2022.2081454. Epub 2022 Jun 20. PMID: 35726132.

47 Haslam, N. (2016). Concept creep: Psychology's expanding concepts of harm and pathology. Psychological Inquiry, 27(1), 1–17. https://doi.org/10.1080/1047840X.2016.1082418

48 Die Welt (28.06.2024). Hochfunktionale Depression. Er ging weiter ins Büro, spielte Tennis. Trotzdem war er depressiv.

49 Kahan, Dan M. and Wittlin, Maggie and Peters, Ellen and Slovic, Paul and Ouellette, Lisa Larrimore and Braman, Donald and Mandel, Gregory, The Tragedy of the Risk-Perception Commons: Culture Conflict, Rationality Conflict, and Climate Change (2011). Temple University Legal Studies Research Paper No. 2011-26, Cultural Cognition Project Working Paper No. 89, Yale Law & Economics Research Paper No. 435, Yale Law School, Public Law Working Paper No. 230, Available at SSRN: https://ssrn.com/abstract=1871503 or http://dx.doi.org/10.2139/ssrn.1871503

50 https://braco.global/

51 Kirsch I. Antidepressants and the Placebo Effect. Z Psychol. 2014;222(3):128–134. doi: 10.1027/2151-2604/a000176. PMID: 25279271; PMCID: PMC4172306.

Es gibt kein richtiges Leben im falschen

1   Freud, S. (1991). Die endliche und die unendliche Analyse. In: Freud, S. (1991) Studienausgabe Bd. 9. Frankfurt: Fischer.

Was ist Wahrheit?

1   Tagblatt (12.02.2021). Schwindel: Heute 80 Jahre alt: Wilkomirski erfand eine Holocaust-Biografie, um sein Kindheitstrauma zu verarbeiten.
2   Frankfurter Allgemeine Zeitung (23.11.2021). Frau gab sich als Holocaust-Überlebende aus. Und: Tagesspiegel (22.11.2021). Geschichte einer Lüge: »Misha und die Wölfe« eröffnet das arte-Dokumentarfilmfestival.
3   Zuerst: The New York Times (04.05.2014). Fight Against Sex Crimes Holds Colleges To Account. Und später: Die Zeit (20.07.2017). Keine Vergewaltigung auf der Matratze.
4   Die Bunte (28.09.2016). Triumph vor Gericht: Seine Ex-Geliebte muss blechen.
5   Rodriguez, Fernando et al. fanden in ihrer 2006 durchgeführten Studie, dass Frauen mit Eigentums- und Drogendelinquenz seltener als Männer mit diesen Delikten zu Haftstrafen verurteilt wurden. Falls es doch zu einer solchen Verurteilung kam, fielen die Haftstrafen der Frauen viel kürzer aus als die der Männer. Bezüglich der Gewaltdelikte stellten die Wissenschaftler fest, dass Frauen und Männer gleich häufig Gefängnisstrafen erhielten, dass jedoch die Haftdauer bei Frauen kürzer gewesen sei als die der Männer.« (zit. n. Neubauer, I. (2010). Strafzumessung und Geschlecht. Dissertation. Berlin: Charité. S. 22)
6   Der Spiegel (01.08.2007). Warum Männer früher sterben sollten.
7   Der Spiegel (03.08.2013). Hunderttausende Frauen und Kinder leiden in Homs.
8   The New York Times (10.01.2019). Traditional Masculinity Can Hurt Boys, Say A.P.A. Guidelines.
9   Holt, J. L., & DeVore, C. J. (2005). Culture, gender, organizational role, and styles of conflict resolution: A meta-analysis. International Journal of Intercultural Relations, 29(2), 165–196. https://doi.org/10.1016/j.ijintrel.2005.06.002
10 Wikipedia (fortlaufend). Wormser Prozesse. Zugriff am 10.05.2022 unter: https://de.wikipedia.org/wiki/Wormser_Prozesse und: Berben, O. und Ehlert, J. (Produzenten), Prochaska, D. (Regie). (2021): Glauben. (Miniserie). Deutschland: RTL+
11 False Memory Deutschland (2023) Experimentelle Erzeugung falscher Erinnerungen. Zugriff am 01.06.2023 unter: https://www.false-memory.de/wissenschaft/falsche-erinnerungen-experimentell-erzeugen/ sowie: Loftus, E.F., Pickrell J.E. (1995). The formation of false memories. PsychiatricAnnals. 25 (12): 720–725.
12 Der Spiegel (01.04.2023). Satanismus und rituelle Gewalt. Es ist die Projektion des absolut Bösen.
    Neue Zürcher Zeitung (21.05.2022). Der Glaube an satanistischen Missbrauch breitet sich in der Schweiz aus.
    SRF (18.05.1011). Rituelle Gewalt »Teufel-Therapie« für Patientinnen: Experte fordert Anlaufstelle. https://www.false-memory.de/wissenschaft/satanismus-und-ritueller-missbrauch/
    Neue Zürcher Zeitung (24.08.2023). Satanic Panic: Der bizarre Streit in der Psychiatrie zieht immer weitere Kreise.

https://de.wikipedia.org/wiki/Rituelle_Gewalt
https://en.wikipedia.org/wiki/Satanic_panic

Ich klage verbittert an!

1. Kaplan, M. (1987). The influence of gender on diagnosis and psychotherapy. Psychotherapy: Theory, Research, Practice, Training, 24(2S), 251–255. https://doi.org/10.1037/h0085712
2. Fahy, A., & Saunders, M. (2020). Gender and the language of agreement: A study of online discussions. Journal of Language and Social Psychology, 39(5–6), 617–635. https://doi.org/10.1177/0261927X20932630
3. Nur ein Beispiel: Braamhorst, W., Lobbestael, J., Emons, W. H., Arntz, A., Witteman, C. L., & Bekker, M. H. (2015). Sex bias in classifying borderline and narcissistic personality disorder. Journal of Nervous and Mental Disease, 203(10), 804–808. https://doi.org/10.1097/NMD.0000000000000371

Der Opfertäter

1. Wikipedia (fortlaufend). Marie Sophie Hingst. Zugriff am 10.05.2022 unter: https://de.wikipedia.org/wiki/Marie_Sophie_Hingst
2. Die Zeit (19.06.2015). Die Farbenfrage.
3. Der Spiegel (04.09.2020). Weiße Historikerin gab sich als Schwarze aus.
4. Tagblatt (12.02.2021). Schwindel: Heute 80 Jahre alt: Wilkomirski erfand eine Holocaust-Biografie, um sein Kindheitstrauma zu verarbeiten.
5. Frankfurter Allgemeine Zeitung (23.11.2021). Frau gab sich als Holocaust-Überlebende aus. Und: Tagesspiegel (22.11.2021). Geschichte einer Lüge: »Misha und die Wölfe« eröffnet das arte-Dokumentarfilmfestival.
6. Deutsche Rentenversicherung (2022). Erwerbsminderungsrenten Zeitablauf.

Ich bin so ein großer Versager

1. Dylan, B. (2001). Lonesome Day Blues. Special Rider Music. Appears on »Love and Theft«.

Wenn du mich liebst, komm mir bloß nicht zu nah

1 Stefanie Stahl (2021). Sieben typische Symptome von Bindungsangst. Zugriff am 30–05.2023 unter: https://www.stefaniestahl.de/psychoblog/sieben-typische-symptome-von-bindungsangst/
2 Diana Böttcher (2023). Bindungsangst in Beziehungen – Angst vor Nähe. Zugriff am 30.06.2023 unter: https://www.diana-boettcher.de/bindungsangst-in-beziehungen/